과학이 권력을
만났을 때

WHEN SCIENCE MEETS POWER

서로 협력하거나 함께 타락하거나

과학이 권력을 만났을 때

제프 멀건 지음 | 조민호 옮김

매일경제신문사

과학과 정치의 역설

런던, 독일, 로마 등 대표적으로 번영한 도시에는 실험실 '생물안전등급(Biosafety Level, BSL)' 중에서 가장 위험도가 높은 'BSL-4' 미생물을 연구하는 기관이 있다. BSL-4 미생물은 공기 중으로 빠르게 감염해 사람이나 동물에게 치명적 질병을 초래한다. 이 고위험 미생물을 연구하는 실험실에도 BSL-4가 표시돼 있다. 저녁 뉴스에서 우주복처럼 생긴 방호복을 입은 사람들이 분주히 움직이는 장면을 자주 봤을 것이다. 할리우드 영화에도 자주 등장하는 곳이다.

BSL-4 실험실은 세계 각지에서 약 69곳이 운용 중이거나 설립 중인 것으로 추산된다. 그런데 대개는 도심에 있다. 이 책을 읽고 있는 여러분을 포함해 이곳 실험실 인근에 거주하는 사람들 대부분도 이 사실을 알지 못한다. 겉으로는 평범하고 그리 비밀스럽지 않아 보이는 건물 내부 실험실에서 무엇이 이뤄지고 있는지 알게 된다면 아마도 충격을 받을 것이다.[1] 그리고 모름지기 코로나19 발병지인 우한武漢처럼 왜 인구가 많은 대도시에 BSL-4 실험실이 있는지 의아해할 것이다.[2]

많은 부분에서 설명과 해명이 필요하다. 실제로 BSL-4 실험실 관리자와 연구원들은 모든 사람에게 중대한 의미가 있는, 예컨대 바이러스를 결합하거나 변형하는 등 피해와 전염성을 증폭하는 실험의 위험에 대해 자체적 판단을 내리고 있다. 더욱이 고위험 실험실이 어떻게 운용돼야 하는지에 관한 공식적 합의도 없으며, 실험실 위치나 실험 내용 및 안정성에 근거한 인허가 체계 역시 마련하지 못한 상황이다.

BSL-4 실험실 사례는 분명히 필요하고 발전시켜야 할 과학이지만, 때로는 불투명하고 비밀스러운 탓에 공공의 이해관계나 공개 담론 또는 어떤 이들이 상식이라고 부르는 것들과 부닥쳐 벌어진 수많은 간극 중 하나일 뿐이다. 나아가 이는 세계 모든 사회가 과학에 권력을 행사할 수밖에 없는 요인이 되며, 과학이 우리를 질병이나 소행성 충돌 같은 자연적 위협에서 구해줄 수 있는 동시에 핵무기나 인공 병원체 등 불안정한 지식의 산물 때문에 우리가 죽을 수도 있다는 사실을 떠올리게 만든다.

과학과 기술은 모호한 관계다. 이 모호성은 최근 기하급수적으로 발전한 기술로 인해 더 두드러졌다. 컴퓨터 반도체 마이크로칩 처리 능력은 '무어의 법칙Moore's law'에 따라 정말로 2년마다 두 배씩 증가했다. 기술 발전은 경제에도 영향을 미쳐 인간 유전체genome 전체 염기서열 분석에 드는 비용은 20년 전 약 1억 달러에서 현재 100달러로 감소했으며, 태양광 발전 전력 생산 비용은 2010년대에만 거의 90% 하락했다.[3] 흥미로운 사실은 이런 기술 발전이 미국을 포함해 많은 국가에서 소득 정체, 복지 정체, 사회적 연결성 및 정신 건강 저하뿐 아니라 글로벌 생태 지표 악화를 비롯한 모든 잠재적 시스템 붕괴 징후와 더불어 발생했다는 것이다.

청년들이 이 같은 역설을 반영하고 있다. 이들 대부분은 부모 세대보다 과학과 기술에 매우 긍정적이며 자신들의 삶에서 기술이 큰 비중을 차지하고 있다고 말한다. 세계 각지에 거주하는 청년 2만 명을 대상으로 진행한 설문 조사에 따르면 무려 84%가 기술 발전이 미래에 희망을 품게 만든다고 응답했다. 그러나 한편으로 이들의 과학에 대한 열정은 비관론과도 결합한다. 20개국 가운데 16개국 청년들은 세상이 나아지기보다는 살기에 더 나쁜 쪽으로 변화하고 있다고 여겼다. 가장 많이 거론된 이유는 과학과 기술이 공장 자동화와 기후 변화에서 소셜 미디어의 해로운 영향에 이르기까지 인간이 살아가는 환경에 끼치는 간접적 영향이었다. 의심할 여지없이 과학은 인류가 이룩한 놀라운 집단 성취이며 삶의 모든 부분을 바꿔놓은 방법이자 사고방식, 이론, 발견이다. 하지만 동시에 이런 역설적 패턴은 인간 지성을 증폭시키는 강력한 방식이 늘 지성을 지향하는 것은 아니라는 사실을 방증한다.

그렇기에 여러분은 과학을 어떻게 관리하면 그 이익은 취하면서도 위험은 피할 수 있는지가 우리 시대의 중요한 문제 중 하나가 되리라고 예상할 수 있다. 일반적으로 과학자들은 똑똑하고 사려 깊고 인격도 괜찮은 사람들이지만, 그들이 과학을 다루는 행태를 무한히 신뢰할 수 있는지는 전혀 다른 문제다. 군대가 있다고 해서 전쟁을 완전히 책임지지는 못한다는 것과도 비슷한 맥락이다. 과학이 바라보는 시야는 매우 좁다. 오로지 가능한 것만을 보기 때문이다. 가능한 것이 언제나 좋고 바람직하지는 않다. 따라서 과학은 위험을 피할 방법을 보여줄 다른 관점을 확보해야 한다.

이것이 제도가 필요한 이유다. 우리 사회는 제도를 통해 예측과 관리 가능성을 강화한다. 공익을 판단하고 조정하는 것도 제도로 이뤄진다. 국가 차원에서도 적절한 제도를 운용해 투자 기관, 규제 기관, 단체, 위원회, 의회 등이 과학과 혁신을 주도하도록 하는 데 애쓰고 있다. 그런데도 AI(인공지능)라든지 사이버 보안이나 합성생물학synthetic biology과 관련해서는 거버넌스governance 측면에서 아직 제도적 맹점이 있다. 게다가 대기업 주도 R&D(연구개발) 비중이 커지면서 최근 몇 년에 걸쳐 과학에 대한 공공 영향력이 감소했다. 예를 들면 아마존Amazon은 2020년 기준 R&D에 400억 달러를 지출했는데, 이는 극소수 국가를 제외한 대부분 국가 예산보다 많은 액수였다. 같은 해 영국의 공공 R&D 예산은 약 140억 달러였으며, 핀란드의 경우에는 약 23억 달러에 불과했다.[4]

이와 같은 격차는 효과적인 거버넌스가 구축되지 못한 글로벌 차원에서 더 분명해진다. 세계에는 세계은행World Bank이나 IMF(국제통화기금) 등 경제와 관련한 많은 기관이 있다. 그렇지만 과학의 목적과 방법을 제대로 성찰하거나 각국의 연구 역량이 올바른 과업과 방법론을 지향하고 있는지 판단하는 기관은 부족한 실정이다. 물론 과학계는 그동안 인터넷 규칙에서부터 남극 대륙 관리와 핵확산 방지에 이르기까지 때로는 공식적인 정치 이면에서 글로벌 협력을 끌어냈고 다양한 돌파구도 마련했다. 하지만 최근 자료에 따르면 유엔이 '지속가능발전목표 Sustainable Development Goals, SDGs'로 설정한 우선순위와 과학기술의 우선 순위 사이에는 현저한 차이가 있음을 알 수 있다.[5]

주기적으로 과학계는 최첨단 기술, 특히 AI를 둘러싼 개발 사항과 정보를 공개하고 기술 추진을 제한하라는 공공의 요구에 응답하고 있지만, 내가 뒤에서 설명하겠지만 대체로 너무 모호한 데다 실행 계획이나 거버넌스 수립과 관련해 따져볼 내용이 빠져 있어서 별다른 영향은 미치지 못하고 있다.

19세기 유럽 많은 국가에서 통치 체제로 입헌군주제가 일반화되면서 "군주는 군림하되 통치하지 않는다"는 말이 유명해졌다. 그런데 이제 과학은 정반대 위치에 서 있다. 과학은 통치하지만 군림하지 않으며, 행사하는 권력에 대해서도 그저 느슨한 책임만 진다.

그 원인 가운데 일부는 과학계 자체의 맹점과 편견에 있다. 과학자들은 스스로 정책을 만들 수 없으며, 정책을 만들 기술도 의향도 없을뿐더러, 타협과 모략으로 점철된 정부 세계에 너무 가까이 다가가면 명예가 실추될까 봐 두렵다고 이야기한다. 그러나 과학계가 가진 사실상의 권력은 그들이 정치와 철저히 분리돼 있다는 항변을 점점 더 믿기 어렵게 만들고 있다.

정치는 우리가 집단 결정을 내리는 주된 방식이므로 답을 제시해야 한다. 하지만 정치는 과학을 통제하는 임무에는 적합하지 않은 것 같다. 오늘날 정치의 근간은 19세기에 형성됐다. 정기 선거, 공약, 정책 등을 통한 수도 의회 중심의 통치가 이뤄졌다. 이후 시민 의회나 원격 의회 같은 여러 실험적 시도가 있었으나 상대적 진전은 거의 없었다. 정치는 여전히 좀스럽고 단기적이며, 정보 취득 역량이 부족하고 공공의 관심사와 동떨어져 있는 듯 보인다. 정치인을 선출하거나 임명하는 방식은 그들이 수행해야 할 임무와 잘 맞지 않고, 그들의 역할에 전문적인 교육이 지원되는 것도 아니다. 그냥 일하면서 배울 뿐이다.

나는 정치계 원로들에게 의도적으로 약간 짓궂은 질문을 던지곤 했다.[6] 일테면 인터넷 작동 원리에 관해 5분 정도 설명을 해줄 수 있는지 물었다. 이들 역시 하루에도 수 시간 인터넷을 이용하지만 제대로 설명한 사람은 없었다. 해저 케이블 등의 하드웨어적 연결망은 물론 주소나 프로토콜 같은 소프트웨어적 특징조차 몰랐다. 한마디로 아는 게 없었다.[7] 이들에게 인터넷은 그저 신기한 마법이었다. 인터넷이 우리 삶의 수많은 영역을 좋거나 나쁘게 변화시킬 때 정치가 적절하게 대처하지 못한 까닭이 여기에 있다. 이것만 봐도 왜 정부와 의회가 과학계에 현명한 대응을 하지 못하는지 이해할 수 있을 것이다.

따라서 정치만이 할 수 있는 역할을 하려면 정치에 근본적인 개혁이 있어야 한다. 이것이 내가 말하는 '과학과 정치의 역설'이다. 오직 정치만이 공익을 위해 과학을 관리하고 통제할 수 있지만, 이를 가능케 하기 위해서는 정치 자체의 변화가 필요하다. 더 풍부한 지식, 더 체계적인 방식, 더 과학적인 방법에 복잡성과 심리학을 더해 정치인들의 법과 경제의 전통적 기반을 포괄하는 이른바 '권력을 위한 새로운 커리큘럼'의 혜택을 받아야 한다.

이런 역동성을 이해하는 데 철학자 헤겔Georg Wilhelm Friedrich Hegel의 '주인과 하인' 이야기가 도움이 된다. 주인인 정치는 바야흐로 능력과 지식 면에서 주인을 훨씬 능가하는 하인을 길러냈다. 과학은 정치에서의 전통적 주권에 따라 사실상 그 자체로 주권을 확보했다. 정치에 과학이 필요하면 할수록 하인이던 과학은 점점 더 주인의 위치에 서게 됐다. 전염병 예방, 기후 변화 대응, 환경 보존, 자녀 양육 등 현재 우리의 집단 결정 대부분은 과학에 의존하고 있으며, 이는 시민의 욕구를 반영하고 선거에 직접적인 영향을 미친다.

그렇지만 과학은 우리가 이 같은 집단 판단을 어떻게 하는지는 말할 것도 없고 그 의미나 의의에 관해서도 언급하지 않는다. 그도 그럴 것이 본래 과학이란 무엇이 무엇이며 무슨 일이 일어날 수 있는지는 말할 수 있지만, 무엇이 중요하고 무엇에 신경을 써야 하는지는 설명할 수 없기 때문이다. 그 역할은 정치가 해야 한다. 정부는 단순히 '과학을 따를 수 있다'고만 여겨서는 안 된다. 조금만 들여다보면 그 생각이 금세 무너지는 경우가 많다.

아리스토텔레스Aristoteles를 떠올려보자. 그는 '개인'의 좋은 삶이 무엇인지를 탐구하는 '윤리'와 공동체의 좋은 삶을 다루는 '정치'를 구분했다. 아리스토텔레스는 도시 국가가 건강해야 인간 잠재력을 온전히 실현할 수 있다고 믿었다.[8] 그는 정치학을 지식 체계에서 다른 학문보다 우위에 있는 주인의 학문으로 봤고, 그 유명한 《니코마코스 윤리학Ethika Nikomacheia》에서 이렇게 썼다.

"정치학은 다른 모든 학문을 이용할뿐더러 우리가 무엇을 하고 무엇을 하지 말아야 하는지를 정하는 만큼 정치학의 목적은 다른 학문의 목적을 포괄하며, 따라서 정치학은 인간을 위한 좋음을 추구한다고 말할 수 있다."[9]

2000년이 지난 지금도 정치는 법을 만드는 힘을 이용해 여전히 다른 모든 학문과 분야를 압도할 수 있다.[10] 이 힘은 윤리를 근간으로 하지만 더 광범위하게 적용된다.[11] 실제로 과학과 기술에 관한 결정 대부분은 윤리적 추론을 뛰어넘는 경우가 많다. 누구에게 이익이 되고 누구에게 손해가 되는지에 대해 정치적 판단을 수반하며 고도의 맥락도 요구된다. 생명과학에서 AI에 이르기까지 과학윤리 중심에 놓인 기관을 개설하는 유행은 정치적 실패를 염두에 둔 대응이며 여러 지적인 논쟁을 유발한다. 그러나 곧 범주 오류로 간주하리라고 예상된다. 윤리만으로는 복지 체계를 어떻게 설계해야 하는지, 전쟁을 언제 시작해야 하는지, 세금을 어떻게 부과하고 단속해야 하는지, 새롭고 강력한 과학 분야를 어떻게 관리해야 하는지 알 수 없기 때문이다.

규범과 법률을 검토하고 해석하고 행사할 권한과 더불어 과학과 기술을 감시하거나 통제하거나 독려하기 위해 권력을 동원해야 하는지는 윤리적 문제가 아닌 정치적 문제다. 달리 말해 과학과 기술이 자체적으로 독점, 포식, 오용 같은 새로운 형태의 힘을 확보하는 방식을 제어하고자 권력을 행사하는 일은 순전히 정치적 문제다. 나아가 유전자 치료 등과 같은 새로운 지식의 혜택을 공정하게 분배하기 위해 권력을 이용하는 일도 정치적 문제다.

이 책은 이와 같은 권력과의 관계의 본질에 관해 깊이 파고들 것이다. 나는 국가가 과학에 개입한 복잡한 역사를 설명하면서 국가가 과학을 군사력이나 경제적 번영의 수단으로 이용한 방식, 과학의 위험에 대한 우려가 커지게 된 과정, 정부와 의회가 과학계와 부딪히면서 직면한 현실적 문제를 살필 것이다. 정치와 과학이 충돌하는 다양한 논리와 그 논리가 어떻게 고유한 생명력을 갖게 되는지도 들여다볼 것이다.

결론부터 말하면 '정치의 과학화'와 '과학의 정치화'가 모두 이뤄져야 한다. 과학은 스스로 한계를 명확히 하고 끊임없이 성찰하는 분야로 재탄생해야 하며, 정치는 종종 불투명하고 불확실한 과정으로 빠져드는 과학을 올바른 방향으로 이끌 만큼 충분한 지식을 갖춰야 한다.

과학자들이 정치인들처럼 당파를 형성해야 한다는 의미가 아니다. 오히려 정반대다. 과학계가 과학과 무관한 견해를 지지하고자 학문적 권위를 이용해 당파적인 모습을 보인다면 신뢰는 더 떨어질 것이다.[12] 과학자들이 더 폐쇄적이고 편협한 생각을 보일수록 그들의 결론을 심각하게 받아들여야 할 이유 또한 줄어들 것이다. 내가 이야기하는 '과학의 정치화'는 과학계가 사회적 현실을 직시하고 책임 있는 모습을 보이는 것, 사회의 우선순위에 관한 토론과 논쟁에 기꺼이 참여하는 것에 가깝다. 요컨대 과학과 관련해 내려야 할 중요한 결정 가운데 상당수가 그 본질에서 정치적이라는 사실을 인정해야 한다는 것이다.

여기에서의 쟁점은 '메타인지metacognition'다. 메타인지란 우리가 무엇을 배워야 하는지, 왜 배워야 하는지, 또 우리가 무엇을 알고 무엇을 모르는지 인지하는 활동을 말한다. 학교에서 아이들에게 가르치는 가장 중요한 역량이 메타인지다. 다시 말해 메타인지는 생각하는 방법에 대해 생각하고 다양한 과업에 적합한 사고방식이 무엇인지 아는 능력이다.[13] 과학과 기술은 매우 강력한 인지 체계를 갖추고 있지만 복잡하고 모난 선택을 단순하고 둥글게 성찰하는 메타인지에 대해서는 체계가 부족하다. 메타인지는 과학이 추구하는 정신과 과학적 탐구에 의문을 갖게 해주며 때로는 실천적 맥락에서 과학을 바라보게 해준다. 아울러 메타인지는 민주 정치의 장점인 다른 견해들과 능동적으로 논쟁하고 협력하려는 의지를 북돋고 편협해지지 않도록 돕는다.

그러려면 선형적 사고보다는 순환적 사고 능력이 필요하다. 윤리와 정치 등을 포괄하는 다차원적 지식이 과학 분야의 개별적 지식보다 우선해야 하기 때문이다. 범유행 전염병 관리, 기후 변화 억제, AI 악용 금지, 전쟁 수행과 같은 복잡한 과업을 처리하려면 여러 유형의 지식이 필요하다. 과학은 단편적 지식일 뿐이며 항상 중요한 것도 아니다. 확대하기 전에 축소할 수 있는 사고가 요구되는 이유다.

성숙한 정치 체계는 시민들의 일상생활과 밀접하게 연결돼 있으나 기술적·윤리적으로 복잡하고 불확실한 과업을 해결할 때 여러 지식을 동원할 수 있다. 나아가 다양한 지식 분야가 각기 다른 목적으로 활용되는 까닭을 설명할 수 있다.

메타인지는 지식 간 융합을 뒷받침한다. 과학은 분석과 발견에 무척 유용한 도구다. 하지만 경계를 넘어 생각하거나 다른 지식과 융합하는 데는 놀라울 정도로 취약하다. 이 사실은 코로나19 기간 동안 일부 과학 분야가 두각을 나타내면서 명백해졌지만, 신체 건강과 더불어 정신 건강이나 경제 및 교육의 필요성을 어떻게 평가해야 하는지는 명확히 설명하지 못했다. 예컨대 전염 위험성을 모델화하거나 백신 개발을 가속하는 등의 영역에서는 인상적이었으나 관련 영역 전체를 아우르는 설명은 현저히 부족했다. 수소 기반 경제로 전환하는 복잡성에서부터 인류 정신 건강에 이르기까지 우리가 직면한 커다란 도전 과업 중 대다수는 전체적이고 융합적인 사고와 실천이 필요하다.

이해관계 변화 노력도 절실하다. 과학은 스스로 지배적일 때가 많다. 그렇지 않은 경우에도 공익보다는 정부나 기업의 이익에 더 자주 이용된다. 과학의 일반적 지식을 공익에 부합하도록 하는 거버넌스가 여전히 민주화되지 못했음을 보여주는 대목이다. 차차 설명하겠지만 대중이 과학에 바라는 것들과 실제 과학 지식이 향하는 곳 사이에는 큰 격차가 있다. 대다수 영국 국민이 R&D가 무엇인지도 모르겠고 자신들에게 어떤 도움이 되는지도 모르겠다고 말하는 이유도 여기에 있다.[14]

대중에 더 나은 서비스를 하려면 더 나은 예측 역량을 갖춰야 한다. 과학은 새로운 지식뿐 아니라 새로운 위험도 창출하므로 사회와 세계 전체에 대해 이해하고 발견하고 예측하고 예방하는 역량이 매우 중요하다. 그러나 대부분 과학 분야에서 이를 수행할 기관은 거의 없다. 기후 변화 추세를 예측하고자 애쓰는 IPCC(기후 변화에 관한 정부 간 협의체) 정도가 있으나 AI와 같은 분야에서는 전무한 실정이다.

불확실한 상황에서 예측은 전통적 법률이나 제도와는 다르게 대처한다는 뜻이기도 하다. 좀 더 정확히 표현하면 과학을 둘러싼 불확실성으로 인해 결정은 그때그때 번복될 수 있다. 즉, 변경이 필요한 계기나 새로운 사실이 드러나면 언제든지 결정 내용을 수정해야 한다. 따라서 규제 역시 앞을 예상하고 이뤄져야 한다. 기술 변화를 예측해 일테면 드론, 양자컴퓨팅, 유전체학genomics, 자율주행 자동차 등의 발전 상황에 발맞춰 신속히 대처할 수 있어야 한다.[15] 아울러 그 유익성과 위해성에 관해 일회성 조사나 분석이 아닌 지속적인 평가를 주기적으로 수행해야 한다. 각 도시와 국가는 물론 세계를 대표하는 모든 과학 분야 전문가, 정치인, 대중이 한곳에 모여 잘 다듬어진 '지식 공유지knowledge commons' 역할을 하는 이른바 '과학기술 협의체'가 필요하다. 나아가 이들 협의체는 현재 세대 공익과 가치에 관여한다는 좁은 의미에서의 정치적 기관을 넘어 미래 세대 이익까지 고려하는 넓은 의미의 초정치적 기관으로 기능해야 한다.

정부 및 거버넌스의 방법론적 역할에 관한 여러 주장은 '진실'의 본질을 반영한다. 국가는 진실을 향한 때로는 자의적이고 때로는 정확한 주장에 대해 정당성을 부여한다. 당연하게도 과학은 진실의 발견을 열망한다. 하지만 오늘날 우리는 진실이 흐릿해 보이는 시대에 살고 있다. 여기저기 가짜가 난무한다. 수없이 많은 가짜 이미지, 가짜 영상, 가짜 주장이 갈수록 확산하고 있다. 속임수가 더 쉬워지고 일상이 돼서 도무지 무엇을 믿어야 할지 알아내기가 그 어느 때보다도 어렵다. 그렇기에 검증 체계 마련이 시급할 수밖에 없으며, 진실을 추구하고 증명할 소명을 띤 직업군도 사회적으로 더욱 중요해졌다. 진실에 더 가까이 다가서기 위한 회의주의를 포함하는 과학의 기본 방법론은 과학 자체뿐만 아니라 거의 모든 분야에 중요하다. 17세기 런던에서 설립한 왕립학회Royal Society의 원래 슬로건인 "눌리우스 인 베르바nullius in verba, 누구의 말도 그대로 믿지 말라"는 진실을 둘러싼 전쟁의 시대에 훨씬 더 필요하다. 우리는 다른 이들의 말을 무조건 받아들이기보다 늘 질문하고 시험하고 조사해야 한다.

이는 과학자들이 과학의 더 넓은 가치를 지향하도록 이끌 수 있다. 이를 위해 나는 '관계적 전환relational turn'을 주장한다. 과학계는 설명에만 그칠 것이 아니라 경청하고 응답하고 민주적 의견을 수용하는 데 적극적이어야 한다. 아직도 많은 과학자가 자신이 대중과 완벽하게 의사소통하고 있고 그들에게 신뢰를 받고 있다고 말한다. 이런 태도는 잘못됐다. 물론 과학자들은 자신이 가진 전문지식 덕분에 존경받을 수 있지만, 장기적으로 공익에 이바지한다는 것이 확실할 때만 대중에게서 완전한 신뢰를 얻을 수 있다.

정치의 핵심 통찰은 주장, 논쟁, 경쟁을 통해서만 공통의 이익을 발견하고 표출한다는 데 있다. 반면 과학의 핵심 통찰은 분리된 관찰, 실험, 의심을 통해서만 우리에게 유용한 진실을 발견할 수 있다고 말한다. 한편으로 관료주의의 핵심 통찰은 제도, 역할, 규칙을 통해서만 일을 성사시킬 수 있다는 것이다.

나는 이 책에서 이와 같은 각각의 통찰이 새로운 세대의 기관과 융합해 새로운 논리로 뒷받침되는 새로운 과학이 어떻게 형성될 수 있는지 살핀다. 이 새로운 과학은 데이터와 증거에서 상상력 풍부한 추측에 이르기까지 사회 전체가 그 선택과 의미를 함께 생각할 수 있도록 돕는다. 새로운 기관의 임무는 과학기술 거버넌스에 필수적인 네 가지 단계, 즉 '분석과 관찰', '평가와 해석', '법률, 규정, 자금 등 가능한 모든 도구를 활용한 실행', '이렇게 일어난 일에 대한 대응'을 연결하는 것이다.

나는 행동과 학습을 강조할 때 과학, 특히 과학기술 연구 분야 필자들과 다른 태도를 보이는데, 이들 가운데 일부는 관찰과 분석은 하되 처방은 피하기 때문이다. 나는 이들이 광범위하게 퍼진 일종의 '다이나포비아dynaphobia, 권력공포증'에 빠져 있다고 생각한다. 이들은 권력과의 관계가 단절되리라는 두려움, 권력은 너무 사랑하나 지식은 하찮게 여기는 수많은 정치인과 관료들의 '다이아필리아dynaphilia, 권력성애'와 연결된 두려움에서 벗어나지 못하고 있다.

여전히 과학계는 계획하고, 대안을 설계하고, 그 대안을 주장하는 데 서툴며, 자신들만의 관찰과 비평의 공간에 머물러 있기를 선호한다. 그 때문에 예를 들면 사회가 AI와 같은 민감한 기술을 관리하는 더 나은 방법을 요구할 때 제대로 대응하지 못한다. 정부든 기업이든 과학, 정치, 윤리를 융합한 대안이 절실한 지금, 정작 이 문제에 가장 깊은 지식을 가진 사람들이 침묵하고 있다.

대안을 준비하고 실행하는 일은 확실히 정치적 과업이다. 과학과 기술에서 새롭게 떠오른 분야가 있을 때 우리 사회는 이를 장려할지 억제할지, 예산을 편성할지 배제할지, 관련 법률을 제정해 규제할지 아니면 그대로 놔둘지 등을 반드시 결정해야 한다. 이런 결정은 부분적으로 법률뿐 아니라 개별 과학자들이나 이들을 후원하는 기업 또는 재단 이사회의 양심에 따라 이뤄지며 언론이나 시민운동으로 널리 알려진다. 그리고 어느 시점에 이르러 가장 중요한 결정 사안 대다수는 정치의 몫으로 돌아온다.

: 차례 :

제2부 | 국가는 과학을 어떻게 이용해왔는가

제3부 | 과학이 권력의 정당성을 만들어주는가
― 진실과 논리의 문제

제1부

과학은
어떻게 권력과 만나는가

제1장

불안한 상호 의존

과학은 우리 주변 어디에나 있고, 미래를 내다볼 때 그 중요성은 더욱 커질 것이다. 과학은 우리의 안녕과 밀접한 관련이 있으며, 새로운 기술 개발을 독려해 우리 몸, 우리 집, 우리 도시에 융합하도록 돕는다. 과학은 우리 삶의 우주적 맥락을 조명하고, 삶의 가장 세세한 부분을 드러낸다. 과학은 온갖 경이로움과 영감 그리고 경외의 원천이다.

오늘날 우리는 우리 선조들과 달리 과학의 렌즈로 사물을 바라본다. 마른 풀 한 조각도 기후 변화의 좋지 않은 결과로 판단할 수 있다. 다루기 어려운 아이들은 육아의 과학이라는 렌즈로 해석되기도 한다. 패스트푸드 음식점은 우리가 아는 영양과 비만의 과학적 지식으로 살필 수 있다. 우리의 모든 삶에서 과학적 추론은 또 다른 렌즈와 연결되고 때로는 대체된다. 일테면 소속감이라는 렌즈로 우리가 생활하는 공간을 보고, 즐거움과 만족이라는 렌즈로 음식을 보며, 믿음이나 가족의 신성함이라는 렌즈를 통해 아이들을 바라보는 것이다.

그러나 한편으로 과학은 그 발전만큼이나 위험해졌다. 그래도 어떤 이들은 여전히 과학을 냉정하고 차분하며 질서정연한 것이라고 믿는다. 흰 가운을 걸친 사람들이 훗날 혼돈과 폭력을 초래할지 모를 실험실에서 자신들도 모르게 과학의 온전한 정신을 합리화하고 있다.

하지만 유감스럽게도 그들이 그리는 그림은 명확하지 않다. 새로운 지식은 언제나 불안하고 불안정하다. 몇 가지 질문에는 답할 수 있으나 또 다른 질문을 만들어낸다. 현실에서 우리가 직면한 위험 대부분은 그것이 직접적이든 간접적이든 간에 탄소 기반 산업 발전에서 핵과 생물학 무기, AI, 유전자 변형에 이르기까지 과학적 진보의 결과다. 더욱이 새로운 지식은 오랜 직업과 권위의 원천을 파괴한다. 무지의 영역을 들춰내 불안과 두려움을 일으킨다. 과학이 더 중요해질수록 더 위험해진다는 과학의 역설은 바로 이 부분에서 나온다.

이는 과학에서 비롯한 병원체나 오염물질 등을 살피면 더욱 명백해진다. 2022년 인간미래위원회Commission for the Human Future 는 잠재적으로 인간 생존에 치명적 위협이 될 수 있는 열 가지 요인을 발표했다. 그 목록은 특정 순서 없이 다음과 같다.

1. 천연자원(특히 물) 감소.

2. 생태계 붕괴 및 생물 다양성 상실.

3. 지구의 수용 능력을 초과한 인구 증가.

4. 지구 온난화 및 인간이 유발한 기후 변화.

5. 대기와 해양을 포함한 지구의 화학적 오염.

6. 영양 품질 저하 및 식품 불안 증가.

7. 핵무기 및 기타 대량 살상 무기.

8. 치료 불가 신종 유행병.

9. 통제 불가 강력한 신기술 출현.

10. 위 사안을 이해하고 예방하지 못하는 국가 및 세계 기구.

모두 과학기술 기반 문명이 낳은 직간접적 결과이며, 열거한 것들 가운데 마지막 위협으로 증폭된다. 이 목록은 범국가적·범세계적 실패를 막으려면 왜 과학과 정치의 첨단에 새로운 제도와 기관이 필요한지 설명해준다. 그렇다면 과학과 정치는 서로 어떻게 협력할 수 있을까?

과학과 정치 모두 오랜 뿌리를 갖고 있지만 현대 사회에서 각기 독특한 형태를 띤다. 과학은 학계, 실험실, 실험 방법론, 동료 심사 등을 포함하며, 정치는 국가, 정당, 의회, 정책이라는 형태를 취하고 있다. 두 분야 모두 경쟁과 협력의 혼합으로 지식과 행동을 촉진하고 언어에 크게 의존한다. 과학과 정치 둘 다 생각과 행동을 연결할 때 놀라울 정도로 비슷한 구조를 활용한다. 무슨 일이 일어나고 있는지, 중요한지 관찰해 해석하고 실행한다.

그렇지만 양쪽이 생각하는 방식에는 근본적 차이가 있다. 정치는 끝없이 유연하다. '정치적 진실'이란 애당초 존재하지 않는다. 정치에서 중요한 것은 현재 매우 짧은 시간 지평 내에서 무엇이 작동하고 있는가다. 반면 과학은 어떤 방법은 허용되고 어떤 방법은 허용되지 않는지에 대해 완고한 시각을 갖고 있다는 점에서 독단적이다. 다만 정론이 없는 독단이라 모든 것에 의문을 품는다. 과학은 이단과 거짓을 뿌리 뽑기 위해 쉴 새 없이 경계를 감시한다. 때로는 장기적 관점을 취하기도 하고 깊이 분석하기도 하지만 직선적이기도 하다.

과학의 사고방식은 그 본질에서 회의적이고 냉담하다. 사실 이 부분이 과학의 커다란 장점이다. 어떤 주장에 맞닥뜨리더라도 우리에게 그것이 사실인지 계속해서 질문하고 자극하고 의심하도록 요구한다. 과학적 담론이 신화나 설화와 구별되는 대목이다. 과학은 우리가 모든 종류의 진실에 더 가까이 다가서는 데 도움이 된다. 그러나 우리에게 위안을 주지는 않는다. 이와는 대조적으로 정치의 사고방식은 우리의 시간과 공간, 우리의 삶에 뿌리를 둔 집단적 필요와 욕구를 대변하고 전달하고 반영하는 동시에 우리를 이해하고 안심시키고자 애쓴다. 과학은 경고하고 독려할 수는 있어도 우리에게 무엇이 중요한지 알려주지 않는다. 정치는 진단과 처방을 안내해주지만, 그 진단과 처방에 필요한 사실에 관해서는 상대적으로 우리에게 해줄 말이 별로 없다.

양쪽 모두 불완전하긴 매한가지다. 과학은 매우 다른 논리와 방식을 띤 공학과 손잡고 전 세계에 막대한 영향을 미친다. AI가 과학과 공학이 서로 얽혀서 발전하는 대표적 사례다. 하지만 무엇이 중요하고 어떻게 실행해야 하는지 판단하려면 윤리적, 정치적, 실용적인 여러 추론과 결합해야 한다. 과학만으로는 스포츠에서 젠더gender 구분이 의미하는 게 무엇인지, 원자력이 기후 변화의 좋은 대안인지 알 수 없다. 과학이 그 중심에 있지만, 바람직하게 실행하려면 서로 연관된 다른 유형의 지식과 충분한 논의가 이뤄져야 한다.

정치 역시 다양한 지식의 도움을 받아 그 자체의 결함과 맹점을 인식해나가야 한다. 풍자로만 그쳐서는 곤란하다. 유연함이라는 정치의 장점은 사실과 일관성 그리고 실용성을 고려하지 않는다면 병리 현상에 지나지 않는다. 정치를 위한 정치는 대중에 제대로 봉사할 수 없다. 정치는 반드시 올바른 지식과 실천을 통해서만 작동해야 한다.

과학과 정치는 생존을 위해서라도 서로가 필요하다. 과학은 정치의 후원이 필요하고, 정치는 과학의 해결책이 필요하다. 과학과 정치는 각자 자신들의 권위, 자원, 인정을 두고 경쟁해왔다. 양자 사이의 불안한 공생관계는 오랜 딜레마에 새로운 빛을 던진다. 2000년 동안 정치철학자들은 우월한 지식이 있는지, 있다면 그 지식이 시민들의 정당한 지지를 받는 건전한 기틀을 제공할 수 있는지 끊임없이 논쟁했다.[1] 우리는 우리 삶에서도 이와 비슷한 긴장을 경험한다. 우리가 아는 것과 행동하는 것 그리고 느끼는 것을 동일시할 때 나타나는 긴장이다. 직업 선택, 투표, 인간관계, 심지어 운동이나 다이어트를 할 때도 완벽한 지식을 바탕으로 행동하는 사람은 드물다. 우리는 항상 우리가 아는 것과 실제 현실에 직면한 우리 모습 사이의 긴장으로 어려움을 겪는다.

정치의 경우 전문성에 바탕을 둔 정당성과 시민의 의사 표현을 토대로 한 정당성 사이의 긴장도 피할 수 없다. 어떤 정부도 전적으로 증거 기반을 내세울 수는 없으며, 모든 결정을 과학자나 전문가들에게 맡길 수도 없다. 더구나 대중의 정서, 기대, 우려를 무시하는 것도 불가능하다.

그렇다고 해서 대중의 욕망에만 좌우될 수도 없는 노릇이다. 왜냐하면 대중 개개인의 욕망은 일관되지 않으며, 어떤 개인도 자신의 선택을 온전히 객관화해서 늘 올바르게 행동할 수는 없기 때문이다. 거듭 말하지만 그래서 우리 삶도 이 한계에서 벗어날 수 없다. 우리는 우리 자신의 불안정한 의지로부터 그나마 우리를 보호해줄 수 있는 제약, 조치, 약속에 의지한다.

하지만 정치와 관련해 대중의 한계가 어디까지인지 정확히 설명하기란 어렵다. 우리를 비롯한 대중은 기대와 결과 사이의 느슨한 상관관계라는 정확한 인식보다는 공공의 지혜라는 신화를 더 선호한다. 개개인의 선택이 균형을 이뤄 결국에는 대중의 올바른 선택으로 이어진다고 믿는다. 이스라엘 정치학자 야론 에즈라히Yaron Ezrahi는 이를 "정치 질서의 토대를 이루는 불안하고 텅 빈 어두운 공간"이라고 묘사했다. 대중이 위치한 이 어두운 공간은 과학이 발전함에 따라, 그리고 정치가 이 도전에 공격적으로 반응함에 따라 점점 더 불안정해졌다.

도널드 트럼프Donald Trump와 블라디미르 푸틴Vladimir Putin 같은 정치인이나 이들의 조언자이자 이념가들은 자신만의 사실과 의미로 가득한 세계를 창조하고는, 과학이 자신들에게 도움이 되지 않으면 과학을 향해 거침없이 경멸적 언사를 날린다. 신화의 세계가 과학의 세계를 단도직입적으로 강타하는 사례다. 그렇지만 어느 쪽이 미덕의 편에 서 있는지 명확하지 않고 사실과 과학, 가치와 정치가 뒤섞이는 경우도 흔하다.

앞으로도 계속될 과학과 정치의 불편한 관계에 대한 암시는 2021년 7월 20일 미국 대통령 비서실 의료 수석 보좌관 앤서니 파우치Anthony Fauci 박사가 상원 청문회에 출석했을 때 엿볼 수 있었다. 그는 코로나19 범유행을 초래한 병원체 연구에 미국 정부가 자금을 지원했다는 의혹을 해명하고자 그 자리에 섰다. 한 상원의원의 질의에 그는 이렇게 대답했다.

"나는 당신이 지금 전염시키는 거짓말이 정말 원망스럽습니다."[2]

차가운 과학이 뜨거운 정치와 부딪히는 장면을 우리는 쉽게 접할 수 있다. 다만 이 사례에서 코로나19가 실제로 당시 우한 실험실에서 병원체가 유출된 결과인지는 여전히 불분명하다. 박쥐에게서 감염된 너구리가 우한 시장에서 판매된 것이라는 주장도 힘을 받았다. 전문가들의 의견도 팽팽히 맞서고 있다.[3] 그런데 미국 국립보건원NIH이 병원체 실험에 자금을 지원했다는 사실만은 의심할 여지가 없다. 여러 기관이 바이러스의 독성이나 유해성을 강화하는 이른바 '기능 획득 연구gain of function research'를 위해 코로나바이러스와 관련이 있는 우한에서의 연구 활동을 후원했다는 사실이 밝혀졌다. 극단적인 결과가 있을 때만 자금 지원 기관에 보고한다는 느슨한 조항도 드러났다. 의혹을 풀겠다며 실행한 조치가 이 문제에 연루된 당사자들로 조사 위원회를 꾸린 것이었다.

전 세계 약 2,000만 명을 숨지게 한 초유의 전염병인데도 여전히 이 사건의 진상은 장막에 가려져 있다.[4] 그래도 코로나19 사태는 인간 지식 추구의 경계를 뒤로 끌어당기면서 윤리나 상식에 어긋나 보일 수 있는 일부 위험한 연구를 포함해 여러 불편한 문제를 부각하는 계기로 작용했다.

미국 의회는 과학이 완전한 승리를 이룰 뻔하다가 코로나19 백신을 서둘러 만들고 배포한 1년 동안 지배력을 상실했다고 결론 내렸다. 이때 일부 야심 찬 정치인들은 기회를 놓치지 않았다. 2022년 후반 공화당 차기 대권 주자 론 드산티스Ron DeSantis 플로리다 주지사는 대배심을 소집해 코로나19 백신과 관련한 모든 불법 행위를 조사하도록 촉구하면서, 자신이 트럼프 대통령보다 과학에 더 회의적인 태도를 견지하겠다는 의지를 내비쳤다. 당시 한 설문 조사에 따르면 보수 성향의 공화당원은 17%만이 과학자들을 믿는 데 반해 진보 성향의 민주당원은 67%가 여전히 과학계를 신뢰했다.[5] 이는 과학이 필수 불가결하면서도 문젯거리로 떠올랐다는 방증이었다.

같은 시기 영국 웰컴트러스트Wellcome Trust 재단이 진행한 설문 조사에서는 113개국 응답자의 80%가 과학을 '대체로' 또는 '일부' 신뢰한다고 답했다. 이는 다른 분야가 부러워할 수밖에 없는 압도적 신뢰 수준이다. 하지만 과학의 이 성공 이면에는 불편한 패턴이 감춰져 있다. 미국인 가운데 44%는 인간 활동이 기후 변화를 일으켰다고 여기지 않는다.[6] 남아프리카공화국에서는 국민의 20% 미만이 그렇다고 믿는다.[7] 코로나19 범유행이 시작된 직후 영국 런던 북쪽의 루턴Luton 지역에 방문했을 때 나는 코로나19가 인간의 죄를 향한 신의 형벌이며, 과학은 실패했고 오직 종교만이 삶의 진정한 질문에 답할 수 있다고 외치는 사람들을 목격했다. 미국인의 40%가 '종말의 시대'를 살고 있다고 여긴다는 문구가 적힌 피켓도 봤다.

　그들에게 중요한 것은 과학자들에게 명백해 보이는 것과는 거리가 멀었다. 그렇지만 똑똑한 과학이 스스로 과학을 폄훼하는 데 쓰이고 있다는 사실도 꽤 역설적으로 다가왔다. 소셜 미디어 플랫폼에서 코로나19에 관한 낭설을 퍼뜨린 계정의 절반 이상은 봇bot 프로그램이었다.[8]

　코로나19와 백신을 두고 펼쳐진 수많은 논쟁은 과학과 과학의 적대자 그리고 회의론자들 사이의 진화한 투쟁 양상을 보여준 강렬한 사례였지만, 그렇다고 해서 특별한 사항은 없었다. 그 기간 유럽의회에서도 AI에 관한 새로운 법률 제정안을 논의했다. 나도 유럽의회 STOA(과학기술평가단) 자문 위원으로 참여했다. 어느덧 AI는 우리 일상이자 꿈이자 악몽이 됐다. 앞으로 살필 테지만, 그 중심에 있는 많은 과학자가 자신들의 연구에 윤리적 규칙과 한계를 정의하고자 노력했으나 성공하지 못했다.

　정치계는 자신들이 할 일을 찾기 위해 발버둥쳤다. 그러던 중 컴퓨터과학 최전선에서 이미 미국과 중국에 뒤처진 유럽의 미래에 AI가 필수적이라는 말을 들었다. 그와 동시에 AI가 시민들에게 얼마나 혼란을 초래하고 위험한지 알게 됐다. 그래서 일종의 타협책으로 위험성이 높다고 간주하는 알고리듬은 전면 금지하고, 투명하면서 설명 가능한 알고리듬만 허용한다는 원칙을 세우자고 제안했다. 이를 반대하는 사람들은 인간 뇌 신경계를 모델로 한 AI는 너무 복잡한 데다 불투명해서 관련 규정을 정립하기가 어렵다고 주장했다.

　AI 개발을 규제하라는 시민 사회의 정치적 압력도 거세졌다. 2020년

런던에서는 수천 명이 거리로 몰려나와 학교 시험 성적을 결정하는 알고리듬에 반대하며 시위를 벌였다. 2021년 네덜란드에서는 AI 알고리듬 오류로 시민 수천 명의 사회 보장 금액이 잘못 지급돼 한바탕 소동이 일어났고 관련 부처 책임자들은 해임 요구에 시달렸다. 중국 정부는 AI와 관련한 새로운 규제 방안을 도입해 2022년 말 선전에서 지방 정부 수준의 법안을 제정했으며, 같은 시기 상하이에서도 자체 규정을 마련하는 등 발 빠르게 대응해나갔다.

과학은 항상 어디에나 있지만 스스로 문제를 해결하지 못한다. 정치는 늘 과학을 이해하고자 노력하지만 온전히 이해하지 못한다. 과학계는 자신들의 문제를 과학적 판단 도구가 부족한 정치계의 의제로 떠넘긴다. 속사정을 고려하면 이는 지극히 일반적인 상황이다. 어느 국가든 간에 수백 건은 아니더라도 평균 수십 건의 과학 관련 평가를 진행하고 있다. 예를 들면 정부는 핵폐기물 비용을 추산하고 누가 책임져야 하는지를 결정해야 한다. 과학이 산업에 영향을 미치는 한 투자 문제에서 자유롭지 않기 때문이다. 결실을 보는 데 30년이 걸리는 핵융합 기술의 기대 가치가 얼마나 되는지 평가해야 하는 쪽도, 유전자 편집 및 복제 기술에 관한 규정을 확보해야 하는 쪽도 정치다.

정치는 양자컴퓨팅 같은 기술 개발을 적극적으로 독려해 국가가 경제 호황 대열에 참여할 준비도 해야 한다. 물론 과학기술계의 의사결정자들이 산업을 주도하겠지만, 인터넷에 의존하는 클라우드 컴퓨팅 시스템의 보안이 뚫려 개인 프라이버시가 침해당하지 않도록 규제하는 것은 정치의 몫이다. 국가 안보에 치명적 손상을 미치는 기술은 두말할

것도 없다.[9]

과학이 위협하고, 과학이 실패하고, 과학이 새로운 규제 마련 명분의 근거가 되는 만큼, 이제 과학은 모든 의미에서 정치적이다. 뉴질랜드 정부 과학 고문 피터 글럭먼 경이 강조했듯이 오늘날 대부분 문제는 과학적 결정과 정치적 결정을 동시에 요구한다. 외인성 질병 구제, 해양 유전 탐사, 향정신성 의약품 관리, 수질 생태계 보전, 가정 폭력 예방, 비만 관리, 청소년 문제, 자살 문제, 인구 고령화 문제, 유아 교육 우선순위 결정, 온실가스 감소 대책, 경제 성장과 지속 가능 환경 사이의 균형 방안 등 과학과 무관한 이슈는 거의 찾아볼 수 없다.[10]

과학과 정치의 경계를 관리하는 현재 방식은 더이상 적절치 않다. 정치계는 과학의 주권이 커지고 있다는 사실을 인정하지 않고, 권위와 합법성에 대한 과학계의 주장에도 귀 기울이지 않으며, 문제를 제대로 파악하기 위해 과학적 통찰을 다른 유형의 지식과 융합하는 종합 역량이 부족한 과학의 약점도 애써 외면한다. 과학을 활용하지 않는 정치적 결정도 줄어들지 않고 있으며, 과학적 결정도 여전히 정치의 영향을 받지 않는다.[11]

그렇다면 우리는 과학을 어떻게 이용하고 관리해야 할까? 우리 사회는 이를 유도하고자 과학 지식을 어떻게 활용해야 할까? 통제 불능의 과학계 그리고 과학적 지식은커녕 그들을 통제할 역량조차 없는 정치계를 계속해서 걱정만 해야 할까?

한 사회가 어떤 도전적 기술을 사려 깊고 균형 잡힌 방식으로 활용한 사례는 안타깝게도 찾아보기 어렵다. 억지로라도 예를 들어본다면 '시험관 아기'라 불리는 체외 수정In Vitro Fertilisation, IVF과 배아 줄기 세포 복제에 대한 영국 정부의 대응 정도가 있다. 1980년대부터 이 사안을 공론화해 의회와 대중 모두의 관심을 이끌었고, 이후 수십 년에 걸친 공개 토론에서 열띤 공방이 오갔다. 그렇게 마침내 1990년 보건사회복지부 산하로 'HFEAHuman Fertilisation and Embryology Authority, 인간수정배아관리국'이라는 규제 기관을 설립해 대중의 신뢰를 유지하면서 첨단 연구를 가능케 하는 일련의 규정을 마련했다.

그런데 HFEA가 놀라운 점은 그것이 일반적 통례로 끝난 게 아니라 예외로 남았다는 데 있다.[12] 자문위원회 수준의 소규모 기구가 실질적 권한을 위임받은 공식 기관으로 전환한 경우는 없었다. HFEA는 수많은 이해관계를 뚫고 정치 및 의회 합의를 통해 합법적 권한과 공신력을 확보했다는 점에서 보기 드문 사례. 이 밖에 다른 사안은 아직도 달라진 것이 없다. 인터넷의 폐해에 관한 증거가 넘치는데도 관련 규정이나 기관은 없는 상황이며, 하루가 다르게 빠른 속도로 발전하고 있는 유전자 변형 기술에 대해서도 여전히 규제할 방안이 없다. 본격적인 수난이 시작된 AI도 비교할 만한 대응책이 전혀 없는 실정이다.

HFEA와 같은 대응 모델은 메타버스metaverse나 합성생물학 등 다른 과학 분야에 그대로 적용하지는 못하더라도 꽤 유용한 본보기다.[13] 그렇더라도 기관 설립은 사회가 처한 상황에 맞게 이뤄져야 하며, 정치적 양극화가 심하거나 종교 영향력이 강한 국가는 여타 세속 국가와 다른 방식으로 과학을 다뤄야 한다.

아무리 21세기 글로벌 사회라지만 아직 우리는 세계 표준 잣대를 들이댈 수 없는 불균형한 세상에 살고 있다. 미국은 인구가 4배 더 많은 아프리카 대륙 전체 국가들보다 온실가스를 무려 6배나 많이 배출하는데 반해 이들 국가의 신생아 사망률은 미국보다 42배나 높다. 전기 이용 가능 인구에서는 10배 차이가 나고, 인터넷 접속 가능 인구 비율에서는 50배다. 인구 1,000명당 과학기술 저널 기사 수는 2,500배이며, 1인당 에너지 관련 이산화탄소 배출량은 1,000배 이상이다.[14]

국가마다 과학 분야에 대한 경험도 고르지 않고 선형적 진보라는 일반적인 이론과도 거리가 멀기에, 우리 시대는 지금도 뒤죽박죽 엉켜 있으며 낡은 기술과 새로운 기술이 혼재해 있다. 옛날 건축 자재로만 여기던 목재가 당당히 스칸디나비아의 멋진 20층 건물 주재료가 되기도 한다.[15] 현대전 대부분을 차지하는 무기도 재래식이다. 미국은 아프가니스탄에서 미사일이 아닌 AK-47 소총과 사제폭탄으로 쫓겨났다. 세계에서 가장 부유한 도시에서도 자전거는 인기 많은 교통수단이며, 가난한 도시에서는 골판지와 철사를 엮어 집을 짓고 우물을 판다. 1960년대에 제작된 여객기가 여전히 하늘을 날아다니고, 우리가 타는 자동차 엔진은 150년 전에 설계된 내연기관과 큰 차이가 없다. 그러므로 성급한 일반화는 충분히 오해를 불러일으킬 수 있다.

하지만 과학을 선도하기보다 수동적으로 받아들여야 하는 많은 국가에서도 과학 분야를 향한 정치적 결정을 피할 방도는 없다. 비근한 예가 인터넷이다. 후진국이라도 도시에서는 인터넷이 된다. 인프라가 형성되던 초반 10년 동안은 인터넷이 기회의 도구로 여겨졌다. 거의 모든 국가가 인터넷 네트워크를 더 적극적으로 수용하고 더 광범위한 서비스를 제공하고자 노력했다. 그러다가 뒤늦게 인터넷의 폐해를 인지하게 됐고, 아동·청소년이나 사회 윤리·도덕에 위협이 될 수 있음을 자각했다. 인터넷이 일상이 된 지 30년 만에 비로소 세계 대부분 국가가 규제, 일테면 '연령대 적합 설계age-appropriate design' 규약 등을 요구하고 나섰다.[16]

인터넷 같은 과학 분야가 정치와 무관하게 존재해야 한다고 주장하는 사람도 여럿 있었다. 비록 인터넷이 세계 초강대국 국방부에서 개발됐고 중앙 통제 기관인 ICANN(국제인터넷주소관리기구)이 미국 상무부 산하에 있는데도 이 엄청난 시스템이 권력, 즉 국가와 정부로부터 완전히 동떨어진 채 자유 그 자체를 담는 그릇이 되기를 바랐다. 1996년 이른바 '사이버 공간 독립 선언Independence of Cyberspace'에서 존 페리 발로John Perry Barlow는 이렇게 호소했다.

"미래 세대를 대신해 우리를 내버려두라고 과거의 여러분에게 부탁합니다. 여러분에게는 우리를 지배할 도덕적 권리가 없습니다."

그의 의도는 온건했지만 로렌스 레식Lawrence Lessig의 설명처럼 자유를 오해한 것 같다.

"사이버 공간에서 자유란 국가의 부재가 보장하는 것이 아니다. 다른 현실 공간과 마찬가지로 사이버 공간의 자유 또한 특정 상태에서 온다. 우리는 사회에서 모든 자의식을 제거하려는 게 아니라 특정 유형의 자의식 통제가 있는 사회를 설정해 자유가 번창할 또 다른 세상을 건설하려는 것이다. 현실 세계처럼 사이버 공간도 헌법 위에 세워 자유를 보장해야 한다."[17]

존 페리 발로의 우려처럼 실제로 여러 국가에서 자유와는 거리가 먼 인터넷 규제, 즉 차단하고 강요하고 금지하는 방식을 추진해 문제를 초래했다. 그렇지만 로렌스 레식의 근본적인 지적은 옳았다. 정치가 각성하는 데 너무 오랜 시간이 걸렸다는 사실은 급속히 발전하는 기술과 이를 따라잡지 못하는 거버넌스 사이의 격차를 실감케 한다.

이 패턴은 세대가 한 차례 더 바뀐 뒤 AI로 반복됐다. 2010년대에는 AI 기술 개발을 장려해 경제적 목적을 달성하려는 갖가지 국가 전략이 쏟아져나왔는데, 규제는 과학계 자율에 맡겨 매우 혼란한 상황이었다. 2010년대 말에 이르러 전 세계 수십억 명의 사람들이 매일 사용하는 수많은 장치가 AI로 잠식당하고서야 로렌스 레식이 주장한 '특정 유형의 자의식 통제'를 실현할 새로운 규정과 제도의 필요성이 대두했다. 정치는 또다시 뒷북을 쳤고, 과학기술의 양면성에 직면해 무엇을 해야 할지 갈팡질팡했다.

과학은 정치 이데올로기에 어떻게 도전하는가

과학은 인류를 강력하게 만든다. 과학은 인간의 감각과 기동력과 사고 능력을 증폭한다. 1856년 카를 마르크스Karl Marx는 증기, 전기, 방적 기계가 당대 급진주의자들을 이끈 아르망 바르베스Armand Barbès, 뱅자맹 라스파유Benjamin Raspail, 루이 오귀스트 블랑키Louis Auguste Blanqui보다 훨씬 더 위험한 혁명가들이라고 쓰면서 과학의 변혁적 힘을 역설했다.

그런데 한편으로 마르크스도 암시했듯이 과학과 기술은 물질적 측면에서뿐 아니라 정신적 측면에서도 혁명적이었다. 그동안 사회가 신성시했던 정치적 이상의 소중한 가설 중 상당 부분을 위협했기 때문이다.

과학과 정치의 관계는 어떤 모습이었을까? 소련을 대표하던 물리학자 표트르 카피차Pyotr Kapitsa는 이오시프 스탈린Iosif Stalin에게 보낸 편지에서 과학을 존중해달라고 요청했다.

"황제와 나란히 총대주교가 서 있던 시절이 있었으나 교회는 점점 더 쓸모가 사라져가고 있습니다. 반면 과학 분야 지도자들 없이 국가는 제대로 운영될 수 없습니다. 오직 과학과 과학자들만이 이 나라의 기술과 경제 그리고 국가 질서를 발전시켜나갈 수 있습니다. 따라서 되도록 조속히 과학자들을 총대주교의 지위로 올려놓아야 합니다. 프랜시스 베이컨Francis Bacon이 《새로운 아틀란티스New Atlantis》에서 언급했듯이 과학자들에게 존경받을 만한 지위가 마련되지 않는다면 이 나라는 문화적으로 성장하지 못할 것입니다."[18]

이후 수십 년 동안 여러 국가에서 알베르트 아인슈타인Albert Einstein이나 스티븐 호킹Stephen Hawking 같은 과학자들을 지식의 원천으로 여기면서 실제로 과학계는 총대주교와 같은 위상을 확보했다. 그런데 역설적이게도 정작 소련 정부는 표트르 카피차의 제안을 받아들이지 않았다. 그 대신 그와 동시대 소련인들은 겁에 질려 굴복했다. 소련에서 '수소폭탄의 아버지'라고 불린 안드레이 사하로프Andrei Sakharov처럼 핵무기 개발에 참여한 뒤 자신들의 손에 쥐어졌던 무시무시한 힘을 깨달은 과학자들은 반체제 인사로 낙인찍혔고, 개인의 가치관과 정치의 광기가 대립하면서도 연결돼 있음을 보여준 타락한 과학의 희생양이 됐다.

대부분 국가에서는 과학을 이용할 수 있다는 데 만족했다. 그러나 몇 몇 국가는 과학을 이데올로기에 종속시키려고 했다. 가장 널리 알려진 사례는 1930년대 소련에서 리센코주의Lysenkoism를 장려한 것을 들 수 있다. 리센코주의는 소련 생물학자 트로핌 리센코Trofim Lysenko의 유전학 설로, 그는 여러 환경 요인을 통해 획득한 형질이 유전된다고 주장했다. 당시 리센코주의는 소련에서 부르주아 사이비 과학으로 매도한 그레고 어 멘델Gregor Mendel의 주류 유전학보다 마르크스주의에 더 부합했다. 트로핌 리센코는 스탈린의 지지를 등에 업고 자신의 학설에 반대하는 과학자들의 숙청에 앞장서는 등 악행을 이어가면서도 1965년까지 소련 유전학연구소 소장으로 자리를 보전했으나, 표트르 카피차 등의 공격 으로 여론이 악화되면서 결국 축출됐다. 하지만 정치와 야합한 그의 학 설은 소련의 과학 발전을 저해해놓고도 다른 국가에 수출됐다. 신흥 공 산주의 국가 중화인민공화국이 멘델 유전학을 배제하고 리센코주의를 받아들인 것이다.

정치인들은 과학적 아이디어와 정치적 아이디어 사이의 친화성에 주 목하지 않을 수 없었다. 일테면 '원자론atomism'과 '개인주의individualism'는 세상이 개별 입자 단위로 이뤄져 있다고 본다는 측면에서 서로 친화성 이 있다. 이와 반대 관점인 '전체론holism'과 '전체주의totalitarianism'는 세상 을 하나의 거대한 유기체로 바라본다는 점에서 일맥상통한다. 이런 친 화성은 다양한 정치 노선으로 이어질 수 있다. 나치는 생물학적 전체론 관점에서 사회를 한 덩이 유기체로 봤으며, 여러 생태주의적·사회주의적 정치 집단에서도 집단과 공동체를 강조했다. 다윈주의Darwinism의 적자생존은 자본주의를 정당화하는 데 쓰일 수 있는 한편 기후에 관한 전지구적 관점은 세계 공통의 바람직한 거버넌스 마련을 뒷받침할 수 있다. 지구 그 자체를 자기안정화 능력을 지닌 유기체로 바라본 제임스 러브록James Lovelock과 린 마굴리스Lynn Margulis의 '가이아 이론Gaia Theory'은 포스트휴머니즘post-humanism 정치 노선과 조화를 이룰 수 있다.[19] 물론 이와 같은 친화성은 기껏해야 느슨한 연결이지만, 인간의 뇌는 서로 다른 영역에 걸쳐 늘 연결 고리를 만들어내고야 만다.

과학이 이데올로기에 종속된 모습은 20세기 중반에 있었던 특이한 현상으로 보일 수 있지만, 21세기 최근에서도 같은 상황이 벌어졌다. 2020년 인도 총리 나렌드라 모디Narendra Modi가 내세운 정부 공식 캠페인 '아트마 니르바르 바라트Atma Nirbhar Bharat, 자립 인도'로 상징되는 힌두주의Hindutva 과학이 그렇다. '메이드 인 인디아Made in India'를 넘어 인도가 주체라는 것이다. 예를 들면 이제 '피타고라스 정리'는 인도 역사 일부다(그런데 역설적이게도 현재 역사가들은 피타고라스 정리가 그리스나 인도보다 훨씬 오래전 고대 메소포타미아와 중국에서 발견됐다고 여긴다). 심지어 유전학도 인도가 원조다. 나렌드라 모디 총리는 고대 인도 대서사시 《마하바라타Mahabharata》에 등장하는 주요 인물 카르나Karna를 체외 출생으로 재해석하면서 당시 인도에 이미 유전학이 있었다고 주장했다.

힌두주의 사상가 라지브 말호트라Rajiv Malhotra는 한 칼럼에서 과학은 힌두교 베다Veda의 맥락에 맞아야 한다고 설명했다. 그에 따르면 현대 과학은 인간의 감각적 지식과 추론에 바탕을 둔 경전 '스므리티Smriti'이기에, 인간의 마음이나 현실적 맥락이라는 체에 거르지 않고 신의 목소리를 그대로 옮긴 경전 '슈루티Shruti'로 뒷받침돼야 한다.[20]

또 다른 견해는 과학에 대한 이와 같은 재해석이 널리 퍼질 수도 있다는 것이다. 2016년 중국 정부는 중국 전통 의학을 대대적으로 홍보했고, WHO(세계보건기구)를 줄기차게 설득해 2년 뒤에는 국제 질병 통계 분류에 중의학 진단 범주를 포함하는 데 성공했다. 이런 식으로 아랍, 아프리카, 튀르키예, 이슬람 과학도 민족주의 이데올로기 맥락에서 장려될 수 있다. 말라리아 치료 공헌으로 2015년 노벨생리의학상을 받은 중국전통의학연구원 투유유屠呦呦 교수의 사례와 같이 다양한 조합이 과학을 더 풍요롭게 할 수 있다. 그렇지만 무분별한 희망적 사고의 구름 속에서 망상과 신화를 퍼뜨려 사실과 명확성을 모호하게 만드는 위험도 초래할 수 있다.

그러므로 문명적 전통과 정치적 이데올로기 사이의 친화성으로 과학을 추구하기보다는 과학과 정치가 자연스러운 긴장관계를 유지하도록 조율하는 편이 더 유용하다. 현대 자유민주주의 사회는 과학이 정치 권력의 신화에 도전하는 일을 당연하게 받아들인다. 이는 섣부른 민족주의가 유전적 지식으로 곡해된 역사나 인종적 순수성 같은 거짓 주장에 의존하는 일이 많다는 사실도 보여준다. 그래서 민주주의 국가는 조직화한 종교 기반의 신권정치나 잘못된 역사적 기원에 근거한 군주제 등 자의적이고 미덥지 않은 신념에 의존하는 정치 체제보다 자신들이 우월하다고 느끼기를 선호한다.

과학과 자유민주주의

하지만 자유민주주의 국가들의 건국 신화나 자유, 평등, 민주주의에 대한 그들의 소중한 믿음은 과학 지식 관점에서는 어떤 방식으로도 뒷받침되거나 옹호되지 못한다.[21]

자유를 좀더 유연하게 바라봐야 한다. 사람들은 자유를 발언에 제약이 없는 것, 더 바랄 게 없는 것, 두려움이 없는 것, 더 긍정적으로는 무엇이든 할 수 있는 것으로 생각하곤 한다. 확실히 과학은 이런 종류의 자유를 증폭시킬 수 있을 것 같다.

그런데 과학은 모순적이게도 자유를 제한하기도 한다. 우리 대부분은 과학을 말할 때 미신과 신화, 불합리와 무지, 고의적인 거짓을 퍼뜨리는 것 등을 떠올리지 않는다.[22] 그래서 때때로 과학의 반대는 자유가 된다. 왜냐하면 과학을 받아들인다는 것은 우리가 믿고 싶은 대로 믿을 수 없다는 사실, 무엇이 진실이고 무엇이 거짓인지에 관한 충분히 축적되고 공유된 견해를 수용한다는 의미이기 때문이다. 달리 말해 과학을 받아들인다는 것은 자유롭게 생각하고 행동할 수 없다는 뜻이다. 과학은 우리가 미처 알지 못한 것들, 즉 우리의 행동이 우리 자신에게 미칠 수 있는 영향, 친구와 이웃의 행복, 미래 세대의 전망 등에 대해 훨씬 많이 알려줄 수 있다.

과학이 주입된 세계는 제약된 세상이다. 그렇기에 마찰이 일어난다. 과학은 우리가 달가워하지 않는 사실을 일러주기도 하고, 기후 변화에서 다이어트에 이르기까지 불편한 진실을 표면화하기도 하며, 충동이든 직감이든 우리의 자유 의지와 욕구를 표출할 권리에 반대하기도 한다. 과학의 눈에는 세상 수많은 것이 경멸의 대상이다. 예컨대 소고기 소비 중 80%를 마이코프로틴mycoprotein 같은 인공 단백질로 대체하면 지구 산림 손실을 90% 줄일 수 있다.[23] 그러나 과학이 전하는 이처럼 냉엄한 메시지를 대중에게 기꺼이 알리고 싶어 하는 정치 지도자가 몇 명이나 될까?

과학 지식이 가득한 세상에서 자유는 제약의 문제뿐 아니라 설계의 문제이기도 하다. 정치와 법률이 늘 그 역할을 해왔다. 이제 이 문제는 과학도 함께 나서서 풀어가야 한다. 인터넷을 이용하거나 도시를 여행할 때 우리가 흔적을 남길 수 있는 권리는 어디까지일까? 오염된 공기와 해로운 음식을 먹지 않을 우리의 자유는 어디까지일까? 백신 접종 등 우리 몸에 어떤 물질을 넣을지 결정할 때 우리는 얼마나 자유로워야할까?

평등은 어떨까? 아리스토텔레스는 불평등이 정치를 훼손한다고 믿었다. 공동체라면 함께하기 위해서 공통점을 공유해야 한다. 과학 지식은 모두에게 적용되므로 인간의 근본적 평등을 믿는 사람이라면 누구라도 안심할 수 있다. 과학은 서로 다른 인종 간 놀라울 정도의 유전적 유사성이나 장점 및 미덕이 아닌 그동안의 관행과 운이 수많은 불평등을 초래했음을 보여준다. 하지만 과학적 관찰 또한 평등에 방해가 되기도 한다. 과학은 사람마다 체력, 건강, 외모, 지능, 적성, 창의력, 공감력 등이 다르다는 사실도 보여준다. 여기에서 나오는 불평등은 정치와 법률이 평등한 권리를 보장함으로써 상쇄한다. 그렇더라도 이런 평등은 과

학에 뿌리를 둔 근본적 평등이라기보다는 불평등에 대한 선택적 대응책이라고 이해할 수 있다.[24]

실제로 평등을 옹호한 많은 정치인은 우생학eugenics과 산아 제한이야말로 더 공정하고 평등한 사회를 위한 과학적 도구라고 주장했으며, 너무나 불평등한 시절을 보냈던 그들이기에 대중의 공감을 얻었다. 예를 들면 사회민주주의 국가 스웨덴은 인구가 급격히 늘자 1930년대에서 1970년대 사이에 무려 6만 명의 여성들에게 불임 시술을 받게 했다. 경제학자 존 메이너드 케인스John Maynard Keynes는 피임을 법제화해야 한다고까지 주장했는데, 피임을 강제하지 않으면 술주정뱅이에 무식하고 경솔해서 미덕을 발휘하기는커녕 아무 능력도 없는 사람들이 낳은 인구가 증가한다는 이유에서였다. 그로부터 한 세대 후에는 인도 정치인 인디라 간디Indira Gandhi가 비슷한 이유로 강제 불임법을 시행했다.

자유민주주의는 다를까? 기본적으로 민주주의는 국민 개개인이 자신의 이익을 계산해 누가 자신을 통치해야 하는지 합리적으로 결정하는 데 가장 적합하다는 발상에서 출발한다. 그렇지만 과학은 그 본질에서 위계적이다. 모든 의견이 같지 않으며, 어떤 견해가 인기 있다고 해서 꼭 옳은 것은 아니다. 더욱이 과학은 우리가 경험적 의사결정 방식이 얼마나 왜곡됐는지, 즉 우리가 얼마나 변덕스럽고, 비뚤어지고, 자멸적이고, 쉽게 조종당하는지를 증명했다. 나아가 현대 정치학은 행복의 신화를 무너뜨리는 데서 즐거움을 찾았다. 정치학자 크리스토퍼 에이첸Christopher Achen과 래리 바텔스Larry Bartels는 국민은 항상 옳고 정치인의 임무는 그저 국민을 따르는 것이라는 대중적 민주주의 이론은 심각한 오해를 불러일으킨다고 역설했다. 대다수 유권자는 후보의 정책보다 자신의 정치 성향이나 지지 정당에 대한 충성심으로 누구에게 투표할지 결정하며, 이후에도 사실이 아닌 자신의 믿음에 맞춰 견해를 조정한다.[25]

대중은 선동이나 거짓 정보에 쉽게 휘둘린다. 기본적 사실은 잘못 이해한다. 게다가 정책은 대중의 희망을 제대로 반영하지 않는다. 미국의 한 종단 연구에 따르면 국민 다수의 선호 사항은 평균 0에 수렴할 정도로 공공 정책에 거의 영향을 미치지 않았다. 반면 부유층은 큰 영향을 미쳤다.[26] 행동과학도 사람들의 의사결정을 이끄는 데 쓰이는 경험적 방식이 합리성과는 거리가 멀다는 사실을 거듭 보여줬다. 물론 과학은 인간의 악덕을 훨씬 더 증폭시키는 독재정치나 전제정치보다 자유민주주의를 더 좋게 보이도록 만든다. 그러나 민주주의의 신화를 굳건히 고수하려면 과학이 우리에게 전하는 많은 것을 무시해야 한다.

공익이라는 개념도 생각해보자. 정치는 사실상 공익을 어떻게 실현하는지에 달려 있다. 하지만 현실에서 공익은 그 개념조차 정의하기 모호한 경우가 수없이 많다. 일테면 농업과학 분야의 오래된 'GMOGenetically Modified Organisms, 유전자 변형 농산물' 논쟁을 들 수 있다. 나도 정부에 있을 때 이 문제를 연구했고, 나중에 내가 살던 곳 근처 실험실이 시민 단체의 표적이 되기도 했다. 표면적으로 GMO는 식량 수확량을 비약적으로 늘리고 화학비료 사용을 줄이는 데 도움이 된다. 그렇지만 과도하게 확산하면 위험을 초래할 수 있다. 비타민이 풍부한 쌀을 대량 생산해 인류 건강 증진에 이바지할 수도 있지만, 농작물을 이전에는 없던 질병에 취약하게 만들거나 예기치 않은 독소를 생성한다면 오히려 우리를 위험에 빠뜨릴 수도 있다. 유엔 산하 FAO(식량농업기구)는 위험보다 이익이 훨씬 크다고 주장한다.[27] 그런데 계속 들여다보면 볼수록 공익 또는 공공선이 무엇인지 분명치 않고, 특별한 개념이라기보다는 그저 다수를 향하는 무언가인 듯하다.

대중은 단순하지 않다. 우리는 다차원적이고, 복잡하고, 변화하는 것이라면 무엇이든 중요하게 여긴다. 당연히 여기에는 안전한 환경, 저렴한 식품, 건강한 식품 등이 포함된다. 대중의 신뢰와 지지를 얻으려면 이런 것들이 서로 어떤 관련이 있고 새로운 과학기술과 어떤 식으로 연결돼 있는지 설명과 대화를 통해 풀어나가야 한다. 공익은 어떤 사물을 일컫는 명사가 아니라 끊임없이 발견해나가는 동사에 가깝다.

주권 추구와 그 한계

사회학자 리처드 세넷Richard Sennett은 쿠바 미사일 위기가 한창이던 1962년 뉴욕 거리에서 자신의 옛 스승 한나 아렌트Hannah Arendt와 만났던 일을 회상했다. 나치의 유대인 탄압을 피해 제2차 대전 중 미국으로 망명한 정치철학자 한나 아렌트는 그에게 핵폭탄에 대한 공포가 과학자와 기술자들을 신뢰할 수 없다는 증거라고 말했다. 정치는 주권을 가진 대중에 개입해야 하고 더 나아가서는 대중을 주도해야 한다. 그리고 우리가 주권을 행사하는 데 적극적인 참여자로서 완전한 자유와 시민권을 공고히 하기 위해서는 무엇보다 정치를 통해야 한다.

주권은 본래 왕권, 즉 세상을 제약 없이 통치하는 신의 대리인으로서 군주에게 부여된 권력이었다. 군주제에서 민주주의로 전환될 때 주권은 국민에게 옮겨갔고 신의 대리인이라는 명분도 그대로 남았다. 주권에 대한 이와 같은 신화는 권력을 쥐려 하거나 별다른 미덕 없이 권력을 유지하려는 누구에게든 언제나 유용했다.

그러나 이 신화는 국민인 우리에게 그다지 도움이 되지 않는다. 대의민주주의에서 국민이 통치한다는 헌법상의 주권 개념과 국민을 대신해 통치하는 정부의 현실 사이에는 늘 불편한 긴장감이 존재해왔다. 그런데도 이 신화는 온갖 종류의 지식으로 가득 차 있고 과학이 널리 퍼진 오늘날에도 불안한 자리를 차지하고 있다. 다음과 같은 질문이 반복해서 제기되는 것만 봐도 그렇다. 왜 과학이 알려주는 것과 다른 방향을 취해도 정부가 하는 일은 늘 합법적인가? 왜 지식과 권력이 대립할 때 언제나 권력이 이기는가? 왜 현대 세대의 주권을 미래 세대의 주권보다 우선해야 하는가? 왜 현대 세대는 과학이 미래 세대가 마주해야 할 자연에 미칠 해악을 알려주는데도 무시하는가?

그런데 인간 주권을 엄청나게 강화한 일등공신도 과학이다. 과학 지식은 인간이 자연을 거의 지배하는 수준에 이르도록 만들었다. 이 딜레마는 우리를 혼란케 한다. 대기화학자 파울 요제프 크루첸Paul Josef Crutzen과 저널리스트 크리스티안 슈바겔Christian Schwägerl은 함께 쓴 논문에서 인류는 현재 '홀로세holocene'가 아닌 '인류세Anthropocene'에 살고 있다고 설명했다. 인류세는 말 그대로 인류가 지구 기후와 생태계를 변화시킨 결과, 인간 때문에 빚어진 '인간의 시대'를 뜻한다.

"더이상 우리는 자연에 맞서지 않는다. 우리가 자연이 어떻게 될지를 결정한다."[28]

과학은 권력을 돕기도 하지만, 그 권력이 남용되는 위험도 과학에서 나온다. 따라서 과학에 대한 정치적 권위를 주장하려면 주권의 부분적 제한과 자기통제, 즉 정치 스스로 제약을 둬야 한다. 그것이 망상에 빠지지 않는 유일한 방법이다. 국민 개인에 적용하자면 우리의 지혜와 성숙은 자신의 지식과 힘의 한계 및 타인의 생각을 인정하는 것과 관련이 있다. 민주주의도 마찬가지다. 성숙한 주권자로서 국민은 자기주권의 한계, 정부라는 대표체를 포함한 '집단 지식collective knowledge'을 인정해야 한다. 자기인식이 있는 주체는 주체로서의 한계 또한 인식한다. 개인 주권을 대표하는 국가와 국민 모두 마찬가지다. 자유에 관한 오해와 완전한 주권을 향한 맹신은 대가를 치르게 된다. 대부분 환상에 지나지 않기 때문이다.

민주주의의 역설은 주권자인 국민이 자각하면 자각할수록 개인 지식의 한계, 편향과 왜곡, 문제와 격차, 다른 분야 지식의 중요성 등을 더 많이 깨닫게 된다는 데 있다. 진정한 자유는 배려와 의지에서 시작된다. 우리보다 더 잘 아는 사람에게 집을 짓게 하고, 자동차 정비를 맡기고, 질병 치료를 위임할 때 우리 개인의 자유는 더 커진다. 요컨대 주권은 조건 없는 자유와 자족이 아닌 제한된 자유와 겸허한 의존의 혼합을 의미하며, 현명한 주권은 스스로 통제하는 것이다.

제2장

과학이란 무엇이며
어떻게 권력과 연결되는가

그렇다면 정치적 결정에 영향을 미치거나 정치의 지도를 받을 수 있는 과학이란 무엇일까? 답은 많다. 과학은 개인의 천재성과 관련이 있기도 하지만 과학계라는 거대한 조직과도 연결된다. 아울러 우연한 결과에 관한 것이기도 하면서 과정과 관료주의와도 연관이 있다. 나아가 공익과 연결되면서도 개인의 이익에 직결되기도 한다.

어떤 학자들은 과학이 '아는 것'에 초점을 맞춘다. 사회학자이자 경제학자 허버트 사이먼Herbert Simon 은 인류가 사는 세상에 관한 사실과 설명을 담은 지식 보관소가 과학의 본질이라고 봤다.[1] 이 보관소에는 발견의 정신과 체계적 호기심 등 많은 것이 포함되며, 새로운 질문이 답변을 불러일으키고 답변이 또다시 새로운 질문을 촉발한다. 철학자 마르틴 하이데거Martin Heidegger는 앙겔루스 질레지우스Angelus Silesius의 시를 인용해 "장미가 이유 없이 꽃을 피울 수 있어서 꽃을 피운다면 '이성의 원리'는 끊임없이 이유를 묻는 데 있고, 여기에 '강력한 검증 방법을 개발하기 위해서'를 덧붙일 수 있다"고 말했다.[2] 또 어떤 학자들은 가설, 실험, 동료 과학자들의 비판적 검토 같은 과학의 '방법론'에 초점을 둔다. 이론물리학자 리처드 파인만Richard Feynman은 이렇게 설명했다.

"실험과 일치하지 않으면 잘못된 이론이다. 이 단순한 사실이 과학의 열쇠다. 당신의 가설이 얼마나 아름다운지는 중요하지 않다. 당신이 얼마나 똑똑한지, 가설을 제기한 사람이 누구인지, 그 사람의 이름이 무엇인지도 전혀 중요하지 않다. 실험과 일치하지 않는 이론은 허구다. 이것이 전부다."

이를 통해 입증할 수 없는 사이비 과학과 입증할 수 있는 진짜 과학을 구분할 수 있다.[3] 과학이 명확한 원칙과 경계로 정의 가능한 영역인 듯 보이나 실제로는 변호사, 회계사, 기업 및 투자자, 연구 관리자, 자금 지원자, 출판사, 연구 및 실험실 공간, 실험 장치 등 수많은 다른 사람과 도구가 필요하다는 사실, 즉 과학의 '의존성'을 지적하는 학자들도 있다. 그도 그럴 것이 넓게 보면 모두가 과학계 당사자들이며, 이들 없이는 과학이 제대로 기능할 수 없다. 그러므로 과학과 권력의 관계를 올바르게 이해하려면 '과학'이라는 포괄적 용어로 결합한 세 가지 과학적 활동을 분리해서 생각하는 게 좋다. 각각의 활동은 서로 다른 정치적·도덕적 성격을 갖고 있으며, 권력을 바라보는 관점도 다르다.

관찰: 세상을 있는 그대로 보는 것

첫 번째는 관찰과 감지다. 세상을 우리가 바라는 대로가 아닌 있는 그대로 관찰하는 수단을 축적하는 활동이다. 단순한 측정 막대기에서부터 온도계, 현미경, 오염 측정기, 대기 및 소음 측정기, 탐사선, 입자 충돌기, 제임스 웹 우주 망원경James Webb Space Telescope, JWST에 이르기까지 관찰 도구는 매우 다양하며, 인류 역사에서 관찰은 새로운 이론과 획기적 발전에 앞서 이뤄졌다. 상처를 관찰해 미생물을 발견하자 소독 방법에 관한 연구가 시작됐다. 엑스선X-rays으로 몸속을 관찰한 뒤에야 세포 내부를 살필 수 있었고 DNA 나선 구조와 같은 아이디어가 촉발됐다. 와인 발효 과정을 관찰하던 루이 파스퇴르Louis Pasteur의 관심은 저온 살균의 화학적 변화에 대한 그의 통찰을 이끌어냈다.

있는 그대로의 관찰을 가능케 한 과학적 도구는 우리 감각 영역을 확장했고 이는 인류의 자산이다. 이를 통해 우리는 아마존의 산림 훼손 상황, 대기 중 미세 먼지, 도시 거리 간 활동 패턴 등을 효과적으로 모니터링할 수 있다. 아주 미세한 사물은 물론 광활한 우주까지 확대와 축소가 가능해진 과학의 관찰 능력은 세상이 작동하는 방식을 이해하는 데 극적인 통찰력을 가져다준다.[4]

이 같은 관찰은 우리가 살아가는 방식을 변화시키기에 충분하며, 그것만으로도 권력의 균형을 바꿀 수 있다. 탁월한 관찰 역량은 우위를 선점할 수 있게 해준다. 이것이 바로 정부가 편지 가로채기부터 디지털 통신 검열, 인공위성 감시까지 관찰과 감지 수단에 그토록 막대한 투자를 해온 이유다. 그렇지만 관찰도 모순되고 모호할 수 있다. 아무리 있는 그대로 보려고 해도 보고 싶어 하는 것이 보이는 것을 결정하는 경우가 많다. 예컨대 전염병 범유행 상황에서 당연히 감염 추이와 경제 활동 변화 등을 관찰하겠지만, 대중의 불안감과 두려움도 수반하므로 정책 방향이나 결정에 영향을 미치는 관찰을 하게 된다.

해석과 의미 부여: 과학의 이론화

두 번째는 해석과 의미 부여다. 관찰 결과는 해석을 거쳐 설명을 갖춘 이론이 된다. 장미를 관찰해 장미가 자라는 이유, 빨갛게 보이는 이유, 병충해에 시달리는 이유를 설명한 것이 이론이다. 해석은 과학의 이론화 활동이다. 관찰에 의미를 부여한다. 빛, 열, 힘 등을 설명하는 모든 과학 이론이 그렇다. 상대성 이론, 양자물리학으로 우주의 패턴을 설명하는 이론, 우리 몸 세포 속 DNA가 어떻게 우리 모습을 형성하는지 설명하는 이론도 마찬가지다. 이론은 창의적 상상력의 결과이며, 철학자이자 과학자 찰스 퍼스Charles Peirce가 '귀추법abduction'이라고 이름 붙인 지적 유추의 결과다. 귀추법이란 현상을 관찰해 가장 그럴 듯한 설명을 도출해내는 추론 방식이다. 해석은 간결할수록 좋으나 그 내용은 단순하지 않다. 소설가이자 곤충학자 블라디미르 나보코프Vladimir Nabokov는 간결하고 강력한 해석이 주는 심리적 만족감을 이렇게 표현했다.

"나는 나비를 바라볼 때 느끼는 미학적 즐거움과 나비가 무엇인지를 아는 과학적 즐거움을 분리할 수가 없다."

이런 즐거움은 관찰과 실험 그리고 해석의 조합에서 나온다. 의심할 여지없이 관찰과 실험은 아주 먼 옛날부터 인간 삶의 일부였을 것이다. 어떤 것을 그냥 먹고 어떤 것을 구워 먹을지, 어떻게 사냥할지, 어떻게 살아남을지 등을 전부 실험으로 알아냈을 것이다. 그런데 합리적 추론에 의지하는 해석과 의미 부여는 과학의 역사에서 뒤늦게 이뤄졌다.

명확한 해석과 이론으로 내다보는 세상은 그렇지 않은 세상과 매우 다르다. 확고한 해석이 있는 사회는 심장마비, 지진, 가뭄에 덜 놀라고, 소총과 미사일을 가진 군대가 마법과 주술에 의존하는 군대를 이겨도 놀라지 않는다. 성공적인 해석은 권력 역학도 변화시킨다. 더 정확한 해석과 이론을 확보한 국가는 그렇지 못한 국가를 압도한다.

하지만 해석 또한 모순되고 모호할 수 있다. 명쾌한 추론을 할 수 있는 정교한 방법이 있는데도 우리는 똑같은 현상을 다르게 받아들이곤 한다.[5] 이처럼 해석은 온갖 유형의 편견을 내포할 수 있고, 권력을 증폭시키거나 권력에 도전할 수 있다.

실행: 세상을 변화시키는 것

세 번째는 실행이다. 해석이 이뤄지고 난 다음에는 새로운 제품이나 소재가 등장하는데, 그 모든 것이 실행이다. 과학이 기술과 공학으로 바뀌고 우리가 사는 환경으로 바뀌어서 세상을 변화시키는 것이다.[6] 과학은 악보에 쓰인 음악이 공연으로 실현되듯이 기술을 통해 실현된다. 과학은 반드시 연구와 개발로 이어진다. 때로는 과학적 발견이 소재, 맥락, 비용 측면에서 전통적인 관점과 다른 사고방식을 요구하기도 한다.

과학이 우리의 일상생활에까지 영향을 미치는 지점이 이 대목이다. 권장 식단, GPS를 탑재한 스마트폰, 만성 질환을 관리할 수 있는 약, 신선함이 오래가는 저장 및 유통 장비, 매연 없는 전기 자동차, 천연가죽 같은 합성피혁 등이 그렇고, 우리가 매일 복용하는 영양제나 뇌파를 안정시켜준다는 조명도 그렇다. 우리 삶의 거의 모든 영역은 어떤 방식으로든 과학의 영향 아래 있으며, 모름지기 머지않아 피부와 흡사한 거미줄 단백질이나 다용도 균사체 같은 새로운 물질이 상용화될 것이다. 체온을 조절해주거나 예기치 못한 사고에서 우리를 보호해주는 물질도 이미 개발 중이다.

이런 것들이 모두 응용과학의 사례이며, 우리가 아프거나 멀리 여행할 때, 어떤 문제를 해결하고 싶을 때, 하늘을 관측하거나 주변 자연환경을 이해하고자 할 때 도움을 주는 과학의 선물이다. 과학이 없으면 우리 대부분은 무력하다. 하지만 과학과 기술은 절대로 순진하지 않다. 새로운 기술이 누구에게나 긍정적 결과를 선사하지는 않는다. 누구는 기술 덕분에 권력을 얻고, 누구는 권력을 잃으며, 어떤 이는 더 부유해지고, 어떤 이는 가난해지기도 한다.

과학을 바라보는 기존 세계관은 이론에서 실행에 이르는 논리적 진보의 밑그림을 그렸다. 그런데 오늘날 대안적 관점은 이론과 실행 사이의 훨씬 더 많은 상호 작용을 본다. 20세기까지 고전적인 과학 역사에서는 세상이 작동하는 원리로까지 소급할 만한 의미의 과학은 존재하지 않았다.[7] 그러다가 점점 더 실제적이고 실질적인 문제와 마주하면서 과학은 새로운 통찰에 불을 지폈다. 학자들 역시 과학과 기술 사이에 오가는 활발한 질문과 답변에 주목하고 있다. 과학과 기술, 연구와 개발 사이의 경계가 희미해진 것이다.[8]

기술은 스마트폰 같은 제품이나 철강 제련 같은 공정은 물론 눈에 보이지 않는 세상 모든 능력도 일컫는 광범위한 용어가 됐다. 어떤 것을 지칭하든 간에 이제 기술은 이전에 선택한 경로와 이전에 존재한 것들을 기반으로 자체 논리에 따라 진화하는 것처럼 보인다.[9] 기술은 새로운 방식으로 조합하거나 결합할 수 있는 구성 요소를 생성한다.[10] 각각의 단계는 새로운 연결 가능성과 새로운 아이디어를 창출해 널리 퍼진다.[11] 이 논리 진행 과정은 암묵적인 합의를 수반한다. 기술사학자 멜빈 크란츠버그Melvin Kranzberg가 반어적으로 표현했듯이 기술은 좋지도, 나쁘지도, 중립적이지도 않다.[12]

여기에서 권력과의 연관성이 분명해진다. 기술적 우위는 고대 중국과 페르시아에서부터 로마와 영국에 이르기까지 많은 제국에 막강한 권력을 부여했다. 지금도 마찬가지다. 국가가 가진 기술 능력 덕분에 아무리 대중이 비판하는 정부라도 권력을 유지할 수 있다. 사회학자이자 역사학자 마이클 만Michael Mann에 따르면 모든 사회적 권력은 형태만 다를 뿐 모두 기술에서 비롯한 것이다.[13]

'관찰', '해석', '실행'이라는 세 가지 차원의 과학 활동은 때로는 다른 차원과 독립적이다. 실수할 가능성이 크긴 하겠지만 우리는 굳이 관찰이나 해석을 하지 않아도 세상에서 행동할 수 있다. 개인적 인간관계나 일상 업무 등이 그렇다. 한편으로는 관찰만 하고 행동하지 않을 수도 있다. 일테면 천문학이 그런 분야다. 기술도 과학 없이 발전할 수 있다. 화약이나 광학 렌즈도 처음에는 복잡한 과학 이론 없이 발명됐고, 인류 역사에서 그렇게 진화한 기술 또한 매우 많다.[14]

과학은 무작위적인 경로로 발전하지 직선적인 경우는 거의 없는데, 그 이유는 '관찰─해석─실행'에 이르는 단계가 우연한 도약을 수반하기 때문이다. 흔히 언급되는 사례로 페니실린penicillin은 알렉산더 플레밍Alexander Fleming이 포도상구균을 배양해 관찰하던 중 우연히 푸른곰팡이가 핀 곳 주변에는 균이 없다는 사실을 알게 되면서 발견됐다. 크리스퍼CRISPR 유전자 편집 기술은 스페인 연구팀이 고인 물속 세균에서 반복되는 DNA 염기서열을 발견한 후 개발됐는데, 이때 배양균에 관한 이해도가 높은 덴마크 요구르트 회사 연구팀의 공이 컸다. 과학의 역사에서 우연이나 실수 또는 곁가지 발견으로 이룬 엄청난 업적은 쉽게 찾아볼 수 있다. 그 속사정을 들여다보면 우리가 어린 시절 들었던 위인들의 천재성과는 무관한 것들이 많다.

그래도 우리가 과학을 말할 때 일반적으로 의미하는 활동은 관찰과 해석과 실행의 조합이며, 이 세 가지가 과학이 세상에 미치는 영향력 대부분을 차지한다. 나는 정치에도 이 세 가지를 적용해야 한다고 주장한다. 즉, 정치가 하는 일을 더 자세히 관찰하고, 정치의 패턴과 이익 및 위험을 더 잘 해석하고, 그 해석에 비추어 다양한 과학적·기술적 경로를 가속하거나 감속하거나 차단하는 것이다.

과학의 개방성과 집단성

이 작업은 현대 과학의 개방적이고 집단적인 특성 덕분에 더 수월해졌다. '지버리시gibberish(횡설수설이라는 뜻_옮긴이)'라는 낱말은 8세기 아랍의 연금술사 자비르 이븐 하이얀Jabir ibn Hayyan에서 유래했다고 알려져 있다. 그는 자신의 실험이 흑마술로 몰려 처형당할까 봐 두려운 나머지 연구 결과를 최대한 모호한 방식으로 서술했다. 그 덕분에 죽임은 모면했지만 아무도 그의 연금술을 이해할 수 없었다. 대부분 역사에서도 과학은 비밀스럽고 난해하고 모호했기에 마법과 구별할 수 없는 것으로 여겨지곤 했다.

이에 반해 현대 과학은 '관찰—해석—실행'에 이르는 일련의 과정과 결과를 학교, 연구소, 실험실, 재단 등을 통해 개방화하고 집단화하는 형태로 결합한다.[15] 과학의 개방성과 집단성은 스스로 통제하는 과학 경찰 역할을 하기도 한다. 2018년 중국 생명공학자 허젠쿠이贺建奎가 유전자 편집 기술을 이용해 HIV(인간 면역 결핍 바이러스)에 면역력을 지닌 맞춤형 쌍둥이 자매를 출산시켜 엄청난 윤리적 논란과 반발을 초래했고, 결국 불법 의료 행위죄로 기소돼 징역 3년과 벌금 300만 위안을 선고받았다.

이와 같은 개방적이고 집단적인 특성은 현대 과학의 역사 초기부터 형성됐다. 조지프 글랜빌Joseph Glanvill은 1660년대에 우리의 특정 지각을 자유롭고 영리하게 교환하는 것이야말로 진리를 발견하고 지식을 향상하는 가장 좋은 방법이라고 주장한 최초의 이론가였으며, 자연도

'보이지 않는 손에 의해 움직인다고 설명했다.[16] 그로부터 한 세기 후 애덤 스미스Adam Smith가 경제의 작동 원리를 설명하면서 이 비유를 빌렸다. 그렇지만 점점 더 집단화하는 과학의 특성은 사과나무 아래 앉아 있던 아이작 뉴턴Isaac Newton이나, 낮에는 특허청에서 일하고 밤에는 열심히 논문을 쓴 알베르트 아인슈타인처럼, '개인의 천재성'을 부각한 이야기로 인해 희석되곤 한다. 그래도 우리가 더 많이 알면 알수록 협력자, 투자자, 후원자에 의존하는 과학의 개방성과 집단성이 뚜렷하게 보인다.

과학의 집단성을 보여주는 좋은 사례는 DNA 발견이다. 간략한 과학사에서는 DNA를 프랜시스 크릭Francis Crick과 제임스 왓슨James Watson이 발견했다고 서술한다. 하지만 세포핵 속에 사이토신cytosine, 구아닌guanine, 아데닌adenine, 타이민thymine이라는 네 가지 주요 염기로 구성된 기다란 모양의 중합체가 유전자를 담고 있다는 사실이 이미 1950년대 초반부터 알려져 있었다. 알려지지 않았던 것은 이 중합체의 구조였다. 크릭과 왓슨은 이 구조를 로잘린드 프랭클린Rosalind Franklin이 구축한 모델을 토대로 알아냈는데, 프랭클린의 모델마저도 모리스 윌킨스Maurice Wilkins의 도움을 받은 것이었다. 더욱이 윌킨스는 크릭과 왓슨과 함께 1962년 노벨생리의학상을 공동 수상했으나 프랭클린은 1958년에 사망해서 받지도 못했다.

다윈의 진화론도 마찬가지로 집단 발견이었다. 찰스 다윈 자신도 앨프리드 러셀 월리스Alfred Russel Wallace와의 병행 연구임을 밝혔고, 수십 년 전 윌리엄 찰스 웰스William Charles Wells와 패트릭 매튜Patrick Matthew가 수행한 초기 연구에서 영향 받았음을 인정했다. 우리에게 익숙한 발명품도 동시에, 독립적으로, 여러 곳에서 나온 것들이 많다. 이는 과학이 마치 살아있는 공동체처럼 작동한다는 사실을 시사하며, 집단화하는 과학의 특성은 갈수록 더 뚜렷해지고 있다.[17] 2014년부터 2018년까지 같은 주제를 연구한 학자들만 1,000명이 넘고, 그렇게 발표된 과학 논문도 1,315개나 된다. 이는 5년 전과 비교해 두 배나 증가한 수치다.[18]

이 수치는 갖가지 형태의 자발적 시민 과학이 계속 성장함에 따라 폭발적으로 증가할 것이다.[19] 하루에도 수백만 명의 사람들이 '갤럭시주 Galaxy Zoo, www.zooniverse.org'에 접속해 새로운 은하 발견과 분류 작업에 동참하고 있으며, '페이션츠라이크미 PatientsLikeMe, www.patientslikeme.com'를 찾아 자신이 겪는 질환을 공유함으로써 건강 및 의료 데이터 수집에 힘을 보태고 있다. 더 많은 사람이 참여하면 할수록 과학에 대한 더 깊은 이해와 통찰을 얻게 된다. 모두가 과학의 '관찰-해석-실행' 활동에 참여하면 아마도 매우 가까운 미래에는 과학이 일상생활에 완전히 융합될 것이다. 지리적 변화도 이 이야기의 일부다. 과학이 필요한 곳에 과학자들이 지원을 받아 이주하면 관련 분야 생산성 향상에도 큰 도움이 된다.[20] 개인의 천재성만큼이나 환경과 맥락이 중요하다. 집단은 개인이 꽃을 피울 수 있도록 해준다.

과학이 집단화를 더욱 공고히 하게 되면 과학의 정치적 특성 또한 지금까지 살핀 관찰과 '관찰-해석-실행'이라는 연결 고리에 더 긴밀한 영향을 받게 된다. 예컨대 과학적 관찰은 다양한 사회 집단 사이의 극적으로 다른 생태적 발자취를 볼 수 있게 해주는데, 어떤 곳은 어마어마하게 에너지를 사용하면서 뻔뻔스럽게 막대한 양의 탄소를 배출하고, 어떤 곳은 조용하고 가볍게 땅 위의 자원을 겸손히 이용한다. 이렇게 관찰하면 이런 불평등이 왜 그리고 어떻게 일어나는지, 과학과 기술의 물질적 측면이 불평등을 심화하는 데 어떤 역할을 하는지 묻게 된다. 나아가 그와 같은 포식자들을 어떤 방식으로 통제하고 억제할 수 있는지, 그렇지 못한 사회를 위해 무엇을 해야 하고 할 수 있는지 질문을 던지게 된다. 역사에서 수천 번은 반복됐을 이 순환 고리는 질문을 던져 행동을 압박하는 형태로 계속 돌고 이어질 것이다.

과학 국가라는 아이디어

프랜시스 베이컨 사후 1년 뒤인 1627년에 그의 유고작 《새로운 아틀란티스》가 출간됐다.[21] 이 책은 과학을 바라보는 새로운 방식을 소설 형식으로 제시했지만, 그 중요성이 인정되기까지는 수십 년이 걸렸다. 이 책은 과학기술이 인류에게 선사할 유토피아를 설명하고 있으며, 아마도 과학 중심 정치 체제의 비전을 제시한 최초의 연구 사례일 것이다. 《새로운 아틀란티스》의 핵심 역할은 '솔로몬 전당'이라는 학술원이 맡고 있는데, 세상의 숨겨진 원인과 작용을 탐구해 신성한 기적, 자연의 작품, 예술 작품, 모든 종류의 사기와 환상, 사물의 은밀한 움직임을 구분하고, 인간 활동의 범위를 넓혀 가능한 모든 일을 성취하는 것이 목표다.

베이컨은 이 책에서 한때 마법과 점성술 그리고 불가사의한 지식으로 가득 차 있던 공간을 과학이 꾸준히 채우는 동안 권력과의 관계가 변화해왔음을 지적했다. 나아가 과학이 권위, 인정, 자원, 자유를 위한 투쟁에서 다른 양상의 권력 및 자본과 경쟁하게 될 미래를 그리면서, 과학이 더 많은 무기, 즉 과학 자체의 유용성, 서사, 주장, 신화, 이미지, 감정을 비롯한 더 많은 것을 요구받게 되리라고 예언했다.

아울러 베이컨은 이 같은 이해관계가 양방향으로 진행되리라고 봤다. 대체로 과학은 순수하고 사심 없이 호기심을 추구하는 듯 묘사되곤 하지만, 그저 관찰하는 데만 해도 도구를 후원받기 위해서는 늘 권력이 필요했다. 과거에도 천문대나 도서관을 얻으려면 군주의 힘이 필요했고, 오늘날에도 입자 충돌기를 설치하거나 우주 탐사 임무를 수행하려면 돈이 필요하기에 국가의 힘을 빌려야 한다. 과학계에 대한 정부 후원은 그 역사가 깊다. 미국의 경우 제3대 대통령 토머스 제퍼슨Thomas Jefferson 정부에서 서부 개척을 추진할 때 이른바 '발견 군단Corps of Discovery'에 막대한 자금을 지원했고, 몇십 년 뒤 토지를 분배받아 건립된 대학들이 옥수수 대량 생산과 해충 퇴치 연구를 통해 농업 생산성에 극적인 혁신을 이뤘다. '모스 부호'로 유명한 새뮤얼 모스Samuel Morse 의 전신 장치 개발 자금도 미국 의회에서 나왔다.

집단 지식에는 집단적 헌신과 권력의 지원이 필요하며, 이는 지금도 마찬가지다. 과학에는 돈, 때로는 어마어마한 돈이 든다. 제2차 대전 당시 맨해튼 프로젝트에는 약 260억 달러가 투입됐다.[22] 소련의 경우에는 지출이 더 컸는데, 자신들의 존재 근거가 과학적 원리에 기초한다는 국가로서는 적절한 것이었다. 물리학계의 대규모 프로젝트는 결과가 불확실한 연구에 엄청난 비용이 투입되는 대표적인 사례다. 그 둘레가 무려 27킬로미터에 이르러 세상을 떠들썩하게 했던 '대형 강입자 충돌기 Large Hadron Collider'는 건설 비용만 47억 5,000만 달러가 들었고, 유지비는 연간 약 10억 달러다. 전기학, 전자기학, 양자학에 투자한 비용이 추상적 이론과 일상적 현실의 연결 고리를 찾아내는 데 이바지했듯이, 과학의 새로운 가능성을 열어 완전히 새로운 산업을 창출하게 할 수도 있다. 물론 과도한 비용 투자와 결과 사이의 관련성을 의심하는 학자들도 있다.[23] 그러나 의심할 여지가 없는 사실은 오직 국가만이 막대한 돈을 지원할 권력을 갖고 있다는 것이다.

과학의 정치적 특성

과학의 정치적 특성과 과학이 지원하는 기술에 관한 깊이 있는 문헌이 있다.[24] 그에 따르면 정치적 우선순위를 통해 무엇을 개발하고 무엇을 이용할지가 결정된다. 중세 시대의 공성 무기, 아우슈비츠 수용소에서 사용한 치클론 B_Zyklon B 독가스, 일본 히로시마와 나가사키에 떨어뜨린 원자폭탄, 프랑스와 영국의 공공 자금으로 개발한 콩코드_Concorde 초음속 여객기 등이 모두 그랬다. 정치는 백인 판사의 판례에 따라 보호 관찰 처분을 내리는 AI 알고리듬이나, 1970년대 초까지 동성애를 정신 질환으로 분류한 DSM 편람(미국 정신의학협회의 심리 치료 안내서)과 같은 도구에도 포함된다. 원자력 같은 몇몇 기술은 중앙 집중화와 보안을 선호하는 경향이 있으며, 태양열 전지판 같은 다른 기술은 그 반대다.[25] 지구 표면에 태양광이 직접 닿지 않도록 황산염을 성층권에 뿌려서 지구 온난화를 늦추겠다는 대규모 지구공학 프로젝트의 결정은 잠재적으로 복잡한 정치적 결과를 초래할 수 있고 보상과 위험의 불균등한 분배도 피할 수 없다.

과학기술의 지향 방향 또한 권력 분포를 반영한다. 예를 들어 가난한 국가는 신생아 건강 관리 측면에서 호흡기 감염 및 영양 결핍 문제 해결이 당면 과제다. 그렇지만 이들 국가에서는 여력이 되지 않아 손을 쓰지 못하고, 다른 선진국들에서는 관심이 별로 없다. 이미 해결한 문제이기 때문이다. 현재 전 세계 건강 관련 연구의 약 40%는 암에 초점을 맞추고 있다. 그런데 암은 저소득 및 중하위 소득 국가에서는 질병 부담의 5%만을 차지할 뿐이다.

이렇듯 모든 방식에서 정치는 과학과 얽혀 있고 그 반대도 마찬가지다. 그렇기에 대부분 정치 정책은 과학과 손잡으려고 애쓴다. 19세기 자유주의 진영에서는 전신, 증기선, 신소재 등의 지식이 자유를 넓힐 수 있다는 사실을 보여주는 게 중요했다. 5·4 신문화 운동으로 중국을 현대화하려는 학생들에게는 '과학 선생Mr. Science'과 '민주 선생Mr. Democracy' 이야말로 제국주의와 식민주의로부터 조국을 구원할 수 있는 쌍두마차였다. 1919년 정치가이자 사상가 천두슈陳獨秀는 "오직 이 두 선생만이 중국을 정치적, 도덕적, 학문적, 지적 어둠에서 중국을 구할 수 있다"고 말했다. 그로부터 한 세기가 흐른 2018년, 중국은 과학의 생산 규모에서 미국을 앞질렀다. 두 번째 선생의 자리는 없었지만 말이다.

블라디미르 레닌Vladimir Lenin은 '소련의 권력+프로이센의 철도+미국의 기술+신탁=사회주의'를 주창했다. 1960년대 소련 공산당도 같은 맥락에서 자동화를 밑바탕으로 하는 과학기술 혁명을 추진했다. 20세기 후반 신자유주의는 인터넷을 글로벌 교류의 플랫폼으로 내세웠고, 21세기 녹색 정치는 기후 변화와 생물 다양성 붕괴에 대한 과학계의 경고를 정치적으로 이용했다.

하지만 한편으로 과학은 특정 정치적·이념적 관점과 태생적인 친화력이 없고 오히려 어떤 관점과도 협력할 수 있다. 나치, 공산주의자, 가톨릭교도, 이슬람교도, 퀘이커교도, 모르몬교도였던 과학자 가운데서도 위대한 업적을 이룬 인물들이 많았으며, 과학계 내부에서 투쟁이나 갈등도 없었다. 어떤 역사학자는 객관적 시각에서 "생물학자들처럼 독일 물리학자 대다수도 나치 통치를 환영했다"고 논평했다.[26] 나치당의 주요 인물 루돌프 헤스Rudolf Hess는 나치즘을 '응용생물학applied biology'이라고 불렀고, 그의 동료들은 세균, 위생, 청결과 관련한 일반적 관심에 주목하면서 자신들의 생각이 당대의 사고방식과 일치한다고 확신했다. 인간을 유전적으로 개량할 수 있다는 우생학 역시 보수주의자들뿐 아니라 사회주의자들 사이에서도 인기가 많았다. 유전 패턴에 영향을 미치려는 시도가 지극히 현대적이고 합리적이며 과학적이라고 여겼다. 극작가 버나드 쇼Bernard Shaw는 "인간의 선택적 번식을 사회화하는 것이 근본적이고 유일하게 가능한 사회주의"라고 썼으며, 철학자 버트런드 러셀Bertrand Russell은 "엘리트 유전자를 보존하고 희석되지 않게 하려면 정부가 색깔로 구분한 출산 허가증을 발행해 다른 색깔의 배우자와 아이를 가지면 벌금을 부과해야 한다"고 주장했다.

권위주의 정권들이 과학을 활용하는 데 더 나은 듯 보였던 때도 있었다. 나치즘, 파시즘, 공산주의 정권하에서 과학은 정부의 확고한 신념과 승리를 향한 의지로 민주주의 정권보다 더 뛰어난 성과를 낼 것 같았다. 윤리적 우려로 인한 제약도 받지 않고, 몇 가지 국가 정책 우선순위에만 과학적 과제를 집중함으로써 과학자들에게 너무 많은 자유를 부여할 때 초래하는 노력 낭비도 피할 수 있을 터였다. 그랬다가 제2차대전 이후에는 위계 구조, 공포, 제약의 문화가 자유로운 학문 탐구를 방해해 그 반대 결과가 나타나리라는 관점이 확립됐다. 세상 모든 것을 향한 호기심이라는 본질적 동기가 없다면 과학은 정체되고 만다. 일탈의 자유가 없다면 과학은 막다른 골목으로 몰리게 되는 것이다.

그래도 과학은 과학자들에게 일할 수 있는 자원과 공간이 제공되는한 매우 다양한 환경에서 번창했다. 나치 치하에서도 로켓 기술이 발전한 사례나 현대 중국의 슈퍼컴퓨팅 기술을 보면 과학의 논리는 특정 이데올로기와 무관하다는 사실을 알 수 있다. 과학은 계시적인 종교에서부터 반동적인 정치에 이르기까지 거의 모든 사고방식과 더불어서도 자체적 논리 체계로 자리 잡을 수 있다.

과학은 정치와 제휴도 할 수 있지만, 정치에 무지할 수도 있다. 최근몇 년 동안 '불의'를 인식론적으로 다룬 연구에 따르면 '무지'는 일부 집단의 이익과 가치에 무관심함으로써 다른 집단에 유리한 터전을 마련해주기도 한다.[27] 과학도 확실히 이런 경향을 보이곤 했다. 힘없고 목소리를 내지 못하는 사람들의 처지에 무지해 권력의 도구로 이용됐고, 이는 이들의 관점과 가치 및 요구를 무시하거나 억압하는 결과로 이어졌다. 이 주제에 관해서는 알려지지 않은 것과 보이지 않는 것을 다루는 '무지 연구ignorance studies' 분야에서 활발한 연구가 진행되고 있다.[28]

개방성과 투명성은 기본적으로 좋은 것이기에 개방적인 민주주의 국가에서는 과학도 개방적이고 투명하게 자리 잡고 있다고 믿고 싶을 것이다.[29] 그러나 과학은 대체로 언론의 자유와 비교적 동떨어진 곳에서 발전해왔다. 민주주의 국가라도 지정학적 경쟁이 더욱 심화하면서 과학 연구 또한 더 비밀스러워졌다. 과학 연구의 많은 부분이 보안을 이유로 항상 조심스럽게 보호받아온 역사도 이를 반영한다. 비밀주의와 책임 결핍은 종종 더 위험하고 거침없는 아이디어를 허용하기도 했다. 일테면 미국 정보 기관들은 비밀 계획을 위해 수많은 과학자와 기술자를 고용했는데, 도시 하나를 삼킬 수 있는 인공 쓰나미를 비롯해 로봇 고양이, 달을 대상으로 한 핵무기 실험, NSA(미국국가안보국)의 대규모 산업 감시 체계에 이르기까지 철저한 통제 아래 연구를 진행했다.[30]

여기에서 우리가 도출해야 할 결론은 모든 과학과 모든 정치 사이에는 강력한 친화성이 있다는 사실이 아니라 이것이 '설계'의 문제라는 것이다. 어떤 사회든 과학이 관심 있어 하는 것과 일치하도록 제도와 예산 그리고 그에 따르는 결과를 설계하고자 노력할 수 있다. 실제로 오늘날 현실은 과학이 마음먹은 방향에 발맞춰 효과적으로 통제하려면 설계하는 것 말고는 선택의 여지가 없다. 관건은 설계를 어떻게 잘할 수 있는지다.

제2부

국가는 과학을
어떻게 이용해왔는가

제3장

테크네와 에피스테메의 시대

과학과 권력의 현대적 딜레마를 이해하려면 우리가 여기까지 오게 된 경로와 더불어 과학의 힘과 국가의 힘이 어떤 식으로 수천 년에 걸쳐 천천히 공존해오다가 지난 2세기에 걸쳐서는 급속히 변화해왔는지 살펴야 한다. 이 과정에는 뚜렷한 단계가 있다. 각각의 단계는 이전 단계를 바탕으로 성장했으나, 이전 단계를 대체하는 대신 새로운 단계를 추가했다. 이는 일찍이 아리스토텔레스가 제시한 세 가지 사고방식을 구별함으로써 이해할 수 있다. '테크네techne'는 사물에 대한 실용적 지식이다. '에피스테메episteme'는 지식에 규칙을 적용하는 논리적 사고이며, '프로네시스phronesis'는 학문적 지혜 '소피아sophia'의 자매격인 실천적 지혜다.

오랜 기간 국가의 과학 간여는 주로 관개 수로 및 운하 건설, 도로 및 성곽 축조, 전쟁 장비 제작 등 도시를 만들고 지키는 기술 즉, '테크네'에 관한 것이었다. 그리고 이런 활동은 다양한 의식을 통해 치장됐다. 테크네는 기능적이고 실용적이고 실제적이었으며, 크고 작은 권력을 행사하려는 모든 국가에 필수적인 요소였다.

그러다가 19세기에 접어들어 20세기까지 과학은 더욱 체계화됐고 '에피스테메'에 의한 인식론적 토대가 마련됐다. 이제 국가는 과학을 다른 경쟁국들에 힘을 과시하고 시민의 번영을 모색하는 가장 좋은 방법으로 간주하기에 이르렀다. 전차와 전투기에서 로켓과 전함에 이르기까지 어느 나라가 더 정교하고 고도화한 전쟁 기술을 가졌는지를 두고 경쟁했다. 아울러 경제적 국익을 위해 과학을 활용할 학교, 연구소, 기관 등을 설립하는 등 국가 차원의 과학 지원 정책도 펼쳤다. 국가는 지향할 목표를 구체화한 뒤 과학이 그 수단을 마련해주기를 기대했다.

이후 우리가 대략 1945년으로 추정할 수 있는 최근 단계에 다다르자 두 번째 단계의 도구가 정점에 달하면서 과학에 훨씬 더 많은 지출이 이뤄졌고 상황도 더 복잡해졌다. 과학이 새로운 가능성뿐 아니라 새로운 위험도 초래한다는 사실이 밝혀진 것이다. 인류를 멸망시킬 수 있는 무기, 사회를 혼란에 빠뜨릴 수 있는 컴퓨터 네트워크, 자연을 파괴할 수 있는 환경 오염 말이다. 권력의 하수인 역할을 해왔던 과학도 과거와는 달리 더 모호하고 예측하기가 더 어려워졌다. 그래서 국가는 과학을 평가하고, 규제하고, 금지하고, 차단할 방법을 찾아야 했다. 국가적 목표와 과학적 수단이 서로 얽히는 단계에 이르니 '프로네시스'가 절실해졌다. 다양한 차원에서 사물을 바라보고 생각하고 실행할 수 있는 지혜가 필요했다. 오늘날 우리가 고군분투하고 있는 단계다.

권력에 봉사하는 공학

오랫동안 과학은 국가 권력에 봉사하는 공학으로서 관계를 형성했다. 좋은 사례가 중국 서부 쓰촨四川 지역에서 지금도 쓰이고 있는 유구한 역사의 관개 수로 '두장옌都江堰'이다. 이 시설은 기원전 3세기 중반 이빙李冰이 1만 명의 인부를 동원해 건설했다. 이전까지 이 지역은 겨우내 산에서 녹아내린 얼음이 느리게 흐르는 강으로 급격히 흘러들면서 해마다 범람해 막대한 재해를 입었다. 제방을 쌓아 강줄기를 막는 방법도 있었을 것이다. 하지만 다른 지역과의 교역을 포기하면 국가 차원에서 잃게 될 것들이 많았다. 어떻게든 강을 개방하는 것이 중요했다. 그동안 많은 이들이 방법을 모색했으나 뾰족한 수를 찾지 못했다.

고심 끝에 마침내 무모할 정도로 대담한 해결책이 나왔다. 산을 깎아 물의 흐름을 건조한 평야 지대로 바꾸는 것이었다. 당시 기술력으로는 불을 피워 바위를 가열한 뒤 식혀서 깨뜨리는 방법이 유일했다. 무려 8년 동안 이 작업을 반복했다. 그렇게 공사가 완료되자 강은 두 번 다시 범람하지 않았다. 쓰촨은 중국에서 가장 생산성 높은 농업 및 교역 지역으로 발돋움했다. 주민들의 삶도 무척 풍요로워져서 쓰촨 사람들은 언제나 여유로웠다. 공학의 위업이라 하지 않을 수 없는 사례다.

그런데 이 위업은 사나운 강의 신을 물리쳤음을 보여주는 진중한 의식을 통해 비과학적 방식으로 설명됐다. 그래도 이 대목에서 우리는 과학과 국가 사이 협력관계의 바람직한 사례를 볼 수 있다. 쓰촨의 두장옌은 과학의 도구적 지식을 동원해 국가의 부와 명성을 높이는 사안을 해결했다.

유사 이래 인류에게는 식물, 동물, 계절, 무기 등에 관한 지식이 필요했고, 지도자들은 늘 자신보다 더 전문적 지식을 갖춘 사람들에게 의존했다. 초기 국가가 형성되자 한 걸음 더 나아가 전문 지식과 의식을 종합하려고 애썼다. 고대 메소포타미아, 이집트, 인도, 중국 문명에서는 관개를 비롯해 식량과 물에 대한 지식이 가장 중요했다. 이집트의 경우 에티오피아에서 토사를 가져와 관개 시설을 관리했다. 나일강 수위가 너무 낮으면 가뭄이 들고 너무 높으면 홍수가 일어나기 때문에, 수위를 가늠하기 위한 측정 장치도 개발해 강줄기를 따라 설치했다. 그렇지만 각각의 관리는 중앙에 의존하지 않고 지역적으로 이뤄졌다.

반면 고대 수메르Sumer 문명의 도시들은 좀더 중앙집권적이었고 행정적 편의를 위해 산술을 발명했다. 중앙에서 곡물 생산을 독점하고 사람들에게 노동을 시키려면 노동 시간에 따른 식량 배분량을 계산할 방법이 필요했다. 혁신적 지식과 추상적 의식으로 통치가 더 수월해졌다. 흥미롭게도 최초의 글은 신들의 목록이 아니라 사물의 목록이었다.

모헨조다로Mohenjo-Daro, 텔브라크Tell Brak, 우루크Uruk 그리고 훗날 바빌론Babylon에 이르는 고대 도시들은 정교한 설계를 바탕으로 한 상하

수도 체계도 갖추고 있었다. 이런 임무를 맡은 사람들은 천문가와 점술가의 추상적 지식과 더불어 사물을 관찰하고 모형을 만들어 실험했다. 그리고 실제 건설에 이르기까지 모든 비용은 국가의 지원을 받았다.

권력에 봉사하는 공학의 유산은 21세기인 지금까지도 이어지고 있다. 엄청난 규모의 후버Hoover 댐이나 드높은 마천루도 마찬가지이고, 뉴욕의 위대한 도시 계획가 로버트 모시스Robert Moses 같은 인물의 거대 기반 시설 프로젝트도 똑같은 맥락이다. 그가 활용한 공학은 정부가 도시와 시민을 효과적으로 통제하고 관리하는 데 완벽하게 부합했다. 현재 사우디아라비아 정부가 추진하는 170킬로미터 길이의 직선형 도시 네옴Neom, 인도네시아가 수도 이전을 목표로 건설 중인 누산타라Nusantara, 덴마크 코펜하겐과 스웨덴 말뫼Malmo를 연결하는 외레순Øresund 대교, 중국 충칭重庆과 라싸拉萨 사이 해발 5,000미터를 가로지르는 철도 등도 모두 정부 권력에 영합한 공학의 업적이다.

이와 같은 물리적 프로젝트는 물리적인 특성 이상의 권력에 대한 메시지를 담고 있기도 하다. 그렇지만 아마도 물리적이라는 이유로 공학은 혁신이 허용된 유일한 과학 분야가 될 수 있었다. 다른 과학적 시도는 그 저의를 의심받았다. 근대 초기인 15세기부터 19세기 초에 이르기까지 공학이 아닌 과학적 혁신은 권력의 눈총을 받았고, 심지어 16세기 영국에서처럼 정부가 법을 제정해 금지하기도 했다. 절대주의 군주제와 독재 체제에서 사변적 탐구와 발견 정신만큼 위험한 것은 없었다. 그러나 그 위험한 혁신은 공학이 앞장서 길을 다지는 정치적·사회적 혁신의 최전선에서 위용을 발휘할 순간을 열망하고 있었다.[1]

국가 권력을 증폭하는 과학

과학과 국가 사이의 관계 변화는 코페르니쿠스적 전환에 비견될 수 있으며, 이는 18세기 후반에 촉발한 엄청난 가속과 관련이 있다. 갈릴레오 갈릴레이Galileo Galilei는 수학을 이용해 세상을 모델화했고, 과학이 새로운 지식을 확인하는 가장 좋은 방법으로 실험 중심의 관찰과 이론화 과정을 도입하도록 도왔다. 아이작 뉴턴은 "과학을 자체 규범에 의해서만 통제되는 별개의 활동이 되도록" 이전 세대가 강조한 사실을 새롭게 관찰하고 철저히 계산해 보완하면서 견고한 이론으로 확립했다.[2]

그러나 반자율적 국가에서 아이작 뉴턴이나 피에르 시몽 라플라스 Pierre Simon LaPlace의 성찰적 과학은 황제나 왕의 사업에 즉각적인 유용함을 가져다주지는 않았다. 미래에도 타당한지에 관한 연구가 있었고, 이후 프랑스에서는 마르퀴 드 콩도르세Marquis de Condorcet가 사회적 해방을 위한 과학을, 생시몽Henri de Saint-Simon이 과학을 기반으로 한 유토피아를 제시했고, 독일에서는 알렉산데르 폰 훔볼트Alexander von Humboldt 가 공익을 위한 과학, 즉 전쟁과 식량 생산 그리고 인구를 통제할 새로운 대안으로 "정치 질서의 가장 중요한 동인이 될 지식 경제"를 주창했다.[3] 인구 조사, 지리 조사, 미터나 킬로그램 같은 측정 지표 등 새로운 지도와 도량법도 중요해졌다. 그 모든 것이 세상에 질서를 가져오는 방법이었다.

하지만 그 영향은 보잘것없었다. 물리학자이자 철학자 마이클 폴라니 Michael Polanyi는 19세기 중반까지만 해도 "자연과학은 기술에 별다른 기여를 하지 못했으며, 산업 혁명 또한 과학의 원조 없이 이뤄졌다"고 꼬집었다.[4] 달리 말해 산업 혁명은 '에피스테메'보다는 '테크네'가 이룬 성공이었다.

19세기 중반이 지나서야 비로소 현대적 형태의 과학이 사회 및 국가에 통합되기 시작했다. 19세기 말에는 영국, 프랑스, 프로이센에서 관료제, 과학, 공학, 정치를 융합해 무기, 전함, 총, 대포 등 주로 전쟁 물자를 다루는 기관을 설립했다. 이와 함께 특히 1865년 설립한 ITU(국제전기통신연합)처럼 훗날 기술을 중심으로 조직할 새로운 글로벌 과학 협력체의 초석을 마련했다.

아직 미성숙한 이 과학 국가는 다양한 형태로 싹을 틔우고 있었다. 프랑스에서는 병원, 박물관, 학교를 중심으로 발전했다. 사회학자 브뤼노 라투르Bruno Latour가 19세기 후반 프랑스를 연구하면서 '프랑스의 파스퇴르화'라고 표현했듯이, 과학은 공중 보건에 집중한 대규모 사회적·기술적 네트워크 형성에 발맞춰 국가의 일상 업무로 변모했다. 루이 파스퇴르의 이름을 딴 '파스퇴르화pasteurization'는 '저온 살균'을 뜻하는 용어가 됐다.

독일에는 경제학자 프리드리히 리스트Friedrich List를 위시한 인물들의 영향을 받은 연구와 긴밀한 관계를 바탕으로 설립한 연구 대학이 있었고, 오토 폰 비스마르크Otto von Bismarck는 가능한 모든 과학 지식을 동원해 제국의 야망에 불을 지피면서 영국에 도전할 산업 기반을 조성했다. 한편으로 산업 혁명 이후 영국 정부는 직물, 화학, 철강, 철도 등의 기술에 비교적 덜 개입했지만, 이번에는 해군이 나서서 드레드노트

Dreadnought 전함 같은 새로운 무기 체제를 확충해 해상 지배권을 강화하는 등 역할을 대신했다.

물리학을 토대로 화학과 생물학 등의 과학 분야가 그 위에 자리 잡는 명확한 계층 구조가 나타나기 시작했다. 물리학이 가장 중요했다. 전기에 의지하는 산업을 본격적으로 추진한 분야도 물리학이었고, 비록 일상 세계로부터는 점차 분리됐지만 그런데도 여전히 일상에 적용할 과학적 아이디어 대부분이 물리학에서 나왔다.

20세기 초에 이르자 모든 주요 국가들이 과학산업 복합체를 형성했으며, 제1차 대전 때 처음으로 영국, 독일, 미국에서 민간 과학자들을 전쟁에 활용했다. 이들 과학자는 첨단 무기뿐 아니라 지능 검사 등의 방법도 고안해 소수의 영리한 개인들을 연결하는 체계에서 수만 명을 고용하는 대규모 조직 체계로 과학의 진화를 가속했다.[5]

제2차 대전 중에는 원자폭탄을 개발하기 위한 맨해튼 프로젝트가 미국 자동차 산업군 전체와 맞먹는 규모로 조직됐다. 미국은 대량 생산 산업 방식을 전쟁에서의 필요에 융합함으로써 계획 경제 전환에 능숙하다는 사실을 입증했다. 맨해튼 프로젝트 시작을 이끈 공학자 버니바 부시Vannevar Bush가 이 같은 변화의 실례다. 참전을 결정하기 전 프랭클린 루스벨트Franklin Roosevelt 대통령은 그에게 "우리가 이 전쟁에서 사상자를 최대한 줄이고 가능한 한 빨리 끝낼 수 있도록" 미국 대학과 과학 기술 분야의 모든 인재를 동원해달라고 요청했다. 1945년 그는 20세기 과학 정책의 고전이 될 보고서 〈과학: 끝없는 개척지Science: The Endless Frontier〉를 제출해 사상 최대 규모의 과학 연구 체계를 만들도록 미국 정부를 설득했다. 책으로도 출간된 이 보고서에는 과학이 수십 년 동안 국가 경제에 이바지했다는 통계 자료를 근거로 과학계에 막대한 지출 예산을 책정하고 상당 수준의 자율성을 보장해달라는 요구 사항이 담겨 있었다.

그렇지만 설득력 있는 말만으로는 부족했다. 당시 버니바 부시는 해리 트루먼Harry Truman 대통령에게 의학 및 자연과학 연구, 국방, 교육을 위한 과학 정책 추진 기관을 만들어야 한다면서 1억 2,000만 달러, 현재 가치로 16억 달러가 넘는 액수를 제안했으나, 1950년대 초 설립된 국립과학재단NSF은 350만 달러라는 훨씬 적은 예산으로 출범했다. 1957년 소련이 세계 최초로 인공위성 스푸트니크Sputnik 발사에 성공해 과학 경쟁 규모가 비약적으로 커지고 나서야 예산은 껑충 뛰었다. 패권을 빼앗길 수 있다는 두려움이 국고 문을 활짝 열어젖혔다. 마침내 엄청난 돈이 과학계로 흐르기 시작했고 국방부, 국립보건원, NASA(항공우주국)에 투입되는 더 많은 예산에도 꺾이지 않았다.

한 세대 만에 미국 GDP의 약 2.5%에 버금가는 금액이 아폴로Apollo 계획에 들어갔다. 아직 가난하고 낙후한 국가들로서는 상상조차 하지 못할 액수였다. 과학 프로젝트로서 아폴로는 반세기가 지날 때까지 매우 인상적인 모습을 보였다. 그러나 결과적으로 그것이 현명한 판단이었는지는 불명확하다. 그와 동시에 미국인들의 장기 소득 및 기대 수명 정체 현상이 벌어졌기 때문이다. 아폴로 계획을 가능케 했다고 해도 과언이 아닌 신소재 '테프론Teflon'도 당시 신화처럼 여겨졌다. 테프론은 1930년대에 처음 개발됐고, 테팔Tefal이 이른바 '붙지 않는' 프라이팬으로 상품화해 1950년대 중반부터 판매했다. 테프론은 우주복에 쓰였다. 많은 이들이 사람을 달에 보낼 수 있는 세상인데 집에서 벌어지는 문제는 왜 그토록 해결이 어려웠는지 비꼬곤 했다.[6]

그래도 어쨌든 버니바 부시는 과학도 도로나 철도처럼 어느 정도 계획할 수 있다는 사실을 보여줬다. 1930년대 당시 영향력 있는 마르크스주의 과학자 가운데 한 사람인 존 데즈먼드 버널John Desmond Bernal은 계획 과학을 계획 경제 일부로서 옹호했다. 참고로 그는 세상을 "거주자들이 관찰과 실험 대상으로 그곳에 살고 있음을 인지하지 못하는" 인간 동물원으로 만들어야 한다고 주장하기도 했다.

하지만 그때조차도 계획을 세우는 일은 어려웠는데, 정부가 훗날 '콜링리지 딜레마Collingridge dilemma'라고 불리는 문제 때문에 고심하고 있던 게 분명했다. 콜링리지 딜레마는 데이비드 콜링리지David Collingridge가 1982년 출간한 책 《기술의 사회적 통제The Social Control of Technology》에서 설명한 모순인데, 쉽게 말하면 새로운 기술을 도입할 때는 위험과 부작용을 알 수 없고, 그 기술이 이미 사회적으로 확산했을 때는 되돌리기가 어렵다는 것이다. 정부가 해당 기술의 의미와 용도를 더 많이 알아가면 갈수록 그만큼 그 기술은 앞으로 나아간 상태다. 그렇게 되면 통제하기가 거의 불가능해진다. 실제로 이 경험은 기대한 만큼 결과가 나오리라는 희망을 경감시켰다. 그런데도 정치적 희망을 포기할 수는 없었다. 암 정복 정책을 예로 들어보자. 리처드 닉슨Richard Nixon 대통령은 암과의 전쟁을 선포하면서 "원자를 쪼개고 인간을 달까지 데려가는 노력이면 이 무서운 질병도 정복할 수 있다"고 약속하면서 미국 건국 200주년을 맞이하는 1976년까지 성공하기를 기대했으나 결과는 그러지 못했다. 1986년의 한 기사는 "치료 효과를 개선하는 데 초점을 맞춘 약 35년간의 노력은 실패로 봐야 한다"고 결론지었다.[7] 1990년대 후반 업데이트된 같은 기사의 제목은 "불패의 암Cancer Undefeated"이었다.[8]

그러나 오래된 희망은 쉽게 사그라지지 않았다. 2016년 당시 부통령이던 조 바이든이 다시 한번 암을 종식하겠다고 약속하며 '캔서 문샷 Cancer Moonshot' 프로젝트를 시작했다. 이 분야의 많은 사람이 양면적 감정을 느꼈다. 비록 반세기 동안 암의 복잡성, 유전적 측면, 환경적 영향 등에 관해서는 눈부신 발전을 이뤘지만, 이를 근거로 '문샷', '전쟁', '임무' 같은 거창한 낱말을 내세우는 정치의 단순함이 어리석게 보였다. 그렇더라도 국비 지원을 하려면 어쩔 수 없이 보여줘야 할 쇼맨십이었을 것이다.

미국은 과학과 기술로 모든 문제를 해결할 수 있다고 자신만만했지만, 이는 지상 최대의 적 소련도 마찬가지였다. 러시아는 1830년대에 이미 정보 저장 매체로 천공 카드를 사용했고, 원소 주기율표도 처음 제안했다. 이뿐만 아니라 1870년대에는 세계 최초의 전기 가로등, 1911년에는 블라디미르 즈보리킨Vladimir Zworykin이 텔레비전을 개발하는 등 놀라운 과학적 혁신을 이룬 상황이었다. 소련은 1950년대에 이르러 더 막대한 자원을 과학 연구에 쏟아부었으며, 이런 노력은 1954년 최초의 산업용 원자력 발전소, 스푸트니크 위성, 유리 가가린Yuri Gagarin의 우주 비행 성공으로 열매를 맺었다.

그렇지만 결국 이 범상치 않은 노력도 정권을 붕괴시킨 침체와 방향을 나란히 한 셈이었다. 사실 지금도 러시아는 과학적 역량을 국가 권력으로 전환하는 일이 얼마나 어려운지 보여주는 대표적 사례다. 현재 러시아 과학 분야 70% 이상이 국비 지원을 받고 있다. 러시아는 전 세계에서 연구비 지출을 가장 많이 하는 국가다. 그렇게 하는 까닭은 국가 안보와 전략 산업 발전에 초점을 맞추기 때문이며, 전체 과학 지원 예산의 40%는 중공업 연구 자금으로 쓰인다. 여전히 러시아 경제는 주로 탄화수소와 원자재에 의존하고 있다. 하버드대학교가 발간하는 〈경제 복잡도 지도Atlas of Economic Complexity〉 보고서에 따르면 러시아는 133개 국가 중 52위에 머물렀으며, 한 연구에서는 "경제적 부가가치가 지식에 점점 더 의존하는 이 시기에 러시아는 과학적 역량을 부로 전환할 수 있는 효과적인 체계를 갖추지 못하고 있다"고 결론 내렸다.[9]

러시아에서는 러시아과학아카데미RAS를 비롯해 전체 과학 연구 결과의 25%를 차지하는 1,000여 곳 연구 기관들이 과학계를 주도하고 있는데, 모든 연구 기관을 합산하면 대략 4,000곳 이상에 연구 인력만 75만 명이다. 러시아 정부는 이들에게 직접적인 자금 지원을 해왔다. 이는 순기능보다 역기능을 초래했다. 의도와 강요가 담긴 정부 직접 지원은 때때로 과학계의 창의성을 훼손했고, 2010년대에는 러시아가 자랑해 마지않던 스콜코보혁신센터Skolkovo Innovation Center나 아카뎀고로도크 Akademgorodok 같은 첨단 과학기술 연구 단지도 인재들이 빠져나가면서 타격을 입었다. 이는 러시아가 과학 연구 자금 지원에 외국 자본을 허용하고 경쟁 체계를 도입하는 전환점으로 작용했다.[10] 하지만 본질에서는 크게 바뀌지 않았으며, 우크라이나 침공 이후 러시아 무기가 서방 세계

보다 기술적으로 열등하다고 판명됨으로써 상대적 실패는 보기 안타까울 정도로 명백해졌다.[11]

21세기 첫 십여 년 동안 전 세계 대부분 국가에서 과학의 필요성을 절감했다. 비록 주류 경제학은 과학과 기술 분야에서 국가가 해온 중심 역할을 계속해서 무시했지만, 어떤 국가들은 경제 번영과 안보를 위해 더 많은 예산을 과학에 할애했다. 적대적 이웃과 맞닿아 있기 때문이겠으나 한국, 이스라엘, 핀란드의 경우에는 GDP의 3~4%가 과학 예산이다.

중국은 수천 년 동안 과학 분야에서 선도적 역할을 해왔고 지금도 세계 제2의 과학 강대국이다. 그런데 그런 중국도 과학 혁명의 시기를 놓쳤을 때가 있었다. 중국의 지도자들은 청나라 말기 과학의 상대적 후진성 때문에 서구 열강에 곤욕을 치렀다는 사실이 무척 당혹스러웠다. 마오쩌둥毛澤東은 이 같은 실패의 유산을 뒤집고 싶었다. 1950년대 소련은 인류 역사상 유례없는 규모의 지식 정보와 지적 재산을 중국에 제공했다. 마오쩌둥은 이 지식을 바탕으로 핵무기 개발 프로그램을 가동해 1964년 첫 번째 실험을 성공시켰고 세계는 충격에 빠졌다. 그 이전인 1959년에는 리센코주의를 버리고 제대로 된 유전학 연구소를 세웠다. 21세기 초까지 중국은 수십 개 과학 분야에서 미국과 경쟁했다. 2019년 달의 어두운 면, 즉 뒷면에 탐사선을 착륙시키는 데 미국과 거의 같은 금액을 투입했으며, '정부지도기금Government Guidance Funds'을 운용해 수천 곳의 기술 벤처 기업에 1조 달러 이상을 투자했다.

독재를 열망하는 국가라도 예외는 없다. 더는 뒤처질 수 없다고 여긴다. 북한은 미사일 프로그램에 자금을 조달하고자 국가 차원에서 랜섬웨어를 이용한 암호화폐 절도 등의 사이버 조직 범죄도 서슴지 않고 있다. 과학보다 종교에 기반을 둔 이란조차 안보와 사이버 보안뿐 아니라 다른 과학 분야에도 투자를 아끼지 않는다. 놀라운 예로 생물학을 들수 있는데, 신의 영역을 넘보는 과학 분야의 중심에 신권정치를 자리매김하겠다는 의지로 보인다. 2002년 이란 최고 지도자 아야톨라 하메네이_{Ayatollah Khamenei}는 인간 배아를 이용한 실험이 시아파 전통에 부합한다는 '줄기 세포 율법'을 공포하고 인간 배아 줄기 세포주 생산에 성공한 과학자들을 치하했다.[12]

반면 아프가니스탄은 2021년 탈레반Taliban이 다시 권력을 장악하고 아프가니스탄과학아카데미ASA를 폐쇄해 수백 명의 과학자가 망명했는데도 별다른 관심이 없어 보이는 거의 유일한 국가다. 이 책의 뒷부분에서 과학의 민주화 가능성과 그것이 어떻게 더 폭넓은 사회적 이익으로 이어질 수 있는지 살필 테지만, 여기에서는 국가가 과학에 깊이 개입하게 된 네 가지 주요 배경인 '전쟁', '경제', '영광', '권력'에 초점을 맞춰보자.

전쟁을 위한 과학

대부분 국가가 '전쟁'을 위해, 더 구체적으로는 경쟁국들보다 우위를 차지하기 위해 과학을 이용해 왔다. 러시아 블라디미르 푸틴 대통령은

AI 분야를 선도하는 나라가 "세계의 지배자가 될 것"이라고 말한 바 있다. 과거에는 화약, 소총, 기관총, 공성 무기, 군함, 잠수함, 전차, 전투기가 그랬고, 최근에는 드론, 대량 살상 무기, 사이버 공격 등이 국가가 우위에 서기 위한 과학적 전쟁 도구 중 일부가 됐다. 인류의 여명기로 거슬러 올라가더라도 결국 이 모든 것은 군비 경쟁이다. 창은 방패를 유도하고 방패는 더 강력한 창을 불러들인다. 성벽은 공성 무기를 탄생시키고 공성 무기는 더 두꺼운 성벽을 쌓게 했다. 미사일은 그 미사일을 격추하는 미사일을 낳는다. 사이버 공격은 사이버 방화벽을 초래하고 사이버 방화벽은 더 똑똑한 사이버 공격을 야기한다. 이처럼 지식 공격과 지식 방어는 앞서거니 뒤서거니 하면서 발전한다.

앞서 언급했듯이 제1차 대전은 과학 지식을 총동원해 전차, 전함, 전투기, 화학 무기 등을 실전에 투입하고 우위를 뽐낸 최초의 전쟁이었다. 몇 년 뒤 나치 독일의 로켓 개발 계획은 역사가 마이클 뉴펠드Michael Neufeld가 "군사 신기술 개발을 위한 국가 차원의 과학 및 공학 자원 강제 동원"이라고 표현한 사례였다.[13] 이는 제2차 대전 막바지 영국 남부에 V2 로켓(미사일)이 쏟아지는 결과로 나타났다. 이와 유사한 비극이 생물학전으로도 일어날 수 있었지만, 불행 중 다행히도 아돌프 히틀러Adolf Hitler는 생물학 무기를 몹시 싫어했고 이를 개발하려는 모든 제안도 거부했다고 전해진다.[14]

전쟁은 로켓이나 미사일뿐 아니라 레이더, 제트 엔진, 원자폭탄 개발을 가속했다. 제2차 대전 무렵 덩치가 커진 과학계는 전쟁에 협력할 만반의 준비가 돼 있었다. 과학계 최전선은 접경지대에 배치된 대공포처

럼 갈등의 최전선과 얽혀 있었고, 이때의 경험은 사이버네틱스cybernetics
와 컴퓨터공학을 육성하는 데 도움이 됐다.

이때부터 미국은 모든 주요 경쟁국들보다 더 큰 비용을 과학에 투자
하기로 했고 이 결정을 21세기 초반까지 유지했다. 그러나 과학에서의
우세에도 불구하고 각각 7,380억 달러와 3,210억 달러를 투입한 베트
남과 아프가니스탄 전쟁에서 모두 패배했고, 7,840억 달러를 쓴 이라크
전쟁에서도 압도적 승리는 거두지 못했으니, 역사의 아이러니라 하지
않을 수 없을 것이다. 그래도 현명하게 직접적 충돌을 피한 다른 국가
들과의 전쟁에서는 패하지 않았다.

오늘날 전쟁의 최전선은 상업 기술의 최전선과 유사하다. 인간과 기
계의 능력을 어떻게 하면 잘 결합할 수 있을지 고민하는 경우가 그렇다.
1930년대 나치 독일 전차 부대 사령관 하인츠 구데리안Heinz Guderian은
인간의 책략과 용기 그리고 기술을 라디오 통신 및 전차에 접목하려고
했다. 최근에는 인간의 인지 능력과 첨단 기술을 더욱 역동적으로 결
합하려는 시도가 이뤄지고 있는데, 유럽의 '휴먼 브레인 프로젝트Human
Brain Project', 미국의 '브레인 이니셔티브BRAIN Initiative', 중국의 '차이나 브
레인 프로젝트China Brain Project'에서 볼 수 있듯이 인간 뇌에서 영감을 받
은 AI로 전투기나 드론 조종 또는 갖가지 하드웨어의 기술을 융합하고
자 애쓰고 있다.[15] 어쩌면 오히려 인간만이 관찰할 수 있는 전쟁을 향해
가고 있는지도 모른다.

경제를 위한 과학

국가가 과학에 개입하게 된 또 다른 동기는 과학을 '경제'에 종속시키기 위함이었다. 19세기 독일의 경우 그 배경에는 화학, 공작 기계, 자동차, 비행 기술에서 우위를 점하기 위한 수단으로 경제를 과학화하려는 프로이센 이데올로기가 있었다.

영국은 1851년 런던에서 개최한 만국박람회를 통해 과학과 공학의 영광을 자축하는 등 다른 경로를 취했고, 현재까지 이어지는 국가 정책 측면에서 과학에 대한 개입을 제도화하는 데는 시간이 걸렸다. 미국은 항공우주공학에서 컴퓨터공학에 이르기까지 과학산업을 선도하고자 막대한 군비를 지출했으며, 20세기 후반 벤처 캐피털venture capital, 스타트업startup 지원, 과학 응용 기술 등을 대학으로 이전하는 모델을 제공했다. 나아가 벨연구소Bell Labs를 비롯해 반도체나 광학 섬유 같은 기술을 개발하는 기업 연구 센터와 협력했다. 이들 기관은 전성기 시절 경상비로 연간 약 20억 달러를 지출하면서 3,000명 이상의 박사 학위 소지자들을 포함해 2만 5,000명의 일자리를 창출하기도 했다.

더욱이 미국은 국가 주도 상업 발전에서 선구자 역할을 해왔다. 최근 사례로 2006년에 시작해 2013년에 종료한 NASA의 'COTSCommercial Orbital Transport Services, 상업용 궤도 운송 서비스' 프로그램을 들 수 있다.[16] 이 프로그램은 1920년대 항공 우편 서비스로 상업용 항공기 개발 산업을 촉진한 데서 착안해 2000년대 상업 위성으로 호황을 누리던 우주 산업을 활성화하려는 방편이었다.

일본과 프랑스에는 과학기술 기업뿐 아니라 테크노폴리스technopolis도 있었고, 독일은 막스플랑크협회Max-Planck-Gesellschaft와 프라운호퍼협회 Fraunhofer-Gesellschaft 같은 연구 기관과 지멘스Siemens와 바스프BASF 등의 기업을 보유하고 있었다. 핀란드에는 테케스Tekes, 기술혁신지원청와 시트라 SITRA, 핀란드의회혁신기금가 있었다. 이 모든 국가 기관이나 기업들은 과학을 본격적인 비즈니스로 보고 이를 통해 경제 성장을 가속하기 위한 것이 었다.

이들은 저마다 과학기술 최전선에 서겠다는 목표를 정했으나, 어느 시점에서든 확실히 선두를 차지했었다고 주장할 수 있는 곳은 놀랍게 도 없었다. 전 세계 기술 특허 분포 현황을 도표로 나타낸 자료를 보 면 이따금 다소 높은 언덕이 있는 평원과 비슷하다. 지난 세기 가장 영 향력 있는 기술 가운데 상당수는 1950년대와 1960년대 듀폰DuPont과 벨연구소에서 나왔지만, 이후에는 제록스Xerox의 팰로앨토연구소Palo Alto Research Center, PARC, 스탠퍼드대학교, MIT매사추세츠공과대학교, 제넨텍 Genentech, 몬산토Monsanto, 다르파DARPA, 국방고등연구계획국 등에서 고른 성과 를 보였다. 지금도 과학의 최전선은 소수 기관이나 기업이 장악하지 못 하며 한두 가지 분야만 지배하는 경우가 대부분이다. 예를 들면 네덜란 드 기업 ASML은 극자외선을 이용해 반도체를 생산하는 노광 장비, 즉 반도체 제조 기계 시장을 독점하고 있다. AI 기술 최전선은 집중 현상 이 더 심화할 것으로 보인다. AI 분야 박사 학위 소지자 중 70%가 기업 에서 일하고 있으며, 취업 시장을 뜨겁게 달구고 있다. 20년 전 21%와 비교해볼 때 엄청난 취업률이다. AI 모델 개발에 필수적인 컴퓨터 성능의 비약적 발전과 인터넷이 낳은 방대한 빅데이터로 순식간에 과학 분야 점유율이 2010년 11%에서 2021년 96%로 대폭 증가했다.[17]

많은 국가가 당대의 과학 최전선을 장악하고자 노력했다. 한때는 거의 모든 나라가 실리콘 밸리Silicon Valley, 아니 각자의 명칭대로 실리콘 와디Wadi, 글렌Glen, 피요르Fjord 등을 조성할 것처럼 보였다. 비슷한 패턴을 생명과학 분야에서도 찾을 수 있다. 생명과학은 유전체학의 성장, mRNA 백신 기술 혁신, 합성생물학의 잠재력에 힘입어 빠른 속도로 성장해왔다. 하지만 여기에도 자본 논리가 적용된다. 물론 똑같이 복제하는 일 자체도 어려울 것이다. 어떤 국가는 몇몇 대기업이 과학계에 지배적 역할을 하고, 어떤 국가는 정부가 모든 것을 주도하며, 또 어떤 국가는 글로벌 지향적인 대학들이 자석 역할을 자처한다. 그런데 여유롭지 않은 대부분 국가는 과학 역량을 키우기 위해 어쩔 수 없이 외국 자본에 의존한다. 보통은 산업 및 기술 정책을 추진할 때 실리콘 밸리의 벤처 캐피털 모델을 따라 하거나 과제 중심 경쟁 체제를 도입하지만, 실행 단계에서 무너지는 경우가 허다하다. 단순히 유행을 따르기보다 각 국가가 처한 상황과 맥락을 이해하고 그에 맞춘 정책을 펼치는 것이 중요하다.

대다수 경제학자는 더 많은 R&D가 더 많은 성장으로 이어진다고 공언해왔다. 관련 OECD 보고서와 학술 논문도 선형적 관계를 제시했다. 그렇지만 R&D 결과가 어떻게 두루 영향을 미치는지, 어느 정도 전달될 수 있는지, 어떤 역량을 키울 수 있는지 등이 전부 불분명하다. 최근 전미경제연구소NBER의 한 보고서는 이렇게 요약했다.

"기술 진보는 경제 성장 이론에서 중심 역할을 한다. 하지만 R&D에 기대할 사회적 이익이 민간 이익보다 크다고 판단한 기업들이 혁신에 적게 투자하면 기술 진보 속도는 느려질 수 있다. 정부의 R&D 지원 예산이 이 격차를 메워서 장기적 성장을 이끌어낼 수 있을까? 정부가 매년 R&D에 상당 액수(2020년 OECD 통계 기준 1,580억 달러 이상)를 지출하고 있으나 답은 여전히 불분명하다."[18]

마찬가지 맥락에서 물리학자 체리 머리Cherry Murray도 "미국 경제 성장의 85%가 R&D에서 나온다고 하나 정확히 어떤 R&D가 영향을 미치는지는 명확하지 않다"고 꼬집었다.[19] 핵융합 연구 및 신소재 그래핀 graphene 활용 기술에서 지출 규모가 1,000억 달러에 이르는 '암과의 전쟁'까지, 높은 대중 인지도만큼 들어가는 비용도 높은 프로젝트가 이렇다 할 성과를 내지 못해서다. 특히 NASA는 1960년대 중반부터 매년 GDP의 0.7% 이상을 지원받았으며, 우주 경쟁이 최고조에 달할 때는 40만 명이 넘는 인력을 직간접적으로 고용하기도 했다. 이런 상황이지만 R&D 예산을 다르게 활용했더라면 사정이 더 나았으리라는 주장도 입증하기 어렵고, 그 논리 역시 그럴듯하지 않다는 게 문제를 더 어렵게 만들었다.

널리 알려진 다른 분석도 논리에서 취약한 것은 매한가지다. 경제적으로 더 가치 있는 지식을 확보하려면 공정한 경쟁, 동료 심사, 연구 능력 측정을 통해 가장 우수한 기관, 단체, 개인에게 R&D 예산을 집중해야 한다는 주장이 자주 제기돼왔다. 그런데 이 주장에도 별다른 근거가 없다. 어떤 시기에는 국가가 영향력을 발휘할 수 있는 다른 방식, 일테면 박사 학위 소지자를 실무에 대거 투입해 과학 인력 육성을 모색하기도 했다. 그래도 정책과 이익, 즉 세수 문제는 여전히 해결되지 않았다. 기술 발전은 정부가 대학이나 기초 연구 기관에 공공 자금을 투입하고 스타트업과 벤처 캐피털에 국고 보조금을 지원함으로써 이뤄졌다. 이 과정에서 정부가 기대할 수 있는 이익은 세금인데, 정작 R&D 예산의 수혜자는 그 기회로 큰돈을 벌었으나 정부가 벌어들인 세수는 그에 미치지 못했다. 더욱이 일부 디지털 플랫폼 산업은 세법상 매우 낮은 세금만 내면 그만이었다. 이것이 세계적인 부자들 가운데 상당수가 막대한 부를 쌓을 수 있던 이유다. 그들은 상대적으로 매우 적은 세금만 부담했고, 자신들의 부를 뒷받침한 정부의 과학기술 정책 혁신이나 국가의 경제적 돌파구 마련에 아무런 이바지도 하지 않았다.

영광을 위한 과학

뜬금없어 보일지 모르지만 '영광'도 중요한 요소다. 정치인이든 과학자든 많은 사람이 국가의 영광, 명성, 위신을 위한 과학의 역할을 과소평가하고 실용적 목표만 따지려고 든다. 그렇지 않다. 국가는 영광의 창조물이다. 역사를 봐도 영광스럽지 못한 국가는 그 명운도 짧았다. 너무 협소한 시각으로 도구적이고 현실적인 렌즈만 들이대서는 국가가 마땅히 선택해야 하는 것들을 이해하기 어렵다.

영광을 향한 과학적 탐구는 고대 이집트의 피라미드로까지 거슬러 올라간다. 당시 통치자들은 불과 물을 자유롭게 다뤘고 마법 같은 조각 작품이나 건축물을 통해 주변 세력에 부와 권력을 과시했다. 철학자 조르조 아감벤Giorgio Agamben이 영광과 경제, 왕과 통치의 관계를 재조명하면서 설명했듯이 영광을 지향하는 행태는 단순히 전근대 세계만의 특징은 아니다. 약소국이 강대국에 종속되고 정치에 연극적 요소가 주효하게 작용하는 시대라면 언제나 중요했다. 조르조 아감벤은 이렇게 설명했다.

"오늘날에도 영광은 정치 체제의 중심에 자리 잡고 있으며, 오히려 전례가 없는 관심, 증폭, 전파가 이뤄지고 있다. 과거에는 의전이나 의식에 국한됐으나 이제는 미디어에 집중됐고, 그 미디어를 통해 매 순간 공공 및 민간 사회 영역으로 침투하고 확산한다. 현대 민주주의는 전적으로 영광, 즉 환호의 효과를 기반으로 동원 가능한 모든 수단을 통해 증식되고 전파된다."[20]

미국의 NASA와 달 착륙 프로젝트에 대한 투자는 전형적 사례로, 여러 파급 효과 측면에서 볼 때 다른 요소도 있으나 과학이 국가의 영광을 위한 도구로 쓰였다고 이해할 수 있다. 2021년 화성에 탐사선을 보낸 아랍에미리트 연합국이나, 로켓과 인공위성 발사에 오랜 역사가 있고 최근 달과 화성에 무인 탐사 로버를 착륙시킨 인도까지 우주는 계속해서 국가의 영광을 드높이는 놀이터가 되고 있다. 나아가 소수의 억만장자에게도 우주는 영광을 드러내기에 특별한 매력이 있다. 예전에는 영광의 장소가 전쟁터였지만 요즘은 우주나 스포츠다. 많은 사람이 부자들의 우주 여행이나 스포츠 스타가 경기에서 활약하는 모습을 보고 영광의 대리 만족을 느낀다. 하지만 국가가 너무 영광에만 사로잡히면 놓치게 되는 것들이 많다. 성숙한 민주주의 국가라면 영광을 위해 치러야 할 값비싼 대가를 회의적 관점에서 바라봐야 할 것이다. 대다수 시민은 10년 후 추억만 남을 영광의 불꽃놀이보다 GDP의 몇 퍼센트가 자녀 교육에 쓰이는 것을 훨씬 더 선호한다.

권력을 위한 과학

국가는 과학을 이용해 '권력'을 행사할 수 있다. 즉, 사람들을 지배하고, 압박하고, 조종할 수 있다. 수천 년 전으로 거슬러 올라가면 독, 암호, 고문의 과학이 있었다. 근대에 와서는 측량의 과학이 국가가 국민에게 세금을 부과하고 통제하는 것을 돕기 위해 개발됐고, 경제학자 윌리엄 페티William Petty 같은 인물이 국가 통치에 관한 모든 사항을 수량화하는 '정치 산술political arithmetic'로 발전시켰다. 이는 경제학과 통계학이 성립하는 데 결정적 영향을 미쳤다.

윌리엄 페티는 정치철학자 토머스 홉스Thomas Hobbes의 믿음직스러운 동료였고 훗날 아일랜드의 대지주가 됐다. 그의 정치 산술은 통계를 토대로 더 합리적인 정부를 만드는 것이 목표였다. 그는 냉정하고 객관적인 접근법을 강조하면서 "수와 무게 등 척도의 측면에서 분별 있는 주장, 즉 변하기 쉬운 감정, 의견, 욕구, 열정은 배제하고 오직 자연 현상이 보여주는 것들에 기초한 원인만 고려해야 한다"고 역설했다.[21] 정치 산술은 그의 개인 자산 관리에 유용한 새로운 법률 제안에도 효과적으로 활용됐다.

프랑스에서 선구적 역할을 한 인물은 중농주의physiocracy 창시자로 알려진 프랑수아 케네François Quesnay였는데, 그는 "인간이 증거 규칙에 따라 통치하면 인간이 아닌 증거 규칙이 통치하는 것"이라는 생각을 장려했다.[22] 벨기에 사회학자이자 통계학자 아돌프 케틀레Adolphe Quetelet는 체질량 지수BMI를 처음 제안한 것으로 유명하며, 사회 현상을 과학적으로 연구하는 '사회물리학social physics' 개념을 정립했다. 또 다른 학자들은 회계, 세금, 정보를 효율적으로 처리하기 위한 새로운 기술을 연구했다. 이런 기술들은 공통으로 인간을 확률과 분포의 범주로 취급했고, 국가를 비인격체로 설정해 철저히 계산적인 주체로 만들었다. 그렇지만 영향력은 상당했다. 물론 철학자 이언 해킹Ian Hacking의 말처럼 "통계학자들이 새로운 현상이나 기술적 발전 사항을 발견한 것이 아니라, 우리가 추론하고 실험하고 의견을 형성하는 방식을 변화시킴으로써 세상을 바꿨다"는 사실은 의심할 여지가 없다.[23]

정치학자 제임스 스콧James Scott의 논문을 비롯한 일부 설명은 '국가의 눈으로 보는' 새로운 방법들을 중앙집중적이고 약탈적인 소수 엘리트만을 위한 강압적 도구로 묘사했다.[24] 사실 실제로 그런 경우도 있었다. 그래도 국가의 지식 추구에는 '도덕적 개선'이라는 사명이 스며들곤 했다. 18세기 초반 프로이센은 군대, 학교, 세무 기관, 우편 기관 관리들은 봉건 귀족보다 국민에 대한 의무를 져야 한다는 원칙을 수립했다. 프리드리히 빌헬름 1세Friedrich Wilhelm I와 프리드리히 2세Friedrich II 통치 아래 번창한 '관방학Kameralwissenschaft'은 절대 군주의 통치학이자 중상주의mercantilism 경제학으로서 규칙과 법률을 통한 국민의 행복을 지향했으며, 가문보다 능력주의, 봉건법보다 행정 원칙, 지역적 특수성보다 표준화한 규범, 전통주의보다 형식주의와 전문성을 중시했다.[25]

영국에서 '통계'라는 용어는 1790년대 존 싱클레어John Sinclair 남작이 처음 사용했다. 그는 자신이 직접 편집한 〈스코틀랜드 통계 보고서Statistical Account of Scotland〉(전21권)에서 통계란 "국가의 상황, 즉 국민이 누리는 '행복의 양'을 파악하고 미래를 개선하기 위한 수단"이라고 설명했다.[26] 법학자이자 철학자 제러미 벤담Jeremy Bentham은 이 개념을 '최대 다수의 최대 행복'을 약속하는 '공리주의utilitarianism'로 심화·확장했으며, 감옥 설계에서부터 국제 무역에 이르기까지 모든 정부 정책에 과학적 추론을 적용했다.

그로부터 2세기 후 철학자 미셸 푸코Michel Foucault는 과학과 사회과학을 인구와 인구의 신체적·정신적 건강 및 국가에 대한 순응을 관리하는 도구로 제시했다. 이 관점에서 지식은 권력과의 연관성으로 인해 퇴색했고, 국민의 행동과 문화 변화가 국가의 이익에 부합하도록 강요했다. 이 같은 렌즈를 통해서 보면 국가가 넛지nudge 이론, 행동과학, 게임 이론, 운영 연구, 시스템공학, 사회 신용 체계 등을 이용해 더 정교하게 국민을 관리하는 현시대도 이해할 수 있다.

한층 복잡해진 정부 체제와 미셸 푸코가 '통치성governmentality'이라고 부른 것이 이제 국민 주권의 사촌이 됐다. 관료주의 강화를 지지할 지식인들은 없을 것이다. 하지만 푸코가 그랬듯 세상과 사물을 의혹의 렌즈로 보는 것이 유행이면서도, 조직화한 권력을 바라보는 본능적 적대감은 그 권력에서 나온 불편한 진실과 마주하고 있다. 인류 역사상 가장 건강한 시대, 비약적으로 높아진 기대 수명, 그 어느 때보다 진보한 생활 수준이 그것이다. 통제가 잘되는 사회는 무차별 폭력이나 무작위 질병에 대한 두려움에서 벗어난 더 행복한 사회가 될 수도 있다.

그렇다면 통제와 표준의 장점과 거침없는 자유의 장점을 어떻게 비교할 수 있을까? 미셸 푸코와 같은 학자들은 현상만을 말할 뿐 그것이 좋은지 나쁜지, 다르게 흘러갈 수 있는지, 더 나은 대안이 있는지는 말하지 않고 언제나 비판의 장막 뒤에 숨는다. 현재를 사는 우리도 똑같은 딜레마에 직면해 있다. 국가가 의도적으로 국민의 생각과 행동에 영향을 미치고 조종하는 것을 어디까지 용인할 수 있을까? 인구를 관리하고자 개인 정보를 수집하고, 백신 접종을 의무화하고, 주택을 규제하거나 자녀의 취학을 강제하는 등의 뚜렷한 통제 정책을 어떻게 받아들여야 할까? 목적은 수단을 얼마만큼 정당화할 수 있을까? 과학 국가는 우리 스스로 보호하기 힘든 위험으로부터 우리를 지켜주는 척하는 '빅 브라더big brother'일까, 아니면 정말로 자애로운 큰형님일까? 이것이 우리가 다음 장에서 다룰 질문이다.

제4장

과학의 배신

국민을 위험으로부터 보호하는 것은 국가의 존재 이유이며 정당성의 근간이다. 국가는 우리 혼자서 감당할 수 없는 위험에서 우리를 보호하 겠다고 약속한다. 폭력과 전쟁이 가장 기본적인 위험이며, 최근에는 빈 곤, 전염병, 자연재해와 더불어 과학기술 때문에 발생하는 위험도 포함 하고 있다.[1] 이 위험 또한 개인, 가족, 지역 공동체가 감당할 수준을 넘 어서기에 반드시 국가가 필요하다. 무정부주의anarchism나 자유지상주의 libertarianism 같은 정치사상이 아무리 지적·논리적으로 그럴듯해도 전체 사회를 아우르기에는 역부족인 데다 실제로 작동할 수 있다는 확신도 심어주지 못하는 이유가 여기에 있다.

위험을 줄이는 것은 인간의 자연스러운 바람이자 과학기술에 투자하는 주요 동기이기도 하다. 지진을 예측할 수 있다면 주택을 보강하거나 미리 마을 주민들을 대피시킬 수 있다. 전염병이 확산하기 전에 발견할 수 있다면 인구 밀집과 교통을 통제하고 백신 개발 작업에 속도를 낼 수 있다. 특정 개인의 유방암 또는 조현병 발병 위험을 예측할 수 있다면 그 위험을 줄이고자 노력할 수 있다. 경제학자들은 사회가 일정 수준 이상으로 부유해지면 사람들은 소비보다 안전을 선택하는 경향이 있으며, 대부분 측면에서 현대인의 삶은 선조들보다 훨씬 덜 위험하다고 설명한다.[2] 오늘날 맹수에게 죽임을 당하거나 감염병 때문에 사망할 가능성은 극적으로 낮고, 위험 관리 측면에서 내세울 만한 통계 수치 한두 가지쯤은 어느 나라에나 있다. 일테면 독일에서 산업재해로 인한 사망자 수는 1960년 약 5,000명에서 2014년 400명 미만으로 감소했으며, 1972년 2만 2,000건이던 교통사고는 2014년 3,700건으로 대폭 줄어들었다. 그리고 1992년에서 2002년 사이 심장마비와 뇌졸중으로 사망한 건수는 10만 건당 109건에서 62건으로 감소했다.[3] 자연재해에 의한 사망자 수도 과학기술 덕분에 대폭 줄었다. 방글라데시의 경우 사이클론cyclone으로 인한 사망자 수는 정확한 예보 체계와 피해 지원 정책에 힘입어 1970년 이후 100배나 감소했다. 주민들은 재난이 닥치면 그 즉시 안전한 곳으로 대피할 수 있었다.

그러나 이 같은 성공적이고 긍정적인 사례에도 불구하고 위험과 지식의 관계는 시간이 흐르면서 점점 더 복잡해지고 있으며, 이는 사회를 통제해야 하는 국가에 도전 과제를 제시한다. 근대 계몽주의 사상가들은 인류의 새로운 지식이 명백한 선이 되리라고 믿었다. 그런데 지식의 열매를 먹으면 먹을수록 삶은 더 복잡해졌고 도덕적으로도 더 불안해졌다. "배고픈 사람에게 물고기를 잡아주면 하루 동안 배부르지만, 물고기 잡는 법을 가르쳐주면 평생 배부르다"는 속담이 있다. 하지만 오늘날 물고기 잡는 법을 가르쳐주면 물고기 씨가 말라버린다. 지식이 늘 좋은 것은 아니다. 무지한 것이 행복하다고는 할 수 없겠지만, 적어도 복잡하게 만들지는 않는다.

한 세기가 넘는 세월을 거치면서 과학이 새로운 위험을 낳는다는 사실은 명확해졌다. 감전 위험, 방사능 유출, 핵전쟁 위험, 독극물 오염, 신규 병원체, 자동차 사고, 비행기 추락 사고 등 우리 삶 곳곳에 위험이 도사리고 있다. 현대 과학은 우리가 직면한 대부분 위험에 직접적이든 간접적이든 책임이 있다. 이런 위험 요소들이 국가와 과학의 관계를 새롭게 정립했다. 20세기 초 각국 정부는 신기술 관리를 위해 복잡한 규정을 도입해야 했다. 자동차 운전에는 주행 시험, 노면 표시, 속도 제한, 운전 규칙, 과속 방지턱, 배기가스 제한 등이 생겼다. 전기 사용도 마찬가지로 안전사고를 예방하기 위한 갖가지 규칙이 마련됐다.

20세기 중반에 이르자 과학은 국가의 모호한 동료가 됐다. 핵무기는 전쟁을 끝낼 수 있는 수단인 동시에 반격의 빌미가 될 수 있다. 핵겨울에는 승자도 패자도 없다. 환경 오염은 가시적이고 충격적이다. 잔잔한 개울에서 물장구치던 아이들을 중독시킨다. 컴퓨터는 그저 쓸모가 많은 도구일 뿐만 아니라 인간 자유와 일자리를 빼앗아가는 적이 되고 있다.

각국 정부는 핵전쟁 위험에 대비한 새로운 거버넌스를 수립하는 것 말고는 선택의 여지가 없었다. 원자폭탄이 일본에 떨어지자마자 모두 가 그 참혹함을 인지했다. 위험성이 만천하에 드러나자 미국은 군비 경 쟁의 잠재적 광기를 의식해 게임의 규칙을 바꾸려고 했다. 비록 몇몇 국 가는 서명에 참여하지 않거나 비준을 유보했지만, 1925년 6월 체결된 '제네바 의정서Geneva Protocol'는 침략 전쟁과 생물학 무기 및 화학 무기 사용을 금지했었다. 제2차 대전이 끝난 후 1946년 1월 유엔원자력위원 회UNAEC가 설립됐다. 그리고 같은 해 6월 미국 정부가 이른바 '바루흐 계획Baruch Plan'을 제안했다. 모든 국가에서 핵무기 제조를 금지하고 미 국 역시 보유한 원자폭탄을 전부 폐기한다는 내용이었다. 그러나 이 안 건은 소련의 반대로 끝내 통과하지 못했다. 뒤늦게 미국의 맨해튼 프로 젝트를 알게 된 스탈린은 과학자들을 닦달해 핵무기 개발을 시작한 터 였다. 그 시점에 개발을 중단한다는 것은 스탈린으로서는 용납할 수 없 는 일이었다. 게다가 미국이 유엔을 쥐락펴락할 게 뻔한 상황에서 핵무 기를 폐기한다는 미국의 말을 믿을 리 만무했다.

과학계는 그들 나름의 답을 내놓았다. 나치를 피해 미국으로 망명했 다가 맨해튼 프로젝트에 참여한 뒤 반핵 운동의 기수가 된 과학자 그룹 '퍼그워시Pugwash'가 가장 적극적이었다. 퍼그워시는 핵물리학자 조지프 로트블랫Joseph Rotblat이 1957년에 설립한 단체다. 로트블랫은 맨해튼 프로젝트가 진행되던 로스앨러모스Los Alamos에서 핵분열 실험을 이끌 다가 1944년 말 나치 독일의 원자폭탄 개발이 무산됐다는 소식을 듣고 전쟁에서도 패배할 것임을 인지하자마자 그곳을 떠났다. 더는 원자폭탄을 개발할 이유가 없다고 판단해서였다. 그는 맨해튼 프로젝트에 참여한 동료 과학자들의 열기가 매우 불편했다. 맨해튼 프로젝트를 주도한 로버트 오펜하이머Robert Oppenheimer는 폭탄을 만드는 일은 '달콤한sweet' 문제라고 말한 바 있다. 당시 로트블랫은 핵폭탄의 '최소 강도'에 집착했다. 그는 임무에 혼란을 일으키고 불성실하다는 비난을 받았다.

맨해튼 프로젝트를 탈퇴하고 그는 반핵 운동에 헌신했다. 그가 분석한 핵무기 방사능 폐해는 1955년 버트런드 러셀과 알베르트 아인슈타인을 주축으로 핵무기 폐기와 과학기술의 평화적 이용을 호소한 '러셀-아인슈타인 선언'과 이후 퍼그워시 설립의 직접적 계기가 됐다. 그의 노력은 핵실험 반대 운동을 자극해 미소 양국이 모라토리엄moratorium, 일시중단에 이르도록 했고, 1963년 '부분 핵실험 금지 조약Partial Test Ban Treaty'을 성사시켰다. 1995년 로트블랫과 퍼그워시는 국제 정치에서 핵무기역할 감소와 핵 폐기 노력에 대한 공로로 노벨평화상을 받았다.

생물학 무기도 근심스러운 과학계와 똑같이 근심스러운 정부 사이 협력의 또 다른 사례를 보여준다. 의료인류학자이자 생물학 무기 분야 권위자 진 길먼Jeanne Guillemin은 "인류를 돕도록 교육받은 과학자들이 시민 대량 학살이라는 명백한 목표를 위해 자신들의 특권 지식을 사용하는 것을 어떻게 정당화할 수 있는가?"라고 반문했다.[4] 지금껏 많은 과학자가 자신들의 지식을 제한하고자 애썼고, 1975년에는 현재까지 185개국이 서명한 '생물학 무기 금지 협약Biological Weapons Convention'을 통해 생물학 무기의 개발, 생산, 획득, 이전, 비축, 사용을 스스로 금지했다. 이와 관련한 내용은 제12장에서 자세히 다룰 것이다.

이제 전쟁의 최전선에는 가뭄과 홍수를 비롯한 자연재해를 유발하는 지구공학 기술의 무기화처럼 규제 및 통제 방안이 전혀 없는 공격 수단도 포함돼 있다. 이뿐만 아니라 상대국의 통신 체계를 무력화하는 사이버 무기라든가 군복 위에 착용하는 강화 장비, 전투 로봇, 공격 드론은 물론 AI가 불과 몇 분 안에 전쟁 결과를 좌우할 수 있는 가까운 미래가 우리 앞에 있다. 당연히 이 모든 예에서 과학은 자국의 승리와 이익을 위해 노력할 것이다. 하지만 이와 같은 모든 기술은 유출되거나 상대국에 도난당하거나 다른 기술로 응용될 수 있으므로, 역설적이게도 국가 안보를 악화하는 요인이 되기도 한다.

바로 이 지점에서 우리는 생각보다 일반적인 지식의 딜레마와 그것이 초래하는 새로운 위험 시대의 특징을 엿볼 수 있다. 과학의 발전 단계가 어려웠던 문제를 해결하고 확실한 결론을 도출하면서 모든 것에 질서를 가져온 것처럼 보이지만 실제로는 그렇지 않다. 새로운 지식이 불안정해질 수 있기 때문이다. 새로운 지식을 우리의 적이 잘못 사용할 수 있기 때문이다. 새로운 지식이 우리가 상상치 못한 새로운 위험을 불러들일 수 있기 때문이다. 사람들의 마음속에 과학 자체를 향한 의구심을 불러일으킬 수도 있다. 1979년 소련 스베르들롭스크Sverdlovsk에서 발생한 탄저병은 당국이 비밀리에 운용하던 군사 시설에서 유출된 탄저균 때문이었고, 2007년 영국 서리Surrey를 강타한 구제역도 퍼브라이트Pirbright 연구소가 원인이었다. 달리 말해 과학 연구가 아니었다면 일어나지 않았을 비극이었다.

때때로 우리는 두려워하는 것을 선택한다

여기에 정치를 고려하면 위험의 복잡성은 더욱 증폭한다. 사회과학은 우리가 무엇을 두려워하고 얼마나 두려워하는지가 부분적으로 '선택'의 문제라는 사실을 보여준다. 우리 선조들은 저주받는 것과 지옥에 떨어지는 것을 두려워했다. 현대인들은 탄산음료를 많이 마시다가 혹시 암에 걸리지는 않을지, 기후 변화로 세계가 멸망하지는 않을지 걱정한다. 한 연구에 따르면 인간은 극적이고, 즉각적이고, 시각적이고, 통제 불가능한 것들, 예컨대 테러나 항공기 추락 같은 사건에 대한 두려움을 과장하는 경향이 있다.[5] 반면 지구 온난화처럼 느리게 진행되고 눈에 잘 띄지 않거나 자동차 운전처럼 얼마든지 통제할 수 있다고 여기는 위험은 과소평가한다. 지구 온난화는 이미 치명적인 상황이며, 미국의 경우 100명 중 1명이 자동차 사고로 사망하는 데도 말이다. 더욱이 지금은 오이오피드opioid, 마약성 진통제 과다 복용으로 죽는 사람도 매우 많다.[6] 충분히 통제 가능한 위험이다.

이미 반세기 전 인류학자 메리 더글러스Mary Douglas는 위험을 바라보는 우리 인식 가운데 상당 부분이 사회적으로 결정된다는 사실을 확인했다.[7] 원자력이나 GMO를 보는 방식은 우리의 더 넓은 관점, 즉 개인적 믿음이나 전문가의 권위에 대한 신뢰 등을 반영한다. 이는 가까운 예로 코로나19 범유행 때 백신을 위험하다고 인식하는 데서 뚜렷이 나타났으며, 대중에게 사실 자체를 전달하는 방식만으로는 충분치 않은 이유를 설명해준다.[8]

그런데 이 같은 패턴 속에는 또 다른 뚜렷한 양상이 있다. 권위주의적 정치에 관한 최근 연구를 살펴보면 일부 대중이 도널드 트럼프나 이탈리아 극우 정치인 마테오 살비니Matteo Salvini 같은 인물을 추종하는 주요 동기가 복잡성을 싫어하고 새로움을 불신하는 데서 기인한다고 설명한다.[9] 이런 까닭으로 불확실성을 열어놓은 모호한 메시지는 이런 사람들에게 잘 먹히지 않는다.

위험 평가는 불가피하게 정치적일 수밖에 없고 불가피하게 판단적일 수밖에 없다는 의미다. 전체에 적용하기도 어렵다. 어떤 집단에는 유의미한 것이 다른 집단에는 무의미할 수도 있다. 그래서 소셜 미디어를 통해 확산한 특정 반과학적 메시지를 지상파 방송 등 공식 미디어로 대응하더라도 별다른 영향을 미치지 못하는 것이다.

그렇다면 정부는 관련 지식에 관한 정보 및 통제력이 자신들에게 있음을 보여주고자 하는 욕망과 그들 또한 일반 대중만큼 불확실할 수 있다는 진실 사이의 긴장에 어떻게 대처할 수 있을까? 일반적으로 국가지도자들은 자신들이 모든 것을 다 해결할 수 있기를 대중이 기대한다고 믿는 경향이 강하다.[10] 무지를 인정하면 지도자 자격에 흠집이 생긴다고 여기곤 한다. 하지만 현실에서는 무식한 정치인이 자신감 하나로 대중에게 엄청난 신뢰를 얻는 경우도 자주 볼 수 있다. 자신들의 있지도 않은 지혜를 강화해줄 대중 매체를 통제하면 더 그렇다.

과학이 연루된 위험을 어떻게 처리해야 할까? 알려지지 않은 부분이나 모호한 요소를 인정해야 할까? 어떤 유형의 기관이 위험을 평가하는 데 가장 적합할뿐더러 그 위험을 명료하게 설명하고 제대로 된 판단을 할 수 있을까?

이는 방금 설명한 이유로 독재자들에게 특히 문제가 된다. 자신들의 무지를 인정하는 셈이 되기 때문이다. 재앙은 이들 정권의 신뢰성에 치명적 손상을 입힐 수 있다. 그래서 이들의 첫 번째 본능은 은폐로 향한다. 소련 지도자들은 체르노빌 원자력 발전소 폭발 참사를 어떻게든 은폐하려고 했으나 실패해 실각했고 4년 뒤 소련도 해체된다. 중국 지도부는 처음에 코로나19 출현을 은폐하고자 시도했지만, 2년 뒤 대중의 압력에 못 이겨 엄격한 봉쇄를 끝내는 것으로 정책을 바꾸면서 정부 권위가 상당히 손실됐다.

민주주의 국가들도 위험과 씨름하기는 매한가지다. 왜 더 철저히 준비하고 예방하지 못했느냐는 대중의 질타가 두렵다. 오래전부터 사회에 만연한 위험을 경고해온 학자도 있다.[11] 민주주의 정부에서도 자신들의 위험 관리 맹점을 인정하기란 어려운 일이다. 예를 들어 교통 및 운송 체계를 계획하고 실행하는 정부 부처라면 사회적 이익과 비용의 균형을 맞추고자 애쓰겠지만, 인명 피해가 발생하는 순간 그 의도는 대중의 눈에 그저 기괴하고 끔찍하게만 보일 뿐이다.[12]

관료제는 불확실한 것을 위험한 것으로, 모호한 것을 계산 가능한 것으로 바꾸려고 노력한다. 사실 이것이 관료제가 존재하는 이유 중 하나다. '조사-검사-심의' 과정을 통하는 관료주의적 처리 방식은 확실히 위험을 줄이는 데 효과가 있다. 네덜란드환경평가국은 정부 당국이 과학 지식의 한계를 명확히 이해하고 올바른 정책 수립에 참조하도록 〈불확실성 평가 및 의사소통을 위한 지침Guidance for Uncertainty Assessment and

Communication〉을 마련해 제출했다.[13] 또한 스웨덴에서는 코로나19 범유행 당시 불확실성에 대응해 공중보건국이 이른바 '스웨덴 전략Swedish Strategy'을 어떻게 세우고 추진했는지 분석했다.[14] 둘 다 관료제 체제에서 불확실성을 다루는 제도적 절차를 인상적으로 제시한 사례라고 할 수 있다.

가장 먼저 수행해야 할 단계는 객관적으로 무슨 일이 일어나고 있는지를 추적하는 것이다. 대부분 국가 정부는 위험 물질 목록과 문제 해결 알고리듬을 보유하고 있다(싱가포르 정부는 심지어 '의사결정 자동화' 알고리듬도 구축하려고 했다). 나아가 각국 정부는 홍수, 태풍, 전염병, 기름 유출, 해킹 등의 위험을 경고하는 체계도 마련해두고 있으며, 이를 통해 금지 사항이나 예방 조치를 대중에게 지도하고 필요에 따라서는 강제한다.

유감스럽게도 과학은 어떤 현상을 측정해서 지도를 만들 수는 있으나 잠재적 용도나 위험성을 들여다보고 균형을 맞추지는 못한다. 위험한 AI와 유용한 AI를 구별하지 못하며, 화학 공장에서 발생할지 모를 오염 위험성과 해당 화학 물질 생산에 따른 이익 사이의 균형도 잡아내지 못한다. 그럴 수 있는 도구가 과학에는 없기 때문이다.

그러므로 불확실성을 위험으로 간주해 정책으로 통제하겠다는 시도는 어찌 보면 비합리적이고 때로는 터무니없어 보이기도 한다. 막스플랑크협회 인간개발연구소의 게르트 기거렌처Gerd Gigerenzer가 지적했듯이, 유럽에서 수천만 마리 소를 수백억 달러를 들여 살처분한 기간에 광우병으로 인한 사망자 수는 같은 기간 등유를 잘못 마시고 사망한 사람들 수와 거의 같을 정도로 적었다.[15] 이런 일이 벌어지는 까닭은 위험 평가에는 수많은 과학이 있지만 위험 그 자체에 대한 과학은 없기 때문이다. 나는 이 사실을 2000년대 초반 영국 정부의 위험 관리 전략을 설계할 때 몸소 체험했다. 당시 영국은 연료 운수 노동자들의 파업으로 국가 마비 사태에 이르렀다. 그제야 정부는 적시 생산 방식으로는 연료 재고가 고작 며칠밖에 버티지 못한다는 사실을 깨달았다. 기름이 필요한 모든 곳이 문을 닫을 위기에 처했으나 다행히도 파업 사태는 빠르게 마무리됐다. 하지만 채 1년도 지나지 않아 심각한 구제역이 발생했다. 질병 확산을 막는다는 명목으로 600만 마리의 소와 양이 도살됐다. 두 위기 모두 정부 위험 관리 체계의 취약점을 보여줬다. 그때 나는 영국 정부 전략 정책 부서를 맡고 있었는데, 위험을 어떻게 감지하고 대응해야 하는지 재고하라는 임무가 주어졌다.

대부분 조직이 그렇듯 국가 정부도 코앞의 현실에 초점을 맞춘 채 잠재적으로 해로운 위험, 특히 확률은 낮아도 영향력은 큰 위험을 무시하는 경향이 있다. 이를 바로잡고자 우리는 전염병에서부터 금융 위기, 주요 기반 시설 공격, 기상 이변에 이르기까지 모든 위험을 더 주의 깊게 살피고 대비할 수 있도록 중앙 정부는 물론 각 부처 내에도 전담팀을 구성하자고 제안했다. 철저한 시뮬레이션과 시나리오 및 모델을 활용해 정부 의사결정자들이 위기 상황에 효과적으로 대응할 방안을 모색했다. 아무래도 문서 기반 체제는 중요한 역학관계를 놓치기 쉬웠다. 직접 보고 권한을 부여한 중앙 관제팀을 설치해 위기 상황에서 지방 정부와 긴밀하고 신속하게 소통하도록 했다. 일부 부문은 홍수나 산사태처럼 시급히 대처해야 할 위험 상황에 맞춰 가중치를 뒀고 예산도 차등 적용했다. 가장 중요한 목표는 위험을 불확실성에 비례해 융통성 있게 다루는 것이었다. 그래야 각 부처 관료들이 위험을 너무 심각하게 받아들였다는 이유로 비난이나 처벌을 받지 않을 터였다. 2009년 프랑스 장관이 H1N1 돼지 독감 바이러스에 대응해 큰 비용을 투입했다가 예산 과다 집행으로 처벌받은 일이 있었다.

그러면서 얻은 한 가지 결론은 어떤 위험이 닥칠지 또는 그 위험이 어떤 형태를 취할지 정확히 예측할 수 없다는 사실이었다. 따라서 완벽하게 예측하려고 애쓰기보다는 위기가 닥친 순간 빠르고 유연하게 대응하도록 적응력과 회복력을 강조하는 편이 더 낫다. 예측은 말만 쉽지 성공하기란 매우 어렵다. 더욱이 미래의 위험에 대비해 정부 지출을 시행하는 것도 쉬운 일이 아니다. 예컨대 국가가 전염병 범유행 상황에 맞닥뜨려 국민의 건강 보장과 신속한 백신 제조 능력을 갖추려면 돈을 얼마나 써야 할까? 인터넷 네트워크에서 회복력을 확보하려면 예산을 얼마나 편성해야 할까? 똑 부러진 답은 없다. 위험을 예측하는 일은 성공보다 실패가 도드라질뿐더러, 카산드라Cassandra의 예언처럼 터무니없는 말로 치부되거나 닥치지도 않은 재난에 호들갑 떤다는 비난에 직면하기도 한다.[16]

그러나 닥친 위험에 순발력 있게 대응하려면 효율성과 최적화를 강조해온 경제학적 전통에 도전해야 한다. 위험에 대한 적응력과 복원력을 갖추는 데도 여유 자금이나 중복 예산이 필요하다. 다시 돈이다. 1980년대와 1990년대 주류 경제학은 현재의 효율성을 약화하는 정책은 그것이 무엇이든 의심부터 하고 봤다. 이 때문에 당시 에너지 분야에서 규제 당국과 경제학자들 사이에 설전이 벌어지기도 했다. 경제학자들은 비록 낮은 확률일지라도 높은 충격을 견디기 위해 주요 에너지 산업 기반을 점검해야 한다는 정부 입장에 반대했다.

그런데도 관료제 아래에서 위험 관리 메커니즘은 이후 10~15년 동안 꽤 잘 작동했다.[17] 지금은 AI를 기반으로 위험 등록, 검증, 감시를 공식 규제와 결합하는 관리 방식이 개발되고 있다. 코로나19로 경험치를 쌓은 정부가 다음 전염병이 이전 전염병과 비슷하리라고 가정하는 오류를 피해서 미래 전염병에 대비하면서 '보건 안보health security'와 '생물학적 위험biohazard'도 새롭게 관심받는 분야로 떠올랐다.

위험을 너무 엄격히 분석하다 보면 종종 놀라운 패턴이 보이기도 한다. 좋은 예로 제약 회사 아스트라제네카AstraZeneca의 코로나19 백신에서 혈전 위험성이 발견됐는데, 소셜 미디어를 타고 괴담처럼 퍼져나갔으나 많은 전문가는 이를 무시했다. 더 상세히 분석한 결과 혈전 발생 위험은 아스트라제네카 백신의 부작용이라고 보기는 어려운 수준이었다. 이 백신을 접종한 20대 여성 10만 명 가운데 평균 0.8명만 중환자실에 입원했고, 1.7명에게서 혈전 증상이 나타났다. 60대 여성의 경우 8.7명이 백신 접종에도 중증을 보였으며, 혈전이 발견된 경우는 불과 0.5명이었다. 백신 접종에 따른 이익이 부작용 위험성보다 훨씬 컸다.

그렇지만 언제나 역사는 위험 파악과 대응을 제도화하는 일이 매우 어렵다는 교훈을 전해준다. 유연 휘발유, 프레온 가스, DDT 살충제처럼 처음에는 별다른 문제 없이 유용하게만 보였던 기술이 결국 엄청나게 해로운 것으로 드러났으며, 확실한 결론을 내지 못한 다른 기술도 아직 많이 있다.[18] 예측 불가능성은 정부가 위험 대응 전략을 수립하는 데 모범적 역할을 한 기업들 사례에서 더 명확해진다. 2000년대 초 글로벌 석유 회사 BP_British Petroleum_는 위험 관리에 상당한 자부심이 있던 기업이었다. 하지만 2010년 시추 작업 중이던 딥워터 호라이즌_Deepwater Horizon_이 폭발로 파괴되면서 역사상 최대 규모의 해양 기름 유출 사고가 발생했다. 원인은 관리 소홀이었다. BP는 이 외에도 여러 건의 과실 치사 혐의가 인정됐고, 수십억 달러의 벌금을 포함해 650억 달러를 지출했다. 그리고 10년 뒤인 2019년 GHSI(글로벌 보건 안보 지표)가 전염병에 가장 잘 대비하고 있는 국가로 평가한 미국과 영국은 여러분도 알다시피 코로나19 범유행에 매우 형편없는 모습을 보였다.[19]

글로벌 실존 위험 예측

정말로 큰 위험을 다루는 일은 더욱 어렵다. 1968년 생물학자 폴 랄프 에얼릭_Paul Ralph Ehrlich_이 《인구 폭탄_The Population Bomb_》으로 던진 경고와 1972년 로마 클럽_Club of Rome_이 《성장의 한계_The Limits to Growth_》를 통해 보여준 종말론적 예측이 좋은 사례다. 로마 클럽의 연구는 반세기가 지난 현재 매우 흥미로운 방식으로 업데이트됐다.[20] 경제 성장의 물리적 한계와 체제 붕괴 위험성에 대한 이들의 경고는 옳았다. 하지만 인구 증가가 위험의 핵심이라는 부분과 매장량 한계 때문에 석유가 고갈되리라는 '피크 오일peak oil' 주장은 틀렸다. 인구 증가에 따른 식량 부족이나 고질적 인플레이션 같은 문제는 농업 신기술, 비료, 피임약 등의 개발과 더불어 정치적·사회적 노력으로 거의 해결됐다. 그들은 알 수 있었을까? 그리고 무엇을 다르게 했어야 했을까?

'생물 보안biosecurity' 분야에서도 같은 질문이 제기된다. 생물학 테러가 심각한 위험이 될 수 있다는 생각은 1990년대에 나왔지만, 그 전에 이미 여러 소설과 시나리오에서 실험실 사고, 유전자 편집 악용, 자연적·인위적 전염병 등을 구체적으로 묘사했었다.[21] 대규모 장거리 여행은 질병 전파가 더 쉽게 이뤄지는 요인이 된다. 야생 동물 서식지 침해는 식생 파괴를 가속하고, 도시 개발이나 전쟁으로 더욱 확산한다. 이 위험성은 우리가 온전히 이해할 수 없을 정도로 무섭다. 엄청나게 역동적인 데다 기하급수적으로 늘어날 수 있기에 대중의 상상 속에서도 생생한 위치를 차지하고 있다. 마찬가지로 유전자 편집 기술과 관련해서도 끔찍한 예견이 나오고 있다.[22] 최근 한 실험에서는 신약 개발을 위해 AI를 통한 머신 러닝Machine Learning을 활용했다가 위험 유기체를 발견하고는 방법을 변경했다. 과학은 많은 것을 매우 빨리 발견하게 해준 동시에 그것이 얼마나 쉽게 인간의 통제를 벗어날 수 있는지에 대한 깊은 불안감도 불러일으켰다.

유감스럽게도 여전히 최악의 우려는 해소되지 않았으며, 아직도 수많은 전문가는 위험을 관리 가능한 것으로 보고 있다. 각국 정부는 생물학 테러에 대비하고자 막대한 자금을 투입할 수도 있었겠지만, 아마도 예산 낭비에 그쳤을 것이다. 그러면 정부는 무엇을 해야 할까? 위험 대응 규모와 심각도를 무엇을 근거로 조정해야 할까? 이 딜레마는 2011년 미국과 네덜란드 과학자들이 변종 H5N1 조류 독감 바이러스가 어떻게 포유류에게도 전염될 수 있는지 연구하면서 더 확실해졌다. 당국은 보건 안보에 미칠 영향을 고려해 연구 결과를 공개하지 말라고 요구했다.[23] 당시 미국 전염병 전문가 위원회에서 활동한 존 배리John Barry는 이렇게 썼다.

"유행병을 일으키는 것은 인플루엔자 바이러스의 주된 특징이다. 지난 300년 동안 최소 11건이 발생했고, 분명히 또 있을 것이며, 그 후에도 또 나타날 것이다. 그렇지만 그 병이 경증일지 중증일지 예측하는 것은 불가능하다."[24]

우리는 위험을 과학적으로 분석하고 정량화해서 객관성을 확보하고 싶지만, 정치학자 제시카 와인클Jessica Weinkle과 로저 피엘크Roger Pielke가 허리케인 재난 보험에 관한 연구에서 설명했듯이 불가능에 가깝다. 아무리 명료해 보이는 위험 대응 모델이라도 진실 그 자체가 아닌 '트루시니스truthiness', 즉 '믿고 싶은 진실'만 보여주기 때문이다.[25] 다른 사례들은 더 모호하다. 예전에 휴대전화 전자파 규제에 관해 조언한 적이 있는데, 사람들이 하루에도 몇 시간씩 전화기를 귀에 대고 있으니 어떻게든 뇌 건강에 좋지 않고, 자칫 뇌종양을 유발할 수 있다는 공포감이 팽배하던 때였다. 2G, 3G, 4G 무선 네트워크 주파수 대역이 0.7~2.7기가헤르츠GHz인 데 반해 5G가 최대 80GHz라는 사실과 장시간 사용할 때 귀가 뜨끈해진다는 점을 고려하면, 비록 저주파에 이온화하지 않은 에너지라고 해도 불합리한 우려는 아니었다.

과학은 위험 가능성을 일축했지만, 사실 그 누구도 확신할 수는 없었다. 그러나 20년 동안 휴대전화 사용자 42만 명을 대상으로 추적 연구한 결과는 휴대전화 전자파와 뇌종양 사이의 연관성을 발견하지 못했으며, 다른 관련 연구에서도 안전성을 확인했다. 그런데 여기에서 간과하면 안 되는 사실이 있다. 표본 인구 42만 명과 20년 기간이 모든 것을 말하지는 않는다. 더욱이 연관성을 발견하지 못했다는 것이 연관성이 없다는 뜻은 아니며, 안전성을 확인했다는 것도 안전하다는 뜻은 아니다.[26]

위험을 과학적으로 분석하는 담론은 그 자체로 위험을 내포한다. 전문가라면 당연히 경고할 수 있어야 하지만, 위험이 구체화하지 않은 경고를 남발하게 되면 신뢰성을 상실한다. 대중이 동의하지 않으면 전문성도 의심받을 수 있다. 과학기술사회학자 앨런 어윈Alan Irwin과 브라이언 윈Brian Wynne은 "과학적 전문 지식은 명제적 진실뿐 아니라 해석적·공식적 진실을 담고 있어야 한다"고 주장했다.[27] 그렇지 않으면 의심과 질문에 휩싸이기 때문이다. 메리 더글러스가 지적했듯이, 대중이 위험을 인식하는 방식은 상당 부분 자신의 경험과 관찰에 근거하므로, 특정 이해관계에 얽매인 편견이라는 생각이 들면 상대가 전문가라도 쉽게 의심할 수 있다.[28] 위험에 대한 선택적 관심과 다양한 위험 감수 또는 회피 유형은 문화적 편향을 반영한다. 달리 말해 해당 사회의 문화가 오랫동안 옹호해온 가치와 믿음에 좌우되기도 한다.[29]

나아가 선택적 관심은 우리가 보는 것도 반영한다. 1980년대에 미국 환경보호국EPA은 위험을 바라보는 대중과 전문가 사이의 관점을 비교하고자 대규모 프로젝트를 진행했고 커다란 차이점을 발견했다. 대중은 미디어에서 부각한 원자력 발전소 사고, 환경 오염, 유해 폐기물 실태를 접하고 크게 우려했지만, 전문가들의 위험 우선순위는 크게 달라서 실내 공기 오염과 라돈radon에 주목했다. 일반 대중이 스스로 현명하다고 믿는 것은 좋은 일이다. 그렇지만 전문가들은 특정 문제에 우리보다 훨씬 더 많은 시간을 들여 생각하고 분석하기에 더 많은 사실을 안다. 따라서 아마도 유일한 결론은 위험에 대한 우리의 이해와 전문가들의 분석 모두에 주의를 기울여야 한다는 것이다.

위험 인식도 상황과 맥락에 따라 달라질 수밖에 없다. 탄소 배출량이 많은 5개국을 대상으로 기후 변화 대응 정책에 대한 대중의 인식을 분석한 연구에 따르면 미국, 영국, 중국의 경우 '기회'에 초점을 맞춘 '긍정적' 프레임이 '위협'에 집중한 '부정적' 프레임보다 대중의 지지를 강화했다. 인도는 통계적으로 유의미하지 않은 결과를 보였고 독일은 반대로 '부정적' 프레임을 더 지지했다.[30]

과학이 위험을 수반할 수 있는 시대에는 과거와는 다른 사고방식과 방법론이 필요하다. 객관적 요소와 주관적 요소, 과학적 요소와 정치적 요소가 서로 얽혀 있다는 인식이 밑바탕을 이뤄야 한다. 우리가 위험을 어떻게 바라볼지는 우리가 중요하다고 여기는 것에 달려 있다. 그리고 위험이 지배할 수 있는 시대는 우리에게 무엇보다 '겸손'을 요구한다.

역설적이게도 지식은 새로운 무지의 공간을 열어준다. 우리가 더 많이 알수록 우리가 모르는 것도 더 많이 알게 된다. 일테면 우주를 구성하는 물질 중 80퍼센트가 '암흑 물질dark matter'이라고 하지만, 정작 우리는 그것이 무엇인지 모른다. 우리의 건강은 면역 체계가 좌우한다고 하지만, 그 메커니즘에 관한 의학 지식은 한참 부족하다. 생성형 AI를 이용한 '거대 언어 모델Large Language Model, LLM'은 새로운 인지 패턴처럼 보이는 기이한 패턴을 출력하는데, 아직 아무도 이해하지 못한다. 사이버네틱스의 선구자라 불리는 윌리엄 로스 애시비William Ross Ashby의 말처럼 "물리학과 화학은 부분적으로 같고 약간 상호 작용하는 체계"에서만 승리를 거뒀다. 더 복잡한 도전에 직면할 때 우리는 "해결 전략을 보편타당한 것으로 받아들이는 실수"를 조심해야 한다.

모든 유형의 AI가 이 같은 도전의 예다. 2021년 유럽연합 의회에서 '수용 불가 위험'과 '고위험'을 제외하고 규제 조건이 없는 '인공지능법AI Act'이 통과했다. 이에 각국 정부는 그 맹점을 파고들 수 있는 위험에 대비한 새로운 규칙을 도입하고자 애쓰고 있다. 중국은 엄격한 통제를 결정했고 미국은 이른바 'AI 권리장전AI Bill of Rights'을 발표했다. 하지만 변화의 속도를 따라잡지 못해서 결국 구식이 될 것이며, 심지어 현재의 원칙도 그 정교함이 입증되지 않았다는 사실을 누구나 인지하고 있다. 그렇기에 법률로써 너무 정확히 규제 내용을 정하기보다 그때그때 예상치 못한 현상이 나타나면 융통성 있게 역할을 바꿔나갈 수 있는 제도와 기관을 마련하는 것이 더 현명한 대안일 수 있다.

그러나 이 기관들은 더 큰 도전에 직면하게 될 것이다. 공공 조직을 설계하려는 사람이라면 누구나 맞닥뜨리게 되는 도전이다. 모름지기 이상적인 기관은 해당 기관이 다루는 과업이나 문제의 형태가 명확해야 한다. 그런데 아직 보이지 않는 많은 위험, 발생 확률은 낮으나 영향력은 막대한 위험을 다루려면 더 긴 시간이 필요하며, 적어도 부분적으로는 정치적 간섭으로부터 독립적이어야 한다. 이 문제는 제10장에서 자세히 살펴겠다. 그리고 그런 위험 대부분은 국가라는 경계를 존중하지 않으므로 초국가적 기관도 필요하다. 이는 제12장에서 살필 것이다.

이 장을 마무리하면서 '겸손'의 중요성을 다시 한번 강조하고 싶다. 세상은 우리의 상상력이나 표현력으로 담기에는 너무나도 복잡하기에 그 누구도 생물학적 위험이나 AI 문제를 향해서 자신 있게 예견하지 못한다. 지도는 실제 영토가 아니라 그저 그림일 뿐이다. 우리는 뿌연 유리판을 통해 세상을 어둡게 본다.[31] 철학자이자 수학자 앨프리드 화이트헤드Alfred Whitehead가 말했듯 "무지가 아닌 무지에 대한 무지가 지식의 죽음"이다.

불확실성이 심각한 경우 우리가 기대할 가장 나은 방법은 잠재적 위험 시나리오를 수립하는 것이다. 그것을 통해 일련의 이상 현상이나 경고 신호를 조기에 식별해야 한다. 물론 감시 초소가 먼저 마련돼야 한다. 그래야 위험에 대응해 국가 권력을 동원할 수 있는 정치계에 그 사실을 전달하고 도움을 요청할 수 있다.[32]

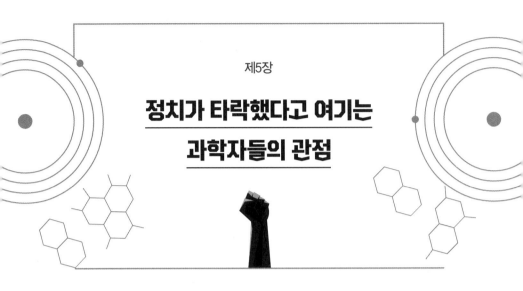

제5장

정치가 타락했다고 여기는
과학자들의 관점

　나는 지난 10여 년 동안 정부가 나서서 AI 분야를 통제하는 것은 터무니없는 발상이라고 주장하는 수십 명의 기업가와 컴퓨터 과학자들의 이야기를 들어왔다. 어쩌면 10년에서 20년 안에 그렇게 될 수도 있겠지만 현재로서는 요원한 일이다. 과학자들이 마음에서 느끼는 규제나 관료제가 천재의 적이자 과학적 상상력의 적일지는 모르겠으나, 정치가 기술 변화 속도를 따라가기에는 너무 느리고 육중하다.

　2020년대 중반 과학계는 비록 늦게나마 규제가 필요할 수 있다는 사실을 인지했지만, 정부 정책과 규정에 대한 그들의 반감은 자율성을 주장해온 과학계의 오랜 견해 때문에 쉽게 사그라지지는 않았다. 이 같은 견해는 왕립학회가 〈철학적 거래Philosophical Transactions〉를 창간하던 1665년으로까지 거슬러 올라간다. 여기에서 철학은 '자연철학'인데, 오늘날 일반적으로 '과학'이라고 부르는 것을 말한다. 〈철학적 거래〉는 세계 최초의 과학 전문 학술지이자 지금도 출간되는 가장 오래된 간행물이며, 연구 결과를 서로 검토하고 개선하는 이른바 '동료 심사' 절차를 맨 처음 도입했다. 과학계 스스로 수립한 제도를 전통 삼아 "과학을 고유의 규범에 의해서만 통제되는 독립적 활동"으로 확립한 현대 과학은 이때 탄생한 것이었다.[1]

　과학의 규범과 가치는 앞에서 언급한 왕립학회의 슬로건 "눌리우스 인 베르바nullius in verba", 즉 "누구의 말도 그대로 믿지 말라"로 요약된다. 그 어떤 것도 액면 그대로 받아들여서는 안 된다는 뜻이다. 이로써 과학계는 자신들만의 고유한 기조와 정신을 내세우는 데 더 큰 자신감을 얻게 됐다. 과학자들의 세계는 통찰과 이해를 증진하는 학교, 대학, 연구실 등의 인식 기관이 펼쳐가는 사실, 이론, 실험, 증명의 세계로, 그들은 자신들의 과학계가 반쪽짜리 진실과 야합이 판치는 정치계보다 우월하다고 여긴다. 하지만 그렇더라도 과학이 언제나 우리를 지혜롭게 하지는 못했다. 왕립학회의 주요 과학자들이 실험으로 마녀의 존재를 확인했다고 주장함으로써 마녀사냥에 과학적 신뢰를 부여한 사실은 과학의 진보 과정에서 느낄 수 있는 수많은 당혹감 중 하나일 뿐이다.[2]

　'과학소설의 아버지'라고 불리는 허버트 조지 웰스Herbert George Wells 와 당대 사상가들처럼 어떤 이들은 언젠가 과학이 정치를 대체하리라는 희망을 품었다. 과학자들은 정치인들을 기본도 파악하지 못하는 바보,

무식한 얼간이, 유용한 자금줄 정도로 보는 경우가 많으며, 공교롭게도 정치인들 스스로 그렇게 보일 수밖에 없는 행동을 하기도 한다. 2020년 1월 22일, 코로나19 범유행이 시작되려는 상황에서 도널드 트럼프 대통령은 이렇게 말했다.

"완전히 잘 통제하고 있습니다. (확진자는) 중국에서 들어온 한 사람뿐이고, 잘 통제하고 있습니다. 전혀 걱정하지 않습니다. 다 잘될 겁니다."

또한 몸에 자외선을 쬐거나 소독약을 몸속에 주입하면 어떻겠냐는 망언도 했다. 나중에는 소독제를 치료제로 사용하자는 제안도 했다. 자이르 보우소나루Jair Bolsonaro 브라질 대통령은 모든 게 가짜 뉴스라고 했다. 존 마구풀리John Magufuli 탄자니아 대통령은 백신이 서구의 음모라며 수입을 거부하고 레몬과 생강으로 치료할 수 있다고 우기다가 자신이 코로나19에 감염돼 사망했다. 마다가스카르 안드리 라조엘리나Andry Rajoelina 대통령은 자신만의 약초 치료법을 개발했고, 니카라과의 독재자 다니엘 오르테가Daniel Ortega 대통령은 신의 뜻이니 그냥 받아들이라고 했다. 모두가 아주 나빴다.

이렇게 보면 정치는 본질적으로 퇴보이며, 기껏해야 기본이고, 최악의 경우에는 재앙이다. 그렇지만 어디까지나 이런 정치는 초기의 유산이다. 좋은 세상을 열어가기 위해 우리는 자신이 무지하다는 것조차 알지 못하는 무식한 지도자들의 오만함이 아닌 올바른 논리와 방법을 최대한 활용해 정치가 과학에 복속하도록 만들어야 한다.

여러 연구가 과학계의 정당성과 신뢰성을 입증하면서 이들의 관점을 지지했다. 대표적으로 사회학자 라이너 그룬드만Reiner Grundmann의 연구에 따르면 전 세계 대중 대부분이 과학자들과 과학 연구에 긍정적 태도를 보이며, 정부가 과학에 투자하면 사회의 이익으로 돌아온다고 믿고 있다. 그리고 미국의 경우 정치인이나 관료보다 과학자를 더 신뢰한다고 나타났는데, 과학과 전문 지식에 대한 지원이 '포퓰리즘populism', 즉 대중 영합적이라는 정치계의 반발은 그저 상상 속 허구일 뿐이며 그 자체가 가짜 진실이라는 것이다.[3]

그러나 더 살펴보겠지만 문득문득 드러나는 패턴은 그렇게 단순하거나 명쾌하지 않다. 얼핏 보면 과학이 정치와 별개일 뿐 아니라 오히려 정치 위에 있어야 한다는 과학계의 관점을 보여주는 것 같다. 이런 패턴은 꽤 일찍 나타났다. 과학기술사회학자 스티븐 샤핀Steven Shapin과 사이먼 섀퍼Simon Schaffer는 현대 과학의 기원에 관한 연구에서 17세기 선구적 과학자 로버트 보일Robert Boyle이 과학의 정치적 특성을 부정함으로써 역설적이게도 새로운 정치적 위상을 확보했다고 설명했다. 과학자들은 객관적 실험을 통해 지식의 확고한 기반을 구축했고, 그렇게 지식을 권력에서 떨어뜨리면서도 정치와 사회 위에 분립하는 세계관을 확립할 수 있었다. 한편 이와 대조적으로 토머스 홉스는 그것이 분열과 무질서로 가는 길이라고 여겼다. 서로 먹고 먹힐 뿐이었다.

결과적으로 로버트 보일의 관점이 널리 받아들여졌고, 이제 과학자라면 지식이 이끄는 대로 지식을 추구하고 외부의 침입과 간섭에 저항해야 할 의무를 지게 됐다. 과학철학자 이자벨 스탕제Isabelle Stengers가 설명했듯이 과학자들은 자율성을 보호하고 침입자에 저항할 비대칭 경계에 계속해서 자신들의 진지를 세워나갔다.[4] 이 관점은 실용적 측면에서도 어느 정도 정당화할 수 있다. 예컨대 철학자이자 과학사학자 토머스 쿤Thomas Kuhn도 퍼즐 풀기 그 자체를 향한 과학자의 예리한 관심은 과학의 획기적 발전을 낳지만, 응용이나 보상에 지나친 관심을 두면 되레 과학 발전을 저해한다고 지적한 바 있다.[5]

실제로 자유주의의 수많은 곁가지는 모두 자율성을 좋은 것으로 규정했고, 자율성을 추구하는 과학의 세계관이 자유주의의 경험적이고 객관적인 세계관과 일치한다고 인정했다. 그 덕분에 과학은 사실을 있는 그대로 전달하면서 가치 중립적이고 정직한 중재자 역할을 할 수 있었다. 과학의 가치 체계는 일찍이 사회학자 로버트 머튼Robert K. Merton이 잘 묘사한 별개의 실천 가치를 수반했다. 그는 이 같은 가치가 네 가지 원칙을 중심으로 각각 큰 덩어리를 이룬다고 설명했다.

그 첫 번째는 '보편성universalism'이다. 과학은 대중의 사회적 특성, 즉 계층, 젠더, 인종, 민족 같은 배경에 따라 과학적 논의를 조정하거나 배제해서는 안 된다. 그리고 두 번째는 '무관심성disinterestedness'이다. 과학은 모든 편견과 정치적 의도에 휘둘리지 않고 사심 없이 사실 그대로를 다뤄야 한다. 세 번째는 '공공성communalism'으로, 과학은 경험적 대상을 연구하고 분석한 결과뿐 아니라 그 방법도 공유해야 한다. 마지막 네 번째는 '조직적 검증organized scepticism'이다. 과학 연구의 결과라고 해서 무조건 절대적일 수는 없다. 사실로 밝혀지기까지 늘 회의적 관점에서 검증을 거듭해야 한다. 이를 잘 구현한 체계가 바로 '동료 심사' 과정이다.[6]

1942년 로버트 머튼은 논문 〈과학의 규범적 구조The Normative Structure

of Science〉를 발표했는데, 파시즘fascism에 대항하는 맥락에서 과학을 민주주의 일부라고 규정했고 진정한 과학은 민주주의 체제에서만 번영할 수 있다고 주장했다. 동시에 과학이 정치의 간섭에도 저항하도록 요구했다. 이 논문에서 머튼은 동료 심사를 주된 방법론으로 활용해 프로젝트 가치 평가와 연구 재정 할당 및 우선순위 설정을 관리해야 한다고 권고했다. 나아가 과학적 이상이 종교적 믿음과 어떻게 조화를 이뤄야 하는지도 설명했다.[7]

몇 년 뒤인 1945년 마이클 폴라니는 〈과학의 자율성The Autonomy of Science〉이라는 논문에서 과학을 통제하려는 다음과 같은 정치 논리에 강하게 반박했다.

"과학의 내용과 과학의 진보는 모두 공동체 전체와 중대한 관련이 있으므로 과학에 영향을 미치는 결정을 과학자 개인의 판단에 맡기는 것은 잘못이다. 그 결정은 공익을 책임져야 하는 정부 당국의 몫이어야 하며, 따라서 과학 교육과 연구 수행 등 제반 사항을 전부 국가가 통제해야 한다."

그는 이 논리가 악의적이고 불합리하다고 주장했다.

"만약 과학의 자율성을 억압하려는 시도가 성공한다면 그 결과는 과학의 총체적 파국이다. 주체 자체가 사라져 과학은 망각의 늪에 빠지고 말 것이다."[8]

비슷한 시기 버니바 부시는 과학계의 자율성 보장이 장기적으로는 국가에 이득이 된다고 주장했다. 과학자들이 자유로울수록 더 생산적인 연구를 할 수 있다는 이유에서였다. 이 주장은 큰 설득력을 얻었고

통념으로 자리매김했다. 더욱이 나치 독일과 소련의 부정적 사례가 경각심을 일깨운 데다 실제로 눈에 보인 성과도 있었기에 많은 국가에서 과학의 자율성을 인정했다. 전쟁도 과학의 명성을 증폭했다. 제2차 대전 당시 독일군 암호를 해독한 영국 블레츨리 파크Bletchley Park의 활약상과 레이더 발명, 미국의 맨해튼 프로젝트 등은 과학의 어깨를 치솟게 하기에 충분했다. 일본 후쿠시마 원자력 발전소 폭발 사고, 전 세계를 휩쓴 코로나19, 가뭄, 홍수, 기후 변화 같은 단기적·장기적 재난도 유사한 영향을 미쳤다. 각국 정부가 극심한 스트레스에 시달리면 시달릴수록 과학의 자율성은 공고해졌고, 정치에 필적하거나 능가하는 지위를 확보했다. 근본적으로 정치적 대안보다 과학적 대안이 현실에 훨씬 더 부합했기 때문이다.

자치라는 이상

그런데 과학이 정말로 정치보다 우월하고 기회와 위험을 더 잘 인식한다면 누구에게 자금을 지원하고 연구 결과를 어떻게 활용할지 과학계 스스로 결정을 내려야 할 것이다. 연구 위원회나 동료 심사 위원회 등이 생긴 것도 이런 맥락에서다. 달리 말해 과학계 내부에 권위와 위계를 갖춘 자치 체계가 탄생했다.

프랜시스 베이컨의 《새로운 아틀란티스》에서도 솔로몬 전당이 지식연구와 공개 수준을 자유롭게 결정한다. 베이컨은 솔로몬 전당을 구성하는 소리의 집, 빛의 집, 향기의 집, 기계의 집, 수학의 집 등을 묘사하면서 그곳 과학자들의 자율성을 강조했다.

"그리고 우리는 이런 일도 합니다. 우리는 우리의 발견과 발명 가운데 무엇을 공개하고 무엇을 공개하지 않을지 협의하지요. 우리가 비밀로 할 만하다고 생각하는 것들을 지키고자 비밀 유지 서약도 합니다. 개중에는 언젠가 공개할 것들도 있고 그렇지 않은 것들도 있습니다."

'자치self-government'라는 이상은 많은 과학자에게 새로운 지식을 창출하는 일뿐 아니라 그 효과를 일으키는 데에도 앞장서도록 부추겼고, 그들 자신을 무지한 정치인이나 관료 대신 대중 앞에 서도록 독려하기도 했다. 앞서 핵무기 군축과 생물학 무기 근절을 위해 노력한 조지프 로트블랫과 진 길먼의 사례를 언급했는데, 냉전 상황에서 과학 외교를 주도한 과학자들도 많이 있다.[9] 유전체학이 형성되던 초기에도 비슷한 일이 있었다. 1975년 전 세계 유수의 분자생물학자들이 캘리포니아 아실로마Asilomar에 모여 유전공학 연구에서 하지 말아야 할 실험 종류를 협의했다. 협의 목표는 인위적으로 만든 유전자 변형 유기체가 공공 안전에 위협이 되는 상황을 방지하고자 몇 가지 기본 윤리 조항과 실험 방침을 마련하는 것이었다.

그로부터 한 세대가 흘러 인류 최초의 유전자 편집 아기가 태어나자 에마뉘엘 샤르팡티에Emmanuelle Charpentier, 장펑張鋒, 에릭 랜더Eric Lander 같은 과학자들이 나서서 '인간 생식 세포 편집의 임상적 사용', 즉 정자, 난자, 배아의 유전 DNA를 변경하는 행위를 중지하라고 촉구했고, 특정 요건을 충족하지 않는 한 국가가 관련 임상 시험을 불허하기로 약속하는 국제 규약을 마련하라고 요구했다.

아실로마 협의와 비슷한 맥락에서 2015년에는 푸에르토리코에서 열린 콘퍼런스에 AI 분야를 선도하는 인물들이 모였다. AI 프로그램 개발 회사 딥마인드DeepMind 창업자 데미스 하사비스Demis Hassabis를 비롯해 컴퓨터과학자 스튜어트 러셀Stuart Russell과 맥스 테그마크Max Tegmark, 스카이프Skype 공동 창업자 얀 탈린Jaan Tallinn, 테슬라Tesla와 스페이스엑스SpaceX의 일론 머스크Elon Musk 등이 AI 규제 방안을 논의한 자리였다. 이들은 우선 AI가 비약적으로 발전해 인류를 위협하는 이른바 '지능 폭발intelligence explosion' 현상에 관해 의견을 나눈 뒤 AI 안전 문제를 집중적으로 다뤘고, AI가 초래할 수 있는 모든 위험에 책임을 다해 대비하겠다는 공동 성명을 발표했다. 견해는 대체로 같았다. AI의 긍정적 잠재력을 무시할 수 없기에 위험은 피하면서 이점을 누릴 방법을 연구하는 게 중요하다는 것이었다. 심화·확장 연구를 통해 AI가 꼭 필요하며 유익하다는 사실을 보장하고, 우리가 원하는 것만 AI가 수행할 수 있도록 해야 한다고도 주장했다.

과학의 권력과 책임을 일치시켰다는 점에서 가치 있는 시도였다. 하지만 아쉽게도 이 성명에는 철학과 사회과학이 빠져 있었다. 성명 내용에 줄기차게 등장하는 '우리'는 과학계를 지칭했다. 정부를 부정적으로 바라보는 과학계의 문화적 경향을 반영한 듯 정치도 없었다. 이상할 정도로 이들은 어떤 형태의 거버넌스가 유용할지에는 전혀 관심이 없었다. 지금 다시 생각해보면 이들의 성명은 과학의 힘보다는 과학 자치의 한계를 드러낸 셈이었다.

같은 해 나는 금융, 항공, 자동차, 치안 등 다양한 분야에서 정부가 AI 영향에 대응할 수 있도록 '기계지능위원회Machine Intelligence Commission'를 신설하자는 제안을 발표했다. 이 기관의 역할은 상위 규제 당국보다 한 걸음 더 앞에 서서 AI 안면 인식 기술 같은 사안에 적용할 새로운 규정을 마련하고 때로는 더 실험적인 접근 방식을 찾도록 돕는 데 있다. 얼마 지나지 않아 영국 정부는 내가 제안한 내용보다는 다소 힘이 빠진 '데이터윤리혁신센터Centre for Data Ethics and Innovation'를 개설해 AI 타깃 광고 등을 들여다봤다. 하지만 미흡한 부분이 많아서 현실과 괴리가 생겼고, 몇 가지 인상적인 캠페인을 펼치긴 했으나 일선 AI 분야 전문가들의 호응을 얻어내지는 못했다.

그렇게 몇 년이 지나자 AI 윤리와 관련해 대중의 두려움과 불안감이 확산했다. 도덕적 딜레마로 자주 언급되는 '트롤리 문제Trolly Problem'가 있다. 다수를 살리기 위한 소수의 희생이 정당한지 묻는 사고 실험으로, 관련 주제로 책도 여러 권 나왔고 미디어에서도 자주 다뤘기에 한 번쯤은 들어봤을 것이다. 이 딜레마가 AI 문제에도 그대로 적용된다. 예를 하나 들어보자. 자율주행 자동차가 빠른 속도로 도로를 달리는데 갑자기 엄청나게 깊은 싱크홀sink hole이 나타났다고 해보자. 그대로 돌진하면 추락해 차에 탄 사람이 죽고, 방향을 바꾸면 여러 사람을 치게 된다. 이런 경우 AI 알고리듬은 어떤 선택을 해야 할까? 아울러 AI에 어떤 책임을 물을 수 있을까? AI가 인간이 감당하지 못할 수준으로 각성해 인간 지능을 완전히 뛰어넘는 '특이점singularity'도 '디스토피아dystopia'로 묘사되곤 했다.

오래된 과거도 아니다. 불과 몇 년 전까지 AI를 과학의 척도로만 평가했을 뿐 그 사회적·윤리적 문제에 대해서는 진지한 분석이 거의 이뤄지지 않았다. 그러는 사이 AI는 우리 일상 대부분에 깊이 침투했다. AI는 가랑비에 옷 젖는 줄 모르듯이 일상에 스며드는 기술이라서 어느새 이제는 AI가 아닌 것들을 찾기 불가능할 정도다. 전자 거래, 자동차, 쇼핑 알고리듬을 파악하기 위해 부단히 애쓰고 있던 정부는 윤리 문제에 관한 한 학문적 도움을 거의 받지 못했다. 저 미래의 지평선을 들여다보는 작업은 분명히 매력적인 일이나, 현재는 끊임없이 어렵고 미루면 곤란한 문제를 쏟아내고 있었다.

AI 윤리에 관한 본격적인 연구가 시급하다. 더 늦춰서는 안 된다. 그런데도 사태의 심각성을 인지하지 못한 냉소주의자들은 현재와 미래의 권력 역학관계를 무시하고 승자와 패자의 관점에서만 사회적 분배 효과를 바라보면서 AI 윤리 센터에 이례적 규모의 자금이 지원되는 것을 전형적인 정책 실패라고 주장했다.[11]

이 대목에서 우리는 과학계 스스로 과학기술을 통제할 수 있다는 생각, '과학 공화국'으로까지 불리던 그들의 권력과 한계를 모두 엿볼 수 있다. 흥미롭게도 2015년 푸에르토리코 때와 비슷한 콘퍼런스가 2023년 초 미국에서 열렸고, 맥스 테그마크와 일론 머스크 등 그때의 과학자와 기업가들이 이 자리에도 참석했다. 그런데 이들이 발표한 성명은 그때와 달리 과학계의 자치 능력 한계를 인정하는 것처럼 보였다.

"우리는 모든 AI 연구소에 GPT-4보다 강력한 AI 개발을 최소 6개월 동안 즉시 중단할 것을 요청합니다. 이 유예 기간은 공개적이고 검증

가능해야 하며, 이를 위해 모든 이해관계자가 나서야 합니다. 만약 신속히 시행할 수 없다면 정부가 개입해 유예 제도를 마련해야 합니다."

그렇지만 마찬가지로 어떤 형태의 거버넌스가 유용할지는 아무런 의견도 내놓지 않았다. 어쨌든 미국 내 대중 의견은 대략 5 대 1 차이로 이 일시 유예를 지지하는 쪽이 더 많았다.[12] 예상했다시피 실현되지는 않았지만 말이다. 애초에 진지한 계획 없이 가능한 일도 아니었다.

물론 시민 사회가 개입해 정부 이익과는 별개의 공익을 추구하면서 정치와 과학 사이의 공백을 메우려고 노력한 몇 가지 사례가 있다. 특히 응용과학의 경우 여러 분야에서 국가 공식 권력과 거리를 둔 정교한 자치 체계를 확보하고 있다. 영국을 예로 들면 지난 500년 동안 연안 해역 및 선원들의 안전을 위해 기술, 도구, 교육 훈련 등을 제공해온 '트리니티하우스Trinity House'가 있다. 이곳은 상선 관리 수수료와 기부금으로 운영되며 정부 개입 없이 자치 위원회로 관리된다.[13] 미국 사례로는 'ULUnderwriters Laboratory'을 들 수 있는데, 19세기 말부터 100년 넘게 제품 안전 규격을 개발하고 보급하는 역할을 맡고 있다. 이곳 또한 독립 기관으로 정부 간섭을 받지 않고 분야 실무자와 학계 인사로 구성된 협의체로 모든 과업과 문제를 처리한다.[14] 코로나19 범유행이 한창이던 2021년 존스홉킨스보건안보센터JHU와 톈진대학교생물보안연구전략센터TJU 그리고 국제한림원연합회IAP가 공동으로 마련해 발표한 〈과학자의 행동 규범을 위한 톈진 생물 보안 지침Tianjin Biosecurity Guidelines for Codes of Conduct for Scientists〉도 과학 자치를 모색한 자주적인 계획 중 하나였다.

자선 활동도 과학의 독립을 지원하는 데 결정적 역할을 했다.[15] 영국의 '웰컴트러스트Wellcome Trust'는 미국의 '빌&멀린다게이츠재단Bill & Melinda Gates Foundation'과 마찬가지로 국가 정부와 거의 동등한 위치에서 협력하는 세계 최대 의학 연구 기금으로 성장했다. 1960년대 '록펠러재단Rockefeller Foundation'이 이른바 '녹색 혁명Green Revolution'을 촉발하고 '하워드휴즈의학연구소Howard Hughes Medical Institute'가 연간 약 10억 달러를 보건 분야에 투입한 것처럼, 거대 자선 재단들은 수십 년 동안 과학 발전을 위해 자금을 지원해왔다. 기여도로 치자면 미국의 경우 자선 활동 비중이 연방 정부 예산의 10분의 1 수준이지만, 투자금까지 포함하면 더 많은 돈이 과학계에 흘러 들어가고 있다.

그러나 자선 활동이 마냥 순수하지만은 않으며, 큰 책임감이 있거나 중립적이지도 않다. 여기에는 필연적으로 이해관계와 이데올로기가 끼어들고, 한 비즈니스 영역의 영향력을 다른 영역으로 전환하거나 확장하는 데 이용하기도 한다. 게이츠재단의 의료 분야 영향력을 과소평가할 사람은 아무도 없을 것이다. 이처럼 효과적인 이타주의로 모인 막대한 자금은 보건 안보나 생물 안보 분야 과학자들을 지원할 힘이 됐고, 감히 이를 비판할 사람은 많지 않다. 하지만 과학계를 향한 자선 활동이 제한된 분야에 치우치고 그 지원 규모가 상대적인 이상 균형 측면에서 또 다른 부작용을 초래할 수 있다.

자율성의 철학

과학의 자율성 주장은 지식 추구가 근본적으로 선한 행위라는 관념을 내포한다. 과학은 과학 밖의 다른 어떤 것에도 종속될 수 없다. 예술도 자율성에 대해 비슷하게 주장한다. 아무리 애쓰더라도 예술의 자율성은 예술 외부의 기준으로는 설명하거나 해석할 수 없다.

그러나 이 주장이 얼마나 일관성을 유지할 수 있을까? 용도와 가치가 있으면서 이해관계와 분리된 활동이 가능하긴 할까? 인간 사회와 전혀 상관없는 활동 영역이 존재할까? 그런 영역이 있다는 생각은 잠깐뿐이면 몰라도 오래 유지하기 어렵다. 인류가 사라진 세상에서 그런 활동이 여전히 의미 있고, 바람직하고, 현명할까? 게다가 그런 활동이 인류가 그동안 소중하게 여겨온 것들, 가치, 제도, 문화, 나아가 인간 사회 자체를 파괴한다면, 문제가 아니라고 말할 수 있을까? 그리고 인간의 삶과 동떨어져 보이는 것들에 대한 질문에는 무엇을 근거로 답할 수 있을까? 예컨대 인도 같은 나라의 과학자들은 화장실이 없어 그냥 밖에서 배변을 해결해야 하는 300만 명의 국민에게 우주 개발 프로그램을 어떻게 설명해야 할까? 과학의 자율성에 따른 것이니 그들의 삶과는 무관하다고 해야 할까? 과학자라면 그렇게 판단해도 되는 걸까?

이런 질문을 떠올리다 보면 자율성에 대한 원칙적 주장, 자율성이 그 자체로 많은 것을 성취한다는 관점보다는 다소 조건적인 주장, 즉 실용적인 관점으로 태도가 누그러지게 된다. 맥락과 의미에서 완전히 동떨어진 지식은 정당성을 확보할 수 없다. 공동체와의 이해관계를 외면할 수 없고, 같은 시간과 공간을 공유하는 대중에게 어느 정도라도 인정받아야 한다. 그 공동체는 가장 넓게는 수 세기 수천 년 동안 이어져 내려왔고 미래로 이어질 인류 전체일 수도 있고,[16] 한 국가나 도시일 수도 있으며, 기관이나 단체일 수도 있다. 그렇지만 무작정 공동체 눈치만 볼 필요는 없다. 인간의 지성은 충동이든 관심이든 어느 정도는 즉각적인 이해관계로부터 자율성을 가져야 가장 잘 작동한다. 그래도 의미와 목적을 유지하려면 돌아갈 수 있는 세상, 삶의 터전에 발을 딛고 있어야 한다.

과학은 그렇게 지난 수십 년 동안 자율성 이데올로기를 완화했고, 과학 지식 생산 방식은 그저 연구를 위한 연구였던 '모드 1Mode 1'에서 실제 문제를 해결하는 응용과학인 '모드 2'를 거쳐 지식 민주주의인 '모드 3'을 향해 진화하고 있다. 정부와 산업계 그리고 대학이 서로 협력하는 '삼중 나선Triple Helix',[17] 정부의 적극적인 과학 정책과 지원을 독려하는 '국가혁신체제NIS',[18] 자율성과 책임이 함께하는 연구 및 혁신 이론,[19] 과학 정책 입안자들의 미개척 분야 연구 지원, 과학 난제에 도전하는 '그랜드 챌린지Grand Challenges'[20] 등이 그와 같은 진화의 결과물이다.

한편으로 과학의 자율성은 과학이 지배 집단의 이해관계와 이데올로기를 반영하는 모습을 보여준 비평가들에 의해 의심을 받기도 했다.[21] 철학자이자 문명비평가 루이스 멈퍼드Lewis Mumford, 사회학자이자 역사학자 자크 엘륄Jacques Ellul, 과학기술사회학자 랭던 위너Langdon Winner는 과학이 추구하는 자율성은 악의적이고 억압적으로 변질할 수 있고 대중보다 권력의 동맹이 되기 쉽다고 지적했다.[22] 과학기술사회학자 도나 해러웨이Donna Haraway,[23] 인류학자 에밀리 마틴Emily Martin, 물리학자 이블린 폭스 켈러Evelyn Fox Keller[24] 같은 페미니스트 성향의 학자들은 자율성과 보편성을 오인하고 가부장적 모습을 보이는 과학계를 꼬집었다. 이는 앞서 언급한 과학계 성명에 남성들의 목소리만 부각한 것을 염두에 둔 비판이었다.

과학계의 태도 변화는 인터넷에서 블록체인blockchain에 이르는 디지털 기술과 관련해서도 쉽게 찾을 수 있다. 한때 디지털 기술은 인류의 더 큰 자유, 평등, 민주주의를 촉진하리라는 기대를 받았지만, 얼마 지나지 않아 더 큰 불평등을 초래하고 민주주의를 좀먹을 원흉으로 인식되기 시작했다. 이런 비판적 전통에서 성장을 거듭한 과학기술사회학 분야는 과학과 기술 그리고 사회가 서로 어떤 영향을 주고받는지 속 깊은 이해를 제공했으며,[25] 기존 과학의 미덕, 기술적 합리성의 나태한 가설, 천재 과학자 개인의 영웅 서사를 차근차근 무너뜨렸다.[26]

젠더 문제와 관련해서도 의사결정자의 맹점에 대한 비판이 있곤 했다. 특히 과학기술사회학 분야가 과학계를 향해 공개적이고 민주적인 의사결정을 촉구하면서 여러 사례를 제시했다. 환경 오염 때문에 혼란을 겪고 있는 지역 사회 시민들이 어떻게 '대중 역학popular epidemiology'으로 지식과 데이터를 공유했는지, 회의적인 대중이 어떤 식으로 일상 경험에 근거해 가정 자체가 잘못된 전문가들의 방사선 확산 모델에 반박했는지, 일반인 활동가들이 어떻게 HIV 치료제 임상 시험에 합리적 이의를 제기했는지, 공론화와 합의가 어떤 과정으로 과학의 복잡한 기술적 의사결정에서 시민 참여 모델을 제공할 수 있는지, 프랑스에서 근육

위축증 환자들이 어떤 방식으로 해당 의료 분야 연구에 자금을 지원하도록 여론을 움직였는지 등을 말이다.[27]

자기의심

과학계는 '자치'라는 이상에 집착하는 듯 보였지만, 실제로는 더 큰 권력과 지위, 명성, 부를 얻고자 정부와 기업에 자신들의 자율성을 일정 부분 양보해왔다. 이는 전혀 이상한 태도가 아니다. 모든 사회 집단은 자율성을 추구하면서 동시에 다른 집단과 협력을 통해 지위와 권력을 유지한다. 과학이라고 예외일 수 없다. 과학계가 생존하고 번영하려면 다양한 이해관계가 얽힌 현실과 타협해야 한다. 정부, 기업, 시민 단체, 수많은 위원회, 비평가 그룹 등과 협의함으로써 '정책'과 '규제'의 세계를 함께 형성해야 한다. 이 세계는 팀, 프로젝트, 목표, 비전, 투자수익률, 시장 조사, 영향력 측정, 기술 이전 등 비즈니스계의 모든 요소가 다 있는 세상이다. 이 공론의 장에서 과학의 자율성에 대해서도 세부적 협의가 이뤄진다. 과학의 자율성은 필요하다. 하지만 그것은 제한된 자율성이어야 한다. 과학이 그 어느 때보다 폭넓게 문화 일부로 자리매김한 데다, 예술가나 다른 모든 사람과 마찬가지로 과학자 또한 자기보호 수단으로 더는 천재성을 내세울 수 없기 때문이다. 기후 변화에 일조하든 성희롱 사건에 연루되든 과학자들도 똑같이 자신의 행동에 책임을 져야 한다.

과학이 세상과 타협하고 더 넓은 사회로 녹아든 이런 변화는 과학의 급성장한 힘과 더불어 '자기의심self-doubt'을 강화했다. 한 세기 전 의사이자 생물학자 루드비히 플레크Ludwik Fleck는 《과학적 사실의 출현과 발전Entstehung und Entwicklung einer wissenschaftlichen Tatsache》에서 '과학 공동체' 개념을 주창했다. 그는 과학적 사실은 그저 발견되기를 기다리는 무엇이 아니라 사회적 과정, 즉 서로 생각을 교환하는 지적인 상호 작용에서 나타난다고 강조했다. 과학 공동체는 특정 패러다임 또는 나중에 '끌림 영역Basin of Attraction'이라고 불리는 유인 모델, 즉 시간이 지나도 안정적으로 유지되는 아이디어를 둘러싼 채 형성된다.[28]

과학을 바라보는 사회학적 관점에서 '진실'이란 공동체가 진실이라고 믿는 모든 것을 의미한다. 루드비히 플레크의 생각은 토머스 쿤에게 지대한 영향을 미쳤고, 과학이 공동체의 산물이라는 인식을 확산하는 데 이바지했다. 나아가 과학사 및 인류학 분야 학자들이 과학의 우연성, 정치성, 발견과 논증의 문화적 패턴 등을 부각하고 보편적이거나 논리적이거나 선형적으로 보일 수 있는 과학 영역을 축소하도록 이끌었다.

1940년대 런던정치경제대학교를 대표한 정치 이론가이자 경제학자 해럴드 라스키Harold Laski는 "상식의 통찰을 희생시킨 전문 지식은 전문가들이 자신의 위치에 이르지 않은 모든 증거를 무시하게 만든다"고 경고했는데, 그로부터 한 세대 이후 과학자들은 좀더 겸손한 태도를 보이고자 노력했다. 일테면 앨빈 와인버그Alvin Weinberg는 "과학이 일부 답을 얻긴 하지만 모든 답을 찾는 경우는 거의 없다"면서 '트랜스-사이언스trans-science' 개념을 제안했다. 그에 따르면 트랜스-사이언스는 과학에 질문을 던질 수는 있으나 과학으로 대답할 수 없는 문제, 예컨대 "원자력 발전소 전체에 전력이 공급되지 않을 가능성을 배제할 수 있는가? 아니라면 어떻게 대비해야 하는가?"처럼 예측하기 어렵고 확률도 매우 낮지만 일어날지도 모르는 일, 사회적·윤리적 판단이 필요한 일, 비용 및 책임 소재를 따져야 할 일 등 사실 판단을 넘어 가치 판단을 수반하는 영역이다.[29]

철학자이자 과학기술사회학자 브뤼노 라투르는 이 같은 과학의 자기의심을 한 단계 더 확장해 과학적 사실은 독립적인 '외부 현실external reality'이 아닐뿐더러 과학적 실천으로 이어질 때만 비로소 구성될 수 있다고 주장했다. 이 주장은 과학자들의 자존심을 긁어놓았다. 그들에게 이런 주장은 혐오스럽고 터무니없었다. 물리학자 앨런 소칼Alan Sokal은 브뤼노 라투르를 향해 외부 현실이 존재한다는 사실이 그렇게 의심스럽다면 21층 창문에서 뛰어내려보라고 비꼬았다.

브뤼노 라투르는 과학계의 변화를 촉구하기 위해 때로는 지나쳐 보일 정도로 도발적 태도를 취해왔다. 몇 가지 프로젝트에서 그와 함께 일할 기회가 있었는데, 매력적이고 유쾌한 사람이었다. 자신이 까칠하게 굴고 시비를 걸었던 의도보다 훨씬 더 과학계가 진지하게 받아들이면서 발끈하는 모습을 즐기는 것 같았다. 그는 과학자들이 합리성, 보편성, 진보성이 지배하는 자신들만의 외부 현실에 너무 안주하고 있다고 여겼다. 그는 과학적 사실 구성에 실천을 강조한 것이 그 외부 현실을 무시한다는 뜻은 아니었다고 말했다. 그도 과학적 사실이 온전히 사회적 관계만으로 구성될 수 없음을 알고 있었다.

그런데도 그의 주장은 그 자체로 동력을 얻은 듯 퍼져나갔다. 과학이 공동체로서 작동해 그 안에서 진실을 이룬다는 관점은 어느새 과학적 사실의 힘이 그것을 구축하는 공동체에 달려 있다는 관점으로 비약했다. 한때 브뤼노 라투르는 "나에게 실험실을 주면 세상을 키우겠다"고 과장해서 말한 적이 있지만, 사실 그 속에 담긴 뜻은 과학적 사실은 제도로 뒷받침된다는 것이었다. 2018년 〈뉴욕타임스매거진New York Times Magazine〉 인터뷰에서 그는 이렇게 말했다.

"과학적 사실은 공통의 문화, 신뢰할 수 있는 기관, 신뢰할 수 있는 정부, 신뢰할 수 있는 미디어의 지원을 받을 때라야 그 건재함을 유지할 수 있습니다."[30]

브뤼노 라투르의 견해는 극단적이진 않았다.[31] 하지만 내가 뒤에서 다시 언급하듯이 과학적 사실이 '오직' 사회적 관계로만 구성된다는 관점에 직접적 영향을 미쳤다는 점은 부정하기 어렵다. 사람들이 어떤 상황을 현실로 정의하면 결과적으로 현실이 된다는 '토머스의 정리Thomas's theorem'도 마찬가지다. 사실 인간의 관찰과 해석을 넘어선 현실 존재를 부정하지 않고 받아들이는 것은 전적으로 가능하다. 현실은 언제나 빠르고 명확한 피드백을 제공하기 때문에 사회구성주의social constructionism에서 말하는 것처럼 우리 사회가 실재를 만들기도 파괴하기도, 진실을 드러내기도 가리기도 한다. 과학에서 말하는 사실만이 사실은 아닌 것이다. 결과적으로 과학은 이 속도를 따라가지 못했다.

과학만이 객관적인 자연 세계를 탐구한다고 보는 실재론적 관점과 과학이 인간의 사고 체계와 감각 기관으로 걸러진 정신 모델을 제공한다는 구성주의적 관점은 서로 섞이지 못했다. 물론 이론상 두 견해는 조화를 이루기 어렵기에 실제로는 구성주의가 실재론의 대체 이론으로 발전해왔다.[32] 사회학자 피에르 부르디외Pierre Bourdieu가 구조와 기능 차원에서 과학 안팎으로 작용하는 권력을 분석한 것이 이 관계를 개선하는 데 도움을 줬다. 그는 과학적 사실이 사회적으로 구성되긴 하지만, 그 산물은 사회적 구성물인 동시에 외부 현실과 일치해야 한다고 설명했다.[33]

그러나 양쪽의 격한 논쟁은 종종 서로에게 생채기를 남겼다. 설계 미비도 이 때문이다. AI 같은 강력한 신기술 분야를 어떻게 하면 효과적으로 관리하고 지원해 바람직한 방향으로 지도할지는 설계에 포함하지 못하고 있다. 급진적인 사람들은 잠재적 해결책에 관심을 두기보다 미셸 푸코나 브뤼노 라투르의 정신을 따라서 비판적 입장만 취했다. 이들이 주목한 부분은 인간의 지적인 삶에 두루 악영향을 미치는 '다이나포비아', 즉 '권력에 대한 두려움'이었다. 그도 그럴 것이 권력은 부패하거나 변질하기 쉽다는 사실을 누구나 안다. 그래서 많은 사람이 권력에서 한 걸음 떨어져 있는 편이 더 좋다는 결론에 금세 이르곤 한다.

처방 없이 과잉 진단만 내리는 때도 있다. 예를 들면 사회심리학자 쇼샤나 주보프Shoshana Zuboff는 수십 년 동안 이뤄진 학계의 비판적 작업을 끌어와 '감시 자본주의Surveillance Capitalism'라는 오싹한 용어를 내세우면서 700쪽이 넘는 분량의 논평을 제공했으나, 우리가 무엇을 해야 하는지에 관한 대안은 단 한 가지도 제시하지 않았다. 또 어떤 사람들은 지배 권력이나 거대 글로벌 기업이 장악한 세상을 묘사하면서 다이나

포비아를 정부와 기관을 의심하는 준무정부주의quasi-anarchism와 연결했다. 상향식 문제 접근 방식의 위력과 그것이 제도로 발전할 때 진정한 변화가 일어난다는 역사의 교훈도 무시하기 일쑤였다. 그러는 동안 세상에 쏟아져 나온 수많은 신기술에 대응할 제안과 선택은 턱없이 부족해졌다.

이 같은 결핍 때문에 과학 엘리트들의 근시안적 비전은 별다른 도움을 받지 못했다. 역사가이자 철학자 에르네스트 르낭Ernest Renan은 "국가는 망각하기로 선택한 것과 기억하기로 선택한 것에 의해 정의된다"고 말했다. 이를 과학계에도 응용해서 적용할 수 있다. 과학은 과학 엘리트들이 말하기로 선택한 것과 말하지 않기로 선택한 것에 의해 정의된다. 과학 엘리트들은 공통된 근시안에 얽매여 있는데, 우리가 다음 장에서 자세히 살필 다음과 같은 질문에 허심탄회하게 대답하지 않는 것을 마치 과학자의 필수 조건인 양 여기는 듯하다.

"과학은 과학계의 우선순위나 국가 및 기업의 우선순위가 아니라 대중의 우선순위에 따라 움직여야 하는 것 아닌가?"

"각각의 사회마다 다른 기술 경로를 선택할 수 있는가? 아니면 늘 고정돼 있는가?"

"과학계는 다양한 사회적 계약과 관련이 있고 국민의 세금으로 자금을 지원받는데, 과학의 생산성이 저하되면 어떤 해결책을 내놓을 것인가?"

이런 질문은 대체로 무시되고 프레임 밖으로 밀려난다. 그러나 과학과 민주주의 경계에서 매우 중요한 질문들이다.

다른 한편으로 과학의 자치라는 이상을 고집하면 할수록 과학계는 더 불편한 위치에 놓이게 됐다. 그동안에는 결백과 미덕을 강조하는 데 익숙했다. 하지만 과학계의 힘과 영향력이 급속히 커지면서 과학자들은 과학의 자기의심을 더욱 공고히 해야 하고 더 엄중한 감시를 받아야 한다고 주장하는 사람들뿐 아니라 온 힘을 다해 반과학을 외치는 극단주의자들로부터도 공격을 받게 됐다. 연성을 무시한 채 강성만을 추구한 과학에 이제 깨지기 쉬운 '취성brittleness'만 남았다. 조금만 충격을 받아도 부서질 것이다. 그런 일이 벌어져서는 안 된다. 아무리 합리적 의심에 따른 것이라도 반과학에 연료를 들이붓는 행위는 지양해야 한다. 건강한 토론에 아무런 도움도 되지 않을뿐더러 더 나은 세상을 만들고자 하는 궁극의 목적에 방해만 될 뿐이다.

Nullius in Verba

제3부

과학이 권력의 정당성을
만들어주는가
―진실과 논리의 문제

제6장

주인과 하인 그리고 복합적 진실

"인류는 예속에서 해방된 것이 아니라 예속을 통해 해방됐다."

_ 게오르그 빌헬름 프리드리히 헤겔

국가는 진실에 의존한다. 진실로써 국가는 권력을 강화하고 유지할 수 있으며, 통치자는 정당성을 확보하기 위해 끊임없이 진실의 지지를 갈구한다. 남보다 뛰어난 통찰력과 지혜 없이, 남보다 월등한 지식과 정보 없이 어떻게 자신의 통치를 정당화할 수 있겠는가? 그리고 진실은 사회의 질서도 뒷받침한다. 미셸 푸코의 말처럼 정부가 진실을 더 많이 고집할수록 애써 통치할 일이 줄어들고, 통치를 받는 일도 마치 연극 무대에 함께 오른 배우의 연기처럼 여겨질 것이다.

그러나 진실은 미끄러지기 쉽고 때로는 위협이 되기도 했다. 6세기 동로마 제국의 유스티니아누스 1세Justinianus I는 아테네의 아카데미아

Academia를 폐쇄했고 그리스 철학을 금지했다. 불에 탄 도서관은 알렉산드리아Alexandria만이 아니었으며, 17세기 갈릴레오 갈릴레이는 교회가 독점한 진실에 도전하다 재판에 회부돼 곤욕을 치렀다.

이단적 지식은 통치자들에게 늘 골칫거리였다. 하지만 통치자가 자신들의 진실을 강요할 수 있는 때는 거의 없었다. 그래서 자신들 대신 진실을 설파할 사람들과 동맹을 맺었다. 대중에게 다양한 유형의 진실을 제공한 이들은 오늘날 과학계의 조언자나 관료들의 선구자였고, 권력을 가진 세력과 모호한 관계를 맺어 중요한 지식뿐 아니라 잠재적인 위험도 제공했다.

우리가 앞서 살핀 바와 같이 그들 가운데 눈에 띄는 집단은 무엇인가를 만들어내고 문제를 해결하는 사람들, 즉 공학자들이었다. 그들의 능력은 항상 유용했고 판단하기도 수월했다. 그들이 세운 건물이나 교량이 무너지지 않고 제대로 서 있는지만 보면 됐다. 그런데 어떤 지식인지 모호한 범주도 많았다. 오래된 부류 중 하나는 비밀 지식과 정보를 다루는 첩보 조직이었다. 본래 그들은 위협의 싹을 뿌리 뽑고자 적대 세력이나 대중에 관한 정보를 입수해 자신의 통치자에게만 보고하는 사람들이었다. 임무를 위한 명분으로 암호화나 감시 기술 등 과학의 경계를 자유롭게 오가던 이들이 자칫 충성의 방향을 바꾸기라도 한다면 큰 위협이 될 수 있었다. 통치자의 권력은 한순간에 적도 친구로 만들 만큼 강력했지만, 자신들의 그 권력을 유지하는 데 첩보 조직의 지식과 정보가 꼭 필요했다.

고대의 또 다른 모호한 집단은 신이나 다른 신비로운 힘을 대변해 현재 및 미래의 진실을 드러낸다고 알려진 예언자들이었다. 그들의 능력은 논리적 검증이 불가능해서, 가장 중요하게 작용하는 요소는 그들의 언어와 권위, 열정과 확신, 예언의 결과로 나타난 이미지의 생생함이었다. 그들 역시 권력과 복잡한 관계를 맺고 있었고, 왕이나 황제의 눈과 귀로 활동했으나, 그들이 전하는 메시지의 잠재력으로 인해 불신과 두려움의 대상이 되기도 했다. 몇몇 현대 과학자들도 정부와 국민의 지식에 대한 관성적 태도와 이해 부족이 초래할지 모를 실존적 위협을 경고했다는 점에서 고대 예언자들과 유사한 역할을 했다. 퍼그워시를 설립하고 반핵 운동을 펼친 조지프 로트블랫이 전형적 사례이며, 이 밖에도 많은 사람이 내부 기술자에서 외부 교란자로 변모했다. 어떤 이들은 구약 성서에 등장하는 선지자들처럼 앞으로 닥칠 재앙을 경고하기도 했다. 생물학자 레이첼 카슨Rachel Carson의 '침묵의 봄Silent Spring', 폴 랄프 에얼릭의 '인구 폭탄', 제임스 러브록과 린 마굴리스의 '가이아 이론' 등은 자체 규제 메커니즘을 확보한 세계를 제안하면서 준종교적quasi-religious 관점과 과학적 지식으로 무장한 수많은 사회 운동과 연합했다.

고대 예언자나 선지자는 경고하고 영감을 주는 임무와 더불어 미래를 예측하는 점술사 역할도 했다. 이런 역할은 현대에 이르러서도 로널드 레이건Ronald Reagan이나 인디라 간디 같은 여러 통치자에게 큰 영향력을 유지했다. 그 옛날 치즈가 굳는 패턴을 보고 점을 보던 방식이나 오늘날 다양한 종류의 시나리오와 모델로 미래를 예측하는 방식이나 본질에서는 같은 범주에 속한다.

'현자'도 있었다. 이들의 역할은 예언자와는 좀 달랐다. 현자들은 세상과 거리를 두고 권력과 사치의 유혹에 저항하면서 신탁을 전했다. 이 신탁은 델포이Delphoi의 신탁처럼 말하지도 숨기지도 않고 수수께끼 같은 표징으로 미래를 보여줬다. 어조도 예언자와는 반대였다. 예언자의 목소리가 웅변가처럼 시끄럽고 열정적이라면, 현자는 조용하고 침착하며 신중했다. 현자는 통치자에게 통찰력을 주입하는 게 아닌 통찰력을 갖도록 넌지시 유도했다. 당시 현자들 가운데는 눈이 먼 사람이 많았는데, 어쩌면 그것이 세상의 피상적 모습에 주의가 산만해지는 것을 방지하는 데 도움이 됐기 때문인 듯하다. 그들은 스스로 불편을 감내함으로써 자신의 역할을 충실하고 온화하게 수행했다. 지금의 과학자 가운데서도 은밀히 조용하게 현명한 조언을 제공하는 사람들이 있다.

진실을 말할 때는 '파레시아parrhesia'가 가장 중요하다. 파레시아는 그리스어로 '모든 것을 말하기'라는 뜻이다. 두려움 없이, 있는 그대로, 진실을 말하는 것이다. 파레시아의 미덕을 지키는 사람은 칭찬만 늘어놓는 아첨꾼이어서는 안 되고, 세상과 사물을 일관된 관점으로 바라봐야 하며, 언어와 실재가 같아야 한다.

오늘날 과학자들은 통치자의 권력에 진실을 담았던 고대의 전통을 두루 결합한 사람들이다. 유용한 것들을 만들거나 문제를 해결하는 공학자이고, 비밀스러운 지식을 알려주는 첩보원이며, 미래를 보여주는 예언자이고, 미래를 열어갈 통찰력을 키워주는 현자다. 그리고 언제나 꾸밈없는 진실 그 자체를 말해야 한다. 이 모든 것이 정부가 지식을 관리하는 데 필수적인 요소다. 진실을 잃게 되면 정부는 더이상 존속하지 못한다. 진실을 무시하거나 진실에 냉소적인 순간, 권력은 앙상한 뼈만 드러낼 뿐이다. 진실을 갖추지 못한 권력은 아무런 힘도 발휘하지 못한다.

인류 역사 초기에 가장 중요했던 진실은 하늘, 땅, 날씨, 경쟁자, 적 등 환경의 불확실성을 줄이고 인간 주권 범위를 넓힐 지식에 관한 것이었다. 후대의 왕들은 신과 자신을 동질화함으로써 스스로 정당성을 부여했으며, 세상의 질서를 유지하고 종교적 믿음을 강화하고자 갖가지 의식을 수행했다. 16세기 인도 지역에서 위세를 떨친 무굴 제국의 통치자 아크바르Akbar 황제는 이슬람이 기독교의 관용과 계몽에 관해 가르칠 게 더 많았던 시대에 인간 이성을 국가의 최고 가치로 내세운 최초의 지도자로 평가받는다. 이후 18세기와 19세기 수많은 서구 국가 정부도 이성과 지식을 받들어 자신들을 정당화했고, '그 자체로 명백한 진실'을 담은 헌법을 제정해 스스로 합법화했다. 이런 과정을 거치면서 과학은 권력에 정당성을 안겨주는 가장 중요한 원천으로 자리매김했다.

소련 헌법은 국가를 "과학적 공산주의 사상에 따라 인도된" 존재로 기술했고, 1970년대 인도 개정 헌법은 "과학적 소양, 인문주의, 연구와 개선의 정신을 발전시키는 것이 모든 인도 국민의 의무"라고 명시했다. 공화국 인도의 초대 총리 자와할랄 네루Jawaharlal Nehru는 자신이 쓴 책 《인도의 발견The Discovery of India》에서 이렇게 설명했다.

"과학적 소양은 삶의 중요한 방식이다. 질문, 관찰, 가정, 실험, 분석, 검토, 의사소통 등을 포함한 과학적 방법을 이용하는 개인적·사회적 사고 및 행동 과정이다."

과학적 지식과 정보로 진실을 다루는 국가에 대한 개념은 20세기 중반 큰 인기를 끌었고, 생물학자 줄리언 헉슬리Julian Huxley 같은 인물의 노력에 힘입어 수많은 과학 및 사회과학 재단을 설립한 소련과 미국에서 이를 촉진했다. 1946년 유네스코 초대 사무총장이 된 줄리언 헉슬리는 1931년 소련을 "정치와 산업에 과학 정신을 도입한" 모범적 사례로 추켜세웠고, 1933년 미국에서 '뉴딜New Deal' 정책을 추진하며 설립한 테네시계곡개발청TVA을 일컬어서는 "응용과학의 놀라운 실험"이라고 높게 평가했다. 아마도 그는 1930년대 초반 우크라이나 지역을 방문한 일이 없는 것 같다. 당시 우크라이나에서는 대기근 때문에 400만 명에 달하는 사람들이 굶어 죽었는데, 나중에 역사가들은 이를 1931년에서 1935년 사이 소련 정부가 밀어붙인 정책의 결과이자, 이 사태가 훗날 소련 해체 이후 우크라이나 대 러시아의 관계에 지대한 영향을 미쳤다고 봤다.

무한하지 않은 복합적 진실의 사례

낙관론자들은 과학의 핵심이라고 할 수 있는 진실에 대한 헌신이 정치와 정부로 확산하리라고 믿었다. 하지만 오늘날 21세기는 진실을 다루는 문제가 그 어느 때보다도 전쟁임을 보여주고 있다. 한쪽에는 진실은 선택 사항이라는 생각이 있다. 우리 각자에게는 자신만의 진실이 있으며, 절대적 관점도 잘못된 관점도 없다는 것이다. 이 생각은 권력에 대한 담론으로도 스며들어 지식의 위계와 권위를 무너뜨리는 민주적 정신으로 정당화됐고, 때로는 문화 전쟁으로 정의되기도 하면서 과학 접근 방식의 반대론으로 자리 잡았다.

미국의 경우 이 생각은 제2차 걸프 전쟁(이라크 전쟁) 당시 조지 W. 부시George W. Bush 대통령 수석 보좌관이었던 칼 로브Karl Rove의 발언으로 요약할 수 있다. 그는 자신이 "인식 가능한 현실을 주의 깊게 탐구하면 해결책을 찾을 수 있다고 믿는 사람들"이라고 정의한 "현실 기반 공동체"를 향해 이렇게 말했다.

"세상은 그런 식으로 돌아가지 않습니다. 우리는 이제 제국입니다. 우리가 행동하면 우리만의 현실이 창조되는 것입니다. 우리는 역사의 배우입니다. 여러분 모두는 우리가 하는 일만 연구하게 될 것입니다."[1]

그로부터 20년 뒤 진실에 관한 이 유연함은 사람들 사이에 더 깊게 자리 잡았다. 코로나19 범유행 기간에 미국에서 실시한 한 설문 조사에 따르면, 봉쇄와 사회적 거리 두기에서부터 백신 접종 의향에 이르기까지 대중의 정치 성향과 과학을 바라보는 태도 사이에 밀접한 상관관계가 있었다. 도널드 트럼프 지지와 백신 회의론 사이의 관계는 거의 일직선이었다. 소셜 미디어상의 동종 선호 현상도 서로 분리된 진실 세계를 구성했다.

러시아에서는 '푸틴의 두뇌'라고 불린 알렉산드르 두긴Alexandr Dugin이 유럽 철학 맥락에서 미셸 푸코, 질 들뢰즈Gilles Deleuze, 자크 라캉Jacques Lacan, 자크 데리다Jacques Derrida 같은 사상가들도 '탈근대성post-modernity'을 중요한 요소로 인식했음을 언급했고, 브뤼노 라투르의 현대 과학 비판을 옹호하는 한편 러시아야말로 대안적 질서를 수호하는 '카테콘

kathekon'이라고 주장했다. 카테콘은 고대 그리스어로 '제지하는 자'라는 뜻인데, 신약 성서에서는 '적그리스도의 출현을 막는 자'라는 의미로 쓰였다. 오늘날로 치면 과학적 이유가 담겨 있을지도 모르는 혼돈의 물결에 저항하는 세력이었다. 푸틴의 최측근이자 보좌관을 지낸 블라디슬라프 수르코프Vladislav Surkov 는 트위터에 이렇게 올린 적이 있다(나는 예전에 그와 함께 시간을 보냈었다).[2]

"천체가 충돌하듯 끊임없이 요동치는 서사의 모순이 갈등의 화염 속에서 진실 스스로 떠오르도록 엄청난 마찰을 일으키는 요즘이다. 나는 불의 점성술사, 새로운 현실이 탄생하는 불꽃을 지키는 자다. 이보다 더한 진실이 있는가?"

이들이 볼 때 과학에는 독립적 권위도 없으며 진실과 관련한 고유의 주장도 없다. 국가의 주권(통치권)과 국가의 이익이 과학에 우선하고 과학을 대체하며, 과학의 진실은 국가의 것이다. 사실 그리 놀랍거나 새로운 일도 아니다. 이런 냉소적 태도는 이미 나폴레옹 보나파르트 Napoleon Bonaparte 집정 정부의 외교관이던 탈레랑-페리고르Charles-Maurice de Talleyrand-Périgord가 딱 한 줄로 묘사했었다.

"진실은 그럴듯하게 주장되고 대담하게 유지되는 모든 것이다."

이후 수많은 지도자가 그의 본보기를 따르면서 대중이 홀딱 넘어갈 정도의 자신감과 담대함으로 거짓말을 반복했다. 지금도 우리는 정책 기반 증거, 모든 정보의 선택적 사용, 신뢰를 공고히 하는 데이터, 믿음만으로도 어떤 목표를 달성할 수 있다는 희망에 익숙해져 있다. 저 옛날 "우리가 꿈꾸는 만큼 땅은 양보하리라"는 마오쩌둥주의의 슬로건이나, 오프라 윈프리Oprah Winfrey가 토크쇼에서 외친 "여러분 스스로 믿는 것이 여러분이니, 삶에서 가장 높고 위대한 비전을 창조하세요!"처럼 열망을 시각화하면 그대로 이뤄진다는 미국식 자신감도 마찬가지 맥락이다.

정치철학자 레오 스트라우스Leo Strauss도 종교적 믿음에서부터 국가의 독단적 토지 지배를 정당화하는 민족 신화에 이르기까지 거짓은 정치의 필수 요소라고 결론 내리면서도 과학에 대해서는 미온적 태도를 보였다.[3] 파울 요제프 괴벨스Paul Joseph Goebbels는 한술 더 떠서 거짓이 중요한 이유를 다음과 같이 설명했다.

"국가는 모든 권한을 이용해 반대 세력을 제압해야 한다. 진실은 거짓의 치명적인 적이기 때문이다. 그리고 더 나아가 진실은 국가의 가장 큰 적이다."

또 다른 많은 정치에서는 진실을 의미에 종속시켰다. 소속감이 검증을 능가했다. 정체성이 의심을 뛰어넘었다. 물론 정부를 향한 신뢰와 과학을 향한 신뢰 사이에 상관관계가 있다는 표징은 곳곳에서 발견됐지만, 진실에 더 전념하고 틀렸을 때 인정하며 불편한 사실 앞에서 겸손한 정부가 더 큰 신뢰를 받은 한편, 거짓을 피하려고 미디어를 통제하는 데도 여전히 신뢰받은 국가도 많이 있었다.

어떤 사상가들은 진실을 숨기는 행위가 단순히 거짓을 만들어내는 게 아닌 악의적 권력 운용의 핵심이며, 선해 보이는 권력도 이론상 유효한 개념이라고 주장했다. 사회주의 사상가이자 혁명가 로자 룩셈부르크Rosa Luxemburg는 "만약 모든 사람이 진실을 안다면 자본주의 체제는

24시간도 버티지 못할 것"이라고 말했다. 이 같은 정신으로 수많은 이들이 권력의 장막을 걷어내고자 부단히 애써왔다. 탐사 저널리즘도 은폐된 진실, 숨겨진 연결 고리, 비자금 계좌 등을 찾아 폭로했다. 그러나 21세기적 관점에서 볼 때 다른 차원의 걱정스러운 결론은 이제 진실을 누구나 알 수 있게 됐으나 더는 진실이 중요하지 않게 됐다는 사실이다. 진실을 이야기해도 관심을 끌지 못하는 시대다. 지식만으로 권력을 얻지 못하는 세상이 됐으며, 비밀 역시 독재자들에게 별다른 쓸모가 없어졌다.

우리가 그려볼 수 있는 한 가지 미래는 과학이 고유의 권위를 상실하면서 조각나고, 부패하고, 분해된 진실을 가져오는 모습이다. 사실 확인이나 수정을 시도해봐야 저항만 강화할 뿐이다. 거의 모든 종류의 가짜를 만들어내는 '딥페이크deepfake' 기술 뒤에는 항상 뒤늦은 확인과 검증이 따라다닐 테고, 그로 인한 군비 경쟁만 심화할 것이다. 잘못된 사실을 확인하기보다 믿고 싶은 사실만 확인하려는 인간의 '확증 편향confirmation bias'도 여기에 한몫할 것이다. 더욱이 확증 편향은 교육 수준이 낮은 사람들보다 높은 사람들에게서 더 강하게 나타나는 것으로 밝혀졌다.

하지만 이 청사진만 그럴듯한 것은 아니다. 아무리 이데올로기만 추구하는 정부라도 자신들의 진실이 작동하지 않으면 아무 소용 없다는 사실쯤은 늘 깨달았다. 이는 독재자들의 자율성에 한계를 정했다. 예를 들어 나치는 '유대인의 과학', 즉 양자물리학과 상대성 이론 없이 핵무기를 개발하고자 했지만, 그와 같은 자멸적 독단주의에 반대하는 물리학자들의 주장을 결국 수용했다.[4] 스탈린의 독재가 한창이던 소련에서도 이 대목을 확인할 일화를 찾을 수 있다. 대숙청을 주도하면서 수많은 사람을 죽음으로 몰아넣은 라브렌티 베리야Lavrenty Beria는 소련의 원자폭탄 개발 계획도 관리했는데, 당시 연구 책임자였던 물리학자 이고르 쿠르차토프Igor Kurchatov에게 이렇게 물었다.

"양자역학과 상대성 이론은 이상주의자들의 것이니 거부해야 하지 않겠소?"

그 시절 '이상주의idealism'는 변증법적 유물론에 반하는 중대한 죄악으로 여겨졌다. 그러자 쿠르차토프가 대답했다.

"그것들을 거부하면 폭탄도 거부하게 될 겁니다."

그 말을 듣고 베리야는 이렇게 말했다.

"그럴 수 없지. 폭탄이 중요하고 그 외에는 다 쓰레기일세."[5]

조직화한 종교와 과학의 관계는 몇몇 설명에서 제시하는 것보다 더 미묘하다. 과거 가톨릭교회는 갈릴레오를 핍박했고 아리스토텔레스의 저작을 포함해 많은 문헌을 금서로 규정했다. 그런데 한편으로는 로저 베이컨Roger Bacon, 니콜 오렘Nicole Oresme, 로버트 그로스테스트Robert Grosseteste 같은 신학자이자 자연철학자들을 지원했다. 특히 예수회는 천문학 분야의 선구자였다. 달 표면의 크레이터crater 이름 가운데 35개는 예수회 사제이자 천문학자들의 이름을 딴 것들이다.

권력에는 진실이 필요하므로 무작정 무시할 수가 없다. 역사가 최근에 이를수록 진실의 위상은 권력의 실용주의와 이에 부응하는 기관의 힘으로 결정됐다. 공영 방송, 사실 확인 웹 서비스, 대학교, 위원회 등 강력한 기관이 진실을 찾아내고 알리는 데 앞장섰다. 이런 기관들이 힘을 다하지 않으면 진실은 금세 시들어버린다. 역사의 교훈도 이를 잘 보여준다. 20세기 후반 볼리비아, 과테말라, 칠레 등 라틴 아메리카 국가에서 독재 정권의 인권 유린을 폭로하는 진실 위원회가 확산했고, 뒤를 이어 남아프리카공화국의 아파르트헤이트apartheid(인종 차별 정책)가 철폐되자 캐나다, 독일, 아일랜드, 노르웨이 같은 나라에서도 관련 기관들이 생겨났다. 진실을 확립하고 공유하기 위한 공식 활동 대부분은 토착민들에 대한 그릇된 인식을 바로잡고자 시작됐고, 사람들은 진실 탐구야말로 품위 있고 윤리적인 사회의 근본적 특징이라고 믿었다.

뒤에서 다시 언급하겠지만 국가와 과학 모두에 부응하는 기관, 비록 절대적이지는 않더라도 설명할 수 있고 검색 가능한 진실을 재검토하는 기관은 많이 있다. 네덜란드에는 정부에 과학 자문을 제공하는 기관이 100곳 넘게 있다.[6] 영국은 정부 지출 계획을 공개적으로 평가하는 예산책임사무국Office for Budget Responsibility, 정부과학사무국Government Office for Science 등 여러 자문위원회를 두고 있으며, 의학 분야에는 국립보건임상연구소National Institute for Health and Clinical Excellence, NICE가 치료 효과와 비용 효율성 등을 검토한다. 이들 국가 말고도 대다수 OECD 회원국들이 장기적 재정 지속 가능성을 타진하고 독립적인 연구 권한을 확보한 기관들을 보유하고 있다. 미국은 아예 증거 기반 정책 결정에 관한 법률Foundations for Evidence-Based Policymaking Act를 제정해 시행 중이고, 유럽연합에도 다양한 위원회와 기구 그리고 자문 체계가 있다(제9장에서 좀 더 자세히 살필 것이다). 이 기관들이 모두 정부에 조언, 방향, 지침을 제공한다. 보통은 하나의 진실만 제시하지 않고 범위를 설정한다. 달리 말해 진실을 단일한 무언가가 아닌 확률과 가능성의 범주로 인식한다.

국가와 과학, 그리고 주인과 하인의 변증법

과학기술사회학자 해리 콜린스Harry Collins와 트레버 핀치Trevor Pinch는 과학을 '라비 뢰브의 골렘Rabbi Loew's Golem' 같다고 표현했다. 16세기 후반 유대교 라비(율법학자) 유다 뢰브 벤 베잘렐Judha Loew ben Bezalel이 만들었다던 골렘 말이다. 이 골렘은 매우 강력하고 명령에 복종하지만, 어설프고 위험해서 언제든지 주인을 공격할 수 있는 존재다. 이런 패턴은 프랑켄슈타인Frankenstein의 괴물이나 여러 다른 괴물 이야기에서도 잘 나타난다. 여기에서 나는 주인의 권력을 찬탈할 수도 있는 과학의 특성을 설명하기 위해 비슷한 프레임을 빌리려고 한다.

헤겔은 그의 책 《정신현상학Phänomenologie des Geistes》에서 주인과 하인의 관계에 대한 복잡한 이야기를 들려준다. 이 비유는 다양한 차원에서 해석할 수 있으나, 그 중심에는 권력과 의존의 변화하는 관계가 있다. 처음에 하인은 권력과 돈을 가진 주인을 위해 일하는데, 이때의 관계는 비대칭적이고 명확하다. 하지만 하인이 일에 더 능숙해지고 창의적으로 일하면 일할수록 세상의 메커니즘을 더 잘 이해하게 되면서 자의식이 강해지고 강력해진다. 반면 주인은 하인이 모든 것을 잘해주기에 점점 더 하인에게 의존하게 되고, 일상적인 집안일뿐 아니라 심지어 자신의 사교 문제까지도 하인에게 도움을 구하게 된다. 그렇게 결과적으로 주인과 하인이라는 권력의 역학관계는 반대 방향으로 흐른다. 헤겔은 이를 변증법적 관계라고 설명했다. 반대되는 것들이 서로 다시 재구성되고 재규정되는 과정이다. 실제로 하인이 주인이 되고 주인이 하인이 된다는 게 아니라, 하인의 특성이 주인의 특성을 취하고 주인의 특성이 하인의 특성을 취한다는 의미다.

이 프레임을 국가와 과학의 관계에도 그대로 적용할 수 있다. 국가는 무기나 기반 시설을 확충하거나 새로운 산업을 성장시키기 위해 하인인 과학을 지원했다. 과학은 그 덕분에 마음껏 연구하면서 더 크고 넓은 지식 체계를 수립할 수 있었다. 이 경험이 누적될수록 과학의 힘과 자신감도 더 커졌다. 과학은 말 그대로 세상 모든 것을 이해함으로써 세상을 재구성할 수 있다는 사실을 깨달았다. 그에 비례해 국가의 과학에 대한 의존성도 더욱 높아졌다.

물론 국가도 나름대로 주인의 위상을 유지하고자 여러 정책, 행정, 규제 방법을 개발했다. 그렇지만 국가, 즉 정치는 과학과 같은 속도로 발전하지 못했다. 과학의 방법론을 채택하지 않았고 지식을 공유할 메커니즘을 마련하지 않았기 때문이었다. 실험이나 동료 심사 같은 방법도 사용하지 않았다. 계획하고 고안하고 실행하는 과학의 방식을 봐왔으면서도 자기 것으로 만들지 못했다. 주요 과학 분야가 흘린 체계적인 과제 수행 방법을 그저 줍기만 해도 됐었는데 말이다.[7] 이제 국가는 과학 없이는 아무것도 할 수 없게 돼버렸고, 그런 과학을 통제하는 일도 힘에 부치게 됐다.

과학자들이 정치인이나 관료들과 대화할 때마다 그 불균형은 더 명확해졌다. 한쪽은 사고와 학습의 광대한 제국 꼭대기에 앉아 있었고, 다른 한쪽은 그저 즉흥적일 뿐 "x가 무엇일 때 y는 무엇"이라고 말할 논리적 능력이 한참 뒤떨어져 있었다. 그 결과 과학은 국가의 고전적 주권과 구별되고 때로는 그것을 넘보는 권위를 갖게 됐다. 국가는 당면한 문제를 해결하고, 부를 창출하고, 안전을 보장하고, 정당성을 얻는 등 거의 모든 측면에서 과학에 의존한다. 그래도 국가는 정치를 향한 대중의 신뢰가 시들해진 가운데서도 자신들이 키운 이 거대하고 복잡하며 자신만만한 존재를 이해하고자 노력하고 있다.

과학과 정치의 격차가 이렇게까지 커진 데는 과학의 불투명하고 복잡한 특성도 주된 요인으로 작용했다. 1세기 전 양자물리학이 등장하자 과학은 매우 뛰어난 사고력을 가진 사람조차 이해하기 어려운 분야가 됐다. 언어 번역 알고리듬이 어떤 식으로 작동하는지, 후생유전학epigenetics의 메커니즘이 무엇인지 설명할 수 있는 사람은 거의 없다. 과학자들조차 설명하기 어려워한다. 이는 과학자들조차 설명하기 어려운 일이다. 과학소설의 거장 아서 C. 클라크Arthur C. Clarke가 "충분히 발전한 기술은 마법과 구별할 수 없다"고 말한 것도 어찌 보면 당연하다.

이 격차는 주인인 정치가 키우고, 먹이고, 돈을 댄 하인을 따라잡으려고 애쓰면 애쓸수록 더 벌어질 것이다. 모름지기 서구에서는 정치가 다른 모든 분야보다 우위에 있어야 한다는 생각이 일반적이었다. 앞서 언급했듯이 이는 아리스토텔레스의 주장이었으며, 블라디미르 레닌과 한나 아렌트를 비롯한 수많은 사람이 형태만 조금씩 바꿔 계속해서 재주장했다. 그들이 볼 때 정치는 국가와 사회 공동체의 이익을 수호해야 하며, 다른 모든 삶의 분야는 기꺼이 이 역할을 양보해야 했다. 그러나 아무리 우위를 점유한 세력이라도 지식이 열등하다면 그 정당성은 필연적으로 힘이 약해질 수밖에 없다. 이론상 우월한 권력이 지식을 축적하지 못할 때, 사고 능력을 전문화하고 체계화하지 못할 때, 정교하지 못한 메시지를 특권으로 내세울 때, 이성보다 직관을 따르고 지식보다 정체성을 우선시할 때, 누가 봐도 열등한 체제에 갇혀 있음이 명백할 때, 관계는 당연히 불안정해질 수밖에 없다.

근대의 여명기, 이름이 너무 길어 지금까지 몽테스키외Montesquieu로만 불리는 정치학자이자 철학자 샤를 루이 세콩다 드 라 브레드 에 드 몽테스키외 남작Charles Louis Joseph de Secondat, Baron de la Brede et de Montesquieu은 저서 《법의 정신De l'esprit des loix》에 다음과 같은 유명한 말을 남겼다.

"반복된 경험을 통해 우리는 권력을 가진 사람이라면 누구나 권력을 남용하며, 권력이 있는 한 끝까지 그 권력을 행사하고자 한다는 사실을 알 수 있다. 권력을 남용하지 못하게 하려면 필연적으로 권력이 권력을 견제하도록 해야 한다."[8]

이제 과학이 권력을 가졌으므로 이 점은 과학의 거버넌스에서도 중요해졌다. 남용할 위험이 있는 권력을 가진 다른 집단과 마찬가지로 과학계에도 견제가 필요하다.

이 문제는 이미 반세기 전부터 명확히 드러났다. 제2차 대전을 승리로 이끈 군인에서 미국 대통령까지 지낸 드와이트 아이젠하워Dwight Eisenhower는 1961년 퇴임 연설에서 과학 연구가 모든 것의 중심이자 국가 공식적으로 비용이 가장 많이 드는 분야가 됐다고 지적하며 이렇게 경고했다.

"공공 정책 자체가 과학기술 엘리트들에게 종속될 수 있습니다. 실험실 과학자들의 기동 부대에 가려져 가게 한구석에서 땜질이나 하는 고독한 발명가처럼 말입니다."

하지만 미국의 어떤 주 정부도 다른 대안을 선택할 만한 위험이 있다고는 여기지 않았다. 너도나도 계속해서 과학기술 엘리트들에게 더 많은 자금을 지원하고 육성을 도움으로써 스스로 과학계에 더 의존했다. 정부와 정치계가 과학의 성장에 발맞춰 발전하는 데 관심을 기울이는 사람은 거의 없었다.

이는 정치가 과학과의 관계를 통제해야 한다는 생각도 가로막았다. 대중을 위해서든, 위계나 국가 이익을 위해서든, 주인인 정치가 하인인 과학을 이끌고 지도해야 한다는 생각 말이다. BERT에서 GPT에 이르기까지 교육 및 예술 분야는 물론 과학 그 자체에도 광범위한 영향을 미치고 있는 '거대 언어 모델'을 보면 왜 이 생각을 경시했는지 통렬히 반성하게 된다.[9] 오늘날 AI의 중요성과 더불어 AI가 수반할 위험을 무시하는 사람은 찾아보기 어렵다. 그런데 관련 분야 과학자들이 규칙과 규정을 만들어달라고 요구할 때 정부는 무엇을 어떻게 해야 할지 감도 잡지 못했다. 중국 같은 경우 국가 권력에 대항하거나, 사회주의 체제 전복을 옹호하거나, 국가 분열을 선동하거나, 국민 통합을 훼손하는 모든 기술을 금지한다지만, 거대 언어 모델과 관련해서는 시행하기 어려운 규제 방안이다.

과학이 이룬 놀라운 업적은 말 그대로 정말 놀랍고 눈부신 위업이다. 이를 부정할 수는 없다. 나는 많은 정치인, 특히 과학에 배경 지식이 거의 없는 정치인들이 이 마법과도 같은 기술에 흠뻑 빠져드는 모습을 봤다. 이후 그들 대부분은 어떻게든 이 기술과 엮여서 묻어가려고 애썼다. 그러고는 자꾸 더 많은 분야에 신기술을 알리는 데만 열을 올렸다. 그게 가장 쉽기 때문이다. 그러나 이 도구를 어떻게 사용해야 부작용이 없을지, 정확성과 진위는 어떻게 확인할지, 학교나 기관에서 어떻게 관리할지 등에 관한 정책 마련을 앞두고는 말을 아낀 채 하릴없이 감탄사만 늘어놓거나 자신만의 불안한 감정에 빠져들었다.

제7장

충돌하는 논리

"우리가 감옥에 있다는 사실을 모르는 것보다 더한 구속은 없다."
_ 윌리엄 셰익스피어

　나는 정부 일을 하면서 처음으로 과학과 정치 사이의 충돌하는 논리에 관심을 가졌다. 우리 팀 임무는 증거에 기반한 실용적 정책을 개발하는 것이었다. 마약 중독 및 범죄 예방, 에너지 및 기후 변화 위기 대응, 비만 방지, 건강 증진, 기술 재정 개혁 등 주제도 다양했다. 우리 팀에는 정부 부처, 대학, 기업, 기관, 시민 단체 출신의 다양한 사람들이 섞여 있었다.

　과학자들이 우리 팀에 파견되기도 했다. 이들은 대개 똑똑하고 성실했다. 하지만 관련 증거를 신속하게(여러분도 알다시피 정부 일은 빨리 끝내야 한다) 검토해달라고 요청하면 무척 난감해했다. 이들은 정부 관점으로 일하면서 예전에는 몰랐던 사항을 하나둘씩 깨달았다. 그래서인지 더 포괄적이고 철저하게 조사할 수 있도록 시간을 더 많이 달라고 요구하곤 했다.

그러나 얄궂게도 대부분의 일은 끝이 잘 보이지 않았다. 새로운 사항을 알게 될 때마다 결론에 이르기도 전에 이해해야 할 다른 사항이 드러났다. 복잡하고 다차원적인 문제를 다룰 때는 정도가 더 심해졌다. 우리 과학자들은 어떤 것보다 그것을 선택해야 할 확실한 명분이 돼줄 지식이 부족하다는 순전히 합리적인 이유로 우선순위를 정하는 데 큰 어려움을 겪었다. 이와 대조적으로 아마도 정치인이나 관료들은 쉽게 선택했을 테지만, 그렇게밖에 선택할 수 없는 자기 지식의 한계도 모른 채 그저 느긋했을 것이다.

내게도 이와 같은 사고방식 차이가 여전히 남아 있었다. 나는 정부가 직면한 문제에 접근할 때 증거와 과학에 기반을 둔 방식이 가장 바람직하다고 믿으면서 살아왔다. 그런데 이때의 경험은 그동안 내가 과학적이라고 생각하던 접근법이 내재한 긴장을 노출하는 계기가 됐다.

정치인 대다수는 과학을 적극적으로 활용하면 일이 더 쉬워지고 혼란과 혼돈도 예방할 수 있다고 기대한다. 증거와 과학을 따르면 선택과 결정 역시 한결 간편해진다고 믿는다. 그렇지만 내 경험에 비춰볼 때 이런 경우는 거의 없다. 오히려 그 반대일 때가 많다. 어떤 주제를 더 깊게 파고들면 그와 관련한 접점, 모서리, 빈틈 등이 보이게 된다. 학교에서 수학을 가르친다고 생각해보자. '무작위 대조 시험Randomized Controlled Trial, RCT'으로 학생들의 성적을 관리할 수 있다. 그런데 이 방식은 평균을 내는 데는 효과가 있을지 몰라도 일정 범위를 초과하는 값에는 잘 들어맞지 않는다. 올바르게 세분화하지 않으면 평균은 큰 의미가 없다. 스트레스만 심해질 수 있다. 편의상 도움이 되는 방식일 뿐 이해를 돕지는 못한다. 무지에 대한 인식을 확장하는 여정은 지식을 확장하는 가장 건전한 여정이지만 불안정한 과정이기도 하다.

지식과 논리 그리고 문화

　사회의 복잡성은 노동 분업과 노동의 다양한 역할에 기반을 두고 있다. 애덤 스미스가 《국부론The Wealth of Nations》에서 핀 공장의 분업 사례로 '효율성'을 설명한 이후 많은 경제학자가 이를 분석했다(비록 그가 그런 공장을 방문한 적 없이 다른 사람들의 설명을 참조했다는 사실은 지식 역사의 역설이라 할 수 있지만). 별개의 상호보완적 과업을 전문화함으로써 우리는 훨씬 더 복잡한 일을 수행할 수 있고, 경제 발전 상황을 측정하는 한 가지 방법도 해당 경제 내에서 사람들이 할 수 있는 노동의 다양성이다.[1]

　그렇지만 사회가 꼭 노동 분업에만 의존하는 것은 아니다. 사회는 문화 분할, 즉 세상을 바라보는 각각 다른 상호보완적 방식에도 기반을 둔다. 건설자, 감사관, 경찰, 교사, 기업가, 기술자, 학자 등 엄청나게 다양한 역할이 사회와 함께한다. 이들 각자는 세상이 어떻게 돌아가고 무엇이 중요한지 자신들만의 관점을 갖고 있다. 위험에 대한 관점도 다 다르다. 공식적 지식과 암묵적 지식의 균형을 바라보는 시각도 다르다. 일 테면 어떤 책은 누군가에게는 중요하지만 다른 누군가에게는 전혀 중요하지 않다. 반대도 마찬가지다. 어떤 사람들은 위계적인 세상에서 살고 있으나 어떤 사람들은 무정부적인 세상에서 산다. 누군가는 전통을 충실히 따르지만 다른 누군가는 전통 따위 신경 쓰지 않는다.

때로는 각자의 문화가 그들의 일을 바라보는 사회적 관점과 잘 맞아떨어지기도 한다. 아마도 우리 대부분은 의사가 환자를 치료한다는 사실을 믿으며 히포크라테스 선서를 한 의사들이 환자에게 해를 가하는 일은 없다고 여긴다. 감사관은 신중하고, 기업가는 대담하며, 군인은 용감하고, 교사는 헌신적이며, 예술가는 섬세하다고 믿거나 적어도 그래야 한다고 생각한다.

하지만 현실에서는 창의적일 필요 없는 회계사가 창의성을 발휘해 장부를 조작하거나, 용감하면 될 군인이 담대하게도 몰래 공장을 운영하면서 기업가로 행세하거나, 교사가 학생들에게 헌신하기보다는 자신의 편의만 따지거나, 의사가 돈만 밝혀 환자에게 불필요한 수술을 강요하는 등 그들의 문화가 사회적 관점과 정면으로 충돌하는 때도 있다. 사실 모든 집단의 문화는 사회적 사명과 개인적 이기심의 조합과 균형으로 이뤄져 있으며, 그 균형이 깨져 극단에 치달으면 부패와 약탈이 발생한다.

이런 상호보완적 문화는 메리 더글러스의 '격자/집단grid/group' 이론 같은 인류학, 마이클 왈저Michael Walzer의 '다원주의pluralism' 연구 같은 정치학, 니클라스 루만Niklas Luhmann의 '체계system' 이론 같은 사회학, 알래

스데어 매킨타이어Alasdair MacIntyre의 '실천적 도덕practical morality' 개념 같은 철학 분야에서 두루 분석됐고, 사람들이 모두 동일한 도덕적 관점을 갖고 있다면 사회가 제대로 작동하지 않는다는 사실을 보여줬다. 이른바 '도덕 증후군moral syndrome'은 사람마다 다르며, 각자 맡은 역할과 일을 잘 수행하기 위해서라도 다를 필요가 있다는 것이었다.

'프레임frame'이나 '도식schema'처럼 비슷한 개념을 담을 수 있는 용어도 있지만, 나는 이 같은 다양한 접근법을 '논리logic'라고 표현하는 것이 더 유용하다고 생각한다. 각각의 논리는 어떻게 결정을 내리고 정당화하는지를 안내한다. 이 논리는 기본적으로 평가 과정이며, 집단에 공유되고 내재한 인지 구조를 통해 사안을 판단하고 차별화하고 결정하는 방식이다.[2]

사회학자 찰스 라이트 밀스Charles Wright Mills는 이 논리를 이론화하면서 '집단의 태도에 내재한 유기적 구조'라고 정의했다. 그에 따르면 사람들은 사고 작용 속에서 끊임없이 자기 자신과 대화하며, 자신과 마찬가지로 제한되고 지배받는 타인, 즉 자신들의 담론 세계 구성원에게 계속해서 자신을 정당화하고자 노력한다.[3] 그런데 이 논리는 근본적으로 사회적이나 자신이 속한 공동체 내에서만 의미를 지닌다. 또 다른 사회학자 피에르 부르디외는 이 논리를 서로 밀접한 연관이 있고 실천적으로 통합된 전체를 구성하는 원칙에 의한 사고, 인식, 실행 구조라고 설명했다.[4] 그리고 그는 모든 분야가 자신만의 논리를 가졌다고 규정했다.[5]

우리가 사는 세상은 저마다의 구조, 체계, 인과관계와 실행 형태를 가진 다양한 사고 논리로 형성돼 있다. 이 각각의 논리도 진화하고 의지하고 전파되는 데다 때로는 손상을 입거나 소멸하므로 마치 생명체처럼 이해할 수도 있다. 실제로 이 방식은 공예와 육아에서 종교와 정치 이데올로기에 이르기까지 세상 모든 분야를 이해하는 데 유용하다. 모든 것에 그 나름의 논리가 있다. 이 논리는 그 자체로도 의미가 있고, 더 많은 사람의 지지를 받는 경우 내부 검증이나 외부 피드백을 받기도 한다. 게다가 생명체처럼 정의와 의미도 계속해서 진화한다.

이제 내가 이 책에서 목표하는 바로 돌아오면, 과학과 정치의 상호 작용에도 세 가지 논리가 관여한다. 다름 아닌 과학자의 논리, 정치인의 논리, 관료의 논리다. 다른 말로 지식의 논리, 권력의 논리, 질서의 논리다. 이 세 가지 논리는 긴장 및 협력관계를 이루고 있다. 그래서 때로는 서로 간에 오해를 불러일으키기도 하고 협력하기도 한다. 이 장 마지막에서 미래의 과학과 권력의 융합에 도움이 될 새로운 논리를 설명할 것이다.

과학의 논리

철학자이자 사회학자 게오르그 짐멜Georg Simmel이 멋지게 요약한 과학의 사고 논리부터 시작해보자.

"처음에 사람들은 살기 위해 알았고, 그 이후부터는 알기 위해 살았다."[6]

이것이 '과학'이라는 용어를 사용한 지 채 2세기도 지나지 않은 오늘날 전 세계 약 800만 명의 과학자들이 대학과 실험실에서 갖가지 도구, 측정기, 입자 충돌기, 축적된 지식, 새로운 지식을 이용하며 내세우는 논리다. 그들은 알기 위해 산다.

이 논리의 핵심, 즉 자연 세계는 우리가 이해 가능한 불변의 법칙을 따르고, 객관적으로 볼 수 있으며, 논리적이고 일관적이라는 과학의 철학적 가정에 관한 문헌도 상당히 많다. 철학자 토머스 네이글Thomas Nagel은 과학이 "어디에도 없는 전망"을 제시하고 늘 의미 있는 것만 바라보기를 기대했다.[7] 자연과학은 모호한 사실에서 명확한 사실을 찾고자 한다. 이에 반해 형이상학은 명확한 사실에서 모호한 사실을 얻으려고 한다.

이 가정 덕분에 과학은 가장 추상적인 부분에서 가장 실용적인 부분까지 확장하는 계층 구조로 조직될 수 있었으며, 어떤 과학 분야가 최고 수준에 이르면 추상적 이론을 통해 다른 지식으로부터 추론할 수 있게 됐다. 그 가운데 물리학은 패턴이나 입자에 관한 가설을 세운 뒤 나중에 발견하는 대표적인 과학 분야다.

자연 세계를 논리적이고 일관성 있는 대상으로 보는 과학의 관점은 기초 연구, 근본 원리 발견, 원리 적용 같은 구분을 정당화했다. 대부분 과학자는 철학에서 '자연주의naturalism'라고 부르는 것을 믿는다. 존재하거나 발생하는 모든 사물이나 현상은 보편적 자연법칙의 적용을 받으며, 얼마든지 탐구하고 설명할 수 있다는 관점이다. 따라서 과학의 임무는 설령 불완전하더라도 자연을 최대한 이해하고 표현하는 데 있다는 것이 과학자들의 신념이다. 그리고 이 과업은 종교, 신화, 기대, 환상과는 명확히 구분된다. 물론 우주 팽창과 대폭발 연구로 '빅뱅big bang' 이론에 이바지했던 독실한 가톨릭 신자 조르주 르메르트Georges Lemaître 처럼 약간 겹치기도 한다.

그러나 과학은 실재에 대한 설명보다는 설명에 대한 설명, 즉 층층이 보이는 모든 것들에 관한 이론, 세상과 사물을 보는 방법, 주목하거나 주목할 필요 없는 것들의 선택, 경계와 분류에 관한 결정, 잘못된 인식과 부분적 예외의 구별 등을 설명한다. 대상을 직접 보는 게 아닌 장치, 수학, 실험적 조사, 모형화, 범주화, 유형화, 통계화 등으로 확률과 규칙을 찾는다. 관찰 대상도 제한돼 있으며, 철학의 오랜 전통처럼 관찰 이면에 있는 실재를 묘사하기보다 가설이나 이론에 관찰을 끼워 맞추는 것이 최선이라고 주장한다.

표현이나 지도가 사물 본연의 모습을 보여주지는 않는다. 과학에서 말하는 진실은 절대적이지 않지만, 그렇다고 과학의 모든 주장을 반증할 수도 없다. 더욱이 대부분 과학 분야는 반증 자료가 나오면 주장을 철회하지 않고 반증의 반증을 하기 위해 새로운 증거를 조사한다. 일반적으로 과학자들은 절대 진실이 아니라 가장 진실에 가까운 것을 추구한다. 그렇기에 과학철학자 칼 포퍼Karl Popper의 바람과 달리 반증만으로는 과학의 신념을 약화하기에 충분치 않다. 오히려 추론은 최선의 설명을 통해 정당성을 확보하는데, 이른바 '최선의 설명으로의 추론inference to the best explanation'이다. 설명이 완벽하면 실재한다는 것이다. 이논증법이 널리 인정받는 것도 사실이나 절대적 해결책은 되지 못한다. 인색함이 건전한 성향은 될 수 있어도 건전한 규칙은 될 수 없다.

의사이자 생물학자 싯다르타 무케르지Siddhartha Mukherjee가 과학자들이 소설가처럼 유령 같은 캐릭터에 둘러싸여 살아가는 방식을 잘 묘사했는데, 그에 따르면 항바이러스 물질인 제1형 인터페론Type I interferon 같은 톨유사수용체Toll-like receptor, 즉 호중구neutrophil는 가시광선에 절반 정도만 노출되지만 비교적 잘 보이는 편이어서 잘 알 듯한 느낌이 든다. 하지만 실상은 그렇지 않다. 일부는 그림자만 살짝 드리우고 일부는 아예 보이지 않는다. 혈액 속에 존재한다는 것은 확실하나 얼마나 있는지는 모른다. 그래서 추정치로만 수치를 계산한다. 일반 백혈구를 호중구로 오인하기도 한다. 이처럼 우리 주변에도 우리가 그 존재조차 감지할 수 없는 다른 것들이 있다.[8]

그런데 어떤 방법론을 이용하든 가치가 공유된 계층 구조는 논리를 일깨운다. 과학의 세계에서 가장 중요한 것은 두말할 필요도 없이 '지식'이다. 수단이 추상적이든 다른 분야와의 연계이든 간에 지식 추구는 그 자체로 과학의 목적이다. 예를 들어 입자 충돌기가 궁극적으로 미래 경제 성장이나 우주여행과 어떤 연관이 있는지 보여주는 일은 의미 있을 수 있지만, 과학은 외부에서 정당성을 찾지 않는다. 할 수 있으면 하는 것이고, 다른 의미나 가치는 판단하지 않는다. 리처드 파인만은 "조류학이 새들에게 유용한 만큼만 과학철학은 과학자에게 유용하다"고 말했다. 과학의 관점을 단적으로 표현한 말이다. 이 세계관에 따르면 과학은 자급자족할 수 있어야 한다. 과학은 신화, 마법, 신의 섭리, 철학자들의 주장 등 다른 영역의 관심사는 배제해야 한다. 과학자의 임무는 자연 세계의 본질을 있는 그대로 드러내고 아무런 꾸밈 없이 이해하는 데 있다.

그러나 이는 애당초 실현 불가능한 접근법이다. 거울 없이 스스로 얼굴을 볼 수 없듯이, 철학 없이 과학은 스스로 성찰할 수 없다. 과학철학의 비판적 사고는 과학자들이 자신의 방법론으로 볼 수 없는 패턴을 보게 해준다. 가치 판단을 무시해도 무엇이 중요한지 알 수 있다는 파인만의 태도는 과학계를 바라보는 문제를 지적했다기보다 오히려 과학계의 문제를 드러낸 것처럼 보이지만, 적어도 그의 주장은 '과학의 논리'가 담고 있는 핵심을 명확히 설명해준다.

그것은 다름 아닌 과학의 '자기지시적self-referential' 가치 체계로, 가장 훌륭한 과학은 가장 새로운 과학을 창출하는 과학임을 암시한다. 과학이 코페르니쿠스에서 다윈과 아인슈타인으로 이어지는 패러다임의 도약을 가져온 순간, 현상학phenomenology을 창시한 철학자 에드문트 후설Edmund Husserl이 '가능성의 지평'이라고 부른 새로운 하위 학문을 탄생시키고 확장한 순간이다. 나아가 최근 한 연구 결과가 말해주듯이 "한순간에 우리의 생각과 행동을 바꾸는 패러다임 전환과 창조적 파괴를 달성하는" 놀라운 순간이다.[9]

요컨대 과학의 논리는 우리가 이해하고 행동할 수 있는 세계, 달리 말해 논리적이고 설명 가능하며 표현할 수 있는 세계에 살고 있다고 주장한다. 아울러 새로운 지식은 그 자체로 좋은 것이며 그것만으로도 새로운 지식에 이바지하는 개방성과 발견 그리고 비판을 정당화할 수 있다고 역설한다. 다른 목표도 중요할 수 있지만 어디까지나 부차적이다.

이런 믿음은 과학자가 거짓된 결과를 선보이거나 엄격하지 못한 방법론으로 연구할 때 과학계가 이를 감시하고 조정하는 데 도움이 된다. 과학의 논리에서 이 같은 자체 규제는 사회에 해로운 영향을 미치는 과학 연구를 중단시키는 것만큼이나 중요하다.

과학의 논리는 그 유용성 덕분에 과학의 경계를 훨씬 뛰어넘어 확장하고 있다. 좋은 예로 기업이 사업 지표를 개선하고자 고객 그룹을 둘로 나눠 시험한 뒤 선호도가 높은 쪽을 선택하는 이른바 'A/B 테스팅A/B testing'을 들 수 있으며, 1970년대 증거 기반 의학에서 영감을 받은 증거 기반 공공 정책도 과학의 논리를 따른 것이다. 갈수록 더 많은 사람이 최신 과학 연구 결과가 제시한 데이터를 토대로 식단을 짜거나 건강을 개선하는 등 이제는 개인 생활에도 영향을 미치고 있다. 이 모든 현상의 핵심에 새로운 지식을 우선시하는 과학의 가치 체계, 즉 과학의 논리가 자리 잡고 있는 것이다.

정치의 논리

우리가 살필 두 번째 논리는 정치의 논리다. 나는 이 논리를 일찍이 아리스토텔레스가 던진 질문인 "공동체를 위한 좋은 삶을 무엇으로 달성할 것인가?"에 관한 것으로 이해한다.[10] 이 '무엇'에 대한 정치적 관점은 비교적 쉽게 요약할 수 있다. 우리가 사는 세상은 공동체에 중요한 주제들로 둘러싸여 있다. 이 각각의 주제는 문제 아니면 기회다. 정책은 일종의 '통화currency'다. 대중의 관심에 따라 우선순위가 무한히 바뀌는 통화이며, 우선순위로 지명된 주제에 맞게 진단과 처방의 통화 종류가 결정된다.

우선순위로 지명할 주제에는 실용주의 철학으로 잘 알려진 존 듀이 John Dewey가 《대중과 그 문제The Public and its Problems》에서 언급한 과학도 포함된다. 1980년대 에이즈AIDS의 심각성을 널리 알린 캠페인, GMO 반대 캠페인, 원자력 발전 반대 캠페인이나 새로운 항암제를 홍보하기 위한 캠페인 등이 모두 대중의 관심에 따라 지명된 과학적 주제를 정치의 논리로 정책화한 사례다.

하지만 정치는 어쨌거나 통치할 사람들과 관련이 있을 뿐 과학이 그 사람들에게 직접적 역할을 하지는 않는다. 대중적 관심사, 동기, 특성 등을 고려하는 정치는 그 본질이 이미 과학 이전에 형성된 것이므로, 과학은 세상을 차갑고 객관적이고 고정적인 대상으로 보는 데 반해 정치는 뜨겁고 주관적이고 유동적인 대상으로 세상을 바라본다. 다시 말해 정치가 보는 세상은 사람(대중)과 주제의 조합이다. 이 조합이 대중의 관심을 다루고, 주제를 지명하고, 경쟁자를 견제하는 과정에서 아이디어를 모색하고, 문제를 식별하고, 수사적 기교를 동원해 설명하고, 설득하고, 논쟁하고, 무시하는 등의 온갖 정치적 활동을 유도하면서 복잡하디 복잡한 정치의 논리를 이끌어낸다. 사실과 증거는 주로 정치적 수사를 위한 무기로 쓰이며, 실제 정치는 설명하고, 논쟁하고, 비난하고, 압살하는 '말의 잔치'에 가깝다.

말하는 데 돈이 드는 것도 아니다 보니 정치인은 "자신이 실행할 수 있는 것보다 더 많이" 말하곤 한다.[11] 그렇게 정치는 때때로 국가와 관료들에게 능력 밖의 부담을 주면서 실망과 환멸의 순환을 시작하게 만든다. 말의 과잉은 정치가 경쟁을 중심으로 돌아가기 때문에 발생하는데, 이런 방식 속에서 과학도 말에 반영된다. 여기에서 경제 성장이 자본주의 시장 경쟁의 결과물이고, 과학 진보가 과학계 명성 경쟁의 결과물이듯, "민주주의적 방법론이 정치적 투쟁의 결과물로서 입법과 행정을 산출한다"는 '정치의 논리'가 도출된다.[12]

대중의 관심과 대두하는 주제가 끊임없이 변화하기에 정치인이라면 독단과 아집에 빠지지 않도록 늘 유연해야 하며, 이 유연함이야말로 정치가 도덕에서 차지해야 할 중심 위치다. 문예평론가이자 사회비평가 발터 벤야민Walter Benjamin의 말처럼 정치인은 "다른 사람들 머릿속 사고기술"에 관심을 둬야 하므로 특히 유연해야 한다. 실제로 어떤 상황에도 적응할 수 있는 유연성은 정치의 가장 큰 장점이다(동시에 때로는 가장 큰 약점이 되기도 한다). 영국 보수당, 일본 자민당, 중국 공산당이 건재한 까닭은 어떤 방향으로든 형태를 바꿀 수 있기 때문이다. 물론 일부 교의를 포함할 수도 있고 심지어 의식화할 수도 있지만, 정치에서는 모두 일회용이다. 반면 과학은 적어도 방법론과 관련해서는 철저히 교조적이며, 이단과의 경계를 명확히 한다는 점에서 정치보다는 독단적이다.

프랑수아 미테랑François Mitterand 대통령은 정치인의 본질적 자질이 '무관심'이라고 말했는데, 이는 우리가 '페린데 아크 가다베르perinde ac cadaver', 즉 시체처럼 살고 세상에 무관심함으로써 변화를 이끌어내야 한다는 예수회 사상을 반영했다.[13] 사회학자이자 철학자 막스 베버Max Weber는 일찍이 '소명으로서의 정치'를 강조하며 정치인이 갖춰야 할 세

가지 자질로 '열정', '책임감', '균형감'을 꼽았다.

"정치인이라면 내면의 집중과 평온함으로 현실이 그대로 작용하도록 지켜봐야 한다. 그것이 사물과 인간 사이에서 그들이 지켜야 할 거리다."[14]

순간순간 적절히 끌어당길 줄 아는 유연함은 또 다른 차이도 가져다준다. 정치는 '지금', '여기'에서 작동하며, 삶의 유한함을 알고 '현재'의 삶에 답이 필요한 사람들과 대화를 나눈다. 과학도 일상의 문제를 해결하긴 하지만, 그보다는 더 장기적인 지평을 바라보면서 현재와 미래의 공동체에 지식을 선물한다. 프랜시스 베이컨이 《새로운 아틀란티스》를 통해 말했듯이 진보하는 과학은 정치와 달리 시간의 흐름과 함께 무한히 뻗어 나간다. 결과적으로 과학은 우리를 위로하지 않는다. 위로는 과학의 임무가 아니다. 수고하고 무거운 짐 진 자들의 마음을 치유하는 역할은 종교가 하며, 국민이 현실의 고통과 방해를 견뎌내고 위대한 국가 일부가 될 수 있도록 보살피는 일은 정치의 몫이다.

법학자이자 정치학자 카를 슈미트Carl Schmitt는 도덕에서의 선과 악, 미학에서의 아름다움과 추함, 경제학에서의 이익과 무익처럼, 정치에서 서로 대립하고 구분되는 양대 요소를 찾고자 노력했다. 그는 "정치적 동기와 행위를 추적할 수 있는 가장 구체적 요소는 친구와 적"이라고 결론 내렸는데, 어느 정도는 일리가 있는 것 같다.[15] 확실히 정치는 적이 있을 때 활기를 띠기 때문이다.

그렇지만 이는 어디까지나 이야기 일부일 뿐이다. 정치는 시간과 장소를 공유하는 지식과도 관련이 있다. 정치는 마르틴 하이데거가 정의한

'세계 내 존재In-der-Welt-seind', 즉 가장 넓은 의미의 집 그 자체인 '세상' 속에 '지금' 실재하는 '현존재Dasein'로서의 우리에 관한 것이기에 궁극적으로 적은 허상으로만 존재하는지도 모른다.[16] 여러 철학적 사유에서 초연함, 고요함, 관조적 태도 등을 이야기하는 것도 이 같은 맥락과 닿아 있다.

그래서 과학과 달리 정치는 우리의 일상에 뛰어들고 녹아들 수 있다. 정치는 대중 감정의 구조와 분노에 대한 응답에 관심을 가질 수 있으며, 때로는 그 분노 이면에 숨겨진 굴욕감을 이해하고 대중과 함께 분노를 표출할 수도 있다. 정치의 이런 특성은 종종 과학과 기술을 반대하게 만들기도 한다.[17] 그 반대로 달 착륙 프로젝트에 천문학적 금액을 지원해 과학을 미화하거나, 코로나19 백신 개발 같은 과학적 성과를 널리 인정하고 장려하기도 한다.

그런데 이런 유연함이 불안해질 수도 있다. 정치가 지닌 이상한 속성 중 하나는 정치 담론이 오히려 불신을 초래하기도 한다는 점이다. 일테면 원자력 발전소 폭발이나 열차 전복 사고 등에 관해 정부의 위기 대처 능력을 비판하는 식으로 정치적 주장을 하면 되레 정쟁을 부추기는 정치 선동을 한다는 비난을 받게 된다. 이처럼 정치에는 위선적 요소가 많아서 그 결과 정치 스스로 정치를 혐오하고 멸시하는 일도 자주 벌어진다.[18] 유럽연합 집행위원회 위원장 장 클로드 융커Jean-Claude Juncker는 자신과 동료 위원들이 공통으로 가진 생각을 이렇게 표현했다. 이 또한 정치의 자기혐오라고 이해할 수 있다.

"사실 우리는 모두 자신이 무엇을 해야 하는지 알고 있습니다. 그러고 나서 어떻게 재선에 성공할지를 모를 뿐이죠."

소설가이자 정치평론가 카를로스 푸엔테스Carlos Fuentes가 묘사했듯이 정치는 "얼굴을 찌푸리지 않고 두꺼비를 삼킬 수 있는" 능력, 자신의 서사와 주장을 유지하고자 누가 봐도 명확한 사실을 부인하는 능력에 달린 듯 보인다. 영국의 유럽연합 탈퇴 이후 영국에서 가장 번화한 여객항이 된 도버Dover에 엄청난 행렬이 늘어섰을 때, 그곳에 있던 주요 정치인들은 그간 자신들이 옹호하고 추진한 브렉시트Brexit와 자신은 아무런 상관이 없다고 발뺌했다. 거대한 산불이 미국의 드넓은 지역을 휩쓸었을 때도 정치인들은 기후 변화와는 전혀 관련 없는 일이라고 주장했다. 비록 우아하지는 않더라도 정치 서사는 모든 것을 압도할 수 있다.

그러므로 정치의 논리는 마땅히 검증받아야 한다. 하지만 정치적 주장을 검증하기란 쉬운 일이 아니다. 참인지 거짓인지 직접 증명하기 어렵다. 그렇기에 다른 사람들의 생각과 더불어 간접적으로 살필 수밖에 없다. 그 첫 번째는 정치인 개인의 자질이다. 그렇게 주장할 만한 사람인지, 다른 많은 이들이 그 말을 신뢰하는지 등을 따져봐야 한다. 두 번째는 주장이 근거로 삼는 논리다. 논리적으로 충분히 타당한 설득력이 있는지를 판단해본다. 세 번째는 경험이다. 이전에 그들이 다른 역할을 맡았을 때 잘했는지, 거짓으로 드러난 적은 없었는지 그 행적을 거꾸로 추적해보는 것이다.

그렇더라도 이런 검증법은 모두 완벽하지 않으며 시간적 제한이 있다. 정치인의 말이나 정치적 주장이 현재로서는 타당할 수 있지만, 10년 후 또는 가까운 미래에 상황이 바뀐다면 어떨까? 정치의 논리는 보통 두

가지 결과로 나타난다. 하나는 순환적 패턴이다. 통치자나 정당 또는 정부가 힘을 잃거나 부패하면 결국 몰락해 새로운 권력이 그 자리를 대체한다.[19] 다른 하나는 생산적 패턴이다. 정치의 논리가 과학과 부합해 엄청난 생산성을 견인한다. 상황이 여기까지 이르면 정치 자체가 과학을 인도한다. 국가의 생존은 물론 번영을 이끌고 정치 스스로 쇄신해 새롭고 이로운 법률을 만들어낸다. 이 패턴에 기꺼이 뛰어든 정치인은 대중의 사랑과 존경을 받는다.

관료주의의 논리

다음은 관료주의의 논리다. 이 논리는 지도자의 통치를 뒷받침하는 정부 관료의 일상적 리듬에서 발견된다. 행정 업무를 담당하는 행정관, 관리자, 사무관, 공무원 등이 모두 관료라고 할 수 있다. 고대 수메르 제국에서는 곡물을 관리하는 사람들이 관료였다. 영국 제국에서는 식민지에 파견한 지방관들이 관료였고, 같은 시대 중국도 지역을 다스리는 태수가 관료였다. 관료는 중앙 정부의 지시 사항을 성실히 수행하고, 정치적 요구와 국가 차원에서 할 수 있는 것 사이의 괴리에 대처해야 했다.[20]

관료는 대체로 질서와 안정을 추구하는 경향이 있다. 이들은 일상적 성과뿐 아니라 관리 지역의 안전, 복지, 위험 수준 등으로도 평가받는다. 관료의 삶은 갖가지 규칙, 지침, 보고, 기록으로 가득하다. 이들의 일은 법률로써 규정돼 있다. 법률이 정한 한도 내에서 이들은 자신의 권한을 이용해 임무를 수행하고 범죄율 감소와 출생률 증가 같은 사회의 균형과 방향에 긍정적 영향을 미치고자 노력한다. 그리고 이들은 중앙 정부로부터 명시적인 임무 하달을 받기도 하지만 때로는 의도가 다분히 섞인 모호한 지시 사항을 눈치껏 수행하기도 한다.[21]

관료주의의 도덕 세계는 '그렇게 하지 않으면 혼란에 빠지는 것들'을 질서 있게 만드는 곳이다. 관료주의는 관료가 없는 세상을 무질서하고, 갈등이 넘쳐나고, 비효율적이고, 불행하고, 변덕과 핍박이 난무하는 시공간으로 바라본다. 예전에 중국 정부 관료들과 처음 만났을 때 나는 자신들이 봉사하는 대중을 일컬어 제멋대로인 무정부 상태에서 불과 한 걸음밖에 떨어져 있지 않다고 말하는 소리를 듣고 무척 놀랐었다. 중국인들은 수천 년 동안 유교적 순응이 몸에 배어 있다고 희화해온 서구의 고정관념과는 무척 다른 이야기였다.

어쨌든 이런 관료들이 다루려는 세상은 규칙이 필요하고 예측할 수 있어야 한다. 아울러 원칙적으로 그와 같은 세계에서 관료는 사리사욕을 추구하는 개인과 구분된다. 물론 정반대로 부패하고 독선적인 관료들도 있다. 그러나 독재와 부패로 얼룩진 국가라도 관료제를 통해 법과 질서를 유지하려고 애쓰는 모습을 보면 그저 놀라울 따름이다. 한나 아렌트는 이렇게 썼다.

"관료주의의 법과 명령에 따르는 정부는 마치 강력한 권력자가 아닌 법령 그 자체가 권력이고 관료는 순수하게 그 법령을 대리하는 듯 행동한다. 그런데 정작 그 법령 배후에는 이성으로 이해할 수 있는 일반적 원칙이 없으며 소수의 전문가만 알 수 있는 변화무쌍한 이해관계가 자리 잡고 있다. 법령으로 통치받는 대중은 그 법령을 이해할 수 없으므로 자신을 지배하는 게 무엇인지 결코 알지 못한다."[22]

　여기에서 놀라운 사실은 희한하게도 관료주의가 가장 깊게 뿌리박힌 국가는 안보나 음모 따위에는 전혀 관심 없어 보이는 데다 지극히 평범하고 세속적이라는 점이다. 관료주의가 그 진가를 발휘해 아동 사망률이 현저히 낮고 GDP가 눈에 띄게 증가한 나라가 이런 곳들이다. '테크노크라시technocracy, 기술관료주의'는 사회에 적용하는 관료주의 논리의 극단이다. 어쩌면 매우 효율적일 수 있고 깜짝 놀랄 만큼 효과적일 수도 있다. 실제로 테크노크라시는 많은 나라에 그들의 역사에서 가장 성공한 시기를 선사했다. 프랑스, 한국, 일본, 중국 등의 국가는 테크노크라시 권력이 영향력을 행사한 기간에 눈부신 경제 성장과 급격한 삶의 질 향상을 맛봤다. 그렇지만 테크노크라시는 악덕에 빠지기 쉽다. 사람을 목적이 아닌 수단으로 보기에 공감이 부족해지고 중요한 문제를 놓치게 된다. 더욱이 테크노크라시는 간단히 조작될 수 있고 엘리트 집단과 얽힘에서 벗어나기 어렵다.

　관료주의적 관점은 과학을 자연스럽게 아군으로 여기곤 한다. 과학 역시 냉철하고 이성적이며 엄격하기 때문이다. 하지만 그런 기대와 달리 과학은 계획하거나 조종하기가 너무 어려워서 관료주의와 심심치 않게 마찰을 일으킨다. 사실 지식과 같이 유동적이고 예측 불가능한 대상을 어떻게 관리하고 체계화할지가 관료주의가 봉착한 가장 큰 딜레마다. 어떻게 하면 금송아지를 살찌우면서 병들거나 죽게 하지 않을지의 문제다. 어떤 과학기술사회학자들은 "한참 성장하고 있는 분야라도 산업 기업과 연계된 과업 중심 연구소나 기득권을 가진 정부 기관으로부터 지원을 받는 곳들은 기껏해야 보수적인 개선을 이룰 뿐"이라고 지적했다.[23] 설령 좋은 의도라도 관료주의가 창의성을 저해한 수많은 사례가 있다. 올바른 과학 정책을 모색할 때 노자老子의 말을 되새길 필요가 있다.

"큰 나라를 다스리는 것은 작은 생선을 굽는 일과 같다."

한눈을 팔아 너무 오래 두면 다 타서 못 먹게 되고, 너무 이리저리 자주 뒤집다 보면 살점이 떨어져 나가서 먹을 것이 없게 된다.

교차하고 충돌하는 논리들

그렇다면 이 세 가지 논리는 서로 어떻게 교차하고 충돌할까? 간단하게 대답하자면 약간의 오해와 왜곡이 그 모든 것의 요인이다.

"모든 하위 체계는 자신만의 용어로 세상을 표현하고 다른 체계의 논리를 자신의 논리로 바꾼다"는 니클라스 루만의 견해는 확실히 옳았다.

경제학자들은 가격과 보상으로 이뤄진 세상을 본다. 법률가들에게 세상은 준법과 범죄로 구성돼 있다. 미디어가 보는 세상은 온통 이야기다. 이와 같은 자기지시적 논리는 저마다 우리에게 '예술을 위한 예술', '비즈니스를 위한 비즈니스'를 제시한다. 정치는 과학을 사명, 신화, 서사, 영광으로 바꿔서 이해한다. 관료주의는 과학을 법, 규칙, 계획, 점검

등으로 변환한다. 반면 과학은 정치와 관료의 정부를 증거, 실험, 사실에 기반한 이상적 체계로 그린다.[24]

세 가지 논리는 상호 교차한다. 가장 중요한 교차적 요소는 '위험'이다. 각각의 논리는 위험에 관한 자신만의 용어가 있지만, 그것이 위험을 지칭한다는 사실은 쉽게 공유된다. 정치는 대중을 보호하기 위해 존재하므로 홍수나 지진 같은 위험을 예측하고 대비할 때 과학의 조언이 필요하다. 관료주의는 정치와 과학의 안내에 따라 보건과 안전을 위한 규칙과 대비책 그리고 지원 수단 등을 확립한다. '기회'를 놓고도 서로의 논리가 교차한다. 깨끗한 식수를 확보하거나 오염을 예방하고 질병을 치료하는 등의 새로운 방법 또한 정치, 과학, 관료주의가 더불어 생각과 선택을 공유할 기회로 작용한다. 이 밖에 전쟁이나 경제 성장도 교차적 요소가 될 수 있다.[25]

그런데 각각의 논리는 서사를 공유하고도 서로 충돌할 수 있다. 정치적 서사는 과학이 스스로 동기를 부여하고 올바른 방향으로 나아갈 수 있는 우산을 제공해준다. 그와 같은 서사에는 경제 발전, 냉전, 우주 경쟁, 사회 문제 해결, 대중 보건, 탄소 제로, 그리고 최근에는 지속가능 발전목표SDGs 등이 있다. 이 서사로 임무를 설정하며, 해당 임무가 매력적인 이유를 설명한다. 정치인들은 난해하고 복잡하며 예측할 수 없는 과학의 논리를 훨씬 단순한 정치의 논리로 바꾼다. 비록 구현이 어렵고 지금까지의 서사를 넘어서는 더 많은 임무가 새롭게 시작되지만 말이다.[26]

논리가 갈라지는 때도 있다. 앞에서 이미 몇 가지 언급했는데, 정치 및 경제 분야에서 윤리·도덕의 문제로 갈리는 사안에 대해 과학이 어떤 노력을 보여줄지 논리가 엇갈리곤 한다. 폭에서도 논리의 차이가 나타난다. 일반적으로 과학자들은 다른 분야 과학자들을 존중하고자 자신이 알고 이해하는 수준에서 지식의 폭을 제한하는데, 이 때문에 스스로 발목을 잡다가 인생 후반기에 이르러서야 날개를 활짝 펴는 일도 있다. 물론 과학 분야가 워낙 다양한 데다 각각 고도의 지식 전문성을 요구하기에 학문적 겸손함이 미덕일 수 있지만, 어쨌거나 과학계 전반의 분위기는 "아는 것만 이야기하라"다. 이에 따라 과학의 논리도 그 폭에서 제한을 받게 된다.

정치도 일부 그렇긴 하나 대체로는 정반대다. 정치는 만능 스위스 군용 칼이라 무엇이든 자를 수 있다. 적어도 자르려고 시도할 수 있다. 자르려는 게 무엇인지 몰라도 말이다. 정치는 버터 가격부터 가정 내 행동까지 사실상 모든 것을 법률로 만들 수 있다. 정치인들은 자신의 주력 분야는 물론이고 아예 이해하지 못하는 사안에 대해서도 의견을 제시할 수 있다. 오히려 자신의 무지와 무력함에 뻔뻔할수록 패기 있고 용감한 정치인으로 평가받기도 한다. 하지만 실제로는 그런 역할을 할 역량이 없기에 늘 불안한 상태로 '가면 증후군imposter syndrome' 속에서 살아간다.

더 근본적인 차이는 유연함이다. 정치는 유연함이 미덕이지만, 역설적이게도 그 유연함이 정치의 진보를 가로막는다. 그때그때 발맞춰 유연하게 움직일 뿐 지식을 축적하지는 못하기 때문이다. 정치는 세대가 바뀜에 따라 새로운 정치적 규칙을 계속 만들어낸다. '정치'라는 용어만 함께 쓸 뿐 정치학을 공부하는 정치인들은 찾아보기 어렵고, 공부하는 정치인이라도 정치적 결정을 내리는 데 정치학을 이용하지는 않는다. 이와 대조적으로 과학이 그 특유의 완고함과 독단을 유지하는 대가는 유연함 부족과 의사소통 및 공감 능력 결여다.

사실 또는 진실의 역할도 논리의 충돌을 가져온다. 과학은 어쩌면 결코 궁극적 진실에 다다르지 못할 수 있는데도 스스로 그 진실을 향해 나아가고 있다고 굳게 믿는다. 정치에는 그 어떤 종류라도 확정된 진실이 없다. 모든 것이 그저 우연과 맥락에 따라 결정된다고 여긴다. 어떤 사상가들은 탈근대적 전환이란 사실이나 과학 위에 민주주의를 세우는 일이 불가능하다는 의미라고 말한다. 객관적 진실은 성립할 수 없는 개념이며, 개인의 인식과 주관성으로 이뤄진 내면이 외부와 융합하는 한 궁극적 진실은 영원히 드러나지 않는다는 것이다. 그럴 수 있고, 아마도 그렇겠지만, 한 가지 확실한 진실은 현실이 늘 변화한다는 사실이다. 개인과 공동체가 아무리 신화와 환상을 붙잡더라도 현실, 특히 물리적 현실은 계속해서 움직이고 있다. 비행기를 조종하든, 자동차를 운전하든, AI 로봇이 등장하든, 해저 터널을 건설하든, 환경 오염과 전염병을 종식하든 간에 모든 것이 물리적 현실을 수반한다. 도무지 멈추지 않는 전쟁도 마찬가지다. 현실이 현실을 물고, 현실이 현실의 한계를 짓는다.

불순한 철학

철학이 모두가 공유할 수 있는 기반을 제공할 수 있을까? 철학적 추론은 다양한 논리의 한계를 살피는 데 도움이 된다. '비판적 실재론 Critical Realism'으로 유명한 철학자 윌프리드 셀러스 Wilfrid Sellars 는 시간과 공간 내에 있는 물리적 객체를 객관적으로 인식할 수 있는 세계는 실재하지 않으므로 과학적 세계관은 성립하지 않는다고 주장했다.[27] 과학은 모든 것의 척도, 다시 말해 실재하는 것과 실재하지 않는 것의 척도가 되고자 애쓰지만 결국 실패할 수밖에 없다. 이 한계를 인식하는 철학적 성찰은 최소한 겸손하기라도 하다.

그동안 많은 철학자가 다양한 논리 사이에 다리를 놓으려고 노력했다. 인류 역사상 가장 영향력 있던 이론인 우생학은 과학을 기반으로 공리주의와 여러 철학적 원리를 통해 굴절된 뒤 정치적 계획과 규제의 옷을 입고 당대 가장 똑똑하다는 사람들의 관심을 끌었다. 그러나 유감스럽게도 우생학은 인간을 목적이 아닌 수단, 개인이 아닌 숫자로 바라봤고, 몇몇 선의의 철학적 개념을 왜곡해 끌어들여 실제 연구 대상이 될 인간 존재의 내면은 부정한 채 외부 수반 논리만 내세웠다.

이와 같은 사고방식의 변형된 형태가 철학자 윌리엄 맥어스킬 William MacAskill 이 선호하는 '장기주의 longtermism'라고 볼 수 있으며, 비즈니스 리더 일론 머스크를 위시한 여러 인물이 이에 공감하기도 한다. 이들은 하나같이 인류 역사를 '장기적' 관점에서 접근해야 한다고 주장하는데, 그 관점에 따르면 인류의 장기적 미래가 가장 중요하다. 그렇기에 우리의 윤리적 목표는 미래에 얼마나 많은 인류와 여러 생명체가 함께 번영할 수 있는지를 지향해야 한다는 것이다. 그에 비하면 현재의 윤리적 요구는 부차적일 뿐이다.

장기주의적 사고방식은 과학적 지식, 그중에서도 생물학적 위험과 기후 변화 및 미래의 인류에게 해를 끼칠 다양한 요인을 분석한 결과로 나타난 것이다. 이런 생각은 공리주의의 변형이라고 부를 만한 철학적 관점을 통과하면서 굴절하고 다음 행동을 제안한다. 이 사고방식은 논리적인 데다 명확하므로 강력한 호소력을 지닌다.[28] 지구 밖 우주에 무한한 기회가 있다는 '러시아 우주론Russian Cosmism'을 비롯해 신고전주의 경제학의 가혹한 결말까지 역사도 깊다. 대학 강의실에서도 이와 관련한 사고 실험이 빈번하게 이뤄진다. 인류를 여러 행성에 존재하는 종으로 만들겠다는 일론 머스크의 비전도 이와 같은 사고에서 나온 것이다.

그러나 자칫 이런 접근법은 바로 지금 지구상에서 살아가는 사람들이 처한 환경을 개선하고 고통을 완화해야 한다는 요구를 일축하는 데 이용될 수도 있다. 장기주의적 사고방식에 따르면 가난한 사람들에게 담요를 주는 것은 화성으로 가는 로켓을 만드는 일보다 인류의 미래에 유용하지 않다. 정치도 이 사고방식 앞에서 어디에 서야 할지 우왕좌왕하고 있는 듯 보인다. 아리스토텔레스가 개인의 '윤리'와 구분해 공동체의 좋은 삶을 다루는 '정치'를 정의했지만, 가장 넓게 보면 정말로 인류 전체의 좋은 삶과 관련이 있긴 하지만, 다시 곰곰이 따져보면 왠지 반정치적인 것 같고 더 깊이 성찰해볼 논리적 수단도 부족하기 때문이다. 더구나 장기적 사고방식은 우리가 어쩌면 미래에 관해 아는 게 없을지도 모른다는 생각은 배제하며, 실제로 우리를 대신해 의사결정을 해야 하는 정치인들에게 별다른 구체적 이미지를 보여주지 않는다는 점에서 그 자체로 위험할 수도 있다.

개인적 견해를 말하자면 나는 논리적으로 덜 정확하고 현실적으로 더 실제 같은 실험을 선호한다. 논리적으로 딱 맞아떨어지는 추론 대신 우리 사회와 세상을 훨씬 더 복잡하게 바라보는 것이 바람직하다고 생각한다. 새로운 약이든 새로운 정책이든 간에 우리의 상상과 현실을 결합해 세상이 진화하도록 노력해야 한다고 주장하고 싶다. 소설가 커트 보니것Kurt Vonnegut은 이렇게 썼다.

"과학은 수많은 오류를 토대로 이뤄졌으나 그 오류들이 진실로 이어졌기 때문에 계속해서 오류에 빠질 수밖에 없다."

역설적이게도 과학과 정치 그리고 관료주의의 논리를 서로 연결하려는 철학적 시도를 철학 스스로는 인지하지 못하지만, 독단적인 과학의 냉철한 세계와 인간 삶의 열정적 세계 사이의 차이를 이해하는 데 좋은 통찰을 제공해준다. 철학은 과학과 논리만으로는 진정으로 중요한 것이 무엇인지 알 수 없는 이유를 상기해준다.

모든 과학은 정치적인가?

몇몇 주장처럼 모든 과학이 정치적이라는 결론은 성립하지 않는다. 그런 주장은 과학과 정치 양쪽 모두를 오해하는 것이다. 과학이 정치적일 때가 있긴 하다. 특히 과학이 기술로 활약할 때는 정치적인 면모를 보이기도 한다. 정치 개념을 저 먼 은하계의 질서를 정한다거나 아원자 입자 또는 세포의 행동 지침을 규정하는 역할로 확장한다면 말이다. 그런데 만약 이런 것들이 인간과 사회에 명확한 영향을 미친다면 과학은 원하지 않아도 정치가 될 수 있다. 나아가 상충하는 가치와 신념에 부딪히게 되면 과학은 정치가 된다. 그리고 어떤 이해관계가 대안적 선택지를 중심으로 형성된다면 그때도 과학은 정치가 된다. 그렇더라도 정치가 현실을 벗어나 이론의 영역에 개입하는 것은 위험하다. 그러면 그럴수록 현재와 현실이라는 범주에 뿌리를 두고 있어야 할 사상을 추상적이고 시간을 초월한 범주에 대입하는 범주 오류의 죄를 짓고 만다.

과학과 정치를 이해할 때는 각각이 저마다 전문 분야로 기능하고, 서로 협력하면서도 권력과 자본을 놓고 경쟁하며, 내부 논리뿐 아니라 외부 논리에 따른 맥락에 의존한다고 생각하는 편이 좋다. 각각을 독립적으로 분리하면, 즉 정치인과 과학자와 관료를 따로 떨어뜨리면 이 부분이 명확해진다. 자신들만 덩그러니 모인 정치인은 아무런 힘도 없을뿐더러 존재 자체가 무의미해진다. 정치만으로 무엇을 할 수 있을까? 과학도 마찬가지다. 연구실이나 실험실에 틀어박혀 오직 과학만을 위해 과학을 파고드는 게 무슨 의미가 있을까? 그런 과학에는 아무도 관심이 없다. 식량, 물, 환경 오염, 기후 변화 같은 세상의 모든 문제를 해결하는 데 과학이 도움을 줘야 비로소 의미를 얻게 되는 것이다. 관료주의 없는 관료는 더 말할 필요도 없다. 아무 일도 하지 못한다.

이는 권력이 개인에게 집중될 수 없는 이유이기도 하다. 얼핏 보면 뛰어나고 위대한 한 사람이 세상을 변화시키는 것 같다. 물론 훌륭한 누군가를 중심으로 인류 역사나 제도가 극적으로 바뀌는 것도 사실이다. 하지만 어디까지나 대표성 차원에서 개인이 부각하는 것일 뿐 거기에는 수많은 인적·물적 자원이 연결돼 있다. 그런데도 대표성이 주는 상징적 의미가 워낙 커서 보통은 개인에게 초점을 맞춰 전체 상황을 설명하곤 한다. 특히 권력을 말할 때 더 그렇다. 권력이 어떤 대표적인 한 사람에게 있고 그로부터 여러 방면으로 나뉘거나 이동하는 듯 보인다.

표면적으로는 그렇지만 사실 그 권력은 자기충족적이지도 자기지시적이지도 않다. 모든 분야의 권력은 다른 사람들이 그것을 인지하고 인정하는지에 달렸다. 달리 말해 설득의 성공 여부가 권력의 향방을 결정한다. 정치인의 권력은 유권자인 대중의 투표에 의존하며 주기적으로 획득과 상실을 반복한다. 대의민주주의에서 정치인은 선거 때만 되면 거리로 나가 자신들의 당을 지지하고 권력이 반대편으로 넘어가는 상황을 막으려는 지지층은 물론 마음을 정하지 못한 중도층의 표심도 자극해 한 표라도 더 받고자 안간힘을 쓴다. 과학자는 자신들에게 돈과 위신 그리고 자유를 제공하는 정부 기관, 시민 단체, 기업, 미디어, 투자자에 똑같은 맥락으로 의존하며, 나아가 더 많은 대중을 설득할 수 있는 정치인의 권력에 기대기도 한다. 단언컨대 대중을 설득하지 못한 권력은 금세 사그라질 수 있으므로, 이를 유지하고 확장하려면 지속적인 노력을 기울여야 한다. 과학이든 정치든 대중의 반대 여론, 시위, 청원, 보이콧 등에 자주 부딪히면 일하기 매우 곤란해지고 권력과 명분도 줄어들게 된다.

이와 같은 관점에서 과학과 정치는 각자 어떤 존재라기보다는 관계, 즉 서로 에너지를 끌어들이고 내보내는 신진대사의 관계라고 이해할 수 있다. 세상 모든 사회는 부분적으로 "사회적 행동 주체가 자신의 정체성을 드러내고, 자신이 가진 것을 뽐내고, 자신에게 가장 좋다고 믿도록 설득하는 무대"이며, 과학과 정치도 이 무대에 선 배우일 뿐이다.[29] 이를 통해 우리가 과학을 들여다보면 과학이 단순히 할 수 있어서 하는 게 아니라 그 필요성과 정당성을 대중에게 설득하고 위험을 차단하기 위해 얼마나 열심히 노력해야 하는지 알 수 있다. 우리가 보려고 해야 볼 수 있고, 보는 만큼만 보이는 것이다.[30]

미래 융합 논리

이 부분은 이 책의 결론으로 이어질 논의의 맥락에서 매우 중요하다. 나는 정치인들에게 과학을 관리하고 통제할 공식 권력을 어떻게 부여할지에는 관심이 없다. 이 책을 쓴 목적이기도 한 내 관심은 과학과 정치를 융합할 체계를 어떻게 설계할 수 있는지에 있다. 다시 말해 어떻게 하면 과학과 정치를 윤택하고 지혜롭고 선순환적인 관계로 만들 수 있는지, 가능한 상상과 기막힌 혁신 그리고 입증할 수 있는 증거와 실패한 시도 등을 허심탄회하게 공유하고 대중과 함께 의견을 나누게끔 할 수 있는지에 관심이 있다.

그러려면 모름지기 앞서 살펴본 논리와는 다른 새로운 논리가 필요하다. 아마도 전환의 논리가 이를 잘 설명할 것이다. 우리는 기후 변화, 교통, 에너지, 주택 문제 등의 전환 경로 설계와 관련해 진행되고 있는 여러 움직임에서 이미 그런 조짐을 볼 수 있다.

문제 해결 및 새로운 문제에 대비해야 하는 분야 사람들에게 가장 필요한 것은 올바른 성취로 안내할 효과적이고 지속 가능한 체제로의 전환이다. 그러기 위해서는 기존 분야에서 앞만 바라보며 나아가기보다는 연관된 지식의 원천을 향해 방향을 돌릴 줄도 알아야 한다. 그렇게 무엇이 가장 중요한지 찾아내기 위해 사실 판단과 가치 판단 사이를 끊임없이 오간다. 계속해서 전체 체제의 역학을 파악하고자 부단히 노력하는 것이다. 완벽주의는 조금 내려놓아도 된다. 무작정 100%를 기다리기보다 필요한 지식의 70%만 갖고서도 기꺼이 행동하려는 의지가 절실하다.

제4부

과학과 정치의 역설을
어떻게 풀 것인가
—제도의 문제

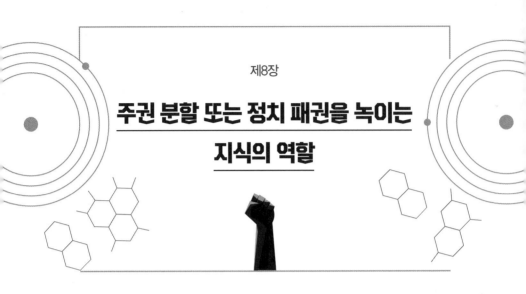

제8장

주권 분할 또는 정치 패권을 녹이는 지식의 역할

이제 민주주의와 과학 사이의 접점 그리고 과학과 정치의 역설, 즉 정치만이 과학을 제대로 통제할 수 있지만 그러려면 정치가 바뀌어야 한다는 역설을 살펴볼 차례다. 먼저 주권 개념에 관해 좀더 깊이 살펴본 다음, 오늘날 우리가 왜 집단 지식과 집단 의지에 주권을 주장해야 하는지, 왜 주권을 단수가 아닌 복수로 봐야 하는지를 설명하겠다.

그런 뒤에는 민주주의가 과학과 관계를 맺는 다양한 방식으로 눈을 돌려, 증거와 실험 그리고 데이터를 활용해 과학을 정치에 융합하려는 시도들을 살필 것이다. 이 대목에서 여러분은 과학을 제어하기가 얼마나 어려워졌는지 실감하게 된다. 과학을 통제하는 일은 마치 물건을 너무 잔뜩 높게 실어 앞이 보이지 않는 수레를 조종하는 셈이 됐다.

아울러 어떻게 민주주의가 과학의 목적을 형성하는 데 더 많은 역할을 할 수 있는지 들여다볼 것이다. 과학은 여전히 공공의 이익보다 국가 권력과 상업적 이익을 위해 부역하는 전근대적 행보를 보이고 있다. '지식 공유지' 제도를 통한 대중의 정치 및 과학 분야 참여 방안을 모색하기 전에 기술적 경로와 생산성 정체 사이의 몇 가지 중요한 딜레마를 짚고 넘어가겠다. 내가 하게 될 주장을 한마디로 요약하면 우리는 과학을 더이상 정치의 외부 조력자로 인식해선 안 된다는 것이다. 오히려 우리 스스로 의사결정자의 관점에서 과학과 정치 양쪽을 결합하고 융합해 우리가 직면한 시대의 복잡한 과업을 해결하는 데 필수적인 메타인지 능력을 키워야 한다.

주권의 본질

제1장에서 나는 주권 인식에 문제를 제기했다. 누가 무엇으로 통치권을 주장할 수 있을까? 그동안 우리는 주권에 대해 너무 안이한 가설을 세워왔다. 정치적 주권이 무한하다고 가정하고, 최근에는 개인 주권에도 한계가 없다고 가정한다. 그렇게 생각하면 마음이 흡족해질지 모르지만, 인간 역시 자연의 일부일 뿐이다. 두 가설 모두 우리가 사는 세상의 본질을 근본적으로 오해하게 만든다. 앞서 나는 과학 지식이 인간 주권을 자연 위에 군림할 정도로 강화했다고 지적했는데, 오랜 과거에

는 신화나 종교의 믿음에서 나온 주권이 어느 순간 거기에 기댈 필요도 없이, 아니 멀어지면 멀어질수록 과학의 강력한 지식에 힘입어 이제는 세상에서 벌어지는 거의 모든 일에 목소리를 내게 됐고, 이전에는 없던 정치적 현상도 만들어냈다.

그러나 여기에서 우리가 간과한 점은 우리 개인의 주권을 공고히 해준 과학 지식과 그 지식의 공유지가 그 자체로 부분적이나마 주권을 갖게 됐으며, 국민과 국가를 비롯한 다른 이익에 이바지하면서도 그로부터 구분되는 권위와 위상, 그야말로 주인의 권리를 확보했다는 사실이다. AI 같은 새로운 형태의 기계 지능이 빠르게 발전하고 확산됨에 따라 더욱 확고해질 이 변화는 정치 이론과 실천 전략에도 지대한 영향을 미칠 것이다.[1] 기존 가설과 규범을 송두리째 흔들어놓을 것이기 때문이다.

그렇다면 과학이 획득한 주권은 무엇일까? 단순히 영향력일까? 정치 지도자들에게 조언할 수 있는 위상일까? 아니면 그 이상의 무엇일까? 그리고 어떻게 하면 충분한 통찰력과 지혜를 확보해 과학을 다루는 일에 적합하도록 정치를 재구성할 수 있을까?

이 질문에 답하려면 먼저 주권이란 과연 무엇인지 되물을 필요가 있다. 주권은 매우 오래된 개념이다. 앞서 설명했듯이 주권의 원류는 저먼 옛날 신을 대리해 백성을 통치한 왕권으로까지 거슬러 올라간다. 주권은 권력자의 통치를 정당화하는 수단이었다. 이 개념은 오늘날에도 여전히 우리 정치 체제의 중심에 남아 있다. 주권은 누가 무엇으로 우리를 향해 권력을 주장할 수 있는지에 관한 개념이며, 여기에는 현재의 우리에 대한 권력과 미래 세대의 전망을 형성하는 권력 모두가 포함돼 있다.

주권 개념은 뒤틀리고 복잡한 역사 속에서 이어져 내려왔고, 결국 정치가 다른 모든 것을 지배한다는 주장으로 일단락됐다. 거듭 언급하지만, 주권에 대한 최초의 생각은 종교에서 나왔다. 절대자인 신만이 세상의 주인으로서 진정한 주권을 가질 수 있기에 신의 대리인인 통치자는 신의 법을 따라야 했으며, 그러지 못한다면 정당성을 상실해 통치자의 권력은 거센 도전을 받았다. 정의상 신은 참되고 전지전능한 존재이므로 신의 주권은 곧 진실과도 연결됐다.

그러다가 근대에 이르러 주권 개념은 종교와 분리됐다. 16세기 후반 프랑스 법학자 장 보댕Jean Bodin 은 《국가론 6서Les Six livres de la République》라는 중요한 저서에서 왕을 신의 대리인이 아닌 신에 비견하는 위치로 끌어올렸다. 그에 따르면 최고 통치자는 절대적이고 영구적인 권력으로서 주권을 가지며 이를 뒷받침하는 것이 법률이다. 따라서 주권은 시민과 신민을 대상으로 하는 최상의 법적 권력이다. 토머스 홉스 등의 영향으로 영국도 이와 유사한 개념을 채택했다. 가장 강력한 군주의 주권만이 사회를 전쟁과 갈등에서 보호할 수 있으며, 국가를 통치하는 이 절대 주권은 국민이 역사적 사명을 자각하는 데 꼭 필요한 것이었다.

민주주의가 확산된 현대에는 주권의 중심이 통치자에서 국민으로 이동했다지만, 그 또한 개념만 그렇다. 국민은 민주주의 헌법에서 명시한 주권자이나 자신들이 선출한 통치자들에게 주권을 빌려줘야 한다. 우리의 자유와 권리는 다른 사람들, 즉 정치인과 의회에 맡겨진 권력으로 기능하는 국가에 위탁돼 있다. 1649년 영국에서 찰스 1세Charles I의 머리가 잘리고 그의 아들 찰스 2세가 즉위한 지 한 세대 뒤에 제3대 샤프츠베리 백작Third Earl of Shaftesbury은 "영국 의회는 영국 정부에 생명과 활력을 부여하는 최상의 절대 권력"이라고 규정했다. 200년 후 영국의 가장 영향력 있는 헌법 이론가 앨버트 벤 다이시Albert Venn Dicey도 비슷한 맥락에서 다음과 같이 썼다.

"의회는 어떤 법이든 제정하거나 폐지할 수 있으며, 그 어떤 개인이나 단체도 영국 헌법이 보장한 의회의 입법을 무시하거나 무효로 만들 수 없다."

한편 마르크스주의는 국민 주권이라는 개념을 극단까지 몰고 갔다. 청년 마르크스는 "진정한 민주주의에서는 정치 국가가 사라질 것"이라고 썼는데, 이 생각은 1817년 파리 코뮌Paris Commune과 초기 소련의 뜨거웠던 인민 주권의 열기 속에서 잠시나마 실현됐다. 일반 대중을 일종의 신으로 바꾸려는 이런 생각은 다양한 형태로 변화했다. 서구에서는 국민의 관점이 다른 모든 것의 우위에 있다는 이른바 '대중 영웅론'이 득세했다. 중국에서는 혁명과 내전 승리로 인민을 대표하게 된 공산당이 지금도 무한한 주권을 주장하고 있다. 그리고 카를 슈미트의 말처럼 모든 경우에서 주권은 국가가 자유와 법률을 유예하는 '예외 상태'를 선포해 게임의 규칙을 바꿀 수 있다.

민주주의를 마냥 낙관적으로 묘사하는 서사는 민주주의가 진보함에 따라 대중에게 더 많은 참여 기회와 더 큰 권한을 부여하는 국민 주권이 확대되리라고 기대한다. 수동에서 능동으로, 예속 상태에서 지배하는 상황으로 변화할 수 있다는 것이다.

신을 대리하는 주권, 신의 율법과 일치하는 주권 개념은 이제 없다. 그 자리를 유일하고 절대적이며 통합된 주권이 차지했다. 주권이 곧 국가다. 전쟁, 정복, 교육, 보건, 안보라는 임무를 수행하기 위해 과학을 끌어들인 주체도 바로 주권 국가다. 오늘날 주권은 '데 주레de jure', 즉 '법률상'의 권력인 동시에 '데 팩토de facto', 즉 '사실상'의 권력이다. 그리고 이 주권을 행사하려면 반드시 정치와 의회가 가정 내 행동 지침이든 기업 규제 원칙이든 더 큰 무엇이든 간에 법률을 통과시켜야 한다. 주권은 법의 테두리 안에서만 발휘할 수 있다.[2]

복수형 주권: 지식과 생태 그리고 미래

그런데 어쩌면 비록 양상은 조금 다를지라도 바로 직전의 주권 개념인 국민 주권에 가까운 쪽으로 돌아가는 것 같다. 물론 개념만이다. 주권은 그 정의와 개념이 너무 많다. 여러분 머릿속에 고정관념처럼 자리 잡은 주권을 떠올리면 헷갈릴 수 있다. 완벽하게 치환되지는 않지만 '권력'이라고 보는 편이 이해하기 수월할 것이다. 주권은 단일한 무엇인가가 아니라 끊임없이 갈라질 수 있고 여기저기 우발적으로 이동할 수 있다. 오늘날 주권을 바라보는 우리의 이상은 한때 신이 한 역할을 대신하고 있는 집단 지식 및 과학의 권력에 달렸다. 이제 국가 정부가 정당성을 상실하지 않으려면 집단 지식에 따라 행동한다는 사실을 입증할 수 있어야 한다. 정부 권력은 국민의 표에서 나오기에 대중과 충돌하면 명령하고 복종을 요구할 권리를 잃게 된다.

완전한 변화라고 보기에는 이르나 현대 정치의 속성이 그런 것 같다. 증거에 기반한 정책을 약속하는 정치인들이 계속 늘어가고 있다. 제6장에서 잠깐 언급했듯이 미국 의회는 2018년 '증거 기반 정책 결정에 관한 법률'을 통과시켰다. 유럽연합과 일부 국가는 집단 지식 형성 상황을 모니터링하기 위한 기관망을 구축했다. OECD, 세계은행, UNDP 등 글로벌 협력체들도 전 세계 모범 사례를 취합하고 분석해 제공한다. 선출직 정치인은 적어도 법률상 이런 증거들을 무시해도 될 권리를 갖고 있지만, 사실상 이에 무지해서는 안 되며 무시하고 싶다면 대중에게 타당한 이유를 제시해야 한다. 이 대목에서 우리는 양다리를 걸친 주권의 미묘한 특성을 발견할 수 있다. 달리 말해 크게 두 가지 주권 개념 사이에서 새로운 대화가 오가고 있음을 볼 수 있다. 하나는 우리에게 이미 친숙한 개념, 즉 국민 개개인에게 있는 주권을 정치인들에게 빌려준 그 주권 개념이고, 다른 하나는 국민 개개인에게 있는 주권을 과학 등 지식 공유 체제에 부여한 주권 개념이다.

집단 지식을 주권으로 바라보는 현상은 주권에 대한 또 다른 두 가지 관점 변화와 더불어 일어나고 있다. 첫 번째는 '생태 주권'이다. 뉴질랜드 정부는 2014년 테우레웨라Te Urewera 국립공원과 2017년 왕가누이Whanganui 강에 법인격을 부여함으로써 주권을 인정했다. 에콰도르 정부는 국민 3만 명이 서명해 아마존 열대 우림 지역 라고아그리오Lago Agrio에서 무분별한 석유 시추 작업으로 토양을 오염시킨 미국 석유 회사 쉐

브론Chevron에 소송을 제기하자, 2008년 헌법을 개정하면서 '생태계 존재와 번영을 위한 양도 불가능한 권리' 조항을 신설하고 '사람이 자연을 대신해 청원할 권한'과 '정부가 자연을 대신해 생태 권리 침해를 시정할 의무'를 명시했다.[3] 국민 투표에서 부결되긴 했으나 2022년 칠레 정부의 헌법 개정안은 아동 보호, 신경 다양성neurodiversity 인정, 청정 에너지 확보, 공기 질 개선, 토착 재산권 수용과 함께 생태 환경 보존과 자연의 권리에 관한 조항을 담고 있었다.[4] 나는 우리가 머지않아 AI에도 법인격을 부여하고 자연을 대신해 인간이 생태계를 대변하는 세상을 보게되리라고 확신한다.

두 번째는 '미래 세대 주권'이다. 우리가 지금 살아있다는 이유만으로 미래 세대가 누려야 할 자원과 환경을 마구잡이로 끌어다 써도 되는 것일까? 2015년 영국 웨일스는 '미래 세대 웰빙에 관한 법률Well-being of Future Generations Act'을 제정하고 미래세대위원회라는 기관을 신설해 아직 태어나지 않은 국민의 관점에서 공공 정책을 평가하는 과업을 맡겼다. 2021년 독일 헌법재판소는 일부 기후 변화 정책이 미래 세대에게 책임을 전가하기에 위헌이라고 판결했다. 이 밖에도 여러 국가가 각종 미래위원회를 마련하고 있으며, 현재 세대가 초래한 결과를 짊어지게 될 미래 세대의 주권을 어떻게 존중할지 고민하고 있다.

이처럼 과학을 위시한 집단 지식은 정치가 다른 모든 것을 지배한다는 절대주의적 주장을 무너뜨리는 주권의 부분적 해체와 궤를 같이한다. 관건은 실행인데, 과학은 실제로 정치와 어떻게 융합해야 할까? 융합 프로젝트 자금 지원 여부 판단이나 건강과 행복을 촉진한다고 광고

하는 새로운 제품에 대한 규제 등 일상적 선택과 도덕적 딜레마 사이에서 고민하는 정치와 어떤 방식으로 연결돼야 할까? 나아가 과학은 민주주의와 어떻게 결합해야 할까? 다음 장에서 우리가 살필 질문들이다.

제9장

민주주의와 과학의 만남

2020년 3월 12일, 보리스 존슨Boris Johnson 영국 총리가 빠르게 확산하는 코로나19 범유행 상황과 관련해 다우닝 스트리트Downing Street 총리 관저에서 긴급 기자 회견을 열었다. 정부수석과학자문관Government Chief Scientific Adviser, GCSA 패트릭 밸런스 경Sir Patrick Vallance과 최고의료책임자Chief Medical Officer, CMO 크리스 위티 경Sir Chris Whitty도 동석했다. 존슨 총리는 이렇게 약속했다.

"모든 단계에서 과학 지침을 따르겠다."

이후 기자 회견은 정기적으로, 어떤 때는 매일 열렸고 방송으로 중계됐다. 영국 정부는 대중에게 코로나19 방역 대책은 "과학이 주도하고

있다"고 설명하면서 강력한 서사와 메시지를 계속 전달했다.[1]

이때까지만 하더라도 정치계가 과학계의 뛰어난 통찰을 따르는 가운데 과학의 영향력과 위상이 최고조에 달할 것처럼 보였다. 그러나 이 같은 접근 방식은 이내 무너졌다. 과학자들이 '집단 면역herd immunity'을 제안했지만, 수천 명의 죽음쯤 아무렇지도 않게 취급한다는 여론이 들끓자 영국 정부는 곧바로 방침을 철회했다. 이로써 불과 며칠 전에는 마스크가 전염 예방에 도움이 되지 않는다고 해놓고 갑자기 마스크 착용 의무화 법안을 통과시켰다. 그로부터 한 달 뒤 의학 전문 학술지 〈란셋 Lancet〉의 편집장 리처드 호튼Richard Horton은 이 뒤늦은 봉쇄 정책을 "한 세대 만에 벌어진 과학 정책의 가장 큰 실패"라고 혹평했다.[2] 그리고 정부 내 영향력 있는 관료(과학자가 아닌)가 과학 자문위원회의 방역 지침을 뻔뻔스럽게 어겼다는 사실이 밝혀지자 엄청난 항의가 이어졌고 대중의 신뢰도 곤두박질쳤지만, 높은 자리에 있던 과학자들은 이와 관련해 아무런 언급도 하지 않았다. 1년 후 의회 조사단은 정부의 편협한 분석과 미흡한 판단을 신랄하게 비판했다.[3]

코로나19 범유행 상황 속 불편한 경험은 과학과 정치의 관계가 내포한 여러 결점을 드러냈다. 다양한 문제와 관심 사안을 종합해 분석할 방법론이 부족했고, 의사결정 책임 소재가 불명확했으며, 과학의 역할 자체도 모호했다.

정치에 조언하는 과학자들: 사이언스 트라이앵글의 역할

　기자 회견에 등장하는 과학자들은 과학 고문으로 소개된다. 정치는 과학계에 배경을 둔 이들 조언자에 의존해 과학을 지도한다. 많은 이론이 과학 조언의 구성 형태를 이해하고자 노력해왔다. 주권을 정치인들이 독점적으로 행사한다는 전통적 모델을 전제로 과학자를 자율적이면서 외부적인 조언자, 즉 체제와 과정에 제한된 책임만 지는 조언자로 제시했다. 여전히 주도권을 쥐고 있는 정치인들은 언제라도 과학자들에게서 조언을 얻을 수 있다. 과학과 정치의 이런 관계는 1912년 아일랜드 작가 조지 윌리엄 러셀George William Russell의 "전문가는 최고가 아닌 상황에 있어야 한다"는 말로 요약할 수 있다. 훗날 윈스턴 처칠Winston Churchill이 '전문가'를 '과학자'로 바꿔서 인용했다고도 알려져 있다.

　지난 반세기 동안 이와 같은 조언자들이 점점 늘어나 정부 부처 관료로 자리 잡기도 하고 총리나 대통령이 직접 의견을 듣기도 한다. 일테면 영국에서는 2000년 후반부터 각 부처가 정부과학사무국과 연계해 자체적으로 과학 고문을 임명하도록 권고하고 있다.[4] 미국은 이미 프랭클린 루스벨트 행정부 때부터 과학 고문을 두고 있으며, 최근에는 에릭 랜더에 이어 아라티 프라바카Arati Prabhakar가 조 바이든 대통령 과학 보좌관이자 백악관 과학기술정책실 실장으로 임명됐다. 이들은 INGSA(국제정부과학자문네트워크)를 기반으로 활동하고, 실제로 정부와 면밀한 관계 속에서 정치 역학을 탐색하는 과학적 방법론을 확보하고 있다.

　각국 의회에도 저마다 과학 자문 연결망이 있는데, 예를 들면 유럽연합 의회에는 산하 기구로 EPTA(유럽의회기술평가) 위원회가 있어서 회원국들의 중요한 과학 동향 정보를 공유하고 조언한다. 나아가 대부분 선진국이 1960년대와 1970년대에 걸쳐 기술평가국Office of Technology Assessment, OTA 같은 자문위원회를 설치했고, 전문 과학 지식을 정치 및 관료 체계에 반영하려고 애써왔다. 미국의 경우 1974년부터 1995년까지 의회 내 입법 보조 기관으로 기술평가국을 운용했으나 뉴트 깅리치Newt Gingrich를 위시한 공화당 의원들의 반대로 자금 지원이 끊겨 폐쇄됐다. 하지만 독일에서는 여전히 운용 중이며 프랑스와 네덜란드 의회에도 명칭만 다를 뿐 여전히 과학기술평가위원회를 두고 있다. 이를 합쳐 EPTA에는 25개 이상의 의회가 회원국으로 참여하고 있다(우리나라도 국회 직속 기관 국회미래연구원 NAFI가 2019년 10월부터 EPTA 준회원 자격을 획득했다_옮긴이).[5]

과학 자문 체계가 가장 활발히 작동하는 곳이 유럽연합이다. 유럽연합 의회는 다양한 자문위원회와 더불어 12곳 의회 위원회를 묶은 STOA(과학기술평가단)과 EFSA(유럽식품안전청), EDA(유럽방위청), EEA(유럽경제지역), ESA(유럽우주국), ECDC(유럽질병예방통제센터)와 같은 기관과 연결돼 있으며, EPRS(유럽의회조사국)와 SAPEA(유럽학회정책과학자문) 및 7명의 수석과학자문관으로 구성된 수석과학자문관그룹Group of Chief Scientific Advisers도 운용하고 있다. 그리고 3,000명의 직원과 42곳의 대규모 연구 시설을 보유한 유럽연합 집행위원회 산하 JRC(합동연구센터)는 연간 1,400편에 달하는 출판물을 발행하고 100개 이상의 경제 및 생물물리학 모델을 구축하고 있다. 이 모든 기관과 제도가 합리적이고 투명한 방식으로 세상의 제반 질문에 답을 구하고자 최선을 다하고 있다.

몇몇 국가는 자랑할 만한 독립적 연구 전통을 갖고 있다. 대표적으로 네덜란드는 과학과 사회과학 분야에서 정부에 오랫동안 조언을 제공해 온 많은 기관이 있으며, 특히 WRR(정부정책과학위원회)이 두뇌 집단 역할을 톡톡히 하고 있다. 아마도 과학계와 광범위한 협업을 중시해온 네덜란드의 정치 문화가 이런 바람직한 관계를 유지하는 데 큰 도움이 됐을 것이다.[6] 이와 같은 자문 체계는 과학적 조언의 투명화를 목표로 작동해야 한다. 불확실성과 의견 불일치를 자연스럽게 받아들이고 언제나 개방적이며 공정해야 한다. 그리고 위로는 정부와 소통하면서 밖으로는 대중과 함께 호흡해야 한다. 이 정교한 자문 체계는 '공급-수용-영향'이라는 삼각 구도, 즉 '사이언스 트라이앵글science triangle'을 이룬다. 과학은 정치에 지식을 '공급'하고 정치는 그 지식을 '수용'해 전파함으로써 주변 세상에 '영향'을 미친다. 이 과정을 미디어와 시민 사회가 감시하고 조율한다.

사이언스 트라이앵글의 모양이 잘 잡히면 세 요소 사이의 관계가 명확해져서 과학 고문들이 정부에 조언하기가 수월해진다. 과학자이자 공학자 실라 재서노프Sheila Jasanoff는 전문 과학위원회가 미국 연방 기관들에 유용한 진실을 잘 수용하고 전파하도록 조언하는 방식에 관해 쓴 바 있다.[7] 하지만 유감스럽게도 사이언스 트라이앵글의 관계가 원활하지 않으면, 예컨대 정치인들이 조언에 관심이 없거나 회의적이면, 또는 미디어가 핵심 쟁점이 아닌 주변 문제를 걸고넘어지면 문제가 발생한다. 말을 물가로 이끌 수는 있어도 억지로 물을 마시게 할 수는 없는 법이다. 마찬가지 맥락에서 정부를 지식 한가운데로 이끌 수는 있지만, 정부가 원하지 않고 의지가 없는데 억지로 고민하게 만들 수는 없다.

그러므로 표준적인 관점에서 과학자들의 조언은 정치인들이 그것을 조언이라기보다 정보 제공에 가까운 것으로 이해하도록 하는 게 좋다. 원칙적으로 조언자의 역할은 간단하다. 정부가 의사결정을 하는 데 도움이 되도록 과학적 근거를 잘 정리해 제공하면 된다. 당연히 거기에는 그 어떤 정치적 이해관계도 담겨 있어서는 안 된다. 그러면 의사결정자들도 자연스럽게 중립성과 객관성을 요구받을 수밖에 없다. 과학 고문의 명망과 위상이 높으면 더 효과적이며, 무미건조하다고 느낄 만큼 객관적이고 중립적이고 무관심한 태도로 과학적 사실만을 제공해야 한다. 그러면 정치인들은 정책적 판단에 앞서 이들의 조언을 듣고 가치나 우선순위 또는 정치적 관심 등을 고려해 장려, 규제, 금지 같은 정책 방향을 결정하고 실행한다. 그리고 다시 과학자들은 하던 연구를 계속한다.

그러나 이 그림이 제대로 그려질지는 아직 미지수다. 첫 번째 문제는 정치적인 것과 과학적인 것을 현실적으로 구분하기 어렵다는 데 있다. 코로나19 범유행 상황에 대한 과학적이고 객관적인 보도로 퓰리처상을 받은 과학 저널리스트 에드 용Ed Yong은 2021년 한 칼럼에서 이렇게 썼다.

"과학이 정치 위에 올라서기를 바라는 순진한 욕망은 여전히 수많은 연구자가 과학적이면서 정치적인 이 글로벌 위기에 대처할 준비가 돼 있지 않다는 것을 방증한다. 과학은 과학자들이 바라든 바라지 않든 간에 의심할 여지없이 정치적이다. 과학은 애초부터 인간의 일이기 때문이다."[8]

어떤 과학자들은 정치와 거리를 두려고 특별히 조심하곤 한다. 자신들의 연구가 정책에 활용되기를 원하지도 않을뿐더러 정치와 엮이는 것 자체를 거부한다. 그렇지만 피하고 싶다고 피해질까? 더욱이 정말로 아무런 책임이 없을까? 미안한 말이지만 그렇게 책임을 회피할 수 있는 날도 얼마 남지 않은 듯 보인다.

실제로도 대부분 과학자는 저마다 자신만의 정치적 소신, 열정, 편견을 갖고 있다. 정치에 전적으로 무감각한 과학자는 사실상 없다고 봐도 무방하다. 겉으로만 그런 척하거나 그렇다고 착각할 뿐이다. 여기에는 과학계 문화도 한몫한다. 정치적 환경에서 "당신이 얻는 이익은 무엇인가?"라고 묻는 일은 매우 흔하지만, 과학계는 이 질문을 받아들이지 않는다. 물론 과학자들은 학자 이미지가 강해서 대체로 신뢰받는 경향이 있다. 그렇더라도 과거와 비교하면 이제는 대중에게 완전히 중립적으로 보일 가능성이 작다. 대중도 과학계가 순전히 과학 연구만 하는 집단이라고 여기지는 않는다. 심지어 자선 단체나 비영리 시민 단체라도 최소한의 정치적 이해관계는 있다고 인식한다. 그래서 오히려 자신들의 편견과 한계를 속 시원하게 인정하는 사람들이 대중으로부터 더 신뢰를 받기도 한다.

두 번째 문제는 중립적이고 무관심하게 정보만 제공하더라도 해당 조언이 정책적 의사결정에 녹아들면서 책임을 초래한다는 것이다. 코로나19 범유행 동안 각국 정부는 과학자들을 공식 석상에 내세워 마치 이들이 방역 관련 행정 지침 대부분을 결정하는 것처럼 보이게 했다. 실라 재서노프도 순전히 정치적이어야 할 의사결정에 참여했다는 결론이 나올 때 전문가들이 느끼는 두려움을 언급하면서, 그렇기에 그저 팔짱 낀 채 조언만 하고 거리는 유지하라고 강조했으나, 이는 그 전문가의 개인적 처세 역량에 달린 데다 반대로 '진짜 정치적인' 능력을 너무 쉽사리 포기하는 셈이므로 단순한 문제는 아닌 것 같다.[9] 내가 바로 앞에서 지적했듯이 과학자라고 해서 정치와 무관하지 않고 무관할 이유도 없기 때문이다. 이런 맥락에서 과학자들이 자신의 권력에 더 솔직해야 하고 더 많은 책임감을 느껴야 한다고 주장하는 의견도 있다. 과학계가 정치적 의사결정이 필요한 문제에 조언하도록 요구받는 상황이 점점 더 많아짐에 따라 그 역할도 점점 더 커지고 있다.[10] 더는 회피할 명분이 없는 것이다.

중개자와 중재자

경제나 교육 같은 대규모 체제의 바람직한 운용 방안을 안내하는 중개자가 있듯이, 정부가 과학 정책을 제대로 펼치는 데 도움을 줄 중개자broker나 중재자intermediary가 필요한 것도 사실이다. 그렇다면 이런 중개자는 어떤 모습이어야 할까? 로저 피엘크는 과학자들이 '공정한 중개자가 되기 위해 노력해야 한다고 주장한 정치학자 가운데 한 사람이었다.

그가 촉진하고 싶었던 공정성은 과학계의 정치적 의견을 과학의 중립적 판단에 엮어 슬며시 제시하는 '몰래 지지stealth advocacy'와 구분되는 것이었다. 그에 따르면 기후 변화 문제부터 스포츠계의 젠더 구분 문제까지 수많은 주제가 양극화하면서 정치 분쟁 위험이 증가하며, 이는 관련 정책 추진 노력을 정체하게 만들고 정책 의사결정에 이바지할 과학의 적극적 역할을 위축시키는 결과로 나타난다.[11]

그래도 한편으로 서로 주장이 다른 다양한 논쟁거리는 다양한 유형의 도전 의욕을 불러일으킨다. 어떤 주제에 대해서는 과학과 정치 양쪽이 반목하지 않고 금세 폭넓은 합의를 이루기도 한다. 로저 피엘크가 '낙태 정치Abortion Politics'와 대조하면서 비유한 '토네이도 정치Tornado Politics'는 정보를 합리화가 아닌 공정한 평가를 위해 제공하며, 선택적이 아니라 종합적으로 분석하고, 감정적이지 않고 합리적이며, 서사보다 논리에 초점을 맞추고, 권력이 아닌 이해를 추구한다. '토네이도'라는 자연재해에 직면할 때 과학이 조언을 제공하는 일은 그리 어렵지 않으며 과학계 자존감도 손상되지 않는다. 반면 '낙태'와 같은 문제는 일부 과학적 정보를 요구하기는 하지만, 과학이 전면에 나서서 영향을 미치고자 하면 반드시 한쪽 입장을 강화하는 방향으로 기울게 된다. 그는 과학이 이 두 가지 정치적 개념을 구분해야 하며, 불확실성을 해소하는 데는 과학이 도움을 줄 수 있어도 상충하는 가치에 끼어들면 악영향을 미칠 수 있다고 결론 지었다. 요컨대 '낙태 정치'를 '토네이도 정치'의 사례처럼 바라보고 조언해서는 안 된다는 것이다. 과학이 '공정한 중개자'가 될 수 있는 때는 '토네이도 정치' 사안일 때뿐이다.

그러나 '낙태 정치'가 아니어도 과학자들이 더 이상 공정한 중개자 역할을 할 수 없게 되거나, 적어도 이전과 같은 방식으로는 하지 못할 가능성도 있다. 정치 및 기업 로비스트lobbyist, 비정부 기관, 비영리 단체, 잡지와 웹사이트를 포함한 학술 단체, 과학 관련 매체 등 각자 나름대로 과학을 해석해 목소리를 전달하는 중재자가 너무 많다. 이들 역시 자신의 중립성과 독립성에 긍정 평판을 쌓고자 부단히 애쓰면서 '낙태 정치' 같은 사안에는 신경 쓰지 않는다. 브루킹스연구소Brookings Institution 의 브루스 L. R. 스미스Bruce L. R. Smith는 로저 피엘크가 쓴《공정한 중개 자The Honest Broker》에 대한 서평 기사에서 2003년 "의회를 위한 과학기술 조언"을 주제로 열린 미국과학진흥회AAAS 회의를 언급하며 그때의 일화를 이렇게 소개했다.

"공화당 의원과 민주당 의원 두 사람의 간단한 발표가 끝나고 질문을 받는 차례가 되자 청중 가운데 한 사람이 일어나 이렇게 물었다. '과학 적 조언을 누구에게 가장 자주 구하시겠습니까? 주제를 선정하는 위원 회 위원? 의회조사국CRS이나 의회가 일을 맡기는 대행 기관 직원? 싱 크탱크think tank 연구원? 대학 교수? 과학자? 아니면 누구한테 물으시겠 습니까?' 그 자리에 참석한 대부분이 과학자들이고, 여기저기 술렁거리 는 소리가 들렸지만, 두 사람은 눈 하나 깜짝하지 않고 자신들이 가장 좋아하는 로비스트에게 묻겠다고 대답했다. 해당 문제와 관련해 정확 한 정보를 제공하고, 양당 모두 만족할 만한 의견을 제시하고, 의회에서 논의될 쟁점의 핵심을 간파해 시의적절하게 대응하는 데는 로비스트가 제격이라는 이야기였다. 어차피 로비스트에게 물어도 정확한 정보와 조 언을 내놓지 못하면 자신들의 평판에 치명적이므로, 어떻게든 그들이 제대로 된 해법을 가져온다는 논리였다. 그들에게는 많은 경험이 있고, 우리에게 필요한 것이 무엇인지 알고 있기에, 우리가 의회에 요구할 내용을 객관적이고 설득력 있게 정리해 조언할 것이다."[12]

정치적 의지는 결국 정치적일 수밖에 없으므로, 정치인들이 평소 자신의 가치관과 일치하는 견해보다 순수하게 중립적인 의견을 더 선호해야 한다고 강요할 수는 없을 것이다. 게다가 과학자들도 자신의 연구 결과가 쓰이게 될 용도를 탐탁지 않게 여길 수 있다. '그러려고 연구한 게 아닌데' 하고 생각할 수도 있는 것이다. 정치학자 브라이언 헤드Brian Head는 이렇게 설명했다.

"연구자들이 정부의 정책 결정에 직접 관여하기란 쉽지 않다. 그들은 엄격한 증거를 찾아내고 증거 기반 정책에 합당한 의견을 제공하지만, 자신의 아이디어가 어떻게 해석되고 수정되고 사용되는지는 통제할 수 없다."[13]

어떤 전문 지식을 정치 언어로 번역해 정치인이 이해하기 쉽도록 전달하려면 반드시 중개자나 중재자가 필요하다. 그런데 중개자의 일은 조언자와는 다르다. 확실히 브루스 L. R. 스미스의 말처럼 경험, 이해, 설득에 능숙해야 하며 깊이보다는 넓이가 요구된다. 특정 분야에 깊은 지식을 가진 저명한 과학자라도 그런 역할을 맡기에는 부족할 수 있다. 게다가 명성이 너무 높으면 정치인들이 부담을 느껴서 해당 지식의 정책적 맥락과 목적 등을 올바르게 인지하는 데 어려움을 겪을 수도 있다.[14]

과학 고문들은 정치적 의사결정과 관련될 수 있는 다양한 지식을 균형 잡힌 그림으로 제공하는 데 어려움을 겪곤 한다. 그동안 자신의 전문 분야에서 전문가 집단과만 소통해왔기 때문에 다른 분야와의 연결 고리라든지 상호 작용에 대해서는 굳이 생각해야 할 이유가 없었기 때문이다. 그래서 그들은 관련성이 있는 다른 분야보다 과학 내에서 가장 높은 위상을 가진 곳에 의존하려는 경향을 보이고, 반대되는 관점이나 다른 학문 분야를 아우르는 데 능숙하지 않은 경우가 많다. 더욱이 과학에는 학문 융합 방법론도 없다(이 부분은 제13장에서 좀더 자세히 살필 것이다).

이것이 바로 내가 지식 간 융합을 뒷받침하는 '메타인지'를 강조하는 이유다. 과학과 정치가 융합하려면 메타인지가 필수적이다. 생각에 대해 다르게 생각할 수 있고 지식을 다른 지식으로 이해할 수 있는 메타인지는 바람직한 과학기술 거버넌스를 확립하는 데 없어서는 안 될 능력이다. 메타인지 능력을 키우려면 모르는 분야에 대해 열린 사고방식을 가져야 한다. 생각을 개방해 다양한 분야에 관심을 기울이다 보면 어떤 유형의 지식이 해당 문제를 해결하는 데 도움이 될지 이해하게 된다. 왜 똑같은 과학 지식이 건축 관련 법안에는 들어맞는데 그것을 인간 배아 줄기 세포 복제에는 적용할 수 없는지, 스마트폰 AI 규제와 아이들 정신 건강 사이에 어떤 상관관계가 있어서 그토록 말이 많은지, 과학적 가능성과 윤리적 딜레마가 왜 서로 부딪히는지 등은 하나의 지식만으로는 해결하지 못하는 문제들이다.

중개자나 중재자 역할은 비록 해당 주제에 관한 전문 지식은 부족하나 더 넓은 분야의 더 깊은 의견을 한 걸음 물러서서 편견 없이 취합할 수 있는 사람들이 더 잘 수행할 수 있다. 일테면 제삼자 관점에서 관심 분야를 오랫동안 지켜보고 분석해온 과학 저널리스트 같은 사람들이 그렇다. 다양한 분야의 지식을 어떻게 융합할지 고민해왔고, 가장 관련성 높은 지식이라도 맥락에 따라 얼마든지 다르게 이해할 수 있음을 아는 사람들이다. 지식과 의견의 생태계를 폭넓게 탐색해 전체 지도를 만드는 일이 이를 '조언'으로 다듬는 일만큼이나 중요한 것이다.

대담이나 회의를 마련하는 것도 이런 일에 포함된다. 오늘날 우리는 온갖 텍스트의 홍수 속에서 살지만, 참된 통찰은 단순한 읽기보다 대화나 토론에서 훨씬 더 잘 발현된다. 서로의 생각과 의견을 교환하고 이를 자신의 이야기로 재구성하는 과정에서 문제의 본질이 드러나게 된다. 이것이 아마도 2019년 SAPEA(유럽학회정책과학자문) 보고서에서 "가장 강력하게 권장할 만한 과학 조언 과정은 엄격한 분석과 심사숙고한 의견이 토론을 통해 상호 교환하고 융합함으로써 증거 기반 정보와 가치 사이에서 균형 잡힌 합의로 도출되는 것"이라고 결론 지은 까닭일 것이다.[15]

증거와 실험을 통한 과학과 정치의 융합

과학과 정치의 인적 융합도 중요하다. 뛰어난 중개자가 정치와 과학의 세계 사이에 튼튼한 다리를 놓을 수 있다.[16] 하지만 그 역할을 대체로 과학자들이 맡는다. 비근한 예가 행정부 부처 책임자로 과학자를 임명하는 경우다. 이런 관행도 과학자들이 정치를 경멸하게 되는 주된 요인으로 작용한다. 일찍이 플라톤Platon이 《국가Politeia》에서 정치를 외면하면 자신보다 못한 사람들에게 지배를 받는다고 경고했다지만, 과학자들은 오히려 정치에 발을 담가서 그런 굴욕을 당하기도 한다.

버락 오바마Barack Obama 대통령 재임 시절 세계적인 과학자 스티븐 추Stephen Chu와 어니스트 모니즈Ernest Moniz가 각각 에너지부 장관으로 활동했다. 어니스트 모니즈는 2015년 이란의 핵 프로그램을 제한하는 합의를 이끌어냈는데, 이는 부분적으로 그가 협상 상대인 알리 아크바르 살레히Ali Akbar Salehi와 1970년대 MIT에서 함께 공부한 인맥 덕분이었다. 당연히 오바마 행정부는 이 사실을 잘 알고 있었다. 2017년 프랑스 에마뉘엘 마크롱Emmanuel Macron 대통령은 AI 정책 고문으로 필즈상을 받은 수학자 출신의 하원의원 세드리크 빌라니Cédric Villani를 임명했지만 제대로 된 역할은 하지 못했다. 같은 해 마크롱 대통령은 프랑스 환경 운동을 주도하던 니콜라 윌로Nicolas Hulo를 생태연대전환부(구 환경부) 장관으로 임명해 기후 변화와 관련한 정책 성과를 기대하기도 했는데, 그는 정부가 자신을 무시한다고 불평하면서 1년 만에 사임했다. 이 사례는 모두 과학과 정치의 융합, 즉 여러 분야의 논리와 언어를 능숙하게 관리하고 다양한 사고방식을 수렴하는 과정이 오직 그들의 머릿속에서만 이뤄진 경우라고 할 수 있다.

인적 융합도 필요한 일이지만 그보다는 정부의 일상 업무에 '증거'와 '실험'을 포함하는 것이 더 시급하다. 나는 내 삶의 많은 부분을 증거 기반 정책의 옹호자이자 대변자로서 보내왔다. 내 목표를 한마디로 설명하자면 1970년대에 구축된 증거 기반 의학을 과학 정책을 추진하는 정부의 일상 업무에 도입하자는 것이다.[17] 그러려면 먼저 정부가 정책을 수립하기 전에 어떤 내용이 '알려져 있고' 무엇이 '작용하고 있는지' 알아야 한다. 여기에 논란의 여지가 있어서는 안 된다. 그러나 생각보다 단순하지 않다. 그저 '무엇이 작용하는지'의 문제를 넘어 어디에서, 언제, 어떻게 작용하는지, 그리고 그 가운데 어떤 측면을 한쪽 문제에서 다른 쪽 문제로 전환할 수 있는지의 문제이기 때문이다. 정황과 맥락이 매우 중요하다. 소득세 차등 부과 문제에서부터 한때 힌두교나 유교 문화권에서는 성립하지 못한다고 여겼던 의회 민주주의, 인터넷 검색 실명제, 초등학교 학제 문제에 이르기까지 수많은 제도와 정책을 확대했지만, 그 어느 것도 간단히 적용할 수는 없었다. 인간은 따라 하는 데 천부적 재능을 갖고 있으나, 증거와 분석에서 실행에 이르는 과정은 결코 선형적이지 않으며 되레 '적응'이라는 반복적인 순서를 되풀이하곤 했다.[18]

하지만 실행하기 전에 알아야 한다는 명확한 개념이 점점 더 널리 퍼지고 있는 것도 사실이다. 증거 종합, 즉 '작용하고 있는 것'을 중심으로 '신속한 평가'가 먼저 이뤄져야 한다는 원칙이 공공 기관 일상 업무에 자리 잡고 있다. 이를 위한 지식의 병렬 처리도 이 같은 공동 작업에 다양한 분야 지식이 참여할 것을 요구한다.[19]

그동안 나는 '작용하고 있는 것'을 살피는 정부 기관을 설립하는 데 적극적으로 관여해왔고 요즘은 의사결정을 위한 증거를 종합하고 정리하는 데 더 많은 시간을 보내고 있다. 이 작업은 전혀 화려하지 않으며 오히려 집요할 정도로 신중에 신중을 기해야 한다. 그래야 불필요한 실수를 줄이고 시간이 흐르면 흐를수록 더 견고한 체제를 구축할 수 있다. 영국에서 증거 기반 정책으로 아이들의 문해력을 향상한 사례, 이데올로기를 극복하고 국민 통합을 이룬 사례, 사회 환경을 극적으로 개선한 사례 등이 모두 이 같은 노력으로 이룬 것들이다.[20]

증거가 갖는 힘은 매우 강하다. 지난 30년 동안 보건 행동과 관련해 발의된 법안들을 분석한 결과 과학적 증거를 명시한 법안은 그렇지 않은 법안에 비해 실제 법률로 제정된 경우가 세 배 이상 높았다.[21] 약물 남용이나 인신매매 등 다른 정책 분야와 연방 법률도 유사한 양상을 보였다.[22] 이 사실은 정부 정책이 거의 모든 과학적 지식과 긴밀하게 융합할 수 있음을 시사한다.

실험도 중요한 연결 지점이다. 아이디어 단계일 때 실험을 거치면 정책 실행 과정에서 실수와 부작용을 상당 부분 방지할 수 있다. 이 또한 정부의 일상 업무에 과학적 방법론과 사고방식을 도입하는 일이다. 중국은 실험에 관한 한 오랜 전통을 갖고 있다. 중국 정부는 수십 년 동안 새로운 경제 정책, 사회 보장, 복지 등을 실험해왔다. 마오쩌둥은 표면적 아이디어라도 실험해보는 것을 선호했다. 모델을 통한 간접 경험이 지도 기관에서 생각만으로 내리는 지시보다 현실에 훨씬 더 가깝다고 여겼다.

다른 많은 국가도 과거 프랜시스 베이컨, 존 스튜어트 밀John Stuart Mill, 칼 포퍼 같은 여러 철학자가 권고한 내용을 정부 차원에서 실험하고 있다. 세계 빈곤 완화를 위한 대책을 현장 실험과 실증 분석으로 접근한 경제학자 에스더 뒤플로Esther Duflo, 아브지히트 바네르지Abhijit Banerjee,

마이클 크레이머Michael Kremer에게 2019년 노벨경제학상이 수여된 것을 계기로 이런 변화는 더 빠르게 확산했으며, 이에 자극받은 캐나다 재무부[23]와 핀란드 총리실[24]도 공공 서비스 혁신을 위해 갖가지 정책 실험을 촉진했다.

나 역시 공공 혁신과 기업 성장 지원 정책을 실험하는 '혁신성장연구소Innovation Growth Lab, IGL'와 함께 갖가지 실험 프로그램에 참여했다. 넛지 이론을 실험하고자 세계 각국을 대상으로 무작위 대조 시험RCT을 수행하는 '행동통찰팀Behavioural Insights Team, BIT'에서 활동하기도 했다. 행동통찰팀은 '넛지 유닛Nudge Unit'이라는 별칭으로 더 유명하다.

물론 이 같은 방법론이 만병통치약은 아닐 것이다. 전반적인 체제 변화에는 썩 적합하지 않을 수도 있다. 그래도 효과는 꽤 강력하다. 좋은 예로 코로나19 치료법을 찾아내고자 범유행 초기에 신속히 실시한 대규모 무작위 대조 시험 프로그램을 들 수 있다. 이 실험으로 '덱사메타손dexamethasone' 성분이 코로나바이러스 억제에 효과가 있음을 발견해 치사율을 크게 줄일 수 있었다. 나아가 다른 네 종류의 효과적인 약물을 추가로 확인했고, 당시 도널드 트럼프 대통령이 트위터에서 아무런 근거 없이 권장한 '하이드록시클로로퀸hydroxychloroquine' 등은 전혀 소용없다는 사실도 알아냈다. 그 덕분에 전 세계적으로 최소 100만 명 이상의 생명을 구할 수 있었다.

여기에서 우리는 불확실성을 거버넌스 차원에서 어떻게 대응해야 할지 청사진을 그려볼 수 있다. 변치 않는 진실이나 영원히 지속할 법칙을 추구하기보다 오히려 의도적으로 거버넌스를 더 잠정적이고 우발적이며 집단 지식에 개방적으로 만들어야 한다. 몇 해 전 나는 이 같은 거버넌스가 어떤 방식으로 규제 당국이 혁신적인 아이디어를 실험할 장을 만들어주는지 설명하면서, 빠르게 변화하는 산업을 관리하고 규제할 방안을 모색할 수 있는 가장 좋은 방법이라고 제안했다. 이제 이런 방식은 금융 규제 분야에서 흔히 찾을 수 있으며, 영국 정부도 여러 규제 당국이 AI든 드론이든 관련 규제책을 연구할 수 있도록 각종 기금을 마련하고 있다.

이후에도 많은 학자가 이와 비슷한 이론적 주장을 펼쳤다. 대표적으로 경제학자 대니 로드릭Dani Rodrik과 정치학자 찰스 사벨Charles Sabel은 정책 목표, 도구, 기준 등을 실시간으로 검토하고 수정해 불확실성에 대처하고 학습 역량을 향상할 수 있는 역동적인 거버넌스 체제 구축이 필요하다고 강조했다.[25]

이해하지 못하는 것을 지도하는 방법: 삼각법의 원리

어떻게 하면 정치, 더 정확히 표현해 우리의 주권을 대행하는 정치인들이 과학적 방법론을 제대로 활용하고 과학을 더 효과적으로 규제하거나 지도할 수 있을까? 그리고 정치인과 과학자, 대중과 과학자 사이의 건강한 관계는 어떻게 이뤄질 수 있을까? 평소에 우리는 우리보다 훨씬 더 많이 아는 사람들에게 삶의 많은 부분을 의존한다. 집의 배관이나 배선 작업, 자동차 정비나 수리처럼 우리가 잘 모르는 생활 기술 분야에서부터, 재무 담당 직원이 상사의 회계 문맹을 이용해 회사 자금을 빼돌리고 싶어 할지도 모르는 기업 분야, 환자에게 불필요한 입원이나 수술을 유도하면 돈을 더 벌 수 있음을 아는 의료 분야에 이르기까지 매우 다양하다.

이는 정부 업무에서도 마찬가지다. 그래서 정부도 때로는 '주인-대리인 문제Principal-Agent Problem'로 어려움을 겪는다. 주인-대리인 문제는 어떤 관계에서 권한을 위임하는 쪽을 '주인', 위임받는 쪽은 '대리인'이라고 할 때, 주인은 대리인이 주인의 이익을 위해 일하리라 믿고 일을 맡기지만 실제로 대리인이 어떻게 행동하는지 파악하기 어렵다는 데서 발생하는 문제다. 이 문제는 비대칭성, 즉 주인보다 대리인이 더 큰 전문성을 갖고 있어서 벌어진다. 하지만 역설적이게도 주인이 권한을 위임하는 이유 또한 전문성에 있다. 이 관계를 악용해 대리인이 주인의 이익에 반하는 행동, 즉 주인 몰래 자신의 사리사욕을 챙길 수 있는데, 이를 이른바 '도덕적 해이moral hazard'라고 부른다. 이 문제를 우리의 논의에 대입하면 주인은 '정치(정부·관료·정치인)' 또는 '국민(유권자)'이고 대리인은 '과학(과학계·과학자)'이 된다.[26]

우리는 전문가에게 의존할 일, 다시 말해 그들이 더 잘할 결정을 우리 스스로 내리고 싶어 하지 않는다. 우리는 외과 수술이나 통화 정책, 철도 노선 설계 등을 유권자인 우리가 해야 하는 상황이 오기를 바라지 않는다. 그렇기에 우리는 우리보다 지식과 정보가 더 많은 사람, 그렇지만 우리에게 철저히 봉사해줄 사람들에게 방법과 방식을 위임한다. 과학은 특히 지식 격차가 다른 분야보다 크기 때문에 위임은 필수적이다. 특정 지식 분야를 발전시키는 데 수십 년을 바친 과학자들은 당연히 정치인이나 대중보다 핵융합 에너지나 양자컴퓨팅 등이 세상에 미칠 영향에 관해 압도적으로 더 많은 것들을 알고 있다.

그렇다면 불균형을 어떻게 해소할 수 있을까? 의회나 정부가 어떤 과학자들을 믿고 어떤 과학 분야를 신뢰해야 하는지 어떻게 알 수 있을까? 첫 번째 방법은 판단 주체가 단독으로 과학자 개개인의 면모를 살피는 것이다. 그들의 연구 업적과 그간의 행적을 꼼꼼히 들여다보면서 신뢰성과 진실성을 판단하려고 노력하고, 그들의 다른 말이나 글도 찾아서 얼마나 진실한지, 혹여 거짓된 면은 없는지 세심히 확인해야 한다. 이 방법은 의회나 정부가 과학 고문을 임명하기 전 일반적으로 검토하는 과정이다.

두 번째 방법은 다른 이들의 평판을 참조하는 것이다. 학계에서 해당 과학자를 어떻게 평가하고 있는지, 연구 지원은 얼마나 이뤄졌는지, 상을 받은 적이 있는지 등을 두루 살펴야 한다. 인터넷에 자주 올라오는 순위나 평점 같은 것을 떠올리면 된다. 이 방법은 나름의 객관성을 확보하고 위험을 줄일 수 있지만, 순응적인 사람에게 평가가 후한 만큼 너무 무난한 인물이 좋게 보인다거나 다소 성향이 괴팍하고 생각이 특이한 천재들은 눈에 잘 띄지 않는다는 단점이 있다.

세 번째 방법은 전문적으로 인사를 관리하는 부처나 직책을 만들어 대신 판단하게 하는 것이다. 그들이 조사관이나 감사관 또는 감독관 같은 역할을 맡아 실제로 정부와 유권자의 이익을 위해 노력하고 있는지 주기적으로 확인해야 한다. 국정 감사 때 의회에 참고인으로 소환해 일을 제대로 하고 있는지 질문하고 답변을 받는 체제도 여기에 포함된다. 정부가 속고 있거나 엉뚱한 일을 추진하고 있지는 않은지 대중이 판단해볼 수 있는 공식 검증 체제라고도 할 수 있다.

네 번째 방법은 보상을 활용하는 것이다. 일테면 부정한 행위를 보고한 내부 고발자에게 보상하는 방식이 있다. 미국 증권거래위원회SEC의 경우 사실로 드러나면 내부 고발자에게 그 덕분에 손실을 막을 수 있던 금액의 10~30%를 제공하는데, 어떤 때는 수천만 달러에 이르기도 한다. 또는 2014년 영국 의회가 18세기 '경도상Longitude Prize'을 부활시킨 것처럼 과학 정책에 이바지하면 큰 보상을 제공하는 방식도 있다.

마지막 다섯 번째 방법은 대담이나 토론회, 즉 대화를 통해 책임감을 고취하는 것이다. 일이 잘되고 있을 때도 좋지만, 특히 문제가 발생했을 때 해당 과학 고문에게 스스로 설명할 자리를 마련해준다. 투철한 책임감은 우리의 세계와 그들의 세계를 연결하는 데 도움이 되며, 대화가 더 깊고 풍부할수록 주인이 위임한 권한과 대리인의 의무가 일치하는지 명확히 확인할 수 있다.

이런 방법 가운데 어떤 것들은 관계 맥락에서 믿음과 신뢰성 문제를 해소한다.[27] 어떤 방법은 공식 자격 증명, 기록, 성과, 증거 등을 이용하기에 훨씬 과학적이다. 물론 전자가 좀더 인간적이고 자연스럽다. 하지만 시간이 흐를수록 후자가 더 정확하다는 사실을 체감해서 그때부터는 아마도 인간적 본능을 최대한 불신하는 게 옳다고 여기게 될 것이다.

이 다섯 가지 불균형 해소 방법은 우리가 이해하기 어려운 지식 분야를 어쩔 수 없이 전문가에게 의존하는 상황에서 해당 분야를 관리하고 규제하는 데 도움이 된다. 예를 들어 의료 분야의 경우 거의 모든 판단을 의사에게 맡기게 되는데, 우리는 그들이 일반적으로 선하고 이타적이라고 믿고 싶어 한다. 그 믿음을 확인하기 위해 해당 의사나 병원의 평가나 성과 데이터를 찾아볼 수 있다. 꼭 인간적인 신뢰가 아니더라도 그들이 우리가 위임한 일을 합리적으로 수행하는지 각종 증거를 살필 수 있다. 진료실에서 〈란셋〉을 발견할 수 있다면, 그 또한 우리가 안심할 수 있는 증거가 될 것이다. 정치 관점에서는 정부 기관의 의료 감시 체제가 그들의 위반 행위를 발견한 경우 적절한 규제를 가할 수 있다. 일이 크게 잘못됐다면 소환해 공식적인 설명을 요구할 수도 있다.

이해하기 어려운 과학 분야를 지도할 때 정치가 직면하는 문제 중 양상이 사뭇 다른 것이 있다. 다름 아닌 AI다. AI 알고리듬은 하루에도 수십억 건의 의사결정을 내리면서 전 세계 수백만 명의 삶에 영향을 미치고 있지만, 우리가 방금 살펴본 검증 방법은 사실상 사용하지 않기 때문이다. 2017년 네덜란드 로테르담 시 정부는 IT 컨설팅 기업 액센츄어Accenture가 만든 머신 러닝 알고리듬을 이용해 복지 지원금 부정 수급에 관한 위험 지수를 측정하기 시작했다. 한마디로 AI 알고리듬을 이용해 부정 수급자를 색출하겠다는 것이었다. 이 알고리듬은 시민들의 과거 범죄 이력뿐 아니라 나이, 젠더, 네덜란드어 구사 여부 등 수많은 데이터를 매개 변수로 사용했다. 그러나 2021년 전면 중지됐다. 조사 결과 부적격하다는 사실이 드러났기 때문이다. 조사에 따르면 이 알고리듬은 '마지막 연애 기간처럼 사생활 침해 요소가 다분한 데이터에서부터 '이메일을 전송한 시각'이나 '좋아하는 스포츠' 같은 전혀 무관한 정보까지 매개 변수로 활용하고 있었다. 온갖 쓸데없는 정보가 알고리듬에 포함되면서 엉뚱한 사람들이 경찰 조사를 받기도 했다. 이 알고리듬을 통해 산출한 위험 지수는 그 방대한 데이터에도 불구하고 그냥 무작위로 돌린 결과보다 정확도가 떨어졌다.[28]

첨단 과학으로 부정 수급자를 색출하겠다는 이 발상은 정치적이고 윤리적인 판단을 비중 있게 취급하지 않은 데서 기인한다. 로테르담 시 정부는 앞서 첫 번째, 두 번째, 네 번째, 다섯 번째 방법이 여의치 않으니 세 번째 방법을 선택해 액센츄어라는 외부 전문가 집단에 의뢰했을 테고, 여기에는 자연스럽게 AI 기술에 대한 막연한 신뢰도 작용했을 것이다. 하지만 액센츄어 측은 이 머신 러닝 알고리듬이 매우 정교한 데이터 기반 접근 방식이라고 자신했으나, 결국 다른 많은 AI와 마찬가지로 매개 변수 프로그래밍 자체에 계층, 젠더, 인종, 민족 등에 따른 편견을 잔뜩 내재한 것으로 밝혀졌다. AI로 범죄 위험에 노출될 아이들을 예측하는 미국 앨러게니 카운티Allegheny County에서부터 AI 알고리듬 감시 체제로 집행유예 기간 누가 범죄를 저지를지 예상하는 영국 법원에 이르기까지 전 세계 수많은 국가 정부나 지방 정부가 AI에 점점 더 의존함에 따라 그 실효성을 따져보는 조사와 연구도 더 많이 시행되고 있다.[29]

이와 비슷한 고려 사항은 과학계의 공정성을 유지하는 데에도 필요하다. 그러나 AI와 마찬가지로 과학계에 적용할 방법도 그리 두툼하지 않고 포괄적이지도 않으며 완벽하게 신뢰하지는 못한다. 과학의 공익을 측정하는 데 쓸 수 있는 적절한 판단 기준이나 평가 지표도 거의 없다. 사실 과학자들의 일은 그 특성상 윤리나 도덕적 영향을 미칠 자리가 마땅치 않다. 시도가 없던 것은 아니나 과학자들에게는 히포크라테스 선서에 상응하는 것이 아직 없다. 우리는 과학적 방식을 어느 정도 신뢰할 수 있다는 것도 알지만, 그와 같은 방식에 결함이 있다는 사실도 안다. 그것들을 간접적으로 검증할 몇 가지 수단이 있어도 생물학적 위험이나 AI와 관련해서는 별 도움이 안 된다. 과학자들이 자신의 행위와 결정을 대중 앞에서 설명해야 하는 때도 상대적으로 적다.

이런 요소들이 모두 언제든 문제가 생길 수 있는 상관관계로 얽혀 있다. 신뢰가 당연하다지만 얼마든지 우리가 눈치챌 겨를도 없이 깨질 수 있기에 더욱 중요하다. 과학계는 유능하고 뛰어난 사람들이 모인 전문가 집단이니 공정하리라는 믿음만으로는, 과학자들은 너무나도 순수해서 새로운 지식 추구에만 몰두할 뿐 다른 일은 도모하지 않는다는 인식적 책임을 보여주는 것만으로는 충분하지 않다. 태생적으로 과학과 대중의 관계는 온갖 복잡성을 수반하며, 우리가 과학을 상호적이고 진실하다고 믿지 못하면 금세 잘못된 관계로 변하게 된다.

보건 분야가 대표적인 사례다. 여전히 몇몇 공동체가 의학계를 완전히 신뢰하지 않는 나라들이 많이 있다. 윤리적 측면에서 정치 및 사회 현상을 꾸준히 연구하고 있는 철학자 벤 알마시Ben Almassi는 흑인 공동체가 미국 의료 체계를 불신하는 이유에 대해 다음과 같이 요약했다.

"국가 의료 체계가 추구하는 이익이 자신의 이익과 일치한다고 여기는 사람들도 많지만, 자신들이 흑인이어서 그 이익의 가치가 제대로 평가받지 못한다고 여기는 환자와 가족도 있다. 이들 흑인 공동체가 그런 걱정을 하는 데는 그만한 이유가 있다. 의사나 간호사 등 의료 관계자들의 태도 때문이다. 설사 그것이 그들만의 착각이라고 해도 매우 중요한 문제다. 대부분 환자나 부모 또는 가족은 일반적으로 의료 관계자들이 친절하고 따뜻하게 대해줄 때 해당 의사나 간호사, 나아가 병원이나 진료소를 신뢰한다. 사람들은 이들 의료 전문가가 고도로 숙련된 전문가 집단이라는 이유에서뿐 아니라 자신을 배려한다고 느낄 때 신뢰받을 자격이 있다고 여긴다."[30]

역사적으로 이 패턴은 지배 집단과 피지배 집단(또는 토착민 집단) 사이의 관계에서 극명하게 나타났다. 과학철학자 카일 와이트Kyle Whyte와 로버트 크리스Robert Crease는 신뢰와 전문성의 관계를 연구한 논문에서 이렇게 설명했다.

"생태 및 환경을 연구하는 과학자들이 캐나다 북부 지역에 들어와 여기저기 헤집고 다니면서 이것저것 조사하고는 정작 자신들이 발견한 지식은 공유하지 않은 채 말도 없이 떠나곤 했던 사실 때문에 이누이트Inuit는 과학 전문가들을 좋게 보지 않았다."[31]

요컨대 대중에게 지식과 정보를 잘 전달하는 것만으로는 부족하다. 일방적이라면 더 곤란하다. 과학은 대중이나 정치와의 관계에서 양방향 의사소통이 기본임을 염두에 둬야 한다. 높은 지식과 전문성이 신뢰를 보장하지는 않는다. 과학계가 그렇게 바뀌도록 하려면 앞에서 살핀 방법들을 비롯해 다양한 도구로 불균형을 상쇄해야 한다. 지식의 비대칭성에 균형을 맞추고 신뢰를 형성해 권력이 골고루 분산되게끔 하는 것이다. 이것이 우리의 도전 과제다. 우리는 필연적으로 과학에 의존할 수밖에 없고, 과학의 이해관계를 우리의 필요와 요구에 맞추기 위해서는 미약하나마 이 방법이라도 써야 한다. 그러지 못하면 잘못된 방향으로 흐른 관계가 나중에는 당연시되면서 손을 못 쓰는 단계로까지 틈이 벌어질 것이다.

과학의 민주화

정부도 과학을 통제하기가 쉽지 않은 상황에서 일반 시민의 어려움은 두말할 것도 없다. 첫머리에서 언급했듯이 과학과 국가 그리고 기업 사이의 복잡한 상호 작용은 대중의 공익을 제쳐두는 경향이 있다. 실제로도 과학 정책은 과학의 민주화에 저항해왔다. 과학 정책 의사결정은 국민보다 과학자 자신이나 국가 또는 기업의 이익에 부합하는 쪽으로 유지됐다. 대중은 선수가 아닌 관중으로서 과학의 경기 과정과 결과를 그저 감사하게 지켜보는 수동적 존재로 취급됐다.

정부가 과학의 민주화에 소극적인 데는 나름의 이유가 있다. 일반 대중은 복잡하고 어려운 데다 고도로 기술적인 과학을 다루기에는 그리 현명한 위치에 있지 않다고 보기 때문이다. 과학 분야가 더 깊고 이론적일수록 민주화를 위한 공간은 더 좁아진다. 정부가 보기에 과학의 민주화는 예술이나 경제 정책의 민주화만큼 바람직하지 않다. 대중은 과학에 깊숙이 관여할 시간, 지식, 의지가 부족하고, 투표처럼 대중의 다양한 선호를 반영하는 방식은 비효율적이다. 내 이웃과 동료 시민들이 우리의 이익에 도움이 될 결정을 내릴 만큼 현명하고, 똑똑하고, 성실하다고 믿을 만한 여지가 없다는 것이다.

그렇지만 이런 명분이 과학의 목표 설정과 실행을 올바르게 유도하는 민주화를 무시할 타당한 이유는 되지 못한다. 게다가 대중이 우선하기를 바라는 과학 정책과 실제 시행되는 정책의 격차는 공적 자금이 투입됐든 기업 지원에 의한 것이든 정당성을 확보하기 어렵다. 전 세계 대부분 국가에서 과학 정책 우선순위 설정 및 자금 지원 계획은 항공우주 분야나 제약 분야 같은 관련 산업과 과학계와의 특별한 이해관계에 따라 결정된다. 미국의 예산 지출 패턴만 보더라도 여전히 연방 과학 예산 절반을 군사 안보 부문에 집중하는 등 공익보다는 국익에 치우쳐 있다. 디자인 분야는 차이가 더 심하다. 여성의 신체 조건이나 관심사는 일부 가전제품을 제외하고는 아직도 남성 평균에 기준을 맞추고 있다.[32] 그리고 앞서 지적한 AI 알고리듬 역시 특정 계층, 젠더, 인종, 민족 등에 편향된 결정을 마구잡이로 쏟아낸다.

초음속 여객기 콩코드 프로젝트는 사회적 근시안 그리고 과학기술 정책과 공익 사이의 간격이 얼마나 큰지 보여준 전형적 사례다. 1960년대 영국과 프랑스 정부가 공동으로 막대한 자금을 지원해 진행한 이 프로젝트는 세상에서 가장 빠른 여객기를 만들어냈고, 이는 놀랄 만한 기술적 성과였지만, 수백만 명의 장애인을 포함한 일반 대중이 아닌 소수 부유층의 요구를 우선시한 것이었다. 그런데 그마저도 부유층에게도 외면당했고, 이후 보잉Boeing과 에어버스Airbus의 혁신으로 하늘에서 완전히 사라졌다.

불균형을 바로잡고 과학을 민주화하기 위한 소박한 시도는 많이 있었다. 시민 배심원단을 구성해 생명 윤리에 대해 의견을 개진하기도 했고, 기후 변화에 목소리를 높이는 집회도 있었으며, 덴마크의 경우 온갖 주제를 심의하는 '합의 회의' 전통이 있고,[33] 그 밖에도 다양한 형태의 시민 참여 시도가 있었다.[34] 유럽의회는 이른바 '녹색 전환Green Transition'을 기치로 내걸고 화학 산업의 역할 변화를 안건으로 온라인 회의 등 다양한 형식을 실험했다.[35] 영국에서는 '사이언스와이즈Sciencewise'라는 광범위한 대중 참여 프로그램이 정부로부터 자금을 지원받아 유전체학에서 드론 및 나노기술nanotechnology에 이르기까지 수십 개 분야에 컨설팅을 제공하고 있다.[36] 미국 국립보건원NIH은 보조금 지원 검토에 대중을 참여시킨 적이 있고, 미군은 한때 임상 연구 프로그램 동료 심사에 대중을 모집하기도 했다.[37]

이 같은 시도는 얼마간의 시간과 간단한 설명을 통해 무작위로 확보한 대중의 다양한 관점에 균형을 맞출 유용한 도구가 될 수 있다. 대중의 집단 지식은 규칙과 구속을 피하려는 과학계의 독단과 새로운 지식 확산을 막으려는 종교계의 독단 모두를 거부하는 경향이 있다.[38]

몇몇 지방 자치 정부는 민주주의와 과학 사이의 긴밀한 연결 고리를 제공하기도 했다. 네덜란드 암스테르담은 세계 최초로 정부 수석 과학자를 임명한 도시다. 여러 미국 지방 정부는 연방 정부가 행동을 취하기를 거부하고 있을 때 앞장서서 기후 변화 대응 정책을 추진했다. 샌프란시스코는 대중 여론을 따라 적절히 검증하지 못한 기술 사용은 시기상

조라면서 치안 유지 활동에 AI 알고리듬 예측 분석을 금지하는 법안을 통과시켰다. 그리고 공기 질 개선 같은 주제는 전 세계적으로 중앙 정부보다 지방 정부 차원에서 더 활발히 논의하고 있다. 런던이 도입한 배기가스 '초저배출 구역Ultra Low Emission Zone, ULEZ'은 공기 오염이 아이들 건강에 미치는 악영향과 시민 환경 단체가 제시한 증거가 정책을 움직인 좋은 예이며, 이는 집단 지식이 기후 변화에서 산업 폐기물과 정신 건강에 이르기까지 공공 의제를 설정하는 데 결정적으로 이바지한 수많은 사례 중 하나다.[39]

그렇다면 이제 제도적 과업은 민주적 희망을 가장 효과적으로 실현할 방법일 것이다. 내가 제1장에서 언급한 'HFEA(인간수정배아관리국)' 같은 기관이 광범위한 공개 토론을 유도하고 혁신을 실험하는 한편 모두가 함께 윤리적 문제도 고려하는 모범적 사례라고 할 수 있다. 과학 발전과 민주화를 동시에 이루려면 이런 기관이 훨씬 더 많이 생겨야 한다. 특히 AI와 합성생물학 분야에 시급한 상황이며 앞으로도 더 많은 기관이 요구될 것이다. 과학기술 거버넌스 마련에 체계적으로 접근하려면 다음과 같은 활동이 필요하다.

- 조사와 분석: 데이터 분석, 모델, 시나리오 등 다양한 도구 활용.
- 평가와 해석: 사회와 경제에 미치는 잠재적 영향까지 포함.
- 실행: 법률, 규정, 지원책, 장려책 등 필요한 모든 조치 시행.
- 적응: 새로운 지식이나 위험 상황에 대한 유인을 염두에 둔 이상적 프레임 유지.

이런 활동을 중심으로 하는 위원회를 설립해 운용하면 바람직한 거버넌스를 수립할 수 있다. 선발된 위원(대리인)들은 과학계와 대중 그리고 미디어를 공론의 장으로 이끌어 모두가 이 '과학기술 협의체'의 일원으로서 과학의 올바른 발전을 도모하는 데 기여하도록 힘쓴다. 이 기관의 주요 업무는 예산 확보 및 자금 지원, 정책 및 규제안 구성, 정부 유관 부처와 정책 연계 등이다. 스스로 담을 쌓고 외부와 소통하지 않는 '사일로Silo' 문화에 찌든 여러 기존 공공 기관에도 신선한 자극이 될 것이다. 이 위원회는 정부의 공적 자금이 투입되는 연구자나 연구소에 대해 두 가지 핵심 권한을 갖게 된다. 하나는 연구 내용이나 의의와 관련해 설명을 요구하고 미진한 경우 의회에 검토를 요청할 수 있는 일반적인 권한이며, 다른 하나는 공익에 부합하는지 확인해 기술 개발 속도를 지연하거나 가속할 수 있는 더 강력한 권한이다.

이 같은 과업을 수행하기 위해 꼭 전담 조직 구성이 필요한 것은 아니며, 진행 중인 프로젝트를 반드시 마무리할 필요도 없다. 이 기관의 정체성은 어디까지나 올바르고 바람직한 과학기술 거버넌스 확산에 있으므로, 오히려 약간 느슨하고 보다 개방된 사고방식을 유지하는 게 좋다. 조사와 분석은 넓고, 평가와 해석은 밀접해야 하며, 실행은 정책의 실용성에 초점을 맞춰야 한다. 거버넌스에 적응하는 동안에도 얼마든지 더 새로운 기술과 예기치 못한 위험을 발견할 수 있기에, 어떤 경우에는 실행하고 있던 정책을 중단해야 할 때도 있다. 이런 활동 과정이 유연하게 유기적으로 이뤄지지 않으면 정치와 과학 각계의 의사결정자들이 이전 결정에 함몰해 빠져나오기 어려워진다. 각 활동 단계에서 업무를 수행하는 위원들의 상호 작용을 명시적으로 구성하면, 다시 말해 끊고 맺고 이을 상황을 매뉴얼화하면 위원회 체계 전체가 더욱 지능적으로 작동할 수 있을 것이다.

과학의 우선순위 민주화: 사회를 위한 과학

과학기술의 상당 부분은 사회를 위한 것이어야 하고, 민주주의 국가에서 과학이 공적 자금을 지원받는 이상 대중에게 요구되는 우선순위를 따라야 한다는 데 이의를 제기할 사람은 없을 것이다. 이런 측면에서 볼 때 확실히 국민 건강 연구에 지원되는 정부 지출은 식량 및 에너지 분야와 마찬가지로 삶의 질 향상을 위해 시행되는 것이며 금액도 계속해서 증가하고 있다. 자연과학, 사회과학, 공학 등 모든 과학 분야 연구에 연간 90억 달러를 지출하는 미국 국립과학재단NSF은 그로 인해 생산된 지식이 국가 안보나 경제 성장에만 영향을 미치는 게 아니라 국민을 위한 '일반 복지general welfare'에도 이바지한다고 설명한다. 하지만 이러한 주장에도 불구하고 과학의 우선순위를 결정하는 데 대중이 참여할 길은 놀랍게도 거의 없다. 계층, 젠더, 인종, 민족에 미치는 영향을 포함한 사회적 고려 사항은 의사결정이 이뤄질 때 우선순위에서 뒤로 밀리는 경향이 있다.[40]

이제는 고전적인 예로 인터넷은 본래 미국 다르파DARPA, 국방고등연구계획국의 군사적 투자 결과인데, 이후 정부와 기업의 R&D 열풍을 부채질했다. 그러나 인터넷 연구가 한창이던 때 그것의 반사회적 영향, 즉 아동·청소년의 정서에 미칠 폐해, 우울증과 정신 건강 및 민주주의에 미칠 악영향 등을 다룬 연구는 없었다. 스마트폰이 등장하고 나서야 정신 건강을 해친다는 연구 결과가 쏟아져나왔다. 어떤 국가 어떤 사회도 과학기술의 순기능에만 집착했을 뿐 이 같은 폐해나 그 해결책을 모색할 기관을 갖추려고 하지 않았다. 20년이 흘러 가상 현실과 AI가 일상에 스며들고 삶의 수많은 영역을 잠식한 현재 똑같은 패턴이 거듭되고 있다.

통신 기술 역시 대중이 생각하는 과학의 우선순위와 정책 의사결정자들의 우선순위에서 큰 격차를 보였다. 과학기술사회학자 캐럴린 마빈Carolyn Marvin이 쓴《오래된 기술이 새로워졌을 때: 19세기 후반 전기 통신에 관한 생각When Old Technologies Were New: Thinking About Electric Communication in the Late Nineteenth Century》을 보면 전화가 처음 상용화됐을 때 전화기 개발자들이 전화로 신나게 수다 떠는 여성들의 모습을 보고 크게 실망하는 장면이 나온다.[41] 훗날 프랑스에서 개발된 미니텔Minitel의 메시지 전송 기능과 나중에 인터넷 채팅 서비스가 은밀히 성적 대화를 주고받는 데 쓰일 때도 관련 기술자들이 또 한번 경악했다.

보건 분야의 경우 일반적으로 의약품이 특권을 누려왔다. 부유한 나라 부자 환자들이 꾸준히 찾는 약은 가난한 나라에서 한 번 사용하는 약보다 늘 우선시됐다. 이런 불균형은 한쪽으로만 쏠린 연구가 필수 의약품 생산성 저하와 맞물리면서 급기야 참다못한 몇몇 국가 정부를 비롯해 게이츠재단 같은 단체들의 행동을 촉발했고, 계속되는 개선 조치 요구에 결국 말라리아malaria나 결핵tuberculosis 같은 후진국형 질병에도 신경을 쓰는 쪽으로 바뀌었다.

2010년대 중반 나는 영국 시민들을 대상으로 만약 자신의 이름을 걸고 과학기술 연구에 자금을 지원한다면 어떤 분야를 우선시할지 묻는 설문 조사를 진행한 적이 있다. 이때 일반 대중의 전반적인 관심 사안을 알 수 있는 패턴을 발견했다. 영국 인구의 25%에 해당하는 표본 응답자가 GMO나 원자력 발전 등 대부분의 혁신 분야에 호의적이었다. 이들 그룹은 응답자 평균보다 학력이 높고, 도시에 거주했으며, 주로 남성이었다. 정책 의사결정자들도 이 그룹에 포함된 것으로 나타났다. 반대편 그룹이라고 할 수 있는 16%의 응답자들은 대체로 정부 정책에 적대적이고 회의적이었다. 35% 이상을 차지한 다른 그룹은 좀더 복잡한 경향을 보였다. 변화와 혁신의 필요성을 인식하면서도 윤리와 권리를 더 우선시했으며, 예산 낭비나 해당 기술이 아이들에게 미칠 영향을 염려했다. 이 그룹 응답자들은 주로 여성이었고, 기술 제품 등 하드웨어보다는 돌봄이나 요양 같은 기술 서비스 분야 혁신을 더 중요하게 여겼다. 하지만 그룹 규모가 가장 컸는데도 이후 실제 정책에 미친 영향력은 상대적으로 작았다. 당시 보고서 일부를 요약하면 이렇다.

"혁신에 대한 대중의 태도에 계층적 차이가 강하게 작용하고 있음. 사회경제적 등급 ABC1에 해당하는 중상류층은 사회 변화 속도에 상대적으로 빠르게 적응함. 기술 진보에 의한 위험을 감수할 의지가 상대적으로 높고 위험 역시 발전의 원동력으로 보는 경향이 강함. 중장기적 발전 방향과 관련한 이해도가 높음. 정부와 기업의 R&D 지출 확대를 지지함."

성급하게 일반화할 수는 없겠지만 남성들은 거시적 차원에서 과학 혁신 자체를 지지하는 경향이 뚜렷했고, 여성들은 전반적으로 과학 혁신에 따른 실리적 요소를 더 중시했다.

설문 조사 본연의 목적인 과학 연구 우선순위에 대해서는 의료, 에너지, 농업, 교육, 공공 서비스, 통신, 교통이 상위권을 차지했다. 국방과 항공우주는 하위권이었지만, 일반적으로 이 분야는 국가 중앙 정부의 최우선순위다. 이 대목에서 나는 민주주의가 우선순위 결정에 더 강력한 지침이 된다면 미래 과학과 혁신의 양상이 매우 달라지리라는 생각이 들었다. 이와 유사한 설문 조사는 거의 시행되지 않는다. 대중은 주기적으로 수십 가지 현안과 관련한 여론 조사에 시달리지만, 과학기술 정책과 관련한 의견을 제시할 기회는 별로 없다. 그래도 2022년 과학 정책을 바라보는 대중의 시각에 관한 보기 드문 설문 조사에 따르면 응답자의 57%가 과학기술 분야 R&D 현황에 대해 '전혀' 또는 '거의' 모르는 것으로 나타났다. 알고 있다고 응답한 사람 가운데서도 39%만이 R&D 정책이 대중에게 혜택으로 돌아올 것 같다고 답변했으며, 나머지는 잘 모르겠다고 응답했다.

정부가 다양한 과학 연구 분야에 공적 자금을 투입하면서도 막상 그 유용성을 평가할 방법은 부족하다는 점도 놀라웠다. 긍정적 영향을 기대하는 화려한 수사만 난무할 뿐 구체적으로 어떤 부분이 사회적·경제적 가치를 창출하는지는 진지한 연구가 이뤄지지 않았고, 그나마 돈이 되는 경제적 영향에 대해서는 어느 정도 신경 쓰면서도 사회적 영향, 특히 부정적 영향에 관해서는 큰 관심을 두지 않았다.

내가 영국 정부 기관에서 정책 전략을 맡고 있을 때 보건사회복지부에 자금 지원 대상 선정을 어떤 방식으로 하는지 계속해서 문의했었는데 번번이 무시당했다. 그러다가 사적인 자리에서 듣게 된 대답은 주로 지위와 인맥에 달렸다는 것이었다. 예컨대 여러 의료 분야에서 '그들의' 사람이 요직에 앉게 되면 그에 따른 다양한 혜택을 기대할 수 있을 테다. 그도 그럴 것이 정부수석과학자문관GCSA으로 임명되는 인물 대다수는 영국 생명과학 선도 그룹인 잉글랜드 남동부 의과대학 및 기관 네트워크, 이른바 '바이오메디컬 버블Biomedical Bubble' 출신들이다. 이들이 인상적인 성과를 낸 적도 꽤 있지만, 대체로는 자신들 공동체의 이익을 더 중요시했고 회의적인 견해나 분석이 제기되면 차단하고 방어하기에 바빴다. 코로나19 범유행에 직면했을 때 이들은 감염이나 백신에 관한 사안은 열심히 설명했지만, 대중의 정신 건강이나 의료 체제가 보여준 본질적 문제 등에 관해서는 거의 언급하지 않았다.

영국 상황을 자세히 조사한 연구에 따르면 전체 지원 자금 중 불과 5.4%만 전염병 예방 등 공중 보건 분야에 사용됐으며, 80% 이상은 생체의학 연구에 집중됐다.[42] 이 분야에 편중된 지원은 2020년 코로나19 백신이 빠르게 개발된 상황만 놓고 보면 나름의 선견지명이라고도 할 수 있겠으나, 몇몇 간헐적 성공이 전체 그림을 가렸을 뿐 장기적으로는 실패한 사례가 더 많다. 돈을 많이 들인다고 무조건 새로운 약이 개발되지는 않는다. 각종 데이터는 자금 지원 대비 신약 개발 성과가 급격히 떨어지고 있음을 보여준다.[43] 효용이 형편없는 것이다. 이를 풍자해 디지털 기술이 기하급수적 발전한다는 '무어의 법칙Moore's Law'을 뒤집어

'이룸의 법칙Eroom's Law'이라고 부를 정도다. 50년 동안 매년 10억 달러 이상을 투입했는데도 과거보다 훨씬 적은 수의 신약만 개발됐다.

이와 대조적으로 공중 보건 분야는 지출 대비 높은 효용을 기대할 수 있지만, 여전히 우선순위에 들지 못하고 있다. 신약 개발 등이 국민 건강 증진에서 차지하는 비중은 10~25%뿐이며, 이는 유전, 환경, 생활 습관, 사회적 요인 같은 전반적인 의료 서비스 분야를 개선하는 활동보다 기여도가 낮다.[44] 리처드 닉슨 대통령이 암과의 전쟁을 선포한 지 50년이 지난 지금도 암 연구는 막대한 자금을 끌어당기고 있다. 그러나 설령 인류가 암을 정복하더라도 기껏해야 기대 수명이 몇 년 더 늘어나는 게 전부일 뿐이다.

우선순위에서 자꾸만 뒷전으로 밀리다 보니 질병 예방 연구나 예방 서비스에 대한 지원도 부족해졌다. 공중 보건 의료 실무자들은 차라리 다른 의료 분야 지원에 통합이라도 해줄 것을 바라고 있지만, 그런 방식은 조율이 어려울뿐더러 정책 추진 상황과 결과를 분석하기 어렵게 만들 수도 있다.

해리 루터Harry Rutter 등 공중 보건 분야 연구자들에 따르면 전통적인 선형 연구 모델은 연구 자금 지원 결정이나 연구 활동 관리에 참조할 증거를 제시할 때 식량, 고용, 교통, 경제 등 복잡하고 다중적인 영향을 종합적으로 살피지 않았으며, 인구 집단 전체와 계층적 맥락이 아닌 개인의 상황만 단기적으로 고려한 경우가 대부분이었다.[45]

보건 분야를 지원할 때 신체 건강 측면에만 치우치는 부분도 문제다. 신체 건강은 지원 예산이 어느 정도 확립해 있고 약품과 치료법을 상업화하는 효율적 체제를 갖춘 데 반해 정신 건강은 아직 이해 수준도 낮은 편이고 지원 폭도 열악하다. 우울증이나 공황장애 등 정신 건강 문제가 갈수록 심각해지고 있기에 허투루 바라볼 일이 아니다. 최근에 나는 전 세계적으로 인구 수준 대비 신체 건강보다 정신 건강 측면에서 우려할 만한 변화가 일어나고 있다는 증거를 검토했는데, 극심한 정신 질환으로 고통받는 1~2% 환자들뿐 아니라 지금까지는 통계에 미처 드러나지 않았던 비율, 즉 인구 중 25% 이상이 불안감이나 우울증을 겪고 있다면, 정부는 이들의 정신 건강 개선을 위해 어떤 노력을 할 수 있을까?

물론 정신 건강 측면에서 정책적 시도가 전혀 없는 것은 아니다. 대면 및 온라인 진료 서비스 체계가 없는 것도 아니고, 가족과 동료의 제보 시스템이나 학교와 기업 내 상담 서비스 같은 여러 방식이 알려져 있다. 그렇지만 좀더 본격적으로 이 분야의 개선책을 모색할 활동이나 연구에 지원하는 예산 규모는 신체 건강 분야보다 턱없이 적다. 코로나19 범유행 기간 감염자들의 물리적 위험 외에 정신 건강 측면으로는 조치가 거의 없었던 데는 이런 이유도 있었다.

요약하자면 과학 정책 추진을 위한 인적 조직이나 연구 지원 등의 구성은 우리의 기대보다 과학적이지 않다. 정책의 우선순위 또한 증거보다는 정치적 관행, 이해관계, 편의로 설정되는 경우가 허다하다. 우선순위를 정할 때 실제 대중의 의견은 '전혀' 또는 '거의' 반영되지 않으며, 때때로 정치인들은 높은 위상을 지닌 과학자들에게 감히 도전하려고 하지 않는다.

경로 선택

　과학의 민주화에는 우선순위를 정하는 것 말고 필요한 게 하나 더 있다. 경로를 선택할 수 있어야 한다. 오늘날 과학기술이 정치와 떨어져 단독으로 존재하는 경우는 별로 없다. 정치와 과학은 별자리처럼 서로 묶여서 다양한 경로를 설정한다. 자동차가 좋은 예다. 자동차는 과학기술의 산물이지만 정치가 그 경로를 규제한다. 자동차가 있는 국가라면 어느 곳이든 자가용 소유를 법제화하고, 도로와 고속도로를 구축하고, 교통 신호 체계를 개발하고, 주차장과 정비소를 마련하고, 운전면허 학원을 관리하고, 교통경찰을 배치하는 등 자동차와 관련해 형성될 수 있는 모든 경로를 설정한다. 이런 경로에 따라 이동성이나 통근 거리에 대한 사고방식이 변화해, 좁게는 걷기나 자전거 타기 우선순위가 바뀌기도 하고 넓게는 도시 설계 메커니즘이 달라지기도 한다. 어떤 국가에서는 자동차 중심의 경로 설정으로 도시에서 트램tram이 아예 사라지기도 했다.

　식량 부문도 그렇다. 과학기술과 어우러져 다양한 경로로 이동할 수 있다. 효능 좋은 비료와 살충제를 이용해 산업화한 농업방식을 유지할 수도 있고, 미국 일부 농경 지역처럼 농업 전체를 기계화·자동화하거나, 미국에 이어 세계 2위 농산물 수출국인 네덜란드처럼 고품질·고수익 작물에 집중하거나, 뉴질랜드처럼 유기농에 전념할 수도 있다. 어떤 방식이든 가장 좋은 경로를 선택하면 된다.

　인터넷은 매우 역동적인 사례다. 예전에는 지역 곳곳에 물리적 연결망을 만들어 기지국, 케이블, 라우터 같은 장치를 관리하는 수준이었으나, 미국에서 처음 도입한 '플랫폼platform' 개념이라든지, 12억 국민의 지문과 홍채 정보를 디지털화해서 치안이나 금융 등 방대한 생활 분야에 활용하겠다는 인도 정부의 '인디아 스택India Stack' 프로젝트나, 텐센트Tencent와 메이투안Meituan 같은 IT 복합 기업을 이용해 국가 전체를 수직 통합하려는 중국 정부의 원대한 포부 등이 모두 과학기술과 정치가 더불어 설정한 경로들이다. 경로는 고정할 수도 있고 변경할 수도 있지만, 일단 설정하고 나면 바꾸기가 쉽지 않기 때문에 매우 중요한 선택이라고 할 수 있다.

민주주의가 건강하게 작동하는 국가라면 마땅히 이 경로 설정에 관한 선택지도 폭넓게 논의해야 하는데, 이를 위해서는 먼저 해당 선택이 미칠 영향에 대한 숙의와 분석이 필요하며, 그런 다음 선택한 경로의 장단점을 공론으로 살펴야 한다. 경로 선택은 나라마다 다를 수 있다. 예를 들어 전기 보급률이 낮은 가난한 국가가 무작정 청정 에너지를 추구할 수는 없을 것이다. 그렇더라도 탄소 집약적 에너지원을 건너뛰고 곧바로 태양광 에너지로 전환할 선택권은 있다. 한 세대 전 유선전화 통신 체계조차 마땅치 않았던 몇몇 나라가 아예 처음부터 휴대전화 보급 정책으로 경로를 설정했듯이 말이다.

경로 설정은 이분법적인 선택을 요구하기도 한다. 이래도 되지만 저래도 되는 것이다. 일테면 농업 분야 경로 선택의 갈림길에서 생산성이 높은 쪽을 포기하고 기후 변화에 탄력적으로 적응할 수 있는 곡물 품종을 개량할 수도 있다. 새로운 종자 개발에 전념하거나 토종 식물 종자를 보호하는 데 초점을 맞출 수도 있다. 각각의 선택은 저마다 다른 이해관계, 사고방식, 과제, 목표를 띠고 있다.

이 작업은 무척 미묘하고 세부적인 작업이므로 섣불리 뭉뚱그려 일반화하기 어렵다. 예를 들어 블록체인 기술은 엄청난 잠재력을 지닌 대신 많은 위험도 내포하고 있다. 블록체인을 사이에 두고 펼쳐지는 논쟁은 순수한 열정과 단호한 회의주의로 양극화한다. 블록체인 기술을 이용한 암호화폐가 범죄 조직에 의해 악용될 수도 있지만, 기존 은행 체계의 단점을 상쇄하면서 더 저렴하고 합리적인 금융 서비스를 제공하는 데 활용될 수도 있다. 어떤 경로는 다른 대체재보다 에너지 집약적일 수 있으나, 기존 재료나 에너지원과 비교해 훨씬 친환경적이거나 오염 수준을 충분히 통제할 수 있다면 충분히 선택할 만하다. 경로 선택은 장기 전략에 속하기에 의사결정을 내리기 전 한층 넓고 깊은 고민과 토론이 이뤄져야 할 것이다.

생산성 둔화와 정체: 과학의 사회계약

과학의 권위와 정치적 영향력은 무언가를 제공할 수 있는 역량에서 나온다. 이 능력은 암묵적인 '사회계약social contract'과 연결된다. 실제로 명시적인 계약이 체결되는 것은 아니지만, 사회 공동의 이익에 과학이 이바지한다는 사회적 합의가 형성되고 대중도 이를 인정하는 것이다. 과학이 제공하는 것들에는 경제 성장을 비롯해 인간을 달에 착륙시키는 놀라운 성과 등도 포함된다.

그런데 이 같은 성과에도 불구하고 과학이 사회에 이익을 가져다준다는 오랜 명분은 최근 몇 년 동안 점점 퇴색해가고 있다. 20세기 때만 하더라도 과학은 경제적 생산성을 촉진하는 역할을 톡톡히 해냈고 누구도 이를 부인하지 않았다. 1987년 거시적 경제 성장 모델로 노벨경제학상을 받은 경제학자 로버트 솔로Robert Solow는 생산성 향상 요인을 과학과 과학의 적용에 돌리면서 '총요소 생산성Total Factor Productivity, TFP'이라는 다소 이상한 개념을 제시했다. 총요소 생산성이란 노동과 자본 등 '눈에 보이는' 생산 요소 외에 과학기술이나 혁신 같은 '눈에 보이지 않는' 요소로 생산성을 평가하는 지표다. 이 개념은 OECD 회원국들은 물론 다른 많은 국가가 R&D에 관심을 기울이게 하는 근거가 됐고 막대한 자금 지원을 유도하면서 이웃 나라들에 대해 기술적 우위를 달성하고자 하는 국가적 욕망을 부추겼다. 특히 이스라엘, 한국, 핀란드는 GDP의 3% 이상을 R&D에 투자했다. 과학이 국가를 부강하게 해줄 터였다.

하지만 21세기가 되자 그토록 자신만만했던 명분을 약화하는 패턴이 나타나기 시작했다. R&D 생산성이 둔화하면서 정체 국면에 접어든 것이다. 더 많은 돈을 쏟아부어도 새로운 발명이나 더 나은 기술로 이어지지 못했다. 이는 앞서 언급한 '이룸의 법칙'이라는 불명예를 얻은 제약 분야에서 두드러졌다. IT 분야는 '무어의 법칙'대로 1960년대부터 비용 투입 대비 괄목할 만한 성장을 이어갔으나, 제약 분야는 아무리 투자해도 임상 시험 단계에서 실패가 많은 신약 개발 과정의 특성상 기대 만큼의 결과를 내지 못했다.

이후 연구에서는 문제가 더 일반적으로 드러났다. 경제학자 니컬러스 블룸Nicholas Bloom 등의 공동 연구에 따르면 R&D 생산성과 창의성은 꾸준한 감소 추세를 보였다. 지구 지표면 아래 석탄층과 같은 고정된 자원이 고갈하고 있다는 주장과 더불어, 투입된 달러나 유로 금액에 걸맞은 새로운 아이디어도 고갈하고 있다.[46] 니컬러스 블룸 연구팀은 "아이디어를 찾기가 점점 더 어려워지고 있는가?"라는 질문에 "그렇다"라고 답할 수밖에 없는 다양한 증거를 제시했다.[47]

이 패턴은 생각보다 복잡하다. 물리학은 1910년에서 1930년 사이의 황금기를 아직 재현하지 못하는 듯 보이고, 화학은 20세기 후반 엄청나게 번창했으며, 컴퓨터 과학은 최근에 꽃을 피웠다. 물론 아직 일반화하기에는 이를 수도 있다. 그러나 안타깝게도 많은 역사학자가 실제로 인류 발전 속도가 가까운 과거에 비해 훨씬 느려졌다는 결론을 계속해서 내리고 있다. 최근 수십 년 기간을 19세기 후반과 비교해보면 이 사실이 절로 체감된다. 1860년대 대륙 횡단 철도에서부터 1880년대 PVCPoly Vinyl Chloride, 폴리염화비닐, 전화기, 축음기, 전구, 콜레라 백신, 발전소, 오토바이, 내연기관, 자동차, 라디오, 공기 타이어, 천공 카드 컴퓨터, 필름에 이어 1890년대 엑스선, 무선 전신, 교류 전류, 방사선, 비행기, 진공관, 전자, 헬리콥터에 이르기까지, 19세기 후반은 그야말로 과학의 잠재력이 폭발한 시기였다. 반면 오늘날은 투자 규모가 그때와는 감히 비교도 못 할 만큼 어마어마하지만, 그 결과는 그렇게 인상적이지 않다.

생산성 둔화의 이유 중 하나는 과학계가 개인적으로나 조직적으로나 더 까다로워졌기 때문이다. 노벨상 수상자들의 나이대도 높아졌고 과학 연구에 참여하는 팀들의 규모도 커졌다. '지식의 부담'에 따른 새로운 돌파구를 마련하기 전부터 과학계 내부의 정서나 질서 등을 이해하는 데 많은 시간을 할애해야 하는 것이다.[48] 연구 결과에 따르면 과학자들이 첫 번째 단독 논문을 학술지에 발표하는 평균 나이가 수학자들은 1950년에서 2013년 사이, 경제학자들은 1970년에서 2014년 사이 30세에서 35세로 증가했다.[49] "과학은 장례식이 열릴 때마다 한 걸음씩 진보한다"는 물리학자 막스 플랑크Max Planck의 말이 옳다면, 기대 수명이 늘어 장례식이 줄어든 요즘 과학계는 진보가 더딜 수밖에 없다.

이런 추세가 단기적일지 장기적일지 누구도 명확히 답변하지는 못하고 있다. 과연 인간의 아이디어가 고갈할 수 있는 자원인지도 의구심이 든다. 하지만 어쨌든 이 같은 양상은 과학과 정치 그리고 민주주의의 관계에 의문을 제기한다. 과학 자체에 생산성 둔화 문제를 해결할 수단이 있을까? 더 많이 받고 더 적게 주는 문제는 어떻게 합리화할 수 있을까?

대부분 국가 정부는 생산성이 다른 많은 부분도 결정하기 때문에 생산성 향상을 위한 전략을 반드시 세워야 한다고 여긴다. 그렇지만 과학 분야 생산성을 높이는 데 필요한 전략을 가진 사람도 거의 없을뿐더러 기존 체제의 수혜자들, 즉 각종 자문위원회에 앉아 있거나 과학 고문으로 활동하는 지명한 과학자들 스스로가 근본적인 개혁을 바라지 않는 듯 보인다.

그래도 그동안 생산성 둔화를 바로잡는 문제에 관해 많은 논의가 있었다. 어떤 이들은 연구 자금 지원 방법에 초점을 맞춘 혁신을 제안했다. 과학자들이 스트레스에서 벗어나 더 자유롭게 영감을 얻고 연구에 전념할 수 있도록 조건을 내걸지 않은 채 자금을 조달하는 방식, 일종의 복권처럼 지원금 액수를 무작위로 할당하는 방법, 코로나19 범유행 때 미국 자선 단체 패스트그랜츠FastGrants가 그 이름값(문자 그대로 '빠른 지원금'_옮긴이)을 했던 것처럼 몇 달에 걸친 복잡한 승인 절차 없이 필요한 연구를 즉시 진행할 수 있게끔 며칠 만에 곧바로 자금을 투입하는 '비관료적unbureaucratic' 방식 등이 거론됐고,[50] 연구자들이 용도 폐기된 연구의 실패 보고서를 작성하느라 낭비하는 시간에 관한 의견도 제시됐다.[51] 이를 헤아릴 때 연구 지원 체제의 행정적 요인이 연구 생산성에도 얄궂은 영향을 미친다고 볼 수 있으며, 자금 지원만으로 정부가 원하는 생산성 향상을 기대하는 것은 막연한 욕심임을 알 수 있다.[52]

정부와 대기업의 공공 혁신 관리가 굼뜨고 방만해진 데서도 그 원인을 찾을 수 있다. 대기업 R&D 연구소가 혁신을 주도하던 시대는 거의 저물었다. 한때 벨연구소는 전 세계에서 가장 뛰어난 지식을 줄기차게 뽑아내던 곳이었다. 듀폰과 제록스도 그랬다. 그러나 지금은 상황이 변해도 너무 변했다. 코로나19 백신 개발을 선도한 바이오앤텍BioNTech 등 스타트업과 생성형 AI 분야를 개척한 오픈AIOpenAI 같은 파트너십의 역할이 훨씬 커진 데다 대학에서 더 많은 연구가 활발히 진행되고 있기 때문이다.

또 어떤 이들은 기술 자체가 해답을 찾아주기를 기대하고 있다. 딥마인드의 알파폴드Alphafold AI가 2억 개 이상의 새로운 단백질 구조를 예측해낸 것처럼, 최근 전미경제연구소NBER 보고서가 밝혔듯 머신 러닝 알고리듬이 '발명 방법을 발명'할지도 모른다.[53] 역사에서도 이와 유사한 사례를 찾을 수 있다. 다름 아닌 다양한 환경 조건에 적응할 새로운 옥수수 품종 개발을 가능케 한 '이중 교차 교배double cross hybridization' 방법의 발명이었다. 구글Google 전 최고경영자 겸 회장 에릭 슈미트Eric Schmidt는 과학 혁신을 가속하고 확대하고자 많은 프로그램에 엄청난 액수를 투자하고 있는데, 그는 지금까지의 과학 혁명이 "완전히 새로운 지식 분야를 창출하기보다 기존 기술의 새로운 이용이나 적용을 가리키는 경우가 너무 많았다"고 지적하면서 "과학과 공학 연구에 AI 기술을 넓고 깊게 접목함으로써 차세대 과학 혁명을 이끌어내야 한다"고 역설했다.

뒤에서 새로운 지식 발견을 가속해야 한다는 판단과 지식을 더 현명하게 사용해야 한다는 판단 사이의 불균형을 살피겠지만, 지금 내가 강조하고 싶은 핵심은 과학계의 생산성 둔화를 문제로 인식하는 만큼 거액을 지원받는 과학이 공익에 이바지해야 할 사회계약 측면에서도 근본적인 질문을 던져야 한다는 것이다.

하지만 이에 문제의식을 느끼는 정치인은 아직 없는 것 같다. 과학의 변화를 촉구할 압력은 정치인들의 날카로운 질문에서 나오지만, 이해와 준비가 부족하면 이미 큰 권력을 확보한 과학에 도전하는 일이 힘겨워진다. 그런데 역설적이게도 정치가 과학에 적용할 최선의 해법은 과학계에 과학적인 접근법을 시도하는 데서 나온다. 이 과학적 접근법에는 연구 생산성과 관련한 주요 사실들을 관찰하고 분석하는 한편 다양한 자금 지원책을 실험하는 전통적 방식과 함께 AI 알고리듬 같은 최첨단 도구를 활용하는 방법도 있을 것이다. 그리고 무엇보다 지금까지 해온 방식이 앞으로도 통할지 의심해보는 건전한 회의주의가 이 모든 실천의 촉매로 작용할 것이다.

과학을 만들어가는 대중

2007년 앤서니 와츠Anthony Watts라는 미국의 유명 블로거가 기후 변화 담론이 허위임을 밝히려는 목적으로 '서피스 스테이션 프로젝트Surface Station Project'를 시작했다. 그는 이전부터 지구 온난화가 과학자들의 경고와 달리 그리 심각하지 않으며, 기후 변화에서 이산화탄소가 차지하는 비중은 태양보다 훨씬 미미하다고 주장해왔다. 오히려 태양 활동 주기와 태양 자기장 및 태양풍이 기후 변화의 주된 원인이라는 것이었다. 앤서니 와츠는 자원봉사자를 모집해 미국 각지 1,200여 곳의 기상 관측소 위치와 사진을 확보했는데, 그의 설명에 따르면 기상 관측소 대부분이 부적절한 위치에 세워져 있어서 지표면 온도를 상대적으로 낮게 측정하고 있었다.

여론이 들끓자 국립해양대기청NOAA이 나서서 그가 제기한 문제를 조사했다. 그 결과 꽤 많은 기상 관측소의 온도 측정 조건이 잘못된 것으로 드러났다. 하지만 전체 기상 관측소 데이터를 종합하면 표준 편차를 크게 벗어나는 수준은 아니라고 선을 그었다. 이에 앤서니 와츠는 자신과 유사한 프로젝트를 수행하고 있는 비영리 시민 과학 단체 '버클리어스Berkeley Earth'에 동료 심사를 요청했고, 시간이 흘러 2012년 버클리어스의 'BESTBerkeley Earth Surface Temperature' 프로젝트는 그동안의 연구 결과와 동료 심사 논문 모두 지표면 온도가 상승하고 있음을 확인해준다고 발표했다.

이 대목에서 우리는 과학과 민주주의, 논쟁과 결의의 흥미로운 조합을 발견할 수 있다. 앞서 우리는 민주주의가 과학의 목적을 바꿀 수 있다는 사실을 살펴면서, 대중이 과학계에 끊임없이 질문을 던지는 것이 하나의 방법임을 알았다. 이 사례도 대중이 과학을 만들어가는 데 어떤 역할을 할 수 있는지 명확히 보여준 본보기라고 할 수 있다. 대중이 직접 참여해 새로운 별자리를 찾는 '갤럭시주'나 몸소 자신의 병과 아픔을 공유해 의료 데이터 축적을 돕는 '페이션츠라이크미'처럼 시민 과학은 이미 천문학과 의학 분야 등의 일상 업무를 변화시켜가고 있다. 코로나19 범유행 동안 대중 활동의 중요성은 더욱 명백해졌다. 단적인 예로 킹스칼리지런던King's College London, 세인트토머스병원St Thomas' Hospital 등과의 협업으로 스마트폰 앱을 제작해 수백만 명의 감염 증상을 지도화한 영국 '조이ZOE' 프로젝트는 정부 공식 조사에서 미처 포착하지 못한 증상을 먼저 발견하는 등 집단 지식의 위력을 유감없이 발휘했다.[54] 미국 'USDRUS Digital Response도 6,000명의 공익 봉사 과학자와 연구자들이 의료 자원을 추적하기 위해 온라인 게시판을 구축하는 등 정부가 효과적인 코로나19 대응 정책을 수립하는 데 크게 공헌했다.

시민 과학에 무엇보다 지역 토착민들의 힘이 필요한 때도 있다. 풍토병이나 특정 동식물을 연구할 때 해당 지역에서 오랫동안 살아온 토착민들의 도움이 절실하다. 보건 분야의 경우 토착민들의 데이터베이스를 플랫폼으로 구축해 수백만 명의 환자가 관심과 참여 속에서 새로운 치료법 개발로 이어지는 시민 과학의 혜택을 받고 있다.

그런데 한편으로 시민 과학에는 부정적 측면도 있다. 어떤 과학적 주제와 관련해 특정 부류의 대중이 강한 결속력으로 뭉친 경우 시민 과학은 관련 공식 기관보다 더 큰 권력을 갖기도 한다. 이때 이들이 추구하는 과학의 가치는 사실 여부와 상관없이 자신들의 믿음에 고착되곤 한다. 대체요법인 카이로프랙틱chiropractic(약물이나 수술 없이 척추 및 관절을 시술자가 손으로 교정하는 서양식 추나요법 또는 도수치료_옮긴이)을 사이비 과학이라고 비판한 물리학 박사이자 작가 사이먼 싱Simon Singh을 2008년 '영국카이로프랙틱협회British Chiropractic Association'가 명예훼손으로 고소한 사건이 좋은 사례다.

반대 및 비난 여론에 못 이긴 협회가 2010년 소송을 취하하면서 종결된 이 사건은 전통적 의미의 민주주의라기보다는 집단 지식의 권력화에 관한 사례라고 할 수 있다. 대부분의 시민 과학 프로젝트에서 과학에 미치는 영향력은 일테면 1% 대중이 50%, 10%는 90% 영향력을 미치는 패턴으로 나타나는데, 이 패턴은 얼핏 봐도 민주주의의 근간인 1인 1표 원칙과는 상당히 다르다. 대중이 참여하는 시민 과학이라지만, 전체를 놓고 보면 소수가 다수를 대표하는 셈이다. 그렇더라도 이 패턴은 사실상 소수의 정치인이 국민 주권을 대행하는 오늘날 현실 민주주의와 매우 유사하다.

　대중의 위력을 보여주고자 다소 부정적인 사례를 들었을 뿐 시민 과학에 참여하는 대다수 대중의 집단 지식은 훨씬 더 많은 인구가 혜택을 받을 수 있는 과학의 미래를 보여준다. 지금도 수천만에 이르는 사람들이 저마다 새로운 식이요법이나 운동법을 시험하고 그 결과를 공유하고 있다. 공공 서비스 분야에서 교사와 경찰은 효과적인 교육 방법이나 범죄 퇴치법을 마련하고자 무작위 대조 시험을 끈기 있게 시행한다. 지역 사회는 비만율 감소나 주거 환경 개선에 시민 과학의 도움을 기다리기도 한다. 내가 예전에 일했던 시민 단체 네스타Nesta는 2000년대 후반에 탄소 배출량을 줄이려고 애쓰는 지역 사회를 돕기 위해 '빅 그린 챌린지Big Green Challenge' 캠페인을 진행했다. 각 대학도 지역 사회나 기업과 협업해 일반 가정의 음식물 쓰레기 줄이기나 취약 계층의 외로움 문제 등을 해소하고자 노력할 수 있다.

　할 수 있는 모든 방법을 동원하면 과학을 그들만의 리그나 신비한 마법 같은 활동이 아닌 민주주의와 시민의 주권을 펼치는 공유 활동으로 만들 수 있다. 이 같은 활동이 사회의 이익을 보완하고 잠재적으로 국가의 경제적 이익을 가져온다는 연구 결과도 있다. 미국에서 활동하는 100만 명 이상의 발명 특허 보유자를 분석한 연구에 따르면 가장 부유한 1% 계층에서 태어난 아이는 하위 50% 계층에서 태어난 아이보다 발명가가 될 확률이 열 배나 더 높았다. 두뇌가 명석하더라도 가난한 환경에서 자란 아이들은 상대적으로 지식을 형성할 경험이 너무 적어서 훗날 무언가를 발명하는 일이 거의 없었다. 부유층 아이들은 기술 분야에서 일하는 부모를 뒀거나 기술 산업이 발달한 지역에서 자랐기에 집에서 라디오, 텔레비전, 컴퓨터 등 갖가지 혁신 제품을 가까이에서 살펴보고 만져볼 수 있었다. 연구자들이 내린 결론의 핵심은 저소득층 아동, 여성, 소수자 등을 살피고 지원해 이들이 고소득층 남성만큼 능력을 발휘하게 되면 미국의 혁신은 지금의 네 배 이상 성장할 수 있다는 것이었다. 연구자들은 이를 위해 벤처 캐피털이나 스타트업 지원금 예산을 아이들이 일찍부터 과학과 기술 혁신을 경험할 수 있는 프로그램을 마련하는 데 분산 투자해야 한다고 제안했다.[55]

제10장

민주주의의 논리적 흠결과 그 해결책

"만약 진실이 통치자와 피통치자들에게 공통된 기후와 빛을 조성하는 데 성공한다면,
진실이라는 제국은 권력자의 결정이나 관료의 개입 없이도
모든 이가 명확히 무엇을 해야 하는지 알 수 있는 일종의 유토피아가 될 것이다."[1]

_ 미셸 푸코

현대 민주주의는 처음에 근대 계몽주의 사상가들이 구상했던 정치, 즉 지식을 갖춘 자유 시민들의 숙의에 의한 자치 정치가 아니라는 것이 일반적인 관점이다. 오늘날 민주주의는 공공 정책을 통해 시민들의 의지를 어설프게 반영하는 정부 체제에 가깝다. 정치인들은 시민을 대신해 행동하기보다 시민의 눈치만 보는 경향이 있고, 공적 영역은 갖가지 생각들이 충돌하기보다 정형적이지 않은 것들이 분위기에 따라 계속해서 바뀌는 공간인 것 같다. 정치 이론가이자 철학자 야론 에즈라히Yaron Ezrahi 같은 사상가들이 보여줬듯이, 그리고 우리 눈으로 직접 확인하듯이, 현실에서의 민주주의는 이미지화한 민주주의와 거리가 멀다. 증거

나 사실보다는 그때그때의 경향, 정황, 성격, 유행에 따라 달라진다.[2]

민주주의의 이상이라는 것도 의심스럽다. 그동안 이론가들은 수많은 대중의 의지와 요구가 쉽게 계산될 수 있다는 순진한 희망에 의문을 제기해왔다. 경제학자 케네스 애로Kenneth Arrow 는 '불가능성 정리Impossibility Theorem'를 통해 시민이 추구하는 모든 선호와 가치를 수학적으로 계산하고 일관되게 취합할 방법이 없음을 증명했다. 설령 가능하더라도 잘못된 이해, 흠결 있는 논리, 단순한 생각들의 집합이 될 뿐이다.

민주주의의 형태도 여전히 시대착오적이다. 수도에 있는 낡은 건물에 시민 대표자를 들여보내기 위한 투표 등 여러 선거 체계는 인터넷은 고사하고 전화가 존재하기도 전에 설계된 형태다. 의회란 곳도 법정처럼 보이고, 지난 한 세기 동안 변한 게 없는 청문회에만 의존한다. 정치 활동을 시각화해서 보여주거나 온라인을 통해 널리 공개하는 방식도 거의 사용되지 않는다. 아직도 텍스트에만 지나치게 의지하고 있다. 21세기인데도 영국 같은 나라에는 신비스러울 정도로 난해한 의식과 연설 형태 등이 그대로 남아 있다. 게다가 그렇게 내린 결정이 썩 뛰어나거나 합리적이지도 않다.[3]

야론 에즈라히는 여기에 "안전하고, 비자발적이며, 정치적으로 고정된 권력을 향한 인간적 충동"이 작용한다고 지적했다. 다수결 원칙이나 헌법의 신성함에 대한 믿음 때문일 수도 있지만, 과학이 이를 달라지게 할 수도 있을 것이다. 그러나 제대로 어우러지지 않으면 정치학자이자 역사학자 마이클 이그나티에프Michael Ignatieff가 말한 것처럼 다음과 같은 인식적 프레임에 갇히게 될 수도 있다.

"자신이 무언가를 인식하고 있는 상황에서 정치와 과학이 서로 모순되는 모습을 보이면, 대부분 사람은 자신이 아는 것들을 말해주는 정치 지도자를 따른다. 이미 고정된 정치적 성향의 닻이 우리 내면의 고독한 자아 밑바닥으로 내려앉는 것이다."

이에 대응하고자 많은 사상가가 민주주의를 더 잘 알리고, 더 계몽적이며, 덜 불안하게 해줄 수 있는 개혁을 제안했다. 참정권이 일반화하기 전 《자유론On Liberty》을 저술한 공리주의 철학자이자 정치경제학자 존 스튜어트 밀은 배우지 못한 사람들과 교양 있는 사람들에게 각각 투표권을 차등 부여해야 한다고 주장했다.[4] 교육 수준이 높은 사람들이 그렇지 않은 사람들보다 더 많은 표를 행사해야 한다는 것이었다. 그는 이 방식이 당시 선호되던 재산 수준에 비례해 투표권을 더 주는 모델보다 훨씬 합리적이라고 여겼다. 공공 결정에 참여할 권리는 그런 결정을 할 수 있을 만한 개인의 역량이 전제돼야 한다는 생각에서 나온 발상이었다. 그렇지 않고 평등한 목소리에 불평등한 이해가 덧씌워지면, 그 결과로 공익을 훼손하는 더 나쁜 결정이 초래될 터였다. 존 스튜어트 밀 이전에 비슷한 이유로 사회주의 사상가 생시몽도 정치에 지혜를 모으려면 과학자, 예술가, 기술자, 상원의원 등 각 분야 지도자들로 구성된 일종의 삼위일체 통치 체제가 필요하다고 역설했다.

한 세기가 지날 무렵 이와 같은 견해는 엘리트주의적이고 비민주적인 것으로 치부돼 사라진 듯 보였지만, 20세기 후반에 이르자 다시금 고개를 들었다. 1967년 미국에서는 어려운 과학기술 정책과 법적 문제 사이에서 당파적 행태를 보이던 과학계를 통제하기 위해 훗날 '과학 법정

Science Court'으로 불리게 될 '과학심사협회Institution for Scientific Judgment' 설립이 제안됐는데, 다양한 과학 분야의 명망 있는 과학자들이 한자리에 모여 공익과 관련한 과학 정책을 토론하고 의사결정을 조율하는 준사법 기관이었다.[5] 이 기관을 설계한 명목상 목적은 "복잡하게 혼합된 의사결정에서 과학적 요소와 비과학적 요소를 분리한다"는 것이었지만, 궁극적으로는 "최종적인 정책 의사결정은 반드시 과학적 근거를 기반으로 해야 한다"는 사실을 공식화하기 위함이었다.[6]

1976년에는 대선 후보들이 의견을 모아 '과학기술의 예상되는 진보Anticipated Advances in Science and Technology'에 관한 특별위원회를 구성해 대통령 자문 기관으로 두겠다고 합의했다. 그러나 지미 카터Jimmy Carter가 당선되자 추진력을 상실해 아무 일도 일어나지 않았다. 이후 과학계에 특별한 헌법적 역할을 부여하자는 제안이 있었으나 그 역시 흐지부지 됐다. 아일랜드의 경우 권한이 그리 크지 않은 상원에서는 60명의 상원의원 가운데 과학계에 할당된 6명이 고작 두 곳 대학의 제한된 투표권으로 선출된다.

엘리트주의를 신봉하는 사람들에게는 유감스러운 일이겠지만, 높은 교육 수준이 더 현명한 지혜, 공동선을 향한 더 큰 헌신, 정의에 대한 열정 같은 시민의 미덕과 깊은 연관이 있다는 증거는 발견되지 않았다. 물론 많이 배운 사람들이 더 높은 지식을 가졌다는 사실을 의심할 필요는 없을 것이다. 하지만 그렇다고 해서 그들의 판단력이 훨씬 우월하거나 동료 시민들을 대신할 뛰어난 통찰력을 가진 것은 아니다. 이른바 똑똑한 사람들에게 더 많은 투표권을 부여하자는 존 스튜어트 밀의 생각에는 계급, 즉 '특권' 의식이 깔려 있다. 모든 사람이 동등한 성공 기회를 확보해야 한다는 오늘날의 '능력주의meritocracy' 또한 얼핏 보면 공평한 것 같아도 사실상 엘리트주의와 다를 바 없다. 순수한 능력주의는 세상에 존재하지 않는다. 출신이나 배경 등 너무나도 강력한 다른 능력이 순수한 능력을 압도하기 때문이다. 가난하지만 밝은 아이들이 초반에 높은 학업 성취도를 보이다가도, 열 살 무렵부터는 부유하지만 어두운 아이들에게 금세 추월당하더라는 연구 결과도 있다.[7]

그러나 이 모든 것이 대중의 강력한 의지가 지식과 정보에 정통한 정부보다 우월하다는 결론으로 이어지지는 않는다. 이왕 지배를 받는다면 글로벌 '집단 지성collective intelligence'으로 공유된 지식에 접근하고 이를 따르는 존재에게 받겠는가, 아니면 직감이나 예감이나 편견에 의존하는 존재에게 받겠는가? 그리고 어떤 상황에서 넓은 지성보다 좁은 지성을 선택하는 게 현명하다고 할 수 있을까?

물론 특정 전문가 집단을 향한 지나친 신뢰도 합리적인 일은 아닐 것이다. 대중의 필요와 참여 의지를 집단 지식과 결합하고 다양한 유형의 주권과 결부하는 더 변증법적인 해답을 찾아봐야 한다. 이 장에서 나는 대중의 집단 지성과 정치의 역량을 향상하는 방법, 집단 지성을 공유하고 조율하는 지식 공유지를 조직하는 방법 등과 관련한 몇 가지 대답을 제안하고자 한다.

정치로부터 과학을 보호하는 정치

정치와 너무 긴밀히 연결되면 부패할 수 있고 정치적 이해관계를 벗어나기 어렵다는 판단 아래, 정치와 독립적으로 고유의 기능을 수행하도록 법률로써 보장해놓은 기관들이 있다. 전문적이고 수준 높은 지식을 기반으로 설립된 이들 기관은 때에 따라 헌법적 의무를 지기도 하는데, 그 주된 설립 원칙은 다른 정부 기관의 정치적 결정에 이의를 제기하거나 수정을 요구할 권한을 위임해 권력을 분산함으로써 체제 전체의 인지 역량을 높이는 데 있다.

이 기관들은 일종의 감시 체제로서 정치와 미디어의 선동적 정책 홍보나 국가 정체성을 규정하는 각종 정치 캠페인의 문제점을 진단하고 합리적 의견과 개선 방안을 제공한다. 집권 여당의 정책이 왜곡된 '시간 지평time horizon'을 유인으로 추진되면 이에 대항하거나, 올바른 정책일 경우 시간 연장 명분을 제시해서 정권 교체에 따른 정책 혼선이 일어나지 않도록 조정하는 역할도 수행한다. 이를 통해 정책 지속성이 확보되고 정책 기조가 다음 정권으로 원만하게 이어질 수 있다.

많은 국가가 법률로 설정한 범위 내에서 중앙은행에 어느 정도 독립성을 부여하고 있다. 프랑스에는 꽤 다양한 '독립 행정 기관autorités administratives indépendantes'이 있다. 미국도 1887년 도로 및 철도 운송 규제 필요로 '주간통상위원회Interstate Commerce Commission'를 설립한 이래 갖가지 독립 규제 기관을 갖추고 있다. 스웨덴은 공중보건국도 일부 독립적으로 활동하는데, 앞서 언급했듯이 코로나19 범유행 동안 이른바 '스웨덴 전략을 성공적으로 펼쳐서 큰 호응을 얻기도 했다. 여전히 정부가 예산을 삭감한다거나 새로운 국장을 임명하는 등의 방식으로 영향력을 행사할 수 있으나, 기본적으로 스웨덴 헌법이 정치적 개입으로부터 자율성을 보장해준다.[8] 영국에는 중앙은행인 잉글랜드은행Bank of England의 통화정책위원회Monetary Policy Committee나 예산책임사무국, 통계국 등의 독립 규제 기관들이 있으며, 모두 어느 정도 자율적으로 운용되는 만큼 정부와는 물론 대중과도 소통해야 할 도의적 의무를 띠고 있다.

민주주의가 성숙한 국가라면 어느 정부나 법률로 설립된 독립 기관들이 많이 있다. 하나같이 정치와 적당히 선을 그어놓으면 공익에 더 잘 부합하리라는 판단과 기대에 따라 존재하는 곳들이다. 우리도 이들 기관이 정치적 유불리에 너무 연연하지 않고도 자신들의 역할과 책임을 다할 수 있다고 판단한다. 나아가 세상을 바라보는 이들의 인지 역량도 주류 정치와 떨어져 있기에 훨씬 뛰어날 수 있다고 믿는다.

그런데 우리는 이 개념을 어디까지 받아들일 수 있을까? 일찍이 플라톤은 지혜와 미덕을 갖춘 엘리트들의 통치 체제가 민주주의보다 우월하다고 주장했다. 그러나 오늘날 그렇게 생각하는 사람은 거의 없다. 우리는 전문가들의 전문 지식을 원하면서도 그들에게 무제한의 권력을 안겨주고 싶지는 않다. 정치학자 로버트 달Robert Dahl은 플라톤이 말한 정부에 매력을 느끼는 이들에게 몇 가지 질문을 던지면서 그것이 얼마나 비현실적인지 상기했다.

1. 이른바 '수호자들guardians'을 어떻게 뽑을 것인가?

2. 법과 규칙은 누가 만들고 누가 집행할 것인가?

3. 수호자들의 결정이 강요가 아닌 피통치자들의 동의에 어떤 식으로든 의존한다면, 동의는 무엇으로 받을 것인가?

4. 처음에 수호자들이 어떻게 뽑혔는지는 차치하고, 그 후계는 수호자 자신들이 선택해야 하는가? 기존 수호자들이 후계를 선택하지 않는다면 누가 할 것인가?

5. 수호자들이 억압적이고 착취적이라면 어떻게 퇴출할 것인가?[9]

이 질문에 대한 한 가지 대답으로 의회를 설정해 모든 권한을 부여하는 방식을 떠올릴 수 있다. 의회에서 수호자들을 선출하고, 법과 규칙을 제정하고, 후계자들을 정하고, 권력을 남용하는 수호자들을 퇴출하는 것이다. 하지만 이는 다른 의미로 의회 자체가 무제한의 권력을 갖는 셈이다. 의회가 얼마든지 권한을 남용해 마음대로 할 수 있게 되는 것이다. 그래서 현대 민주주의는 공식 법률만큼이나 많은 규제책이나 보완책을 계속해서 마련한다. 그래도 구멍은 생기게 마련이고 그것을 막기 위해 또 다른 대응책을 시행한다.

미국 연방 대법원 판사로 임명되기 전 스티븐 브레이어Stephen Breyer는 정치적 압력에 휘둘릴 필요 없는 초규제 기관을 별도로 창설하자고 제안했다. 그러면 기존 입법 체제의 악순환을 깨서 일관성 있는 규제 체계를 구축할 수 있고, 입법 프로그램 간에도 우선순위를 설정해 더 효과적인 규제 업무를 수행할 수 있으며, 나아가 이 독립적 관료 조직을 통해 정치가 할 수 없는 정치적 결정을 내릴 수 있다는 논리였다.[10] 그렇지만 여기에도 로버트 달의 똑같은 질문이 적용된다. 그들을 어떻게 뽑고, 해당 법과 규칙은 누가 만들며, 일이 잘못됐을 때 누가 그들을 몰아낼 수 있을까?

정치학자이자 경제학자 프리드리히 하이에크Friedrich Hayek는 이 주제를 더욱 급진적으로 다뤘다. 후기 저술을 통해 그는 정치 밖에서 성공적인 삶을 살아온 대중을 대표하는 새로운 의회를 제안했다. 임기가 15년인 이 의회의 의원은 45세가 됐을 때 출마 자격이 부여되며, 마찬가지로 45세 유권자들이 투표하는 이상한 선거 방식으로 선출된다.[11] 그에 따르면 이 입법 의회는 플라톤이 말한 엘리트 통치 체제를 반영하고 전통적인 정부 의회와 별도로 유지된다. 사회학자이자 역사학자 피에르 로장발롱Pierre Rosanvallon 등 다른 학자들도 민주주의를 새로운 유형의 의회나 기관의 역할로 보완하고 국민 주권을 지식 주권으로 상쇄하는 비슷한 개념을 제안했다.[12]

독립 기관을 설계할 때는 '병렬', '통합', '혼합', '분리' 가운데 어떤 모델을 근간으로 할지가 중요하다. 통상적인 접근법에서 '병렬'이나 '통합' 모델은 의회와 나란히 또는 의회 산하에 있으면서 전통적인 방식으로 선출된 정치인들이 의사결정을 하기 전 전달되는 의견과 조언을 다듬는 장치로 간주한다. '혼합' 모델은 정치인과 과학자들을 뒤섞어 구성하는 위원회나 협의체다. '분리'는 가장 극단적인 모델인데, 정치인과 과학자를 배제한 다른 전문 집단이 자체적으로 결정을 내린다.

어떤 모델이 어떤 과제에 가장 적합한지 어떻게 판단할 수 있을까? 그나마 최선은 조선이나 반도체 등 고도의 지식과 기술이 요구되는 특정 분야에만 영향을 미칠 결정과 공기 질 개선 등 누구나 상식적으로 접근할 수 있고 윤리적 평가가 필요한 분야를 떨어뜨려 생각하는 것이다. 한마디로 말해서 탄력적으로 접근하는 방법밖에 없다. 이는 민주주의를 바라보는 다른 사고방식으로 우리를 인도한다. 절대적이고 고정된 주권은 이상적인 개념일 뿐이며 늘 변화하는 흐름 속에서 그때그때 상황과 환경에 맞게 생각하고 행동할 수 있다고 보는 게 바람직하다. 때로는 정치나 기업에 의존할 수도 있고, 때로는 집단 지성을 통해 대중이 직접 주권을 행사할 수도 있다. 관건은 본질이 변함없어야 한다는 데 있다. 지식의 본질과 분야의 본질이 모두 중요하다. 특정 전문 분야라도 사회적 파급력이 매우 높고 광범위하다면 더 많은 민주적 감시가 필요하다. 그렇다고 무작정 반대나 방해만 해서는 곤란하다. 의사결정이 서둘러 이뤄져야 하는 시급한 사안을 대중이 직접 나서서 해결할 수는 없다. 어떤 결정이 무엇을 우선시해야 하는지, 어떤 전문성이 필요한지, 얼마나 빨리해야 하는지 등을 합리적으로 판단해야 한다. 우리 대부분은 이미 그런 상황을 헤아릴 수 있는 눈을 갖고 있다. 의사결정이 매우 빨리 이뤄져야 하고, '혼합' 모델이 필요하고, 책임 소재는 나중에 따져도 늦지 않는 그런 위기 상황을 우리는 본능적으로 안다.

민주적 개방은 다른 다양한 열린 관점도 가리킨다. 우리 동네 편의 시설에 관한 의사결정과 국가 통화 정책 수립에 관한 의사결정은 분명히 다른 문제다. 도덕적·윤리적 문제에 던질 질문과 과학적·기술적 문제에 던질 질문도 다르다. 소수 대중에게 중요한 문제라도 대다수 시민에게 영향을 미치는 문제와는 다른 관점으로 접근해야 할 것이다.

이렇게 관찰하다 보면 공공 영역을 바라볼 때 정치 이론으로 일반화한 것보다 훨씬 차별적인 관점을 갖게 된다. 문제를 포괄적이고 종합적으로 판단하려면 거듭 강조하지만 '메타인지', 즉 생각할 대상에 대해 다양한 생각을 떠올리는 능력, 직면한 과제에 가장 적합한 사고방식이 무엇인지 아는 능력이 필요하다. 한 국가의 정치 체제가 얼마나 성숙한가도 대중이 얼마만큼 메타인지 역량을 가졌는가로 가늠해볼 수 있다. 이 경우 메타인지는 사회에서 일어나는 수많은 문제를 인지할 때 그 각각에 적용되는 메커니즘을 구별할 줄 알고 특정 방법이 특정 문제에 가장 적합한 이유를 헤아릴 줄 아는 능력이다. 그래야 정치가 어떤 과학 분야에 관한 규제 정책을 마련하고자 할 때, 소비자에게 판매할 제품을 관리할 때, 잠재적으로 위험 수준이 높은 지식을 예의주시할 때 대중이 바람직한 집단 지식을 제공할 수 있다. 그러기 위해서는 절대 주권을 추구하는 의회의 맹신이나 전문가에게 권한을 위임하는 주인-대리인 문제를 극복하고 초월할 다양한 해답을 제시해야 한다.

숙련된 대중: 주권을 직접 행사할 수 있는 대중

당연한 말이겠지만 주권을 제대로 행사하려면 해당 사안을 진단하고, 처방하고, 판단하고, 행동하는 인지 능력이 있어야 한다. 정치인은 법률, 정책, 정부 기관 등을 올바르게 이해해야 하며, 제러미 벤담의 용어를 빌리자면 '목적' 선택에 필요한 '도덕적 적성moral aptitude'과 '수단'

선택에 필요한 '지적 적성intellectual aptitude'을 갖춰야 한다. 철학자이자 정치 이론가 욘 엘스터Jon Elster는 이 두 가지를 아우르는 소양으로 좋은 정책을 선택할 줄 아는 '쟁점 역량issue competence'을 강조했다. 좋은 정책을 선택하는 능력은 우리가 사는 사회 시스템에 관한 이해와 그 역동성과 추세에 대한 이해를 요구하므로 훨씬 광범위한 역량이라고 할 수 있다.

욘 엘스터는 반면 유권자인 대중은 '투표 역량voting competence', 즉 '정치인들의 쟁점 역량을 인지할 줄 아는 지적 적성'만 갖추면 된다고 말했다.[13] 그가 이렇게 말한 의도는 알겠으나, 내가 보기에 이는 너무 협소한 관점이다. 대중도 더 부담을 느껴야 한다. 많은 쟁점 사안에서 유권자는 문제의 본질에 더 가까이 다가서야 한다. 자신의 주권을 대신 펼칠 정치인의 '쟁점 역량'을 더욱 제대로 판단하기 위해서라도 그래야 한다.

이 같은 모든 역량을 의식적으로 키우지 못하는 사회는 실수를 저지를 위험이 크다. '쟁점 역량'이든 '투표 역량'이든 무엇으로 부르건 간에 정치인과 대중 모두 인지 역량을 높여야 한다. 더욱이 정치가 과학 정책을 올바르게 수립하고 과학을 민주적으로 활용하는 데 대중의 역할이 무척 중요하다. 비록 대중과 과학 사이에 지식과 정보의 비대칭이 있게 마련이고, 아무리 애써도 그 비대칭은 사라지지 않겠지만, 주권을 대행하는 정치를 통해 과학의 목적을 바로 세우고 인도하는 역할은 충분히 수행할 수 있다.

지난 수십 년 동안 이 비대칭성은 과학적 지식을 읽고 이해하는 능력인 '과학 문해력science literacy' 문제로 여겨졌다. 정치학자 존 D. 밀러Jon

D. Miller는 과학 문해력을 네 가지 요소로 분류했다. 교과서에서 배운 과학적 사실에 대한 지식, 확률 추론 및 실험 설계와 같은 방법에 관한 이해, 과학기술이 사회에 미친 긍정적 결과에 대한 이해, 미신에 대한 거부감이 그것이다.[14] 이런 접근법은 학교, 텔레비전, 라디오, 전람회 등을 통한 교육과 설명이 과학 문해력을 높인다는 사실을 암시했다. 상당수의 대중이 전기 작동 원리, 원자폭탄의 본질, 전염병 감염 과정 등을 알아야 과학 정책의 목적을 이해하고 지지할 수 있으며, 정책의 성공 여부는 대규모 설문 조사로 판단할 수 있다는 것이었다.

지식이 있어야 이해할 수 있다는 사실에는 의심의 여지가 없다. 2015년 시행한 미국의 한 설문 조사 결과는 대중과 과학계 사이의 비대칭성이 여전히 크다는 사실을 방증한다. 인류가 시간이 흐름에 따라 진화해 왔는지, GMO 식품을 먹어도 안전한지, 기후 변화가 인간 활동에 영향을 받고 있는지 등의 의견을 묻는 항목에서 30점 이상의 차이를 보였다.[15] 미국의 경우 2020년이 돼서야 다윈 진화론을 받아들인 대중의 비율이 50%를 처음으로 넘겼다. 게다가 여전히 44%의 대중은 인간 활동이 기후 변화를 초래한다는 사실을 믿지 않았다.

각국 정치인들은 잘못된 정보에 대처하거나 바로잡기 위해 부단히 애쓰고 있다. 예컨대 2014년에는 뉴질랜드 총리실에서 존 키John Key 총리가 외계인이 아님을 공개적으로 밝히는 일도 있었다. 어떤 시민이 존 키 총리가 인간이 아닌 외계인 같다면서 '공개정보법Open Information Act'에 근거해 정부를 상대로 총리의 정보 공개를 청구했기 때문이다. 이에 총리실은 비서실장 명의로 "존 키 총리가 인류를 예속시키려는 파충류 외계

인임을 보여줄 어떤 증거도 발견할 수 없었다"는 공식 답변을 내놓았다. 정보 공개를 청구한 시민은 이 답변에 만족하면서 "존 키 총리가 대중과 소통을 안 하는 것 같아 외계인이 아닐까 의심했다"고 설명했다. 이 사건은 우스갯소리로 한동안 사람들 입에 오르내렸지만, 어쩌면 존 키 총리는 정치의 본질을 상기해준 그 시민이 무척 고마웠을 것 같다.

어쨌든 복잡한 사회에서 주권자인 국민의 역할을 다하려면 어느 정도의 과학 문해력은 필수적이다. 터무니없는 가짜 뉴스와 음모론뿐 아니라 "연구가 X라는 결과를 보여준다"고 보도하는 기사가 사실인지 판단하거나 잘못된 지식과 정보의 속임수를 구분하려면 높은 과학 문해력을 가진 대중이 많아져야 한다. 아울러 '과학적 사실'보다 과학을 빙자하는 '과학적 프레임'이 더 큰 영향력을 발휘할 수 있다는 점도 인지해야 한다. 달리 말해 어떤 쟁점이 어떤 프레임을 형성하는지가 우리가 보게 될 내용에 영향을 미친다.[16] 그리고 그것들이 어느 때 어떻게 조작되는지 파악할 필요가 있다. 최근 한 연구는 2010년 이후부터 온라인 미디어 기사 제목에 자극적인 문구가 급격히 늘어났음을 지적했다. 이른바 낚시성 문구가 기승을 부리고 있다. 연구자들은 기사 제목에 자극적인 단어가 들어갈 때 클릭률이 2.3% 증가한다고 보고했다. 본능적으로 자극에 이끌릴 수 있겠지만, 머리를 더 차갑게 해서 소셜 미디어의 아무런 맥락도 제한도 없는 거짓 정보가 어떻게 퍼지는지 살펴야 한다.

과학자들도 대중의 과학 문해력을 높이기 위해 오랫동안 노력해왔다. 영국에서는 왕립학회를 비롯해 뛰어난 화학자 험프리 데이비Humphrey Davy와 마이클 패러데이Michael Faraday의 왕립연구소Royal Institution가 매주 일반 대중을 위한 강연을 열었다. 저 유명한 알베르트 아인슈타인과 마리 퀴리Marie Curie부터 스티븐 호킹에 이르기까지 수많은 위대한 과학자들도 대중과 열심히 소통했다.

그러나 지식을 수동적으로 받아들이는 것만으로는 충분치 않다. 1980년대에 유행했던 '과학의 대중 이해Public Understanding of Science' 접근법에서는 대중이 과학 지식을 더 많이 알면 알수록 과학계를 향한 대중의 지지도 더 높아진다고 전제했다.[17] 그런데 이후 과학 문해력에 관한 논의가 한층 진화하면서, 초점을 과학계가 아닌 대중에 맞춰온 관점에서 벗어나려는 여러 시도가 이뤄지고 있다. 이 대안적 접근법의 목적은 대중을 과학 지식의 수동적인 관찰자이자 수용자에서 적극적인 생산자이자 조형자로 바꾸는 데 있다. 이 '관계적 전환'은 과학이 복잡한 지식을 대중에게 설명할 뿐만 아니라 시민들의 민주적 의견에 문을 열고, 귀를 기울이고, 성실히 응답하는 양방향 의사소통을 전제로 한다.

이 과업은 우선 학교에서 시작되고, 과학의 최전선에 동참하자는 미디어 보도를 활용한 캠페인성 접근법도 병행되겠지만, 지식의 단순한 반복 학습보다 질문하는 능력을 키우는 데 역점을 둔다. 이처럼 과학이 접근법을 바꾸면 민주주의에서 교육의 역할을 바라보는 접근법에도 변화가 생긴다. 여기에는 의사결정이 내려지는 과정을 배우는 것 외에 권력 행사와 그 책임에 대한 경험을 얻는 것도 포함된다.

핀란드의 사례처럼 잘못된 정보와 거짓 정보에 중점을 두는 학교 교육은 꽤 유용해서, 아이들에게 생각하는 방법과 더불어 소셜 미디어의 함정에 빠지지 않는 법도 배울 수 있게 해준다. 철학자 윌리엄 제임스

William James가 말했듯이 "현명해지는 기술이란 무엇을 무시할지 알게 해주는 기술"이다. 여기에서 한 걸음 더 나아가 따로 예산을 책정해 아이들이 직접 경험해볼 수 있는 프로젝트 기반 학습 정책으로까지 이어지면 더 좋을 것이다. 프랑스 파리의 경우 학생들을 위해 대중 참여 예산 일부를 할애하고 있다. 공기 질 개선 등의 쟁점은 과학적 측정 및 분석 경험을 제공하는 프로젝트 기반 학습을 통해 경제적 실천 방안을 모색하는 문제와도 자연스럽게 연결할 수 있다. 학습과 경험이 더 많이 결합할수록 과학 문해력도 더 높아진다. 첨단 디지털 기술도 과학 문해력을 키우고 민주적으로 의견을 개진하는 데 도움이 될 수 있다. 지금도 어느 정도 가능하긴 하지만, 아마도 아주 가까운 미래에 우리는 AI 디지털 개인 비서를 이용해 지식과 정보를 학습하고 생각을 정리해서 적극적으로 공론에 참여할 수 있을 것이다.[18]

한편으로 더 적극적이고 활동적인 대중은 미디어에 더 정확하고 자세한 과학 지식을 전달해달라고 요구할 수 있다. 영리에 치중한 나머지 긍정적 기회보다 부정적 위험을 더 극적으로 묘사하고, 주의나 경고가 아닌 확신을 전달하고자 애쓰는 대중 매체들이 많이 있다. 특히 '불확실성'을 내포한 과학 지식을 사실 확인도 제대로 하지 않은 채 특정 음식이 건강의 열쇠라거나 암 유발의 주범이라고 보도하기도 한다. 미디어의 이런 못된 행태를 막기 위한 여러 시도에도 대중이 힘을 실어줄 수 있다.

대다수 민주주의 국가는 미디어가 과학 지식을 전달하는 방식을 규제하기 위한 기관을 마련해두고 있다. 지식 그리고 그 지식에 따른 위험이 공정하게 세부적으로 전달돼야 한다. 현대사회에서 대중은 심리적 편향, 사이비 통계, 타인의 주관적 경험 정보에 쉽게 노출되는 반면 그것들이 잘못됐다는 정보도 쉽게 확보할 수 있다. 역설적이게도 오류를 거듭 확인하다 보면 오류를 저지르지 않는 능력도 향상된다.[19] 자신의 마음이 얼마나 쉽게 허위 정보에 휘둘릴 수 있는지 알면 오류를 발견하는 데 더 능숙해질 수 있다.[20] 이와 비슷한 맥락에서 잘못된 집단 행동의 위험성을 알게 되면 그런 행동에 참여하는 실수를 피할 수 있다. 군중심리 전문가들이 말하는 '빠른 것이 느린 것faster-is-slower' 효과, 즉 많은 사람이 좁은 출구를 빨리 빠져나가기보다 천천히 질서 있게 움직이는 것이 더 빠르다는 사실을 깨닫게 되면, 쉽고 빠르게 접한 잘못된 지식에 속는 불행을 미리 방지할 수 있다.

그렇더라도 위험이나 불확실성을 내포한 과학 지식을 너무 복잡하지 않으면서 모호성은 인지하게끔 설명하기란 그리 쉽지 않다. 예를 하나 들어보자. IPCC(기후 변화에 관한 정부 간 협의체)는 "지구 온난화가 현재 속도로 계속될 경우 2030년에서 2052년 사이 지구 평균 온도는 높은 신뢰 수준으로 섭씨 1.5도 이상 상승할 가능성이 있다"고 결론 지었다. 이 보고서에서 '가능성이 있다likely'와 '높은 신뢰 수준high confidence' 부분은 이탤릭체로 표기됐고, 각주를 통해 '가능성'은 '66~100%' 확률에 해당한다고 설명했다. 연구에 따르면 대중은 저마다 이와 같은 용어를 다르게 받아들이기는 하지만,[21] '가능성 있음(66~100%)'처럼 언어적 표현과 숫자적 표현을 함께 제시하면 모호성을 인지시키면서도 불확실성은 어느 정도 해소되는 정보를 전달할 수 있다고 평가했다.[22]

생태학적인 문제는 더 복잡할 수 있다. 관련 정보를 더 많이 접할수록 우리 내면의 직관이 반발하려고 들기 때문이다. 최근 들어서야 전 세계적으로 해양 생태계와 인류 건강을 위해 플라스틱 사용을 줄이자는 여론이 확산한 데는 그럴 만한 이유가 있다. 현재 수많은 국가에서 비닐봉지나 플라스틱 컵 사용을 규제하고 있는데, 사실 플라스틱 사용 감소에 따른 변화 영향은 직관적으로 명확하지 않다. 예컨대 일회용 비닐봉지를 친환경 종이봉투로 바꾸더라도 최소 150회 이상 사용했을 때라야 탄소 배출량 측면에서 유의미한 결과를 기대할 수 있다.[23] 내구성이나 낭비를 생각한다면 플라스틱 사용을 자제하는 게 좋은 대안이 되겠지만, 전 세계 사람들이 플라스틱 빨대를 전혀 쓰지 않는다고 할 때 바다에 버려지는 플라스틱 쓰레기는 기껏해야 0.03% 줄어들 뿐이다. 그렇기에 대중의 실천을 유도하는 정책을 세울 때는 지식의 세부적인 사항을 꼼꼼하게 들여다보고 목적을 정해야 한다. 과학 지식은 우리가 어떤 정책을 이해하고자 할 때 도움을 주기도 하지만, 수긍하기 어려운 취지나 목표 때문에 반발을 불러일으킬 위험도 있다.

이 부분에서도 대중의 과학 참여가 더 깊은 이해를 돕는 데 중요하게 작용할 수 있다. 이미 소개한 '갤럭시주'나 온라인 퍼즐 게임을 즐기면서 자연스럽게 단백질 구조를 예측해볼 수 있는 '폴드잇Foldit' 같은 시민 과학 프로젝트는 수백만 명 이상의 대중 참여를 이끌어냈다.[24] 이런 프로젝트에 직접 참여해보면 확실히 과학에 대한 이해와 인식이 높아진다는 연구 결과도 많으며, 과학 발전에 이바지했다는 즐거움이 또 다른 과학 지식을 향한 관심으로 이어진다는 증거도 많다. 마케팅 심리학 분야에서는 대중이 디자인에 직접 관여했거나 '크라우드 펀딩crowd funding'으로 생산한 제품임을 명시하면 이른바 '대리 권한 부여vicarious empowerment(타인의 평가를 자신의 평가와 동일시하는 것_옮긴이)' 감정을 자극해 소비자들이 더 신뢰한다는 조사 결과도 있다.[25] 이는 과학 분야가 대중이 참여하는 집단 지식으로서 자리 잡으면 과학이 더 큰 신뢰를 얻을 수 있음을 시사한다.[26] 그리고 제1장에서 "R&D가 무엇인지도 모르겠고 자신들에게 어떤 도움이 되는지도 모르겠다"고 응답한 대다수 영국 시민들의 생각을 돌려놓을 수 있겠다는 기대감이 들게 해주기도 한다.

대중의 더 적극적인 이해와 참여는 불확실성과 모호성에 대한 민감성을 높일 수도 있다. 과학 실험에 참여해보면 누구나 표본 추출과 실증적 추론의 복잡성을 대번에 느끼게 된다. 무엇이든 진보는 어려운 일이다. 어느 국가건 대중의 일부는 여전히 확실성과 단순성을 고수한다. 모름지기 인구의 30%는 복잡성을 거부하면서 권위주의 지도자의 정치적 기반을 형성하고 있다.[27] 이에 반해 또 다른 일부 대중은 유연한 사고방식을 갖고 있다.[28] 최근 연구에 따르면 독단적이고 경직된 사고방식은 개인적 수준에서 측정 가능한 일종의 메타인지 능력 결핍이고, 지나친 자기확신과 관련이 있으며, 잘못된 신념을 인지하고 수정하기를 거부하는 저항심에서 비롯한다.[29] 이미 사고방식이 고착된 나이든 세대는 바뀌기 어렵겠지만, 젊은 세대는 교육을 통해 이와 같은 메타인지 능력 결핍을 막을 수 있다. 이 대목에서 우리는 21세기 교육이 나아가야 할 방향, 즉 더 나은 과학기술과 더불어 개인적 수준의 메타인지를 사회적 수준의 메타인지로 끌어올리는 미래지향적 교육방식의 개요를 볼 수 있다.

더 많은 사람이 과학에 대한 이해를 키울수록 과학자 스스로 한계를 명확히 하고 과학을 끊임없이 성찰하는 분야로 바라보게끔 과학계를 변화시킬 수 있다. 과학계와 대중이라는 이중의 윤리적 구속은 과학지식을 대중에 전달할 때 과학계가 효과적 주체가 되는 일과 지식의 윤리적 한계에 솔직해지는 일 사이에서 적절한 균형을 맞추게 해줄 것이다.[30] 사실상 이것이 모든 논의의 핵심이다. 과학계와 시민 모두가 "눌리우스 인 베르바"를 진지하게 받아들여 냉철한 회의주의와 비판적 사고를 통해 과학 지식을 무겁게 다뤄야 할 것이다.

숙련된 정치: 정치인을 위한 교육

내가 이 책 첫머리에서 언급한 아리스토텔레스는 사실상 정치학의 창시자라고 할 수 있는데, 그는 도시국가가 바람직한 권력을 펼치려면 탁월한 사람들이 필요하다고 믿었다. 그가 말한 탁월한 사람이란 최고 수준의 '아레테arete', 즉 '미덕'을 가진 이들을 의미했다. 하지만 미덕이 유일한 자질은 아니었다. 서로 다른 집단이 서로 다른 자질을 갖췄다면, 그들 사이에서 권력을 공유해야 할 필요도 있었다.

그런데 오늘날 정치인이 갖춰야 할 미덕이란 무엇일까? 과학이 널리 퍼진 사회를 통치하는 데 필요한 자질은 무엇일까? 한 가지 대답은 2016년 캐나다 쥐스탱 트뤼도Justin Trudeau 총리가 기자의 질문에 답할 때 드러났다. 캐나다 이론물리학의 산실인 페리미터연구소Perimeter Institute를 방문할 때였는데, 이때 한 기자가 짓궂은 표정을 지으며 이렇게 물었다.

"자리가 자리인 만큼 양자컴퓨팅에 관해 설명해주십사 하려고 했는데 하하, 이슬람 무장 세력에 대한 정부 대책이나 말씀해주시죠."

그러자 트뤼도 총리는 이렇게 답변했다.

"아주 간단히 말하자면 보통의 컴퓨터는 0과 1이라는 두 가지 비트로만 작동합니다. 꺼지고 켜지고. 그렇지만 양자 상태에서는 훨씬 더 복잡한 연산이 가능합니다. 알다시피 물질은 파동인 동시에 입자이기도 하니까요. 이렇듯 양자를 둘러싼 비결정성이 더 작은 컴퓨터에 더욱 많을 정보를 담을 수 있게끔 해줍니다. 이게 바로 양자컴퓨팅이 놀라운 이유이며 우리가 나아가야 할 길입니다."

총리를 놀리려던 기자의 코는 납작해졌고, 그곳을 가득 메운 학생들과 과학자들을 비롯해 과학 전문 기자들까지 환호성을 지르며 기립 박수를 보냈다. 이 일은 소셜 미디어를 통해 널리 퍼졌고 트뤼도 총리의 지지율도 덩달아 상승했다. 물론 이론물리학자도 아닌 그가 양자컴퓨팅에 관해 이보다 더 깊게 알지는 못했을 것이다. 그러나 자신이 적극적으로 지원하겠다는 과학 분야에 대해 이 정도로 공부했다는 사실은 정치인으로서는 충분히 칭찬받을 만한 자세였다.

정치인은 과학자가 아니므로 누구도 정치인더러 과학에 깊은 전문 지식을 가지라고 요구하지 않는다. 하지만 적어도 과학 정책을 추진하는 정치인이라면 어느 정도 공부는 했겠거니 기대한다. 이는 무척 자연스러운 일이다. 정치가 더 개방적인 시대, 지식 공유가 활발한 시대에 정치가 권력을 유지하려면 정치인의 지식과 자질과 함께 그들이 추진하는 정책의 질적인 수준도 높아야 한다. 그런데 여기에서 우리는 역설적 상황을 보게 된다. 어쩌면 가장 중요한 미덕이 다른 미덕보다 가볍게 취급되곤 했다. 리더십을 요구하는 모든 분야 모든 직책은 기술을 필요로 한다. 변호사, 판사, 의사는 두말할 것도 없고 기업의 최고경영자도 수년간 교육을 받는다. 대부분 국가에서 유독 정치인들에게만 그런 게 없다. 어떻게든 선출되고 나면 끝이다. 이후부터는 각자의 노력과 의지만 남을 뿐이다. 정치인이 공식적으로 받을 수 있는 교육 프로그램은 존재하지 않는다. 그럴 제도나 기관도 없다. 맡은 자리에 필요한 지식과 역량을 키워줄 장치도 없고, 그 자리를 맡는 게 합당한지 평가할 도구나 방법도 없다.

예외인 경우가 있긴 하다. 중국은 정치 지도자들을 훈련하는 데 꽤 많이 투자하는 나라다. 중국 정치인들은 당에서 운영하는 학교에 다녀야 하고, 눈에 띄는 논문을 발표해야 하며, 자신이 맡은 분야의 지식이나 법률 사항 등을 계속해서 숙지하고 있어야 한다(물론 마르크스-레닌주의에 대한 주기적인 사상 검증은 기본이다). 미국 뉴욕 시장을 지낸 사업가 마이클 블룸버그Michael Bloomberg는 시장의 자질을 보완하기 위한 훈련 프로그램에 자금을 지원했고, 호주의 경우 매키넌연구소McKinnon Institute가 수준 높은 교육 과정을 갖춘 정치인들을 위한 교육 체계를 개발하고 있다.[31] 이와 같은 교육 체계를 통해 정치인들이 그동안 익숙했던 지정학, 기술, 법률과 동떨어진 사안이 주는 압박감 속에서 의사결정을 내리는 방식이나 올바른 예산 분배 방법 등을 미리 시뮬레이션해볼 수 있다. 그렇지만 민주주의 국가 대부분은 정치인들을 교육하는 데 공적 자금을 지출하기 꺼린다. 세수를 그런 곳에 쓰는 것이 부적절하다고 느껴서다.

이해 못 할 바는 아니지만, 그 결과가 난관으로 이어지기에 안타깝다. 어쨌든 정치는 과학에 대한 태도를 밝혀야 한다. 세상 모든 게 과학이니 도저히 피해갈 수가 없다. 언제까지 정치가 자신들이 통제해야 할 과학을 제대로 이해하지 못하는 상태에서 계속 권력을 유지할 수 있을까? 정치가 과학에 대해 알고 있는 것과 알 수 있는 것 사이의 격차는 나날이 커지고 있다. 하물며 과학은 분야가 다르면 과학자들조차 서로 이해하기 어려운 것이 돼가고 있다. 상황이 이 지경인데 외부자들에게는 어떨까? 과학계도 정치에 무지할 수 있고 대중에게 무엇이 중요한지 제대로 이해하지 못할 수 있다. 그러나 정치보다 과학의 지식 공유지 규모가 더 크기 때문에 정치계가 감내해야 할 무지의 결과도 더 크다.

마거릿 대처Margaret Thatcher나 앙겔라 메르켈Angela Merkel 총리처럼 과학에 기초 지식을 갖춘 정치 지도자들이 있으면 이 문제에 도움이 될 수 있다. 중국은 아예 고위 지도부 상당수를 과학자들로 채우고 있는데, 그렇게 하자는 것이 아니다. 앞서 살폈듯이 부작용이 많다. 마거릿 대처 총리가 엑스선 결정학 분야에 업적을 이뤘다고 해서, 앙겔라 메르켈 총리가 양자화학 분야에 공헌했다고 해서 두 사람을 과학자라고 부르지는 않는다(자신들은 그렇게 불러주기를 바랐을 수는 있겠지만). 다만 마치 하나의 외국어에 능통하면 다른 언어도 잘 배우듯이, 과학도 한 분야에 지식이 있으면 다른 분야에 대한 이해도 비교적 쉽게 터득하리라고 기대할 수 있다.

내가 말하고자 하는 핵심은 정치인들을 구조적으로 무능하게 만드는 요인을 상쇄해야 한다는 것이다. 나는 한때 내 상사였던 토니 블레어 Tony Blair 총리가 어떤 어려움을 겪었는지 기억한다. 그에게는 좋은 의도가 있었고, 본능적으로 과학과 기술의 중요성을 인식했으며, 과학 문제에 정치가 적극적으로 관여해야 한다는 사실도 잘 알고 있었다. 하지만 그는 무엇이 좋은 것인지 알 수 있을 만한 경험이 부족했다. 그런 까닭에 거대 디지털 기업의 카리스마 넘치는 경영자들이 그를 이용하기가 무척 수월했다.

지금도 많은 정치인이 어려움을 겪는다. 이들을 위해 약간의 시간과 비용을 투자해 주요 과학기술 분야와 그 문제점을 인식할 기회를 제공한다면 과학 민주화와 관련한 모든 면에서 유용할 것이다. 정치인들이 늘 텍스트 중심의 보고서에만 의존하기보다 이용 가능한 증거를 발견하고, 전문가 사이 의견에서 균형을 찾고, 복잡한 문제를 시각화할 수 있도록 해주는 체계적 지원이 필요하다. 그럼으로써 정치인들이 문제 진단과 사실 확인을 거친 여러 선택지를 고려해 합리적으로 의사결정을 내리도록 도울 수 있다.

궁극적 목표는 정치와 민주주의를 인지적으로 두텁게 만드는 데 있다. 지식과 지식에 대한 지식을 공유하고 여러 영역에 걸쳐 융합할 수 있는 능력을 풍부하게 만드는 것이다. 성숙한 정치에는 전문가 집단의 검토와 질의응답, 대중 참여를 통한 집단 지식, 공론화, 응용 분야 탐색, 실험 등 다양한 방식으로 지식을 취합하고, 적용하고, 문제가 생기면 되돌릴 수 있는 대규모 목록이 요구된다.

한 세기 전 옥스퍼드대학교는 사회 지도자 양성을 위해 정치학, 철학, 경제학 분야에 새로운 교육 과정을 개설했다. 이후 총리와 장관 등 많은 지도자가 그와 같은 신규 분야 이론들을 받아들였다. 하지만 그때의 거시경제학이나 분석철학적 방법론은 기후 변화와 범유행 전염병의 시대인 오늘날의 세계와는 잘 어울리지 않는다. 이제 우리에게는 권력과 관련한 새로운 교육 과정이 필요하다. 과학, 공학, 정치학, 심리학, 철학 어디에도 데이터, 시스템, 복잡성, 불확실성, 모호성을 인식할 수 있는 커리큘럼이 있어야 한다. 그 전에 아마도 히포크라테스 선서 같은 것이 필요할 텐데, 정치인들에게는 "이용 가능한 최고의 지식을 찾고, 흡수하고, 실행하겠노라"는 맹세가, 과학자들에게는 "지식을 공유하고, 개방하고, 소통하고, 공동선을 향한 대중의 판단을 받아들이겠노라"는 서약이 있어야 할 것이다.

지식 공유지, 초정치, 과학기술 협의체

시민과 그 대표자인 정치인 모두의 실용적 지식을 향상할 가교 구실을 한다면 느슨한 의미에서 전부 '지식 공유지'라고 부를 수 있다. 이용 가능한 최고의 지식을 찾기 위한 논쟁과 토론의 장을 제공하고, 의사결정이 이뤄지는 인지적 환경을 풍성하게 만드는 곳이 지식 공유지다. 지식이 선별되고, 분석되고, 진화하는 공간이다.

내가 이 장을 시작할 때 인용한 미셸 푸코의 문장은 전형적인 반어법이다. 그런 세상은 아직 오지 않았다. 진실의 제국이 유토피아가 되려면 그의 말대로 진실이 "통치자와 피통치자들에게 공통된 기후와 빛"을 마련해줘야 한다. 상상만 해도 매력적인 일이다. 사실, 가능성, 자발적 선택으로 공유된 그림… 그리고 그 의미를 공유하는 대화…. 그렇다. 잘 조율된 집단 지성이야말로 지식의 지혜로운 실행을 위한 필수 요소이자 과학을 올바르게 이끌 원동력이다.

이를 위해 노력하고 있는 기관들이 많다. 그동안 보건 및 의료 분야는 의학적 증거를 취합해 분석하는 코크란연합Cochrane Collaboration과 메이오클리닉Mayo Clinic, 다양한 치료법의 효과와 비용 효율성을 타진하는 국립보건임상연구소NICE 등의 도움으로 커다란 지식 공유지를 형성했다. 의사들의 교육에도 활용하는 펍메드PubMed 같은 온라인 논문 데이터베이스도 있다. 비록 이해하기는 어렵더라도 누구나 일선 의사들이 보는 것과 똑같은 지식에 접근할 수 있다.

IPCC도 기후 변화와 관련해 이와 유사한 역할을 한다. 수백 개의 웹사이트, 데이터베이스 저장소, 검색 도구, 로드맵 등과 함께 기후 역학을 예측하기 위한 공유 데이터 및 모델을 제공함으로써 전문 기관이나 개인이 지구 온난화 대응 방안을 모색할 수 있도록 돕는다.[32] 이런 모든 활동은 지식과 지식에 대한 지식이 개방적으로 공유되는 미래의 모습을 보여주고 있다. 의사결정자들을 위한 지식 공유지의 구조는 적어도 다음 네 가지 요소를 반드시 포함해야 한다.

- 사실: 어떤 주제의 패턴과 변화의 역학을 감지하기 위한 기본 요소다.
- 증거: 선택 가능한 사안을 입증하는 요소다. 최소한 일부 맥락에서라도 명확히 들어맞는다는 사실을 보여줌으로써 해당 지식을 수용하고 잠재적 위험이나 위해성에 대비할 수 있도록 해준다.
- 혁신: 미래에 유용하거나 관련이 있다고 판단되는 지식을 다른 분야로까지 확산하는 요소다.
- 가능성: 10년 또는 몇 세대 이후에 현재의 선택이 실현될 확률을 지도화하는 요소다. 예측, 추론, 시나리오 모델 등을 포함한다.

모든 지식은 현재의 선택과 실행에 영향을 미치므로 이 네 가지 요소를 항상 염두에 둬야 한다. 각각의 요소는 그 자체로 일종의 풍경을 형성한다. 텍스트로 표현할 수도 있고 시각적으로 지도화하거나 모델화하거나 시뮬레이션으로 만들 수도 있다. 네 가지 요소를 표어로 다듬어 지식 공유지의 신조로 삼아도 좋을 것이다. 각각의 요소를 숙지해 지식 공유지에 참여하면 해당 주제와 관련한 정책적 선택과 변화의 역학을 이해하는 데 도움이 될 것이다.

그러나 이런 종류의 의사결정 지원 풍경이 저절로 형성되지는 않는다. 아직은 구글 검색과 GPT로 가능한 일이 아니다(허위 정보만 잘 골라낸다면 '사실' 정도는 가능하다). 이 네 가지 요소에 적합한 지식과 정보는 매우 신중히 선별해야 하고, 누구나 접근할 수 있어야 하며, 의사결정자들이 현재 고심 중인 선택과 연관성이 있어야 한다. 지금까지는 이를 수행하는 작업이 정부, 의회, 미디어, 학계, 시민 사회 같은 곳에 편중돼 있었다. 충분히 개방되고 공유되지 않았다. 이제는 관점을 확실히 바꿔서 AI, 친환경 에너지, 생물학적 위험 등의 과학 분야 지식 공유지를 구성하는 데 드는 비용이 민주주의 자체가 제대로 작동하는 데 필요한 간접비라고 인식할 필요가 있다.

적절하고 타당한 의사결정을 지원하는 지식 공유지의 필수적인 대중 논쟁과 숙의를 지지해줄 기반 제도도 마련해야 한다. 일테면 중요한 과학 분야에 대중의 평가와 의견을 제공하기 위해 시민 회의 형식과 결합한 '과학기술 협의체'를 체계적으로 조직하는 것이다. 2022년 에마뉘엘 마크롱 정부에서 개최한 '의사 조력 자살에 관한 시민 총회'가 좋은 본보기라고 할 수 있다.

과학기술 협의체는 시민 배심원단이나 기존 시민 회의보다 더 폭넓은 계층을 대표해야 한다. 그리고 이 협의체에 참여하는 개인은 전문가의 충분한 설명을 듣고 자료를 검토해 언급한 네 가지 측면에서 사안을 올바르게 바라봐야 한다. 한편 정부는 이들이 사안을 잘못 이해할 여지가 없도록 모든 데이터를 투명하게 공개해야 한다. 그렇게 과학기술 협의체에 참여한 대중은 해당 정책 사안을 빠르게 추진할지, 천천히 진행할지, 유보할지, 금지할지 등에 관한 의견을 개진한다. 별 탈 없이 합의에 이를 수도 있지만, 열띤 논쟁의 장으로 변모할 수도 있다. 정치학자 제이넵 파묵Zeynep Pamuk은 이 시민 회의가 오히려 적대적 논쟁에 불을 붙여 비합리적인 반대 의견과 불필요한 논란의 여지를 깨끗이 없애버리는 '과학 법정'이 돼야 한다고 주장하기도 했다.[33] 무엇이 되건 이 과학 기술 협의체는 새로운 인지과학이나 최신 AI 기술에도 많은 도움을 받을 것 같다. 이용 가능한 지식을 융합해 제공함으로써 숙의와 합의를 이끄는 데 도움이 된다면 어떤 인지 도구라도 허용할 수 있다.

제대로 된 효과를 보기 위해서는 이 같은 협의체가 현재 모델을 뛰어넘어 진화해야 한다. 그러려면 협의체를 설계할 때 미디어를 통한 참여나 순전히 무작위적인 선별보다는 타인에게 명확한 영향력을 가진 사람들을 모집해 회의에서 이뤄지는 숙의가 더 광범위한 대중에게 도달하도록 해야 한다. 이와 함께 설계 단계에서 가장 중요한 부분은 협의체의 합의 결과를 실제 정책으로 실행한다고 보장하는 것이다. 회의 과정에 정부 관료와 정치인 모두의 긴밀한 참여가 필요하다. 그렇지 않으면 2019년 '기후 변화에 관한 시민 총회' 때처럼 합의 결과가 정치적 이해관계 때문에 변경·축소돼 실행 불가능한 것으로 전락할 위험이 있다.

급속히 발전하는 과학 분야 가운데 흥미로운 것들 대다수는 모두 큰 보상과 위험을 내포하고 있으므로 더 특별한 관심이 요구된다. AI와 더불어 양자컴퓨팅 분야도 좋은 사례다.[34] 막대한 공적 자금이 투입되고 있으며, 의료 영상, 지진·해일 감지, 암호화, 극도로 복잡한 계산 등에서 획기적인 성과가 기대된다. 하지만 아직 어느 국가에서도 보상과 위험을 냉철히 저울질하거나, 전자를 최대화하고 후자를 최소화할 적절한 경로는 제시하지 못하고 있다. 합성생물학도 단백질을 합성해 인간의 장기를 만들어내거나 인공육을 배양하는 등 엄청난 혁신 분야로 기대를 한몸에 받고 있으나, 동시에 인공 바이러스 같은 생물학 무기 위험도 무시할 수 없는 상황이다. '인지 강화cognitive enhancement' 기술 역시 인간의 사고력과 기억력을 초능력 수준으로 향상할 수 있지만, 양심이나 두려움이 없어지는 병리 현상을 촉진할 수도 있다. 모두 진지한 고민과 논쟁이 필요한 분야이며, 다행히 아직은 선을 넘지 않았으나 특히 생명윤리 측면에서 짚고 넘어가야 할 부분이 많다.

과학기술 협의체가 심의를 거친 선출직 정치인을 한두 사람 포함하는 것도 필요하다. 어느 시점에 정치가 개입해 가치와 이해관계 사이에서 타협점을 찾아야 할 때도 있다.[35] 그래도 과학기술 협의체는 미래 세대를 헤아리고 미래 지구 환경을 보존하고자 최선의 지식을 남긴다는 기본 역할을 고려할 때 '초정치적super-political' 관점을 유지해야 할 것이다.

사회적 메타인지를 위한 지식 공유지

지식 공유지의 가장 중요한 역할은 다른 모든 것을 차치하고라도 '올바른 결정을 내리는 방법에 관한 지식'을 조율하는 데 있다. 그것이 바로 '사회적 메타인지'다. 집단 지성에 대한 집단 지성이다. 메타인지와 마찬가지로 다양한 지식, 정보, 통찰을 수집하고 실험하는 것이다. 사회적 메타인지는 개인을 넘어 집단이 아는 것과 모르는 것을 구분하는 역량이며, 모델화하는 방법, 시각화하는 방법, 역할을 나누는 방법, 질문하는 방법, 논쟁하는 방법, 융합하는 방법 등을 아는 능력이다. 어떤 학자들은 사회적 메타인지를 '과학 중의 과학'이라고 부른다. 집단 지식을 취합하고 패턴을 찾는 연구 분야가 계속해서 성장하고 있는데, 앞서 살펴본 과학계 생산성 문제나 여러 가능한 해결책을 찾고자 사회적 메타인지를 파고든다. 그렇지만 '과학 중의 과학'을 사회적 메타인지에 관한 묘사라고 하기에는 부족해 보인다. 그 이상이다.

나는 이 책의 제13장에서 '지혜의 과학science of wisdom'이 왜 그 본질에서 '끊임없이 배우려고 하는 의지'인지를 설명할 것이다. 역설적이게도 과학은 과학의 일을 안내할 때 과학적 방법론을 거의 사용하지 않는다. 사소한 예를 하나 들자면, 내가 예전에 여러 명문 대학 과학자들을 만나 인터뷰할 때 그들이 이끄는 학회라든가 세미나 또는 심포지엄을 설계하면서 어떤 과학적 방법론을 활용했는지 물어도 누구 한 사람 제대로 답변하는 이가 없었다. 그저 늘 해오던 일을 했을 뿐이다.[36]

정부도 똑같다. 관료나 정치인들도 자신들이 어떻게 일해야 하는지에 관한 과학에는 전혀 관심이 없다. 자신들의 역할 구조와 업무 과정을 어떻게 정리하면 좋을지 정도만, 그것도 가끔 고민할 뿐이다. 내가 알기로 영국 의회에는 의회가 더 잘 작동할 방안을 연구하고 연구한 지식을 취합하는 소규모 팀조차 없으며, 소수 지방 정부만 행정학과 정치학 관련 최신 연구 내용을 간단히 업데이트하는 담당자를 두고 있다. 지혜의 본질이 여기에 있다는 사실을 인지하지 못하는 것이다. 불확실성과 모호성으로 가득한 복잡한 문제를 이해하고 걸맞은 대응책을 찾으려면 방법론부터 수립해야 하는데도 말이다.

제5부

국경 있는 세계의
국경 없는 과학
—균형의 문제

제11장

글로벌 이익과 국가 이익의 충돌

코로나19 범유행이 한창이던 2022년 2월, 모스크바 크렘린 궁전에서 에마뉘엘 마크롱 대통령과 블라디미르 푸틴 대통령이 만났다. 당시 회담 모습을 찍은 유명한 사진을 보면 길쭉한 테이블 양쪽에 두 정상이 멀찍이 떨어져 앉아 있다. 두 사람은 악수도 하지 않았다. 러시아 정부는 마크롱 대통령에게 코로나19 검사를 받으라고 요구했다. 프랑스에서 이미 검사를 받아 음성이 나왔는데도 자신들의 방식으로 재검사를 받아야 한다고 고집했다.

마크롱 대통령은 러시아 측 요구를 거절했다. 러시아가 그의 DNA를 확보하면 특정 질병에 대한 취약성 등 약점을 찾는 데 이용할 수도 있고, 심지어 그의 유전적 구성에 맞춘 표적 무기를 개발할 수도 있다는 프랑스 정보 기관의 조언을 따른 듯 보였다. 많은 사람이 푸틴 대통령의 명령으로 살해당했다는 의심이 팽배하던 시국이었다. 더욱이 과학으로 얼마든지 새로운 무기를 만들 수 있기에, 그 불신과 두려움은 충분히 이해할 수 있다.

경쟁과 협력의 진화적 역학관계

나는 지금까지 주로 국가 정부 차원에서 과학과 정치의 관계에 초점을 맞췄다. 그런데 무질서하게 확산하는 과학 지식은 협력뿐 아니라 새로운 형태의 경쟁과 갈등도 초래한다. 이 장에서 나는 이 같은 역학관계를 진화적 관점에서 설명하고자 한다. 과학이 국가나 기업에 진화적 우위를 제공하면 세계 전체의 진화적 요구와 상충할 수 있다. 달리 말해 국가의 생존만을 도모하면 종의 생존을 위협할 수도 있다.

이 메커니즘을 이해하려면 한 걸음 물러서서 과학이 어떻게 진화할 수 있었는지 되돌아보는 게 유용하다. 간단한 대답은 지식 체계와 그 체계를 구성하는 논리가 긍정적 순환 고리를 만들어내면 확산하고 성장한다는 것이다. 이는 객관적일 수도 있고 주관적일 수도 있다. 과학이 군사적 우위나 경제적 우위를 제공함으로써 확실히 그랬듯이, 돈과 권력을 가진 세력이나 과학에 헌신하는 집단을 위한 결과를 달성한다는 점에서 객관적이며, 긍정적 순환 고리가 그 결과를 인정하고 높이 평가

한다는 의미에서 주관적이다.

그래서 과학과 공학이 전쟁이나 경제에 성공을 가져다줬을 때, 국가의 영광과 공익에 이바지했을 때, 그리고 그 모든 것이 인정받았을 때 과학자들은 보상을 받았다. 자금을 지원받았고, 명예와 책임 있는 지위가 뒤따랐다. 신제품 개발에 과학을 동원할 방법을 터득한 기업은 비즈니스에서 다른 기업들을 압도했으며, 과학의 위력도 널리 전파됐다. 지식의 진화에 관한 과학사학자 위르겐 렌Jürgen Renn의 연구는 글쓰기와 설명에서부터 새로운 도구와 실험에 이르기까지 다양한 지식을 형성하는 진화적 패턴과 지식이 환경에 적응하는 양상을 이해하는 데 도움이 된다.

과학의 역사는 유용한 지식을 찾기 위한 많은 방법을 담고 있다. 시행착오가 가장 일반적이다. 충분히 맛있는 요리를 찾을 때까지 새로운 재료, 도구, 조리 방식 등을 계속해서 시도하는 것이다. 또 다른 방법은 성찰이다. 우리가 사는 세상을 설명할 단서를 찾고자 끊임없이 내면을 들여다보는 것이다. 성찰은 수많은 철학을 이끌었고 지금도 그렇다. 다음으로는 사물의 다양성과 특수성을 탐색하는 것이다. 이 방법은 많은 과학자의 관심을 식물학과 동물학 분야로 이끌었다. 오용을 우려해 의도적으로 비밀에 부치곤 했던 동양의 선(禪)이나 명상 같은 신비한 지식을 탐색하는 방법도 있는데, 생물학자이자 인지과학자 프란시스코 바렐라Francisco Varela와 같은 학자들은 이를 통해 윤리학을 과학과 접목하기도 했다.[1]

하지만 일반화할 수 있는 이론, 실험으로 검증해 일반화가 가능한 이론을 추구하는 현대 과학의 방법론은 다른 방법들과 비교해 관찰, 해석, 실행 과정에 훨씬 명확한 연결 고리를 제공했다. 이는 과학과 그 논리가 더 역동적으로 움직일 수 있게 함으로써 돈, 권력, 헌신을 쉽게 끌어내도록 해줬다. 돈과 권력 대부분은 국가에서 나왔고, 헌신은 주로 자신의 삶과 마음과 영혼을 바친 사람들에게서 나왔다.

이런 역학관계는 자원과 지위를 놓고 비즈니스, 예술, 종교와 같은 다른 분야와 경쟁한다는 측면에서 국내뿐 아니라 세계적 차원으로 분석할 수 있다. 인류는 늘 관심, 사랑, 존경, 돈을 사이에 두고 협력하기도 하고 경쟁하기도 한다. 과학은 다른 사람, 국가, 기업을 위해 가치를 창출할 때 번창하는 경향이 있다. 과학자들의 선의와 과학적 방법론이 널리 신뢰받을 때, 과학이 들려주는 서사가 현실과 맞물려 감동을 선사할 때, 일테면 페니실린penicillin이 인류를 죽음으로부터 구원하거나 나무에서 떨어진 사과가 중력의 비밀을 밝히는 그런 이야기가 펼쳐질 때, 과학은 마치 저 옛날 악에 맞서 싸우던 마법사의 세계와 가까워진다. 실제로도 과학은 일상적이고 집단적인 지식이 아닌 범접할 수 없는 탁월함과 불굴의 의지가 낳은 결과로 여겨지곤 한다.

과학적 기반이 튼튼한 국가가 전쟁에서 승리한다는 것은 명백한 사실이다. 우수한 과학기술로 만든 전차, 전투기, 미사일 등이 결정적 역할을 한다. 과학은 국가 경쟁에서도 우위를 확보해준다. 미국, 독일, 일본 그리고 이후의 한국이나 스웨덴처럼 과학 기반 경제가 발달한 나라가 원자재 수출에만 의존하는 다른 국가보다 높은 경쟁력을 가졌다는 데 이의를 제기할 사람은 없다. 전 세계 많은 국가가 GDP의 상당 부분을 과학에 투자하는 까닭도 여기에 있다.

그러나 진화적 역학관계에서 보면 꼭 그렇지도 않다. 권력의 여러 정의 중 하나는 실수를 피하는 능력이다. 그런데 많은 국가가 과학적 우위를 가졌으면서도 실수를 저지른다. 러시아는 압도적인 과학기술력을 갖고도 아프가니스탄이나 우크라이나와의 전쟁에서 이기지 못했다. 경제를 먹여 살리는 것들도 첨단 과학 제품이 아닌 원유나 곡물이다. 권위주의 독재정치로 과학의 지위와 자원에 대한 통제권을 유지하고 있을 뿐이다.

진화적 관점으로 좀 더 세분화해서 살피면 관계는 더 복잡해진다. 글로벌 과학 공동체의 출현은 더 큰 규모의 새로운 협력 형태로 이해할 수 있는데, 국가, 정부, 기업과 과학계가 누릴 수 있는 이점과 그것이 수반하는 돈, 권력, 헌신이라는 긍정적 순환 고리가 계기로 작용했다. 하지만 글로벌 과학 공동체를 통제할 수 있는 국가는 사실상 없다. 대부분은 전체 과학의 일부만 직접 통제할 수 있으며, 어떤 국가가 나서서 규제하려고 해도 다른 국가들은 그렇지 않을 수 있다. 그렇기에 글로벌 과학 공동체는 아직 이름과 개념만 설정된 상황이라고 보면 된다. 갈 길이 멀고, 통합해야 할 관련 연구와 규정 및 표준이 산재해 있다.

여러 수준에서 과학의 성공은 민족, 종교, 기업 등 특정 계층 집단과 갈등을 초래하기도 한다. 이들 집단은 원하든 원치 않든 과학의 혜택을 받으면서도 과학을 자신들에게 도전하는 대상으로 여기곤 한다. 새로운 농법, 계산법, 측정법, 방역법, 일반화, 표준화, 보편화 등 모든 과학의 논리를 자신들의 의지와는 무관하게 하향식으로 경험해야 한다. 이들이 볼 때 과학은 자신들의 지역적 지식과 권위는 물론 유대감과 충성심 그리고 믿음을 훼손하는 주체다. 이 팽팽한 긴장 상태는 기독교와 이슬람교의 긴장이나 적대 민족 사이의 긴장과 매우 유사하다. 이 갈등은 다양한 측면에서 무한히 반복되는 프랙털fractal 형상처럼 나타난다.

어떤 지역의 오랜 관습이나 지식이 과학을 접한 뒤에도 살아남을 수는 있겠지만, 이전처럼 명료하거나 자연스럽게 보이지는 않을 것이다. 이 관점에서 보면 그들이 과학을 회피하고 밀어내고 조롱하는 행태가 꼭 비합리적이라고 말할 수는 없다. 이런 집단에서는 과학의 순환 고리가 부정적으로 작용해 과거 이민족들을 무시하고 박대한 것처럼 정치 지도자들이 대중에게 과학을 공격하도록 부추길 수도 있다.

패턴이 다르긴 하나 어떤 이익 집단이 의심의 씨앗을 뿌리고 그 밖의 여러 교묘한 방법으로 과학을 적으로 돌리는 것도 이해하지 못할 행태는 아니다. 예를 들어 담배, 석유, 천연가스 같은 산업의 경우 부작용이라는 측면에서 자기의심과 회의라는 과학 자체의 도구로 공격받을 만한 여지가 있다. 섣부른 결론을 내리기 전에 더 많은 연구와 논쟁 그리고 성찰이 필요한 부분이다.

경쟁, 논란, 불확실성, 모호성 등의 과학의 사회적 현실은 지식 축적이라는 표면적 논리에 가려져 있다. 게다가 인간은 기본적으로 사회적 동물이라서 우리가 무언가를 신뢰한다는 것은 우리가 누구를 신뢰하는지에 달렸고, 우리가 무언가를 기대한다는 것 역시 우리가 누구에게 기대하는지에 달렸다.

글로벌 불균형 그리고 희망과 두려움의 투쟁

　과학을 글로벌 관점에서 바라보면 이 같은 진화적 역학관계가 더욱 명확해진다. 현대 과학은 온갖 분야의 선구자들, 특히 고대 그리스의 자연철학이나 중국, 인도, 아랍 세계의 떠들썩한 과학적 전통을 얼마든지 추적할 수 있다. 인류 역사는 사제, 건축가, 농부의 역할에 내재해 있던 지식이든, 마야 문명의 수학, 문자, 점성술이 담고 있던 지식이든, 과학과 공학이 융합한 제작 기술, 기하학, 광학 등의 지식이든 간에 '지식 구성'의 역사와 결코 떨어뜨려 생각할 수 없다.

　그러나 많은 이들이 고대로부터 현대에 이르는 과학 발전의 연속성을 이야기하는 데 반해 현대 과학의 양상은 오히려 과거와의 단절을 보여주고 있다. 18세기 후반부터 본격적으로 제도화하기 시작한 과학은 인류의 더 긴 수명, 더 큰 번영, 더 많은 생산, 더 많은 에너지 사용, 더 많은 인구, 더 많은 오염, 더 많은 삼림 벌채를 한꺼번에 끌어내면서 20세기 중반 이른바 '거대한 가속Great Acceleration'을 이뤘지만, 엄밀히 말하면 이는 인류 역사상 가장 '거대한 단절Great Break'이다.

　과학의 거대한 가속(단절)은 영국을 중심으로 유럽에서 처음 일어났고, 우수한 군비와 기술력으로 진화적 순환 고리를 억지로 더 빨리 움직이게 만듦으로써 지구 곳곳을 손아귀에 움켜쥐었다. 당시 영국 동인도회사가 정복한 인도 북부 지역은 지금으로 치면 전 세계 GDP의 25%를 차지했으며, 이는 영국 본토보다 10배나 더 높은 수치였다. 이렇게 갑자기 식민지가 되거나 괴롭힘을 당하게 된 인도와 중국은 모두 과거 위대한 문명의 발상지였다. 이들 국가는 어쩌다가 경쟁 조건이 그토록 갑작스럽게 바뀌었는지 이해하고자 부단히 애썼고, 20세기와 21세기에 걸쳐 그 불균형을 바로잡기 위해 안간힘을 썼다.

유럽이 상대적으로 성공을 거둘 수 있었던 요인은 글로벌 과학을 활용하는 탁월한 능력 덕분이었다. 예컨대 아이작 뉴턴은 자신의 연구에 필요한 자료를 "노예선을 타고 여행하는 프랑스 천문학자들과 중국에서 무역하던 동인도회사 관계자들로부터 수집한 데이터에 의존"했다.[2] 다른 과학자들의 연구도 제국의 글로벌 과학 활동과 긴밀히 연결돼 있었다. 1760년대 태양과 지구 사이의 거리를 측정하기 위한 영국과 프랑스 과학자들의 합동 연구는 그 시기 금성의 태양면 통과transit라는 매우 드문 현상이 나타난다고 한 세기 전에 예측한 에드먼드 핼리Edmond Halley의 연구 결과를 토대로 한 것이었다. 과학의 장기주의적 사고방식과 글로벌 협력 능력을 모두 보여준 놀라운 사건이었다.

이와 대조적으로 중국 명나라는 다른 나라로부터 배울 것이 없다고 여겼다. 개방과 협력의 접근법은 보상을 받았고, 폐쇄와 고립의 접근법은 처벌을 받았다. 다시 말해 과학의 순환 고리는 동양의 폐쇄적 접근법에는 부정적으로 작용했으며, 서양의 개방적이고 유기적인(그리고 제국주의적인) 접근법에는 긍정적으로 작용했다.

그 교훈은 분명해 보인다. 오늘날 중국이 왜 그토록 자국의 과학자들을 글로벌 네트워크에 연결하려고 애쓰는지, 이제 세계에서 가장 가난한 국가로 분류되는 북한조차도 왜 수단과 방법을 가리지 않고 돈을 끌어와 핵(1960년대 중반 소련이 연구용 원자로를 처음 제공했고 현재 수십 개의 핵폭탄을 보유한 것으로 추정)과 미사일(1970년대 이집트에서 사들인 스커드 미사일을 개조한 것으로 추정) 분야에서 지위를 유지하려고 하는지 이것으로 설명할 수 있다.

한편으로 최근 몇 년 동안 오래된 지식 체계에서 잊혔거나 억눌렸던 지식에 관한 관심이 되살아났고, 이른바 '토착 지식indigenous knowledge'이라고 불리는 지식을 존중해야 한다는 기류가 형성됐다. 하지만 이는 무척 권위주의적인 발상이다. 누구의 관점에서 '토착'인가? 더이상 독재정치와 전제정치는 스스로 운명을 통제하려는 모든 공동체의 선택지가 되지 못한다.[3]

이제 우리는 바람직한 과학 거버넌스를 위해 중요한 질문 한 가지를 던져야 한다. 앞으로의 과학은 지정학적 경쟁을 위한 도구가 될 것인가, 아니면 그것을 막기 위한 대안이 될 것인가? 과학의 진화적 역학관계는 새로운 형태의 글로벌 거버넌스를 촉진할 것인가, 아니면 그 반대가 될 것인가? 과학의 실천은 희망을 통해 이뤄질 것인가, 아니면 대다수 국가가 권력을 행사하리라는 두려움을 통해 이뤄질 것인가?

19세기 이래 과학이 새로운 종류의 통치 체제, 즉 합리적이고 온건하고 글로벌한 통치 체제를 수반하리라는 희망이 형성돼왔다. 정치는 국가 차원에서 세계 차원으로 변모하는 과정에서 환상과 어리석음을 벗어던질 터였다. 예를 들면 1940년대 미국 부통령 헨리 월리스Henry Wallace는 과학을 세상에서 더는 굶는 사람들이 나오지 않도록 해줄 고마운 수단으로 봤고, 이 생각은 과학이 세계 발전에 이바지할 수 있다고 기대해 마지않던 미국 사회과학의 외향을 반영한 것이었다. 1945년 설립된 유엔은 이 같은 사상에 새로운 추진력을 제공했으며, 원자폭탄의 참상이 초래한 극도의 공포심은 오직 '세계 정부global government'만이 인류를 자멸로부터 구할 수 있다는 희망을 정당화하는 것처럼 보였다.

소설가 조지 오웰George Orwell은 과학과 전쟁이 서로 반대편에 있다고 여긴 허버트 조지 웰스의 희망을 조롱했다. 웰스는 인류의 이성과 과학이 발달하면 전쟁이 멈추고 합리적인 세상이 온다고 믿었다. 조지 오웰은《나는 왜 쓰는가》에서 이렇게 썼다.

"그의 대립론은 언제나 거의 같은 식으로 등장한다. 한편에는 과학, 질서, 진보, 국제주의, 비행기, 철강, 콘크리트, 위생이 있고, 다른 한편에는 전쟁, 국수주의, 종교, 군주제, 농부, 그리스 교수, 시인, 말(馬)이 있다. 그가 보는 역사는 과학적 인간이 낭만적 인간에게 거둔 승리의 연속이다."

그리스에서 교수로 지내고 있는 친구들에게 이 구절을 몇 번이나 보냈던 기억이 난다. 어쨌든 어느 쪽이 승리할지는 불분명했다. 다윈 진화론은 이전 세대 전략가들에게 무자비한 생존 경쟁 측면에서 세상을 바라보도록 부추겼고, 이런 생각들은 제2차 대전 이후 다시 표면으로 떠올랐다. 현실주의의 대부라 불리는 정치학자 한스 모겐소Hans Morgenthau는 영향력 있는 저서《과학적 인간 대 권력 정치Scientific Man versus Power Politics》를 통해 합리적 낙관론에 반하는 주장을 펼쳤다. 그가 보기에 모든 세계적 기관이나 제도는 끊임없는 정치 투쟁의 한 측면일 뿐이다. 국제법은 피할 수 없는 전쟁과 경쟁이라는 현실이 만들어낸 세계의 환상이고, 모든 선택은 합법과 불법 사이가 아닌 정치적 지혜와 정치적 어리석음 사이에 있다. 그리고 이를 이해하는 데 변호사보다 정치인이 훨씬 더 나은 위치에 있다. 협력은 세계 질서를 가능하게 할 요소이나, 필연성을 수반하지 않은 채 가능성만을 켜켜이 쌓아둔 상태다. 따라서 과학은 세계적 이익이 아닌 국가적 이익을 위해 동원돼야 하며, 권력에 대항하지 말고 봉사해야 한다. 이것이 그가 말한 '현실주의'였다.

첩보 활동의 역할이 지식의 세계적 확산과 관련해 대안 경로를 제시한 현실주의적 관점을 확증했다. 첩보 활동에 힘입어 소련은 1949년 플루토늄plutonium 폭탄을 만들 수 있었고, "외래 기술에 기반한 독자 개발"이라는 그럴싸한 전략으로 미국 보잉의 B-29 폭격기를 모방할 수 있었다.[4] 중국도 금세기 들어 비슷한 명분으로 막대한 자금을 투입해 산업 스파이를 양성했다. 이들에게 자국의 이익은 그 무엇보다 중요했으며, 세계는 가치 높은 지식이 자유롭게 공유되지 않는 제로섬 게임의 현장이었다.

많은 학자가 저마다 매우 다른 출발점에서 곧 유사한 결론에 도달했다. 20세기 중반 국가 안보 분야에서 영향력 있는 연구 성과를 낸 정치학자 에드워드 미드 얼Edward Meade Earle은 과학이 만들어내는 위험에 국가가 더 강력히 대응해야 한다고 강조했다. 신학자이자 정치학자 라인홀트 니부어Reinhold Niebuhr도 주로 국가를 통해 표현될 수밖에 없는 권력의지 때문에 세계적 기관이 제대로 작동하기 어렵다고 주장했다.[5] 니부어는 결국 모든 국가가 새로운 독, 폭탄, 미사일 등과 더불어 과학적 위험을 무기로 사용하리라고 내다봤다.[6]

어떤 과학자들은 지저분한 국가 정치 세계와 별개로 초국가적 과학

공화국이라는 대안적 비전을 제시하기 위해 노력했다. 68혁명으로 체코슬로바키아와 프랑스는 물론 베트남과 중국까지 큰 혼란에 빠져 있던 1968년 9월, 62명의 물리학자가 스위스 제네바Geneva에 모여 '유럽 물리학회European Physical Society'를 창립했다. 냉전 시대 정치적 분열에도 불구하고 동유럽과 서유럽 18개 국가의 물리학자들이 뜻을 함께한 것이었다. 1970년까지 초대 회장을 역임한 이탈리아 물리학자 질베르토 베르나르디니Gilberto Bernardini는 이 학회를 "고도로 문명화한 단일 국가"라고 묘사하면서, 이 문화적으로 통일된 유럽을 대표하는 물리학자들의 단일 공동체가 과학의 꿈을 실현할 수 있다고 믿었다.

이보다 먼저인 1954년 출범한 'CERN(세른, 유럽입자물리연구소)'은 유럽을 넘어선 과학의 놀라운 협력 사례가 됐다. 20개가 넘는 나라가 국가 차원에서 우주를 구성하는 기본 입자를 발견하고자 함께 연구했고, '월드 와이드 웹World Wide Web, WWW'과 같은 인터넷 네트워크 서비스도 개발했다. 그로부터 반세기 후 유럽연합이 지원하는 '호라이즌 유럽Horizon Europe'에 불가리아, 포르투갈, 덴마크, 이탈리아 등 유럽 대부분 국가의 대학들이 참여함에 따라 과학의 협력은 일상적 현실로 자리 잡았다. 유럽뿐 아니라 글로벌 과학 공동체도 학회, 협회, 합동 연구 등으로 견고하게 제도화됐기에, 이제 글로벌 과학과 동떨어져 활동하면 과학자 개인에게 큰 손해인 세상이 됐다. 일례로 냉전 당시 수학계는 큰 단절을 겪었는데, 그로 인해 러시아 수학자 안드레이 콜모고로프 Andrei Kolmogorov가 확률론에서 이룬 연구 업적은 민주주의 세계에 거의 알려지지 못했다. 냉전은 의료 분야에도 부정적인 영향을 미쳤다. 20세기 초부터 소련과 동유럽 공산주의 국가에서 널리 쓰인 파지 요법Phage Therapy(특정 세균만 숙주로 삼는 이른바 '세균 먹는 바이러스'를 이용한 치료법_옮긴이)은 항생제 내성에 좋은 대안이었지만, 21세기에 이를 때까지 미국 등 다른 서구 국가에서는 이를 외면했다.

경제 지표에 따른 평가든 복지 지표로 측정한 결과든 간에 전 세계적으로 성공한 국가라고 평가받는 나라들은 하나같이 공유와 협력의 방법을 알고 있다. 여기에 더해 힘이 더 센 강대국들은 경쟁, 보안, 기만 등에서 더 많은 레퍼토리를 갖고 있다.

오늘날 과학은 경계, 제약, 소유에 저항하는 지식 공유지로 조직돼 있어서 영국 과학, 중국 과학, 러시아 과학이 아닌 오직 글로벌 과학으로만 불린다. 그렇더라도 과학의 세계화 서사는 종종 오해를 불러일으키기도 한다. 모든 과학 지식이 글로벌하지는 않기 때문이다. 사실 '인간 유전체 프로젝트Human Genome Project, HGP'야말로 진정한 의미에서 글로벌 과학이었다. 초기에는 미국, 영국, 중국, 독일, 일본, 프랑스의 유전학자들이 협력해 인간 유전체가 거의 동일하다는 사실을 발견했다. 그런데 이때 사용한 시료는 미국 버팔로Buffalo에 거주하는 익명의 헌혈자 몇 사람의 것이었다. 모든 인간의 유전체가 똑같지 않을 수 있다는 생각이 들자 '10만 영국 유전체 프로젝트', '아시아 유전체 프로젝트', '중국 100만 유전체 프로젝트', '아프리카 유전체 서열 편차 프로젝트'를 비롯해 네덜란드, 카타르, 튀르키예, 일본, 러시아 등 온갖 나라에서 각자의 '유전체 프로젝트'를 시작했다.[7] 그렇게 해서 나온 '인간 범유전체 프로젝트Human Pangenome Project'는 현재 47가지 '대조' 유전체 지도를 보유하고 있다. 지금까지의 연구 결과로 인류는 DNA의 약 99.6%를 공유하나, 일테면 '유당 분해 효소 결핍증Lactose Intolerance'과 관련해 차이가 있다는 사실이 밝혀졌다. 요컨대 과학은 글로벌하면서도 국내적이고, 보편적이면서도 맥락적이며, 협력적이면서도 경쟁적이다.

'기후 변화'도 이 모든 양상을 명확히 드러냈다. 기후 변화는 19세기 후반 처음 이론화한 이래 1960년대 미국 린든 존슨Lyndon Johnson 대통령과 1980년대 영국 마거릿 대처 총리 등 여러 정치 지도자들을 중심으로 활발히 논의돼왔다. 역사학자들은 합스부르크Hapsburg 제국의 기상학자 율리우스 한Julius Hann과 같은 이들을 일찍이 날씨와 기후가 국경을 초월해 전지구적 패턴과 연결되는 현상임을 이해하고 이에 따른 대응을 촉구한 인물이었다고 평가했다.[8] 더 나은 이해라는 과학적 요구가 다문화 정치라는 정치적 요구와 일치한 것이다.

20세기 후반에도 과학자들은 기후 변화가 범세계적인 주제라는 점을 주지시키고자 애썼으며, 계속해서 다가올 재난을 경고하고 범세계적으로 대응해야 한다고 역설했다. 나아가 기후 변화는 경제학자들이 '외부 효과External Effect', 즉 비용을 수반하지 않은 한 사람의 행위가 다른 모든 사람들에게 영향을 미치는 궁극적 사례이자, 국가를 구성하는 세 가지 요소인 영토, 국민, 주권을 초월하는 개념이다.

실제로 과학자들은 지식 공유나 유출 및 확산이 경제학 용어로 '스필오버 효과Spillover Effect(특정 지역에서 나타난 특정 현상이 마치 물이 흘러넘치듯 다른 지역으로까지 확산하는 현상_옮긴이)'를 만들어내고 체제 붕괴가 결국 최적화와 균형을 이끌어낸다는 경제학자들의 생각을 비웃는 현실주

의가 늘 현실적인 것만은 아니라는 사실을 보여줬다.[9]

그러나 기후 변화를 경쟁의 프리즘으로만 보는 사람들도 있다. 2000년대 초반 중국에서 열린 행사에 참석한 적이 있는데, 그때 군사정보국 고위 인사들은 기후 변화를 탄소, 자동차, 비행기 등으로 이뤄지는 경제 발전을 방해해 중국의 부상을 저지하려는 서구의 음모라고 비난했다. 그리고 얼마 지나지 않아 미국의 몇몇 안보 책임자들도 기후 변화 대응이 국가 경쟁력을 약화한다며 마찬가지로 반대 목소리를 냈다. 그랬다가 불안정한 중동에 에너지를 의존하기보다 재생 에너지와 녹색 기술로 서둘러 전환하는 것이 국익에 부합한다면서 기존 주장을 철회했다. 하지만 몇 년 뒤 미국에서 막대한 양의 석유와 천연가스가 발견되자 계산이 다시 복잡해졌다. 그러자 많은 국가 정치인들이 기후 변화 조치가 국가 주권과 경쟁력을 제한한다고 주장했다. 특히 2010년대 호주의 정치 지도자들이 거세게 반발했다.

한 세기 동안 볼 수 없던 변화

중국 작가들은 한 시대를 그 시대의 성격으로 묘사하곤 했다. 그도 그럴 것이 역사적 사건은 시대상을 반영한다. 마오쩌둥은 자신이 활동한 시대를 '전쟁과 혁명'의 시대라고 표현했다. 반면 다음 시대 덩샤오핑(鄧小平)은 '평화와 발전'의 시대라고 불렀고, 그 시절 중국은 국력 성장에 집중한 채 다른 강대국들과의 갈등을 뒤로 미룰 수 있었다.

2010년대 패권을 잡은 시진핑習近平은 자신의 시대를 '한 세기 동안 볼 수 없던 변화의 시대'라고 묘사했는데, 이는 건설과 파괴가 동시에 이뤄져 양상을 예측할 수 없는 시대라는 의미였다. 예측 불가능성은 일반적으로 한 세력이 쇠퇴하고 다른 세력이 부상할 때 발생하는 충돌의 결과였다. 그는 쇠퇴하는 미국이 중국의 부상을 방해하기 위해 할 수 있는 모든 일을 하리라고 확신했다.

이런 눈으로 과학을 바라보면 고전적 차원의 지정학적 갈등에 대비하기 위한 또 다른 무기가 될 뿐이다. 과학 지출 예산을 GDP의 2.5%까지 끌어올리겠다고 공헌한 중국 정부는 여러 방면으로 미국에 도전장을 내밀면서 인도 같은 강대국 지망생들에게도 이를 따르도록 촉구하고 있다. 미국, 중국, 러시아, 인도는 모두 AI, 유전체학, 스마트 무기, 로켓 등의 분야에서 뛰어난 기량을 확보했다. 두려움이 또 다른 두려움을 낳고, 민족주의가 다른 국가의 민족주의를 자극하므로 너도나도 군비 지출을 늘리고 있다.[10]

미국은 국내 마이크로프로세서 산업을 육성코자 엄청난 자금을 쏟아붓는 한편 AI와 마이크로칩 관련 국제 규정 대부분을 차단했다. 중국은 새로운 지식을 끌어오고 기술적 우위를 확보하기 위해 산업 스파이 양성에서부터 초기 단계 기업 투자에 이르기까지 불법이든 합법이든 가리지 않고 글로벌 경제 체제를 자국에 유리하게 전환하려고 부단히 애쓰고 있다.[11] 이와 달리 러시아는 글로벌 체제에서 벗어나는 것을 선택했는데, 이는 진화적 순환 고리가 얼마든지 다양한 방향으로 작동할 수 있음을 보여주는 놀라운 신호다. 1975년부터 체결된 생물학 무기 금지 협약에 대한 러시아의 대응은 오히려 생물학 무기 투자를 획기적으로 늘리는 것이었다. 다른 나라가 축소하면 비교우위를 점할 기회가 열린다고 판단했기 때문이다. 최근에는 우크라이나에서 미국이 생물학 무기를 개발하고 있다는 가짜 뉴스를 퍼뜨리기도 했다. 그러나 독립적인 기관들이 조사한 결과 사실이 아니었고, 러시아의 모든 허위 정보 캠페인은 유엔의 사찰 역량을 약화하려는 책략이었다.

한 가지 그럴듯한 시나리오에서 과학은 국가 간 경쟁의 더 강력한 무기가 되는데, 과학이 위험을 대수롭지 않게 무시하고, 세상을 멸종으로 이끌고, 맹목적 행동을 유도하고, 지식과 지혜 사이를 이간질한다는 것이다. 이보다 긍정적인 시나리오는 프랑스가 주도하고 40개국과 유럽연합이 지지한 '화학 무기 사용에 대한 불처벌에 반대하는 국제 파트너십 International Partnership Against Impunity in the Use of Chemical Weapons 같은 사례를 근거로 삼는다. 이런 낙관적인 관점에서 보면 다재다능한 과학자들은 과학 지식뿐 아니라 정치 세계의 방식도 능숙하게 받아들여 권력의 위치로 이동할 가능성이 크다. 전 칭화대학교 총장이자 베이징 시장이자 현 상하이 당위원회 서기로 활동 중인 천지닝陳吉寧 등의 인물을 모델로 삼는 중국이 이 시나리오의 주인공일 수도 있다. 모름지기 새로운 세대의 과학자 겸 외교관들은 몬트리올 의정서Montreal Protocol(오존층 파괴 물질 규제에 관한 국제 협약_옮긴이)와 IPCC의 상대적 성공을 기반으로 사이버 보안이나 인간 복제 같은 문제의 적절한 규제 방안을 찾아낼 것이다.[12] 나아가 이들은 백신 개발이나 국가 간 교역 등 세계화의 다른 이점들을 조건부로 연결하는 새로운 접근법도 발견할 것이다. 많은 위험 가운데 일부라도 타당하고 합리적인 협력을 통해 처리해나가야 한다. 천문학자 마틴 리스Martin Rees의 말처럼 지구촌 마을마다 바보들이 있을 테지만, 그들이 결국 세계적인 영향력과 잠재적으로 엄청난 파괴력을 갖게 될 것이다.

거버넌스 불모지

하지만 현재로서는 진화적 역학관계가 여전히 모순적이다. 다음 세기에는 국가의 진화 논리와 종의 진화 논리 사이에 직접적 충돌이 벌어질 수도 있다. 국가 차원에서는 지식과 무기를 축적하는 게 합리적일 수 있다. 그렇더라도 적대국이나 경쟁국이 우위를 점하도록 둘 수 없다는 두려움 때문에 과학 발전 속도를 늦춘다면 더 큰 위험이 초래될지도 모른다. 대부분 국가도 이 모순을 안다. 그렇기에 의사결정에 유효한 시간 지평은 기껏해야 한 세대 정도다. 비즈니스 분야에서도 단기적 순환 고리는 외부 효과나 파급 효과로 위험 발생 가능성을 높이면서 경쟁도 촉진한다.[13] 결과적으로 국가가 감당할 수 있는 수준을 초과한 위험에 대응할 역량을 확보하지 못한 채 더 큰 문제에 직면할 수 있다. 진화 역학은 역사에서 강력한 민족 국가를 탄생시킨 적은 있었지만, 강력한 글로벌 거버넌스 체제는 만들어내지 못했다. 글로벌 거버넌스는 충격과 재난에 대한 예상만으로는 형성되지 않는다. 충격과 재난을 맞닥뜨린 뒤에야 비로소 비틀거리며 앞으로 나아간다. 아직 이 세계는 가장 중요한 과학기술 분야에서 거버넌스를 확립하지 못하고 있다. 우주 전쟁, 사이버 및 데이터 공격, 보건 안보, 생물학적 위험, 탄소 문제 등은 여전히 거버넌스 불모지다. 아직 규칙도 예측 가능성도 없는 건조한 사막 지대다. 다음 장에서 이 거버넌스 불모지를 어떻게 무성한 초목으로 채울지 논의해보자.

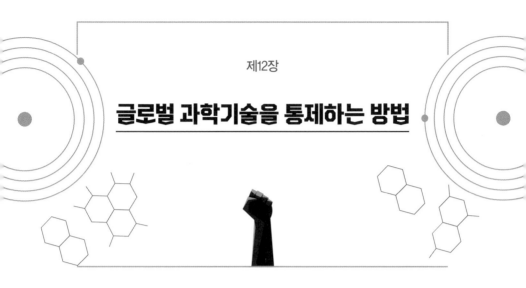

제12장

글로벌 과학기술을 통제하는 방법

어떤 유형의 글로벌 민주주의 체제는 고사하고 어떤 유형의 글로벌 거버넌스도 아직은 과학기술에 책임을 묻거나 통제하지 못하고 있다. 유엔이 창설되기 10년 전에는 글로벌 거버넌스를 수립한다는 발상 자체가 암울했었다. 당시의 현실주의는 비관주의를 의미했다. 하지만 역사는 비선형적으로 움직이기에 현실주의도 때로는 비현실적으로 바뀐다. 역사는 곡선과 굴곡을 이루면서 흐르고, 좋든 나쁘든 우리 모두 역사의 흐름을 타게 된다. 그러므로 흐름을 역행하려고 애쓰기보다 자연스럽게 올라타는 쪽이 합리적이다. 제대로 올라타려면 미리 대비하는 게 좋다. 10년 동안 불가능했던 일이 다음 10년에는 불가피해질 수도

있다.[1]

나는 신중한 낙관론을 펼치고 싶은데, 그 이유 중 하나는 국제 기구를 향한 국제적 지지가 있기 때문이다. 유니세프UNICEF 설문 조사에 따르면 전 세계 대다수 시민은 유엔이라는 국제 기구를 지지하며, 이들 가운데는 아직 소수이긴 하나 자신들이 글로벌 시민임을 당당히 밝히고 있다. 그러나 설문 조사에 참여한 인구 중 15~24세는 39%가 자신들을 세계의 일부라고 인식한 데 반해 40세 이상은 22%에 머물렀다. 나이가 한 살씩 추가될 때마다 글로벌 시민이라는 인식이 평균 약 1%씩 낮아진 셈이다.[2]

어쨌든 대중의 글로벌 정체성에 대한 인식이 커지자 기후 변화를 글로벌 의제로 올릴 수 있게 됐고, 저개발국에 대한 인도주의적 원조와 개발 지원을 촉진하는 데에도 큰 힘이 될 수 있었다. 필요가 변화를 이끈 것이다. IPCC 같은 기구의 예측 중에서 어느 한 가지라도 들어맞는다면 범세계적 차원에서 더 많은 조치와 협력 없이는 생존하기 어려운 다양한 시나리오에 직면하게 된다. 전 세계가 제대로 대처하지 못하면 생태계가 파괴되고, 식량이 부족해지고, 토양이 메마르고, 종의 멸종이 가속화되고, 모든 경제와 사회 시스템이 망가져 급기야는 국가 간 침략과 전쟁이 벌어질 것이다. 어쩌면 코로나19 범유행 때의 위기가 예행연습이었을지도 모른다. 모든 나라가 오직 자국민만을 위한 백신 확보 경쟁에 뛰어들던 모습은 글로벌 과학이 무색할 정도로 국가들이 얼마나 쉽게 국수주의로 퇴보할 수 있는지 여실히 드러냈다.[3]

필요의 압박은 전쟁과 관련한 사안에서 더욱 극명하게 나타난다. 파괴된 인공위성들의 잔해가 지구를 뒤덮는 우주 전쟁에 대한 어두운 전망은 모든 강대국에 달갑지 않은 일일 것이다. 사이버 공격에 대한 불안도 더욱 악화하고 있다. 달 탐사 등 외기권을 탐색하고 이용하는 국가 활동을 규제하기 위한 우주 조약Space Treaty은 1967년에 체결됐으나 사이버 보안에 관한 국제 협약은 아직 없다. 그렇기에 이 분야의 글로벌 거버넌스를 구축할 만한 어떤 기제도 없는 상황이다. 심지어 1975년부터 국가들의 서명을 받아온 생물학 무기 금지 협약처럼 사정이 나은 사례들에도 심각한 결함이 있다. 서명에 참여하고도 생물학 무기를 개발한 국가가 두 배 이상 늘었고, 협약의 감시 권한을 강화하려는 노력도 2000년대 초반 미국의 저지로 무산됐다. 더욱이 지금 관점에서 보면 기능 획득 연구, 유전자 편집 기술, 합성생물학 등에 대한 언급이 부족해 이미 구식이 되고 말았다.[4] 요컨대 기후 변화에서 전염병, 금융 혼란, 사이버 조직 범죄 등에 이르기까지, 개별 국가가 단독으로 처리할 수 없는 위험들을 감시하고 규제할 글로벌 거버넌스 수립이 시급한 현실이다.[5]

세계 정부라는 아이디어

일찍이 16세기 스페인 신학자 프란시스코 데 비토리아Francisco de Vitoria는 '레스 푸블리카 토티우스 오르비스res publica totius orbis', 즉 '세계 공화국'이라는 개념을 주창했다. '세계 정부', '행성 규모로 재편된 주권'이라는 아이디어는 오늘날 그리 엉뚱한 생각이 아니다. 지금 우리는 세계의 깊은 상호의존성을 당연하게 여기며, 우주에서 찍은 최초의 지구 사진으로 세계가 하나의 사물임을 인식한 이래 지금까지 그래왔다. 역사 또한 수많은 문명이 스스로 몰락했음을 상기해주며 20세기 중반부터는 현대 인류도 자멸을 경험할지 모른다는 전망이 일반화됐다.

그렇다면 어떤 유형의 세계 정부, 국제 기구가 이 같은 위험으로부터 인류를 구할 수 있을까? 유형을 말한 까닭은 형태가 있어야 기능할 수 있고 기관을 어떻게 설계하는지에 따라 가능한 과업의 범위가 결정되기 때문이다. 국가 안보에 집중하는 나라는 복지에 초점을 맞추는 나라와 다르게 보인다. 글로벌 거버넌스도 마찬가지다. 유형에 따라 다른 모습을 띠게 된다.

기존 기관들은 대략 세 가지 유형으로 분류할 수 있다. 우선 '흐름'을 활성화하는 첫 번째 유형이 있다. 유엔의 전신은 빈 회의Congress of Wien 로까지 거슬러 올라가는데, 전유럽에서 벌어졌던 전쟁을 수습하고 무역 질서를 재확립하는 등 유럽이라는 큰 강이 어떻게 흘러야 하는지 설계했다. 이후에는 우편과 전신 체계에 적용할 원칙을 확립했다. 현재는 유엔의 산하 기관이지만 본래 ITU(국제전기통신연합)는 1865년에 다른 어떤 국제 기구보다 앞서 설립됐다. 상품이나 메시지가 더 쉽게 흐를 수 있도록 하는 이들의 과업은 곡물이나 철강 무역, 그리고 훗날 금융 거래, 이동 통신, 항공 운송, 보안, 바코드, HTML 등 '흐름'과 관련한 글로벌 거버넌스 기본 체계를 수립하는 데 지대한 영향을 미쳤다.

두 번째 유형은 '전쟁'을 관리하기 위한 과업을 추진한다. 국가 간 전쟁을 금지하고 '보호책임responsibility to protect' 원칙을 통해 국가가 자국민을 전쟁의 소용돌이에 휘말리게 하지 않도록 하기 위함이다. 국제연맹League of Nation, LN과 유엔으로 이어지는 국제 기구의 목적이 바로 여기에 있다.

세 번째는 '지원'이다. 기근을 예방하거나 개발을 촉진하거나 난민을 돕기 위한 유형이다. WHO(세계보건기구), FAO(식량농업기구), ICAO(국제민간항공기구), IMO(국제해사기구), IWO(국제워크캠프기구), UNHCR(유엔난민기구)과 같은 국제 기구들이 수행하는 과업이다. 과학기술은 병력 이동을 감시하는 인공위성에서부터 데이터 전송 표준 설정과 범유행 전염병에 대한 조치에 이르기까지 국제 기구가 원활히 작동하는 데 필수적인 역할을 한다.

올바른 은유: 단일 사령부가 아닌 연결망으로서의 거버넌스

과학기술을 통제하기 위한 글로벌 거버넌스의 밝은 미래를 떠올리려면 올바른 은유가 필요하다. 한 세기 전 사람들은 세계 정부가 국가 정부처럼 보이리라고 가정했다. 하나의 사령부가 전체를 지배하는 형태, 아마도 단일 의회, 단일 군대, 단일 자금, 단일 관료 같은 모습을 상상했을 것이다. 수많은 과학소설이나 영화에도 그런 장면들이 등장하곤 했다. 나이 지긋한 남성 지도자와 젊은 남녀 관료가 우주선에서 심각한 말투와 비장한 눈빛으로 위험이 다가오고 있음을 이야기한다. 이것이 과학 기반 정부의 미래에 대한 은유였다. 냉철하고, 차분하고, 각 잡힌 모습.

하지만 이 은유는 오해와 선입견을 불러일으킨다. 이보다 그럴듯한 은유는 단일 사령부가 아닌 다양한 글로벌 과제를 다루면서 때로는 협력하고 때로는 경쟁하는 개별 기관들의 주체적 연결망이다. 이것이 IMF, 세계은행, 유엔 안전보장이사회, 유엔 총회, WHO, WTO(세계무역기구), ILO(국제노동기구), ITU 등이 다자간 협의라는 원칙을 통해 글로벌 거버넌스를 진화시켜온 방식이다. 그런데 이 복잡한 그림은 '포럼 쇼핑Forum Shopping(가장 유리한 선고를 받을 수 있는 재판 관할권을 선택해 소송을 진행하는 행위_옮긴이)'이나 영역 전쟁, 유동적인 합법 패턴, 정치적 논란, 국제 의회 연결망, 그리고 지난 10년 동안 중국이 AIIB(아시아인프라투자은행)와 일대일로Belt and Road 계획 같은 경쟁 체제를 구축함으로써 더욱 복잡해졌다. 국가 사이의 협력은 중국의 지식 재산Intellectual Property, IP 도용을 막고자 도널드 트럼프 정부가 추진한 이른바 '차이나 이니셔티브China Initiative'의 영향으로 약화했고, 잘 유지되던 중국, 러시아, 인도, 남아프리카공화국의 연구 협력도 러시아의 우크라이나 침공 이후 서방 세계가 러시아에 제재를 가하면서 위축됐다. 이 같은 변화는 무역 장벽을 높이는 동시에 기술 무역 제한을 초래했으며, 이로 인해 전 세계가 저마다의 경쟁 표준과 기술 체제로 분열할 가능성이 점점 커지고 있다.

그러나 이런 혼란스러운 상황 속에서도 전염병, 마약, 조직 범죄, 사이버 보안, 안전 등 각국의 이해관계가 일치하는 공통 문제가 남아 있기에 이를 해결할 국제 기구들을 위한 공간은 여전히 존재한다.[6] 항공 안전이나 지식 재산 보호 등 수많은 사안에 기존 정치 조직보다 더 광범위한 역량을 갖춘 전문 국제 기구들이 있다. 글로벌 금융 규제, 관세 조정, 조세 회피처 감시 등의 분야에서도 마찬가지다.

가장 흥미로운 변화는 전 세계가 함께 생각하고 행동할 수 있도록 지식을 조율하고 과학 지식을 공용어로 사용하는 국제 기구의 출현이다. 거버넌스에 과학을 도입하고 사회적 메타인지를 글로벌 수준까지 끌어올리려는 초기 시도라고 할 수 있다. 대표적인 예로 기후 변화로 인한 전지구적 위험을 평가하고 국제적 대책을 마련코자 1988년 WMO(세계기상기구)와 UNEP(유엔환경계획)가 공동으로 설립한 유엔 산하 국제 기구 IPCC를 들 수 있다. 각국 기상학자, 해양학자, 빙하 전문가, 경제학자 등 3,000여 명의 전문가로 이뤄진 다자간 협의체다. 3개 실무그룹과 1개 특별팀으로 활동하는데, 각각 선진국 의장과 개발도상국 의장을 두고 약 7년마다 기후 변화 영향, 적응, 취약, 완화 상황 등을 조사·분석해 특별 보고서 형태로 발표한다. 최근 보고서는 동료 심사를 마친 전 세계 1만 4,000건 이상의 논문과 7만 건 이상의 전문가 논평 그리고 66개국 과학자들이 동의한 초안을 195개 회원국 정부 대표가 검토한 뒤 발표했다.

IPBES(생물다양성 및 생태계 서비스에 관한 정부 간 과학 정책 플랫폼)처럼 더 최근에 설립된 국제 기구들 가운데 상당수도 올바른 의사결정을 위해 지식 형성과 공유를 최우선순위로 설정하고 있다. IUCN(국제자연보전연맹)이 좋은 예다. IUCN은 세계 자원과 자연 보호를 위해 유엔의 지원으로 설립됐고 정부 간 기구, 비정부 기구, 과학계, 기업 조직을 포함한 1,400개의 기관 회원을 보유하고 있다. 가장 유명한 활동으로 멸종 위기에 처한 생물 종 실태를 조사한 보고서 '적색 목록Red List'을 발표한다. GAVI(세계백신연합)도 있다. 개발도상국의 백신 접근성을 높이려는 목적으로 게이츠재단이 나서서 창설했고, 거대한 규모는 아니나 주요 선진국과 유엔 회원국을 이사회로 둔 국제 기구다. 백신 관련 지식을 수렴하고 공유하는 한편 글로벌 의료 체제를 강화하기 위한 노력도 하고 있다. CCAC(기후 및 청정 대기 연합)는 기후 변화와 대기 오염에 국제적으로 대응하기 위해 UNEP와 몇몇 국가가 자발적으로 설립한 국제 기구로, 정치적 강요 없이 정부, 도시, 비정부 기구, 기업 등과 파트너십을 맺어 활동 중이다. CERN, JWST(제임스 웹 우주망원경) 프로젝트, COP(유엔 기후변화협약 당사국 총회) 등도 모두 다자간 글로벌 협의체 가운데 하나다. 2022년 이집트 샤름엘셰이크Sharm el-Sheikh에서 열린 제27차 COPCOP27에서는 생물 종 감소와 생태계 파괴 등 기후 변화로 인한 '손실과 피해'를 되돌리기 위한 글로벌 재원 마련에 동의했다.

많은 유형의 글로벌 지식 공유지가 IPCC와 같은 국제 기구와 나란히 자리 잡고 있다. 1971년 개설된 PDB(단백질데이터은행) 같은 방대한 공유 데이터베이스 덕분에 딥마인드의 알파폴드가 머신 러닝을 통해 2억 개 이상의 새로운 단백질 구조를 예측해낼 수 있었다. 진정한 의미의 공동선을 위해 헌신한 글로벌 지식 공유지의 과학적 이상이 인간 유전체 프로젝트나 IAEA(국제원자력기구)의 연구 협력 프로젝트를 가능케 했다. 1972년 발족한 UNCHE(유엔인간환경회의)는 지구 환경의 역사에서 괄목할 만한 성과이자 이후 다른 글로벌 거버넌스 수립에도 좋은 본보기가 됐다.

이들 국제 기구 대부분은 '관찰'을 중요시한다. 모두가 우리 세계를 실시간으로 관찰하는 글로벌 도구라고 할 수 있고, 농업과 광업 및 통신업의 상업적 데이터를 공적 데이터와 결합하기 위해 지속해서 노력하고 있다. IPCC에서 가장 두드러지며, 지구에서 볼 수 있는 모든 천체를 관측하겠다는 슬론 디지털 천구 측량Sloan Digital Sky Survey 계획과 지하철 등 세계 도시 곳곳의 미생물 데이터를 수집하고 공동으로 연구하는 메타서브MetaSUB도 이런 시도들이다. 어떤 이들은 40개 언어 3,000만 건 이상의 생명과학 분야 참고 문헌이 모여 있는 미국 국립보건원 산하 국립의학도서관의 MEDLINE(온라인 의료 문헌 분석 및 검색 시스템)을 꼽기도 한다. 새로운 데이터 도구는 복잡하고 새로운 연구와 협력 및 영향 패턴을 지도화하고 시각화하는 데 큰 도움이 된다.[7]

하지만 유감스럽게도 일부 분야는 이런 방대한 데이터베이스는 고사하고 가장 기본적인 지식 형성 및 공유 도구도 확보하지 못한 상태다. 생물학적 위험군에 포함되는 바이러스, 생화학 무기, AI 등을 감시하기 위해서는 더 강력한 국제 기구가 필요하며, 이 분야에 효과적인 글로벌 거버넌스를 구축하려면 반드시 그래야 한다. AI 분야에 IPCC와 비교할 수 있는 국제 기구가 설립됐다는 소식은 아직 듣지 못했을 것이다. 미약하게나마 '관찰' 단계에서 활동 중인 소규모 비공식 기구는 꽤 많이 있으나, 관찰한 자료를 '해석'하는 데 과학자 수천 명을 동원할 역량은 갖추지 못했다. 아직은 손글씨로 쓴 제보 편지나 엽서가 날아드는 곳들이다.[8]

관찰 및 해석 체제까지는 확보했지만 '실행' 능력이 부족한 기관도 있다. 앞서 제1장에서 설명했듯이 '관찰'과 '해석'은 '실행'으로 이어져야 한다. 어찌 보면 '실행' 단계가 가장 중요하다고도 할 수 있다. 글로벌 과학 거버넌스가 도달해야 할 미래는 국제 기구의 공식 권한을 강화해 대규모 글로벌 기금 운용 및 국제법 집행을 촉진할 수 있는, 즉 '국가'와 유사한 권력을 부여하는 데 있다. 일테면 유전자 편집이나 생물학 무기의 오남용을 금지할 정도의 '실행력'을 갖춰야 한다. 나는 지금까지 줄기차게 기후 변화에 제대로 대응하려면 각국의 탄소 감축 계획을 압박하고 계획이 부족한 경우 제재를 가할 수 있을 정도로 강력한 권한을 가진 국제 기구가 필요하다고 역설해왔다. 2015년 COP21의 결과인 '파리 협정Paris Agreement'은 법적 구속력이 없었기에 합의를 이루는 데 성공한 것이다(1997년 COP3 때의 '교토 의정서'는 결함이 많은 협약이었지만 적어도 법적 구속력은 있었다). 이 정도로는 점점 더 심해지고 있는 지구 온난화를 막기에 불충분하다.

글로벌 목표에 맞는 데이터를 수집하고, 관찰하고, 해석하는 활동을 넘어 세계 표준을 설정하고 각국 정부와 기업의 적극적인 참여를 강제할 강력한 실행 권한을 가진 국제 기구가 생긴다면, 완벽한 작동을 위해 별도 기관이든 산하 기관이든 일종의 글로벌 정보국이 필요할지도 모르겠다. AI 개발 상황을 거의 실시간으로 모니터링 및 검사하고, 유럽과 중국이 적용하는 일부 법률적 틀을 일반화하고, 문제가 감지될 시 유예를 명령하거나, 위험한 행태를 보이면 처벌까지 할 수 있는 '국제기계지능국Global Agency for Machine Intelligence' 같은 기관을 두는 것이다. 성과에 초점을 맞춰 어떤 국가가 탄소 배출 감소에 성공하거나 관련 국제 법을 성실히 준수하면 큰 혜택을 제공하는 체제를 생각해볼 수도 있다. 지금의 탄소배출권CER 제도를 발전시킨 형태다. 해당 국가에 특혜에 가까운 무역 및 금융 우선권을 부여함으로써 나쁜 글로벌 시민처럼 행동하는 국가가 상대적으로 처벌에 상응하는 불이익을 당하게끔 할 수 있다.[9]

물론 이런 기관은 2020년대 중반 지금의 분위기에서는 아직 상상하기 어렵다. 대부분 국가는 현재로서는 여전히 강대국들의 지원을 바라고, 권력을 공유하기보다 비축하고 싶을 것이다. 그래도 이와 같은 새로운 기관이 주요 강대국을 포함한 많은 나라의 국익을 위해 봉사하고 국제 기구가 활용할 수단의 범위를 꾸준히 넓힐 수 있는 여러 시나리오가 준비돼 있다. 그 내용에는 객관적 사실을 공개적으로 관찰하는 것에서부터 설비, 알고리듬, 데이터, 보안 프로세스 등을 검토하고 최종적으로 개별 기업 또는 국가 전체에 위반 행위를 처벌할 수 있는 공식 권한이 담겨 있다.

유럽연합도 부분적으로는 이런 모델이며, 시간을 거슬러 올라가 창설 20년 전에는 똑같이 신뢰할 수 없는 것처럼 보였었다. 유럽연합 집행위원회 특별 고문을 지낸 영국 외교관 로버트 쿠퍼Robert Cooper 는 국가들이 비밀주의보다 투명성으로 안보를 확립하고, 권력과 자금을 확보할 때 상호 조정 원칙을 준수함으로써 국가 간 상호 의존성을 인정하는 이른바 '탈근대 국가post-modern state' 모델에서 그 본질을 포착했다. 특혜와 처벌을 조정할 수 있는 이 모델은 조정된 처벌과 인센티브도 함께 제공할 수 있는 이 모델은 비밀주의, 엄격한 국경, 무제한 주권 주장을 기반으로 구축된 고전적인 국가 개념의 근본적 변화를 나타낸다.

그러나 전 세계 모든 나라가 거의 동시에 탈근대 국가로 변모하지 않는다면 탈근대 국가가 된 나라들은 여전히 권력, 주권, 군사력에 치중하고 있는 고전적인 현대 국가들, 로버트 쿠퍼 본인이 '전근대 국가pre-modern states'라고 지칭한 곳들, 즉 정부의 기능적 역량이 부족하고 어떤 경우에는 내전이나 혼란 속에서 휘청이고 있는 나라들과 공존해야 한다.[10]

과학과 지속가능발전목표

지금까지 설명한 여러 국제 기구들, 현재 존재하는 기관과 조만간 생길 수 있는 기관이 내포한 역설은 과학 그 자체에 대한 거버넌스가 없다는 사실이다. 달리 말해 글로벌 R&D가 전 세계적으로 매우 중요하다고 여기는 과업을 지향하고 있는지 살펴볼 공간이 없다. 그 대신 눈에 띄는 왜곡이 보인다. 2020년대 들어 전쟁과 갈등 때문에 추가적 자극을 받은 국가들이 군사 분야 연구에 계속해서 우선순위를 부여하고 있다. 보건 분야에서는 부유한 세계의 덜 시급한 질환을 우선시하고, 농업 분야는 특정 형태의 농업 비즈니스에 치우쳐 있다. 이는 R&D의 명백한 왜곡이다.

이 같은 왜곡에 대응하려면 과학을 보다 종합적이고 혼합적으로 바라보는 접근법이 필요하며, 최상의 의미로는 과학의 정치화, 즉 사실의 세계와 중요한 세계 사이에 과학이 다리를 놓아야 한다. 거듭 강조하지만, 그 출발점은 데이터 수집하고, 관찰하고, 해석하고, 조율하고, 예측하고, 실행하고, 나아가 군사 및 정보 목적의 R&D를 둘러싼 비밀주의를 극복할 글로벌 정보국을 창설하는 데 있다.[11] 이곳을 통해 R&D가 전 세계 질병 연구 분담 상황 등을 분석할 수 있고, 저소득 국가의 R&D 역량 개발, 신기술로 인한 잠재적 위험과 불평등 문제, 다양한 혁신 경로, 개별 국가의 R&D와 유엔의 지속가능발전목표$_{SDGs}$가 얼마나 일치하고 있는지 살필 수 있다.[12]

글로벌 정보국은 에너지, 아동 영양실조, 물 부족 문제와 같은 우선순위 중심으로 데이터를 수집하고 중복 방지 및 자료 격차를 해소하기 위해 지원 자금 할당과 관련한 공유 지도를 생성하는 등 특정 중요 분야의 파트너십이나 협의체를 좀더 쉽게 구성하도록 도울 수 있다. 그리고 이와 같은 일종의 별자리 지도를 통해 관련 과학과 국가 기관, 주요 개발 자금 원천, 시민 사회를 그때그때 사안에 맞춰 효율적으로 관리할 수 있다. 말라리아나 식수 등 다양한 사안에 이미 여러 파트너십이 존재하지만, 영구적 사안이라기보다 시간 제한적이기 때문에 타이밍이 중요하다. 분쟁 재건, 가뭄, 기근, 난민 급증, 금융 위기 같은 문제도 심각성과 더불어 빠른 조치가 필요하므로 민간 자금을 신속히 투입한 뒤 공적 자금과 연결한다.

어떤 파트너십은 영구적 사안으로 설정해야 한다. 예를 들면 전 세계 10억 명 이상 인구의 삶과 직결하는 장애인 정책은 연구, 개발, 활성화 과정을 별도로 조직하기 위한 새로운 별자리의 주요 목록이다. 시각, 청각, 이동성 문제 등을 해결하고자 관련 과학과 기술 연구에 자금을 지원하고, 임상 시험과 실험실 운영을 관리하고, 노동 시장을 포함하는 새로운 정책과 권리 규범을 촉구하는 것은 단발적으로 끝날 일이 아니다. 모두가 지속가능발전목표에 해당한다. 식량 문제는 CoSAI(지속가능농업확대위원회) 같은 기존 기관과 IAASTD(농업 발전을 위한 지식 및 과학기술 국제 평가) 프로젝트, UNFSS(유엔식량체제정상회의) 등이 주목하는 대표적인 지속가능발전목표다. 정밀 농업, GMO, 곤충 생장 조절 물질IGR을 포함한 대안적 접근과 지역적 조건에 맞춘 빗물 집수 시스템 등 농생태학 분야에도 글로벌 정보국이 활발한 토론과 논쟁을 이끌어낼 수 있다.[13]

별자리에 올라갈 다음 목록은 공식적인 예산 확충 및 운용인데, 세계은행이나 UNDP 같은 기관이 이미 수행하고 있다. 예를 들어 CGIAR(국제농업개발연구자문그룹)은 1960년대부터 매년 5억 달러 이상의 공동 예산을 운용하기 위해 록펠러와 포드 등의 재단을 주요 기부자로 삼아왔다. 개발도상국들의 '녹색 혁명'에서 중요한 역할을 했으나, 주로 농작물의 유전적 발달에 집중해서 논란을 불러일으키기도 했다. 다른 예로는 글로벌펀드Global Fund가 있다. 에이즈, 결핵, 말라리아 연구 프로젝트를 지원하는 데 2002년부터 매년 약 40억 달러를 동원해 지금까지 600억 달러 이상을 지출했다.[14] 사회 혁신을 통한 인류 삶의 질 향상을 목표로 영국, 스웨덴, 미국 정부를 비롯해 이베이eBay 창업자 피에르 오미디아르Pierre Omidyar가 설립한 오미디아르네트워크Omidyar Network

재단과 유니레버Unilever 등의 기업들이 협력해 운영 중인 글로벌이노베이션펀드Global Innovation Fund도 있다.[15]

당연한 말이지만 계획은 실행으로 이어져야 한다. 실행을 위해서는 의결이 필요한데 주로 총회나 회담이라는 이름의 대화를 통해 의결이 이뤄진다. 그런 자리가 알맹이 없는 수다방이 되면 곤란하다. 의결을 위한 모든 행사는 목적과 이해를 공유하는 글로벌 공동체를 형성하는 데 매우 중요할뿐더러, 정책 운용에 관한 사회적 숙의를 촉진하거나 자극하는 역할도 한다. 물론 완벽할 수는 없겠지만 이것이 의결 행사가 갖는 기본적인 의의다.

만족할 만한 결과를 매번 내지는 못해도 늘 노력해야 한다. COP이나 G7, G20 등 모든 행사가 마찬가지다. R&D가 지속가능발전목표와 일치하지 않는다면 애초에 그런 논의를 하지 않았거나 부족했다는 의미다. OECD에는 과학기술정책위원회CSTP에서 과학 의제를 담당하는 글로벌과학포럼GSF[16]이 있고 유네스코 산하에는 국제과학기술혁신정책기구GO-SPIN[17]이 있지만, 늘 일치된 의사결정을 하지는 못한다. STS포럼Science and Technology in Society forum[18]이나 최근 미래 과학 동향을 예측하는 데 집중하고 있는 GESDA(제네바과학외교정상회의)도 그렇다.[19] 대화가 아무런 쓸모가 없는 것처럼 보일 때도 있다. 그러나 인간은 사회적 동물이고, 우리는 공유의 목적을 이루기 위한 새로운 의사소통 감각 기관을 창조할 다른 방법을 아직 찾지 못했다.

국제 기구의 새로운 경제 기반: 글로벌 공공재에 대한 과세

모든 국제 기구가 직면하고 있는 가장 큰 도전 과제는 다름 아닌 자금 조달이다. 어떤 글로벌 조직도 국가가 가진 독점적이고 막강한 권력, 즉 세금을 징수할 힘은 갖고 있지 못하다. 현재로서 글로벌 조직이 자금을 조달하는 방법은 정부 지원이나 민간 기부뿐이다. 다행히 기부는 끊이지 않는다. 엄청나게 돈이 많은 이른바 슈퍼리치super-rich 자선가들이 선뜻 나서서 필요한 공간을 채워주고 있다. 하지만 필요를 해결할 수 있다는 측면에서는 좋은 일이나, 책임 없는 민주주의 이전 권력 모델로 회귀하는 것 같아서 건강해 보이지는 않는다.

한 가지 대안은 '글로벌 공공재global public goods'라는 명목으로 이와 같은 글로벌 공공재에 지원할 자금을 따로 확보하는 것이다. 다시 말해 미래 과학을 위한 글로벌 거버넌스에 자금을 조달하고자 현재 과학의 결과인 글로벌 공공재를 활용해서 그 경제적 기반을 확립한다. 좀더 구체적인 예를 들면 정지 궤도 통신위성, 전자기파 스펙트럼, 자연 자본, 해양 등에 대한 이용 수수료, 항공 교통 관제 및 이착륙 수수료, 해저 통신 케이블 공용 수수료와 같이 일종의 과세를 부과해 글로벌 거버넌스 자금을 확충한다.

이런 체제가 올바르게 자리 잡는다면 글로벌 조직의 활동 반경에도 큰 변화가 일어날 것이다. 물론 이 자금을 운용하고 관리할 별도의 국제 기구가 필요하며, 엄격한 감사로 투명성도 보장해야 한다. 실현 가능성은 단기적으로는 강대국들의 리더십에 달렸다. 이들이 근시안적으로

만 바라본다면 자국 권력에 위협이 되리라고 여길 수 있기 때문이다. 그렇더라도 결단이 필요하다. 장기적으로 전 세계 모든 국가와 국민이 그 혜택을 누리게 될 글로벌 거버넌스를 든든히 뒷받침할 가장 효과적인 조치가 될 것이다.

글로벌 민주주의와 그 정당성

과학과 기술의 글로벌 거버넌스에 대한 단서를 제공해주는 여러 국제 기구가 존재한다. 그런데 이들이 어떤 방식으로 세계 정치나 세계 대중과 연결될 수 있을까? 미래를 그린 한 청사진에서는 전 세계 모든 시민이 세계 대통령 또는 세계 총회에 투표해 과학기술의 우선순위를 정하게 된다. 이 그림은 확실히 좋아 보이지도, 바람직해 보이지도 않는다. 세계를 통치하기에 가장 적합한 국가가 아닌 가장 유명하거나, 가장 힘이 세거나, 가장 인구가 많은 국가가 전 세계를 대표해 나머지 국가와 국민을 지배하는 결과로 이어질 것이다. 꼭 글로벌 통치가 아니더라도 이런 우려는 국가 내에서도 늘 있었다. 멀리에서 찾을 것도 없이 일찍이 미국은 인구가 많은 주에 가중치를 두는 하원 의회와 균형을 맞추려고 각 주에 인구와 상관없이 동등한 대표권을 부여하는 상원 의회를 만들었다.

어떤 체제든 전체와 부분 모두에서 가장 중요한 문제는 '정당성'이다. 정당성을 확보하지 못하면 실행할 수도, 자금을 조달할 수도, 규정을 준수해주기를 기대할 수도 없다. 그렇지만 정당성의 영역은 서로 다르기에 어떤 조직의 정당성이 다른 조직의 정당성으로 복사되지는 못한다. 고도의 기술적 표준을 다루는 기관의 정당성은 평화 유지나 국가 간 무역과 관련한 기관의 정당성과는 매우 다르다. 따라서 기존의 무조건 1인 1표 방식이 아니라, 각국 국민에게 일부 역할을 부여하면서도 분야 특성과 때로는 군사력 및 경제력 등을 반영하는, 근대 이전에 사유지라고 불렸던 요소 같은 것들이 혼합된 형식을 떠올릴 필요가 있다. 이 경우에는 과학계, 시민 사회, 기업 등이 포함될 것이다. 국가 정부만 세상의 다양한 견해와 이해관계를 대표한다는 가정보다 현재의 글로벌 체제를 더 잘 반영한 생각이라고 할 수 있다.

과학기술의 글로벌 거버넌스를 이끌 글로벌 민주주의의 가장 큰 역할은 초기 단계에서 후기 단계 직전까지 이뤄진다. 즉, 문제를 발견하고 선택하는 초기 단계에서 해결 방안을 제안하고 실행하는 후기 단계 직전까지 면밀히 검토하는 역할이다. 민주주의는 오히려 결정 단계에서 해야 할 역할이 별로 없다. 글로벌 민주주의에서도 최종 결정은 대표성을 가진 국제 기구가 하기 때문이다. 전쟁과 마찬가지로 결정 단계에서는 이해관계 주장이 더 치열해지고 더 많은 비밀이 수반된다. 그러다가 최종 결정의 끄트머리에 이를 무렵에는 민주주의가 검토한 사항과 거의 유사해진다. 모든 바람직한 과정을 제대로 거쳤다면 말이다.

유엔에서 지속가능발전목표에 관한 첫 번째 글로벌 협의를 이룰 때 무려 1,000만 이상의 세계 시민이 참여했는데, 이를 계기로 디지털 기술이 글로벌 민주주의 실현에 무척 적합한 도구라는 사실도 증명됐다.

세계 인구 중 무작위 표본을 추출해 전략적 토론에 대입하는 방식도 나쁘지 않았다. 발달한 과학기술 덕분에 새로 떠오른 중대한 문제를 논의할 때 글로벌 시민들의 의견을 취합하고, 수많은 아이디어를 평가하고, 현실적 실행 가능성을 타진해 쉽고 명쾌한 시각화 자료로 제시하는 새로운 버전의 글로벌 유엔 총회를 상상하는 것도 전혀 어려운 일이 아니게 됐다.

여전히 최종 의사결정 자체는 다양한 분야 다양한 형태의 국제 기구 내에서 이뤄지지만, 바야흐로 디지털 과학기술과 융합한 글로벌 민주주의가 글로벌 거버넌스에 점점 더 커다란 영향을 미치고 있다. 결정이 내려지기까지의 환경 변화가 이룬 쾌거라고 할 수 있다. 실제로 이는 국가 민주주의가 가르쳐준 위대한 교훈이다. 글로벌 민주주의도 다를 바 없다. 정기적으로 투표에 참여하는 것도 중요하지만, 항상 세상 돌아가는 일에 관심을 기울이면서 적극적으로 문제를 제기하고 아이디어를 제시하고 변화를 요구하는 글로벌 시민 의식도 매우 중요하다. 공식적인 절차만큼 이를 뒷받침해주는 환경이 주효한 것이다.[20]

지식을 기반으로 창설되는 새로운 유엔

유엔 창설 당시 유엔 헌장은 중국(당시 중화민국), 프랑스, 러시아(당시 소련), 영국, 미국 이렇게 5개 국가를 상임이사국으로 고정해놨다. 헌장을 개정하려면 제109조 제2항에 의거 "모든 상임이사국과 회원국의 3

분의 2 이상"이 찬성해야 한다. 그리고 유엔 헌장은 제109조 제3항을 통해 개정에 관한 회의가 "제10차 총회 이전까지 개최되지 않으면" 총회의 의제로 올려야 한다고 명시했는데, 이 조항은 유엔의 자기혁신을 위한 놀라운 원칙이었으나 1960년대 이후로는 한 번도 작동되지 않았다.[21]

사고 실험을 하나 해보자. 제109조를 진지하게 받아들이고 유엔이 1940년대가 아닌 이제 곧 창설된다고 상상하는 것이다. 그런 뒤 유엔의 우선순위에 국가 간 전쟁 금지, 세계 금융 흐름 재편, 난민 적극 지원을 헌장에 포함한다. 이렇게 창설되는 유엔은 반드시 과학, 데이터, 지식을 중요한 기반으로 두게 될 것이다. 이는 오늘날 자본 보유액이 높은 기업들이 석유보다는 데이터와 지식을 토대로 한 모습을 반영한다.

이러면 우리는 세계은행이나 IMF뿐 아니라 모든 종류의 지식을 동원하고 세계 시민의 두뇌를 최대한 활용하는 수많은 국제 기구를 갖게 되고, 모두가 지속가능발전목표 달성을 가속하는 데 집중할 것이다. 너무 조심하거나 막연하다고 생각해서는 안 된다. 본래 글로벌 거버넌스의 거대한 변화는 그것이 막상 일어날 때까지는 까마득해 보이고 가능성도 없어 보인다. 그러나 일단 한 번이라도 일어나면 너무나도 명백하고 불가피했던 일처럼 여기게 된다.

Nullius in Verba

제6부

융합과 지혜 그리고 판단
—의미의 문제

제13장

과학과 융합 그리고 메타인지

버트런드 러셀은 의미를 지닌 모든 질문은 과학으로 대답할 수 있다고 믿었던 여러 사상가 중 한 사람이었다. 그는 인간도 자연 가운데 하나이므로 과학은 모든 종류의 문제와 관련돼야 한다고 여겼다. 그 밖에 나머지는 모호하고 의미 없는 것들이었다. 철학자의 임무는 개념을 명확히 하는 데 있지 막연한 형이상학의 늪에서 허우적거리는 것이 아니었다.

그러나 다른 사고방식을 인정하지 않으려는 이와 같은 '과학주의scientism'는 늘 성공하지 못한다. 과학에도 분명히 한계가 있다. 그 한계 내에서의 과학주의는 언제나 바람직하다. 하지만 너무 멀리 가면 지식과 지혜 사이의 격차가 드러난다. 우리가 사는 세상은 인간의 두뇌로 파악할 수 있는 것보다 훨씬 복잡하다. 그렇기에 우리는 우리가 가진 지식에 대해 항상 겸손해야 하고, 시험과 실험과 확인을 통과한 것이라면 뭐든지 믿으려고 하는 인간의 경향에 맞서 싸워야 한다.

과학과 의미 또는 가치 사이의 간극 때문이라도 겸손이 필요하다. 과학적 방법론은 허무주의로 흘러갈 수 있다. 의심과 회의주의는 타인의 주장에 담긴 공허함을 끄집어내는 데 유용하고 우리를 좀더 명확한 지식으로 이끌 수 있다. 하지만 지나치면 우리의 유한한 삶에서 남은 공간을 채우기가 더욱 어려워진다.[1]

우리가 상상하고, 느끼고, 판단하고, 옳고 그름의 근거로 삼고, 지구라는 생물권에서 미래 세대와의 관계를 떠올릴 때, 경험적·과학적 차원을 갖지 않는 철학적 질문은 이제 거의 없다고 봐도 무방할 것이다. 그렇지만 과학만으로는 이 모든 질문에 답할 수 없다. 인간은 사실 말고도 의미와 가치를 추구하도록 설계됐다. 과학적 방법론은 의미와 가치에 무심하며, 삶과 죽음의 실존적 의미에도 무관심하다. 그리고 우리가 어떤 공간과 시간 속에서 제약을 받는 한 지식 그 자체는 뿌리도 없고 실체도 없다.

과학은 만능이 아니다. 과학은 결코 온전한 세계관을 형성할 수 없다. 그저 다른 세계관과 함께 일부를 차지할 뿐이다. 과학은 버트런드 러셀이 기대한 보편 철학이 될 수 없다. 단지 철학의 부분이 될 뿐이다. 과학만으로는 무언가 융합하고 결정하기에 충분한 지침을 제공할 수 없다. 과학에만 의지해 통치하는 정치 체제는 그 중심에 커다란 구멍이 생긴다. 과학은 설명하고 안내하는 데는 탁월하나 설득력 있는 의미와 이유는 제시하지 못하며, 소속감, 사랑, 두려움, 희망 등에 관한 질문에도 답하지 못한다.

　노르웨이 극작가 헨리크 입센Henrik Ibsen의 희곡 《민중의 적En folkefiende》은 과학과 정치의 역동성을 탐구한 작품이다. 상충하는 가치 사이에서 양자택일해야 할 때 언제나 다수의 의견이 옳은 것은 아니며, 능력 없는 대중의 무분별한 판단 때문에 소수의 의견이 묵살당해서는 안 된다는 그의 신념이 담겨 있다. 19세기 후반 노르웨이 한 작은 마을에서 온천이 발견되자 주민들은 관광 산업으로 마을이 번창할 수 있다는 기대감에 들뜬다. 그러나 주인공인 의사 토마스 스토크만Thomas Stockmann이 온천수를 검사해봤더니 온갖 세균에 오염된 위험한 물이었다. 오염 원인은 스토크만의 장인이 경영하는 가죽 공장에서 흘러들어온 폐수였다. 스토크만은 진실을 알려서 온천 개발 계획을 수정해야 한다고 주장한다. 하지만 지역 신문사는 득보다 실이 많다는 이유로 그의 제보를 무시했고, 이미 많은 돈을 투자한 지역 주민들도 그의 말을 들으려고 하지 않는다. 스토크만은 고독한 십자군이 되어 마을 당국과 단결한 다수 주민의 어리석음을 비판한다. 진실을 말하는 소수와 이익을 지키려는 다수가 맞붙는다. 절대다수인 대중은 그에게 완전히 등을 돌린 채 마을의 적이라고 한목소리로 비난한다. 그렇게 민중의 편이 되고자 했던 토마스 스토크만은 민중의 적이 되고 만다. 희곡은 스토크만이 진실을 숨기지 않고 자신의 신념을 끝까지 지켜 대중의 횡포에 맞서겠다고 다짐하면서 끝을 맺는다.

이 작품은 수많은 연극으로 상연됐고 텔레비전 드라마로도 방영됐다. 2018년 9월 중국 베이징에서 열린 공연은 예술 작품 이상의 저력을 보여줬다. 연극을 본 관객들은 주인공 토마스 스토크만에게 열광했고, 어떤 이들은 정부 당국을 향해 개인의 자유를 보장하라며 큰소리로 외치기도 했다. 이에 중국 정부는 사회 불안을 부추긴다는 이유로 예정돼 있던 모든 순회공연을 금지했다.[2]

여기에서 우리는 과학과 정치가 서로 충돌하는 광경을 볼 수 있다. 그런데 스토크만을 진정 영웅이라고 부를 수 있을까? 헨리크 입센은 자신의 주인공 토마스 스토크만에게 양면성을 부여했다. 스토크만은 자신의 한계를 인지했고, 그것이 그를 더욱 입체적인 캐릭터로 만들었다. 그러나 내가 보기에 그는 공감 능력이 떨어지는 인물 같다. 다른 사람들이 왜 그런 반응을 보이는지 제대로 헤아리지 못했다. 그에게는 과학적 사실만이 중요했고, 그 밖의 다른 의미나 가치는 전혀 고려하지 않았다. 그는 다른 많은 이들처럼 과학자가 선천적으로 도덕적이라고 믿은 듯 보인다. 그의 진실이 중요하지 않다는 의미가 아니다. 진실만을 말하기에는 세상이 너무 복잡하다는 얘기다.

이 작품은 융합의 문제에도 주의를 환기한다. 베이징 관객들의 마음, 진실이 승리하기를 바라는 마음은 옳았다. 하지만 그것은 지혜의 끝이 아닌 시작일 뿐이다. 우리 삶의 많은 부분이 그렇듯이 진실은 하나가 아니고 수많은 진실이 평행을 이루기 때문이다. 온천수가 오염됐는지 아닌지는 매우 단순한 문제다. 진실과 거짓을 구별하기가 비교적 쉽다. 정작 복잡한 문제는 그다음이다. 경제적 이해관계, 일자리, 마을의 생존 문제는 어떻게 접근해야 할까? 과학적 진실만 외치면 그만일까? 이런 유형의 모호하고 상충하는 수많은 문제가 우리 주변에 산재해 있다. 어떻게든 판단을 내려야 한다. 몇 가지 원칙만으로 선택과 결정을 할 수 있다면 얼마나 좋을까? 현실에서는 그럴 수 있는 사례가 별로 없다.

과학자들은 자신이 정부에 제공하는 지식이 '매우 권위 있다'고 가정하곤 한다. 과학 지식은 관찰, 실험, 이론에 기반을 두고 있다. 과학적 사실은 다른 어떤 사실에 우선한다. 과학적인 정부는 과학적이지 못한 정부보다 우월하다. 더 많은 과학, 더 많은 조언, 더 많은 교육은 모두 공공선을 위하는 좋은 것들이다. 내가 정부를 설득할 때도 자주 이용하는 논리다. 그러나 이 논리는 동시에 근본적으로 잘못된 것이기도 한데, 지식과 실행 사이의 관계를 잘못 이해해서 저지르는 인식론적 오류다. 요컨대 새로운 지식 하나가 새로운 행동을 수반하지는 않는다. 실행까지 이르는 과정에는 설령 그 실행은 단순하더라도 온갖 종류의 지식이 필요하다.

개인적인 위기를 겪고 있는 친구와 대화를 나누고 조언을 해주고 싶다고 상상해보자. 여러분의 마음은 여러분의 입이 무엇을 말해야 할지 결정하기 전에 실제 일어난 일이 무엇인지, 왜 일어났는지, 얼마나 심각한지, 결과가 어떻게 될지 등을 파악하고자 애쓰면서 다양한 선택지를 탐색할 것이다. 연금에 가입하거나 주택을 구매할 때도 마찬가지다. 모든 지식은 행동으로 좁혀지기 전까지는 넓게 퍼져 있다.

이 사실은 정부에서 과학의 역할을 타진할 때도 명확해진다. 기후 변화가 좋은 예다. 1990년대 중반까지는 기후 변화의 현실, 원인이 되는 인간 행동, 미래의 재난을 방지해야 할 필요성 등 상당히 광범위한 공감대가 형성됐었다. 2000년대 초 내가 영국 정책국을 이끌 때 우리의 임무 중 하나는 지금까지의 공감대를 정책으로 전환하는 것이었다. 재생에너지나 폐기물 처리 같은 사안과 관련한 구체적인 정책, 자원과 원료의 흐름에 주의를 기울이도록 경제 정책 과정에서 자원 생산성과 노동 생산성을 나란히 두는 방안 등이었다.

우리는 과학자, 기술자, 의회, 지지 단체 등으로 구성된 다양한 공동체로부터 도움을 받았다. 이들은 정부가 더 많은 정책을 더 빨리 추진하도록 압력을 넣었다. 각자가 가진 전문성을 충분히 발휘했다. 그 결과로 진화하는 정책 연결망이 형성됐다. 일부는 에너지에 초점을 맞췄는데, 특히 화석 연료에서 벗어나 재생 에너지로 빠른 전환을 모색했다. 일부는 운송에 중점을 두고 에너지 효율이 높은 운송 수단 개발에 박차를 가했다. 일부는 신규 건축물에 대한 규제를 강화하고 노후 주택 리모델링에 보조금을 지급하는 주택 정책에 집중했다.

모두가 성공한 것은 아니었다. 하지만 종합해보면 꽤 괄목할 만한 성과를 얻어냈다. 생산 기준 이산화탄소 배출량이 거의 50% 감소했고, 소비된 제품 및 서비스를 고려한 소비 기준 배출량도 40% 가까이 줄었다. 물론 이것만으로 충분하다고 말할 수는 없을 것이다. 전 세계 평균으로 볼 때 기후 변화에 대응하는 데 필요한 수치보다 훨씬 적은 연간 약 1.5%의 탄소 배출량 감소에 그쳤기 때문이다. 그래도 과학 정책이 필요한 조치와 성공 가능성을 제시했다는 측면에서 긍정적으로 평가할 수 있다.

더 자세히 들여다보면 과학 지식에 더해 여러 분야의 다른 지식도 동원됐음을 알 수 있다. 과학 정책을 수립하고 추진하면서 공학, 경제학, 심리학을 비롯해 특정 산업 분야와 관련한 전문 지식에도 크게 의존했으며, 대체로는 '에피스테메'보다 '테크네'와 관련한 지식이었다. 과학 지식은 실행에 필요한 일부에만 영향을 미쳤다.[3]

이와 유사한 패턴은 코로나19 범유행 시기에서도 찾을 수 있다. 과학은 각국 정부가 전염병 위험을 신속히 확인하도록 해줬고, 전염이 얼마나 빠르게 확산돼 병원 업무를 마비시킬지 파악하고 방역 모델을 마련하는 데 도움이 됐다. 그렇지만 과학자들과 과학 고문들이 정부 정책 수립과 실행에 이바지한 부분은 일부일 뿐이었다. 의사결정자들의 관점에서는 과학뿐 아니라 다음과 같은 모든 지식을 종합적으로 고려해야 했다.

- 통계적 지식: 표본 기반 감염 수준 및 위기 상황 속 실업률 증가 추이 등.
- 정책적 지식: 재난지원금 등 경기 부양책 효과 등.
- 과학적 지식: 항원 항체 반응 검사 등.
- 학문적 지식: 지역 사회 결속 패턴에 관한 사회학과 심리학 지식 등.
- 전문적 지식: 각종 치료 선택지 등.
- 여론적 지식: 정량적·정성적 여론 조사 데이터 등.
- 실무적 지식: 현장 실무에 필요한 규정, 위반 처리 규범 등.
- 정치적 지식: 의회의 반목 가능성 등.
- 법률적 지식: 정책 내용의 사법 심사 대상 여부 및 인권 침해 요소 등.

- 협업적 지식: 정책 실행 과정에서의 부처 간 협업 역량 등.

- 경제적 지식: 정책 소요 비용 및 취약 경제 분야 등.

- 역사적 지식: 위기 상황이 범죄에 악용된 사례 등.

- 윤리적 지식: 감염 위험성이 상대적으로 높거나 낮은 노년층과 아동층의 백신 접종 방안 등.

- 기술적 지식: 감염자 파악 및 이동 경로 추적 등.

- 예측적 지식: 범유행 이후 복구 과정에 관한 예측 시뮬레이션 및 시나리오 등.

- 경험적 지식: 감염 환자, 가족, 의료진, 방역 인력 등의 실제 경험 내용 등.

이 밖에도 이와 같은 목록을 구성하거나 구조화하는 많은 방식이 있다. 각각의 지식 분야마다 고유한 직업군, 기관, 제도, 전문 용어가 있어서 서로 다른 지식을 이해하는 데 어려움을 겪곤 한다. 그래도 의사결정자 입장에서는 관련된 모든 지식을 취합하고 고려해 판단할 수밖에 없다. 목록을 어떻게 구성하든 정부의 의사결정, 즉 정치 권력의 요구와 관련한 지식 유형의 다양성을 인지하면 두 가지 중요한 판단 근거를 발견하게 된다. 첫 번째는 특정 분야의 지식이 다른 지식보다 확연히 중요하다는 이유를 보여줄 지식 위계 구조나 상위 이론이 없다는 것이다. 해당 분야의 주도적 인물들은 자신들의 지식이 다른 분야의 지식보다 우월하다고 여길 수 있다. 일테면 근거가 명확하고 매우 넓은 맥락에서 적용 가능한 물리학 지식이 훨씬 월등하다고 느낄 수 있다. 그런데 실행의 관점에서 바라보면 이런 우월성은 금세 희미해진다. 실행에서 가장 중요한 것은 효과와 쓸모다. 이 렌즈를 갖다 대면 어느 한 종류의 지식이 절대적으로 월등하다는 주장은 설득력을 잃게 된다. 특정 시점에 요구되는 과제에서는 더 우수할 수 있어도 일반적 의미에서 우월할 가능성은 거의 없다.

어떤 분야의 지식을 어떤 유형의 문제에 적용할지 판단하려면 지성에 대한 지성, 즉 '메타인지'가 필요하다. 이에 관한 좋은 사례가 있다. 다음은 코로나19 범유행이 한창일 때 스웨덴 공중보건국 책임자가 내놓은 의견인데, 당시 다른 국가 과학 고문들이 제시한 메시지와는 확연히 대조된다.

> 우리는 그동안 할 수 있는 모든 방면에서 학교 폐쇄를 반대해왔습니다. 학교가 공중 보건 맥락에서 매우 중요하기 때문입니다. 학교는 공중 보건 환경을 조성하는 데 가장 중요한 사회 기관입니다. 폐쇄 없이 방역에 최선을 다하면 됩니다. 학교 문을 닫으면 더 많은 부정적 영향을 초래할 것입니다. 각종 미디어와 전 세계 언론 보도가 이 사실을 확연히 보여주고 있습니다. 우리 눈앞에 더는 평소처럼 학교에서 친구들과 만나지 못하는 아이들, 잃어버린 세대가 창조되고 있습니다.

이 같은 스웨덴 공중보건국의 판단도 증거와 논리에 뿌리를 둔 것이었다. 그렇지만 다른 대다수 국가에서 내린 판단과는 근본적으로 달랐다. 전염병을 감염률과 치사율 관점에서만 바라보지 않았다. 돌이켜보면 '스웨덴 전략'은 코로나19에 대응한 가장 성공적인 정책이었다.

과학을 비롯해 다양한 지식 출처와 그 영향력은 특정 시점이 요구하는 과제와 각각 느슨하게 연결된다.[4] 지식 목록 및 기타 도구를 이용해 여러 유형의 지식을 요약하거나 연결할 방법은 있지만, 어떤 분야의 지식과 어떤 모델 또는 구조가 어떤 과제와 어느 시점에 딱 들어맞는지 알려주는 공식 이론이나 경험적 방법은 존재하지 않는다. 이는 메타인지로만 감지할 수 있다. 무슨 지식을 언제 적용하면 되는지 알아내는 메타인지 능력은 다양한 지식과 적용 방법에 관한 친숙함과 경험을 통해야 확보할 수 있는 일종의 지혜와 통찰력에 달렸다.

그렇다면 앞서 나열한 갖가지 유형의 지식이 종종 발산하는 모순된 신호를 어떻게 융합해야 할까? 대체로 이 작업은 정치인들이 다양한 분야 자문 위원의 도움을 받아 수행한다고 알려져 있다. 하지만 그들에게는 이 과제를 제대로 풀어갈 시간과 기술이 없다. 이 일을 정부 고위 관료들이 맡기도 하는데, 자신의 전문 분야라면 잘할 수도 있겠지만 보통은 그렇지 못하다. 대개는 데이터나 과학의 문제보다 법이나 경제 문제를 다루는 데 능숙하다. 이쪽 분야 출신이 대부분이기 때문이다. 심지어 과학 자문과 지식 연결에 관한 설명이 있더라도 책임을 피하고자 다른 사람을 내세워 판단하거나 의사결정의 중요한 순간들을 일종의 블랙박스로 남겨둔다.[5] 그 결과 조언만 넘쳐나 융합하기가 더욱 어려워진다. 뛰어난 과학자들이 탁월한 의견을 넘칠 만큼 제공하더라도 이를 이용할 능력은 매우 제한적이다. 여기저기 산재해 있는 지식을 끌어다가 쌓아놓아도 융합할 능력이 없다면 어떤 정책 체제도 올바르게 기능할 수 없는 것이다.

융합의 유형들

융합은 결코 선형적으로 이뤄지지 않는다. 융합은 순전히 연역적이지도 않고 논리적이지도 않다. 가중치나 매개 변수를 변경하면 결과도 달라지기 때문에 안정적이지도 않다. 그래서 융합은 매번 유동적이다. 늘 불확실하고 상황적이며 맥락적이어서 유형도 다양하다.

우선 여러 항목을 하나의 측정 지표로 종합할 수 있다. 예컨대 돈을 단일 측정 지표로 '비용 편익 분석Cost-Benefit Analysis'을 수행하거나, 건강 상태를 판단하기 위해 '질 보정 수명Quality Adjusted Life Year, QALY(단순한 기대 수명이 아닌 삶의 질을 유지한 '건강 수명'_옮긴이)'을 단일 측정 지표로 사용할 수 있다. 여러 복잡한 문제를 이해하고자 프레임이나 이론으로 상향 융합하는 것도 가능하다. 일찍이 물리학자 장 바티스트 페랭 Jean Baptiste Perrin은 모든 진보의 열쇠가 "보이는 복잡한 것을 보이지 않는 단순한 것으로 설명"하는 데 있다고 말했다. 아인슈타인의 상대성 이론과 다윈의 진화론 모두 이런 유형의 융합에 해당하며, 복잡한 세상을 단순하게 설명하는 수많은 관찰과 이론의 토대가 됐다. 대규모 군사 작전이나 백신 접종 계획처럼 실행 전략을 결정하기 위해 몇 가지 과감한 선택지로 전방 통합을 시도할 수도 있다. 경영학자 리처드 루멜트 Richard Rumelt가 자신의 책《좋은 전략, 나쁜 전략Good Strategy, Bad Strategy》에서 강조했듯이 "노력에 따른 효과를 배가할 한두 가지 핵심 사안을 파악한 뒤 그것에만 초점을 맞춰 자원을 집중"하는 융합 유형이다. 중요한 요소를 구별했던 역사적 패턴을 이해해 거꾸로 융합하는 유형도 있다. 비록 우리 삶은 앞으로만 흐르나 역방향으로 되짚어보는 것이다. 은유나 비유를 통한 융합도 가능하다. 예를 들면 지구 전체를 '가이아' 같은 하나의 거대한 유기체로 보거나, 전염병 범유행을 전쟁으로 상정하거나, 사고방식의 확산을 바이러스로 인식하는 것이다. 정부 정책의 일상 과제라면 그동안 간단한 의사결정 원칙으로 이어 내려온 경험적 방식, 일테면 통화 정책 목표 설정 매뉴얼이나 스타트업에 지원을 집중하라는 관행을 그대로 융합에 적용할 수도 있다.

이런 유형의 융합은 어떤 방식으로 이뤄질까? 음식, 음악, 시(문학) 등의 분야는 방법이 많겠지만, 정책과 관련한 체계에서 정치와 과학의 경계에 누적되는 문제를 이해할 때는 상대적으로 많은 조합이 요구되지는 않는다. 다만 융합을 시도할 때 다음 단계들이 필요할 수 있다.

1. 관련 요인, 인과관계 및 패턴을 파악해 '지도화'한 뒤 이를 공유할 수 있는 모델에 각각 적용한다.
2. 설명 또는 예측 수준에서 '순위'를 설정한다.
3. 설정된 순위를 검토해 모델 각각을 '결합'하거나 '병합'한다.
4. '상충관계'와 '보완관계'를 명시한다.
5. '지식'과 '권력'에 부합, 즉 잘못된 이해를 초래할 모델은 아닌지, 권력과 영향력을 올바르게 행사할 모델인지를 명확히 한다.[6]
6. 지금까지 융합한 모델을 능가할 새로운 개념, 새로운 프레임, 새로운 통찰이 있는지 확인해서 있다면 '업데이트'한다.
7. 마지막까지 유효한 선택지를 더 면밀히 '분석'하고 '평가'해 해당 최종 모

델을 정책으로 실행할 때 어느 정도의 '가치'를 창출할지 판단한다.[7]

　대략 이 정도다. 그리고 이때의 융합은 선형 모델보다 순환 모델로 이해해야 한다. 융합 과정에서 폐기되거나 결합 또는 병합된 모델도 이후에 다시 적용할 수 있다. 최종 정책 실행까지 계속해서 가장 바람직한 선택지가 더 있는지 탐색하고 기존 선택지에 꾸준히 의문을 제기한다. 융합 과정에서 수립되는 각각의 모델을 다중 기준 분석Multi-Criteria Analysis이나 비용 편익 분석에서 제공하는 일회성 데이터로만 판단해서는 안 된다.[8] 모델을 융합해가면서 부적절하다는 사실이 드러나면 다른 후보 모델로 이동할 수도 있고 이전 모델을 다시 도마 위에 올릴 수도 있다. 아울러 지식 융합 작업에 참여하는 사람들이 잠재적 선택지에 과도하게 집착하는 위험을 방지하려면 진단과 처방을 분리하는 게 좋다.

　최종 모델이 아니더라도 일부 분야 분석가나 정책 입안자의 작업과 연결될 수 있으며,[9] 다른 정책 심의에서 다른 모델과 결합하는 등 유용한 역할을 할 수 있다.[10] 지식 융합을 시도하는 회의를 구성할 때도 여러 대안 모델로 제시할 수 있고,[11] 복잡한 체제와 전환 선택지를 이해할 때도 큰 도움이 된다.[12]

　지식 융합 과정은 마지막 7단계뿐 아니라 모든 단계에서 반드시 가치와 윤리 문제를 짚고 넘어가야 한다. 단계 중간에 슬쩍 추가되거나 빠져서는 안 된다. 1단계부터 7단계까지 모든 단계를 거치며 최종 모델에 반영돼야 한다. 그리고 6단계의 경우 인간의 두뇌는 선형적 방정식만으로는 올바른 판단을 할 수 없기에 다양한 요소를 고려해 다차원적으로 검토해야 한다. 여기에는 액자 구조를 시각화해서 복잡한 패턴을 이해하는 방법도 포함된다. 간단히 정리하자면 이 융합 과정에서의 핵심은 얼마나 많은 목표와 경로를 얼마나 새로운 방식으로 정렬하고 통합할 수 있는지를 명확히 하는 데 있다. 피할 수 없는 상충관계나 감당하기 어려운 예상 결과 등도 낱낱이 드러내 보여야 한다.

영국 국립보건임상연구소NICE가 수행하는 작업은 실행에 초점을 맞춘 증거 통합 및 지식 융합의 좋은 본보기다. 모든 치료법을 '질 보정 수명QALY'에 미칠 영향 측면에서 평가해 상향 융합한 뒤 국민건강보험에 제공한다.[13] IPCC 또한 1~4단계를 충실히 제도화해 융합한다(5~7단계를 수행할 권한은 충분치 않다). 그렇게 해서 나온 평가 보고서를 IPCC 총회에서 최종 승인한다. 최근에는 2023년 3월 제58차 총회를 통해 '제6차 평가 보고서AR6'를 승인하고 발표했다. IPCC는 다양한 모델을 검토하고 수많은 심의 과정을 거쳐 가장 우수한 집단 지식을 확보할 뿐만 아니라 전환 및 완화 목표와 경로도 준비한다. 대다수 국가 정부가 선호하는 비용 편익 분석을 주된 융합 도구로 활용하면 복잡한 문제들이 지나치게 단순화·고착화해서 환경 변화에 대응하기 어렵다. 그렇지만 IPCC의 역할은 여기에 머물러 있다. 실행을 위한 융합, 일테면 '탈탄소화decarbonization' 정책과 관련한 글로벌 집단 지식을 검토하거나 조율하지는 않는다. 정책 실행은 아직 개별 국가의 문제라서다. 실행도 또 다른 융합이고, 실행에 미래 세대를 향한 권고 사항까지 담아야 하므로, 그 방법에 대한 설계가 필요하다.[14]

패턴을 너무 빨리 보거나 결론을 너무 성급히 내리지 않도록 주의해야 한다. 성급함은 의료에서 치안까지 대부분 정책 분야에서 흔히 발견되는 문제다. 모델과 사고방식도 틈이 생기지 않도록 잘 결합해야 한다. 시각화와 시뮬레이션을 적극적으로 활용하면 좋다. 복잡성을 논리적으로 파악하기보다 눈으로 확인하는 것이 훨씬 더 이해하기 쉽다.[15]

모든 지식에 전부 융합이 필요하지는 않다. 예를 들어 전염병이 확산하는 동안에는 그 광범위한 영향을 고려하는 것보다 서둘러 더 많은 사람을 검사하고 백신을 접종하는 일이 더 시급하다. 물론 전염병의 원인이 하나가 아니라 여러 가지일 수 있지만, 그래서 종합적으로 접근할 필요가 있지만, 과도하게 뒤섞고 융합하면 오히려 비효율만 초래하게 된다. 중요한 연관성과 상호 작용이 있는 요소들을 간추려 당장 폐쇄가 필요한 공간처럼 실행이 시급한 부문에 집중해야 한다. 무작정 융합만 하고 있어서는 기회를 놓칠 수 있다.

융합은 필요한 과정이나 모든 상황에 우선하지는 않는다. 갖가지 제품이나 설비, 예컨대 자동차, 컴퓨터, 가전, 비행기, 집, 공장 등을 설계할 때도 그 활용 목적이나 중요성 등을 고려해 중간에 융합 과정을 멈춰야 할 경우가 있다. 모든 것이 역사에 길이 남을 만한 걸작일 필요는 없다. 보급형 제품에 값비싼 최고급 제품에나 신경 써야 할 고려 사항은 적용하지 않는다. 선형적인 단일 논리만을 따르는 것도 문제지만, 가능한 모든 요소를 융합해 처음부터 재창조하려는 방식이 언제나 최선인 것도 아니다.

나아가 모든 사람이 이른바 '신시사이저synthesizer'가 되려고 애써서도 안 된다. 깊이 없이 외연만 늘어서는 곤란하다. 인류에게는 정통 학문에 뿌리를 둔 깊은 지식이 필요하며, 이는 해당 분야에 삶을 바쳐 연구하는 사람들에게서 나온다. 실제로 대다수 사람은 넓이보다 깊이를 우선시해야 한다. 이 책의 주제에 한정 지어 메타인지에 능숙한 융합형 인재가 많이 필요하다는 의미이며, 과학적 문제에서 집단 지성에 힘을 보태는 사람들이라면 누구나 자신의 영역이 끝나고 다른 영역이 시작되는 지식의 경계와 한계를 인식할 필요가 있다. 그리고 이에 더해 융합에도 어울리고 자신과 다른 배경과 이해관계를 가진 지식과의 협업에도 적합한 사고방식이 요구된다. 협업의 적은 다름 아닌 불신과 자기과신 그리고 오만이다. 서로 신뢰가 없으면 사람들은 정보를 꼭꼭 숨기고 꺼내지 않는다. 나만 똑똑하고 나만 통찰력을 갖췄다고 믿는 사람들은 남의 말에 귀 기울이지 않고 협업할 줄도 모른다. 이와 달리 고도의 협업이 이뤄지는 환경에서 사람들은 자만심과 이기심을 제쳐둔 채 더 큰 공통의 이해관계에 몰두한다. 모두가 자신의 지식과 관점의 한계를 인식한다. 이 협업의 공간은 윤리, 개성, 스타일이 교차하는 곳이며, 융합이 기술적 구성 요소를 넘어 도덕적 차원을 갖는 곳이다.

과학과 지혜

철학자 임마누엘 칸트Immanuel Kant는 "과학은 정리된 지식이고, 지혜는 정리된 인생"이라고 말했다. 지혜는 우리가 정치인들에게 가장 바라는 미덕이다. 우리는 그들이 기술적 지식에 접근할 수 있다고 가정한다.

이때 필요한 것이 해당 지식에 대한 지식이며, 윤리적으로 추론할 수 있고, 가치를 확인할 수 있으며, 어떤 관점이 어떤 상황에 적합한지 판단할 수 있는 능력이다.

메타인지는 과학계의 오랜 도전이었다. 자주 예로 드는 사례가 '뉘른베르크 강령Nuremberg Code'이다. 제2차 대전 중 포로와 민간인을 대상으로 비인간적 인체 실험을 자행한 독일 의사 20명과 과학자 3명이 뉘른베르크 전범 재판에 회부됐다. 그 가운데 15명에게 유죄가 선고됐고, 그중 7명이 교수형을 받았다. 1947년 재판부는 최종 판결문에 인체 실험에 관한 윤리적 기준을 10개 조항으로 명시했는데, 이것이 '뉘른베르크 강령'이다. 이 재판은 의학이라는 과학이 천인공노할 잔인한 실험에 어떻게 악용될 수 있는지 보여줬다. 이 강령으로 임상 시험 대상자의 동의를 비롯해 실험 목적의 공익성과 실험의 정도, 위험 수준, 시행 자격 등에 관한 윤리적 원칙이 마련됐다. 표면적으로는 나치의 만행을 드러낸 것이었지만, 정신 질환자를 대상으로 한 실험에서 도덕적 결핍을 보인 미국 의학계와 정부를 겨냥한 것이기도 했다.

같은 시기 일본도 마찬가지로 인간이 해서는 안 될 짓을 저질렀다. 1930년대에 군의관 이시이 시로(石井四郞)가 만주(滿洲) 지역을 중심으로 일명 731부대를 창설해 세균을 이용한 생물학전을 계획하면서 수많은 인체 실험을 벌였다. 희생자 대부분은 중국인과 조선인이었다. 그러나 일본이 패전한 이후로도 이시이 시로와 731부대는 죗값을 받지 않았다. 인체 실험 및 세균 공격에 따른 20만 명 이상의 민간인 학살 증거가 나왔는데도 재판에 넘겨지지 않았기 때문이다. 소련과의 냉전 편집

증에 빠져 있던 미국이 731부대의 실험 데이터를 건네받는 대신 전범 재판 기소 대상에서 빼주기로 한 것이었다.

그렇다면 21세기 3분기가 지날 때쯤 지혜는 과학과 관련해 어떤 모습을 취하고 있을까? 이 질문에 답하기 위해 심리학 등 다양한 학문이나 여러 문화에서 증거를 모으려는 '지혜의 과학'이 새롭게 떠오르고 있다.[16] 이 과학은 지혜가 침착함, 초연함, 충동 회피, 다양한 견해 수용 등의 행동 특성과 깊은 관련이 있음을 보여준다.[17] 그리고 지혜는 지식 간 친밀함, 관계, 표상 같은 '지식의 깊이'와 더불어 암묵적 지식과 명시적 지식 모두를 포용한다. 지혜가 끌어안는 지식은 "만약 ~라면 ~이다"라고 진술하는 이론 모델과 사실의 조합이다. '무지한 지혜'는 용어상 모순이며 '과학'이라는 '지식'도 '지혜'의 부분을 구성한다. 플라톤, 아리스토텔레스, 프리드리히 하이에크를 비롯한 수많은 사상가가 역설한 것처럼 지식이 축적된다고 해서 자동으로 지혜가 되는 것은 아니다.

지혜에는 지식뿐 아니라 무엇이 부족한지 인식하는 능력과 다른 관점을 제공할 중요한 데이터가 있는지 확인할 수 있는 능력을 수반하며, 여기에는 당연히 지식의 한계를 인정하는 태도도 포함된다. 왜냐하면 우리는 절대로 어떤 대상, 타인, 역사적 사건, 문학 작품 등이 갖는 의미와 완전히 동화할 수 없는 데다, 우리가 사용하는 주관적 범주에 손쉽게 갇힐 수 있기 때문이다.[18]

세상 사물의 참모습을 온전히 파악하는 일은 굉장히 어렵다. 일찍이 시인 존 키츠John Keats가 "느끼지 못하는 느낌"이라고 묘사한 것을 인식하고자 할 때는 "모든 것을 분석할 수 있다"는 만용을 버리고 겸손해져야 한다. 알베르트 아인슈타인도 우물 안 개구리 같은 태도를 경계하며 이렇게 썼다.

"사물을 정리하는 데 유용하다고 입증된 개념은 우리의 세속적 근원이 무엇인지 망각케 하며 마치 세상이 바뀌지 않고 고정된 것으로 받아들이게 만든다. 이런 오류가 과학 진보의 길을 한참 동안 가로막곤 한다."

예측과 관련한 증거도 해당 분야에 깊은 지식을 가진 사람들조차 무슨 일이 일어날지 예측하기 어렵다는 사실을 보여준다. 오히려 지식은 얕더라도 개방성이 높을 때 전문 지식을 능가하는 경우가 많다. 그런데 많은 정책 연구가 원인 분석 없이 빠르게 진행되곤 한다. 정책 효과에 대해서만 말하고 왜 효과가 있는지는 언급하지 않는다.[19] 앞서 설명했듯이 확증 편향은 교육 수준이 높은 사람들, 어떤 정보를 자신의 세계관과 통합하는 데 능숙한 사람들에게서 훨씬 더 두드러진다. 습관과 반복의 경험을 통해 형성된 우리의 마음은 특정 사고방식에 고착되며, 해당 분야에서 전문가가 될수록 새로운 개념이나 구조를 받아들이기 어려워진다.

이를 극복하는 데 도움이 되는 모델이 있다. 데이터data에서 정보information, 지식knowledge, 지혜wisdom로의 변환 과정을 계층화한 모델인 'DIKW 피라미드DIKW Pyramid'가 그것이다. 심리학을 제외한 많은 학문에서 이 모델로 지혜에 접근한다. 데이터에서 지혜로 올라갈수록 더 많은 가치가 창출된다. 사회과학자 스콧 페이지Scott Page는 지혜의 본질이 상황이나 문제를 이해하기 위해 여러 모델을 적용한 뒤 그 가운데 가장

적절한 모델을 선택하는 능력에 있다고 주장했다.[20]

"지혜는 행동을 취할 때 다양한 모델적 사고를 요구한다. 현명한 사람들은 의사가 갖가지 진단 장비를 사용하듯이 여러 모델을 적용한 다음 각각의 모델을 교차 검토해 겹치는 부분과 차이점을 탐색한다."[21]

이는 우리에게 고대의 세계관과 매우 유사한 지혜의 시금석을 제공한다. 앞서 나는 과학과 국가의 관계를 설명하면서 아리스토텔레스가 세 가지로 구분한 사고방식을 예로 들었는데, 지식적 요소에 규칙을 부여하는 논리적 사고인 '에피스테메', 사물에 대한 실용적 지식인 '테크네', 실천적 지혜 '프로네시스(학문적 지혜인 소피아와 나란히 있는)'가 그것이며 각각 고유한 검증 논리로 구별할 수 있다. '에피스테메'는 형식 논리나 사고 실험을 적용하면 알 수 있다. 규칙이나 가설에 반하는 반례가 하나라도 나오면 에피스테메가 아니다. '테크네'는 실제로 작동하는지 하지 않는지 확인하면 된다. 반면 '프로네시스'는 맥락에 따른 결정으로 판단되기에, 결정이 진정 지혜로운지는 일단 선택의 결과를 단계별로 학습한 이후라야 확인할 수 있다. 여기에는 윤리적으로 추론한 윤리적 원칙을 상황에 적용해 옳고 그름을 판단하는 능력이 수반된다.

판단 중 일부는 인지적이며 지식과 추론을 포함한다. 하지만 그 밖의 결정적인 다른 것들은 감정, 공감, 연민, 직관, 그리고 타인과의 관계나 처한 상황에 따른 태도 등 모두 비인지적이다. 다시 말해 윤리와 도덕은 '정의와 자비', '이성과 감정', '무심과 헌신'을 모두 헤아려야 한다. 실제로 많은 역사와 전통에서 지혜는 고통과 좌절 같은 비인지적 과정을 통해 향상하며, 이처럼 비인지적 요소가 인지적 요소와 어우러질 때 지혜

는 더 풍성해진다.[22]

윤리학을 다른 유형의 지식, 학문의 한 분야라고 생각할 수 있지만, 엄밀히 말하면 그렇지 않다. 윤리학은 물리학이나 생물학처럼 사실의 축적이 아니다. 윤리학은 과정이고 동사이지 명사가 아니다. 이것이 윤리를 성문화하려는 시도가 너무 단조롭거나 오해의 소지가 있는 이유다. 일례로 AI 알고리듬을 통해 생성된 수백 가지 윤리 원칙 목록 중 세상에 제대로 영향을 미치는 것은 거의 없다.

그리고, 물론, 윤리와 과학은 서로 충돌할 수 있다. 치클론 B 독가스에서 수소폭탄에 이르기까지 일부 과학적 발견이 이뤄지지 않았다면 세상은 더 나은 곳이 될 수 있었을까? 나는 그렇다고 생각한다. 더 참혹한 예는 '고문'이다. 소설이나 영화에서 보면 고문 장면이 자주 등장하고 효과가 있다고 나오지만, 사실 고문이 효과가 있다는 확실한 증거는 없다. 이는 다소나마 위안이 되는 사실이다. 오늘날 대부분 국가에서는 고문을 금지한다. 고문이라는 행위에서만큼은 사실 명제인 "~이다"와 "~해야 한다"가 일치한다. 즉, "고문은 효과가 없다"는 말과 "고문을 금지해야 한다"는 말이 맥락을 함께한다. 그런데도 고문이 효과적일 수 있다는 몇 가지 증거 자료가 논란을 초래한다.[23] 나는 설령 고문이 효과가 있고 공익에 도움이 된다고 해도 고문 없는 세상에서 살고 싶다. 하지만 지식은 확실히 증거 기반 논리로 관점을 강화할 수 있는 반면, 지혜와 관련해서는 "~이다"와 "~해야 한다"가 자주 충돌한다는 사실을 인식하는 데서 출발할 수밖에 없다.

윤리의 역할과 지혜의 순환적 특성을 연결하는 또 다른 중요한 요소는 장기적 관점에 대한 민감성이다. 얼마만큼 먼 곳을 볼 수 있는지다. 지혜는 현재와 과거 그리고 미래의 관계를 파악하고, 오랜 시간이라는 맥락에서 문제를 바라보고, 현재가 품고 있는 사안이 미래에 미칠 영향을 파악하는 능력이다. 나아가 지혜는 아마도 미래의 관점에서 거꾸로 현재의 딜레마가 어떤 모습인지 그릴 수 있는 감각까지 포함해야 할 것이다.

'지혜의 과학'이 더 다양한 지식과 더 커다란 지혜 사이의 단순한 방정식보다 훨씬 더 넓은 영역을 가리킨다는 사실을 분명히 해야겠다. 미국 의학계에 막강한 영향력을 행사한 앤서니 파우치는 "과학은 진실"이라고 선언한 바 있다. 그동안 만연해온 거짓과 음모론에 대응한다는 의미에서 적절한 발언이었을 것이다. 그러나 과학은 진실이 아니다. 과학은 그 자체로 진실이 아니라 진실을 찾기 위한 끊임없는 시도다. 굳이 말하자면 "과학은 불완전한 진실"이다. 이렇게 말하는 것이 그나마 지혜에 가깝다.

이와 같은 사고방식이 우리를 지혜의 본질 그리고 정치와 과학 사이의 건강한 관계의 본질로 인도한다. 지혜에 관해 생각할 때 가장 중요한 태도는 영원히 배우겠다는 자세, 세상을 이해하기 위한 모델을 끊임없이 시험하고 개선하겠다는 의지다. 이것이 영국 왕립학회의 슬로건 "눌리우스 인 베르바"의 정신이며, 질문과 배움의 지속적이고 긍정적인 순환 고리다. 이 순환 고리는 AI 기술과 데이터 과학의 토대가 된 '베이즈 추론Bayes' inference'과 유사하다. 우선 먼저 사전 확률과 주어진 데이터를 통해 사후 확률을 산출한다. 그런 뒤 실제 사실을 관찰한 다음 그에

따라 모델과 확률을 조정한다.[24]

하지만 과학과 정치 사이의 접점에서 이 과정이 누락하곤 한다. 과학계의 전통적인 조언은 자연과학과 사회과학을 이상적으로 결합해 다양한 전문 지식을 모으고, 엄격한 논증과 질문 과정을 통해 명확하고 경쟁적인 모델을 수립하라면서도, 그것을 정치인이 운용하는 정책 과정에 적용하는 문제는 완전히 별개의 것으로 간주한다. 그렇게 결정은 정치인들이 하고, 그 결정에 대한 책임도 정치인들이 진다. 과학자들이 공식적으로 설명하거나 예측하고 그것에 책임을 지는 경우는 거의 없다. 과학자들의 언제나 뒤에 숨어 강력한 무기를 휘두른다. 장막에 가려진 그들의 지식은 너무 쉽게 과장되고, 자신들의 가치를 조언에 담아 몰래 퍼뜨린다. 이제 장막 뒤 높은 대좌에 앉아 있던 그들을 끌어내리고 무대 위에 올려세워야 한다.

바람직한 접근법은 추론의 순환 고리를 투명하게 만들고 공유하는 것이다. 해당 분야 전문가들도 "x가 무엇일 때 y는 무엇"이라고 명시해 예측하고, 의사결정자들도 똑같이 "x가 무엇일 때 y는 무엇"이라고 예측한 뒤 x가 y가 아닌 z라는 결과로 나타났을 때 함께 학습할 제도적 장치가 필요하다. 그것이 기관이든 회의든 무엇이든 올바른 조언을 할 수 있는 훨씬 더 가시적이고 개방적인 과정을 가능케 할 것이다. 다양한 모델은 물론 여러 지식 분야와 사고 틀을 의욕적으로 활용하고, 불확실성을 제대로 인지하고, 무엇이 효과가 있었거나 그렇지 않았는지 등을 신속하고 확연하게 파악할 수 있을 것이다.

이와 같은 체제는 과학자를 비롯한 전문가들에게, 그리고 나와 같은 사람들에게도 매우 불편한 일이 될 것이다. 대중에게 더 많이 노출되고 더 큰 책임감을 느끼게 될 것이다. 글로벌 금융 위기 때 엘리자베스 2세가 경제학자들에게 왜 예측에 실패했느냐고 물었던 일이 신기할 정도로 전문가들은 자신이 잘한 일이든 못한 일이든 공개적 질문을 받는 때가 거의 없다. 예를 들면 유전체학의 급속한 발전을 예측했던 전문가들이 있었는데, 결과적으로 그 예측이 틀렸는데도 왜 틀렸는지 이유를 설명해달라는 요구는 거의 받지 않았다.[25] 죄를 인정하고 사과하라는 뜻이 아니다. 지혜로워지기 위해서다. 그러나 여전히 전문 지식의 권위는 탄탄한 보호 속에 인류의 집단 지식과 학습 능력을 감퇴시키고 있다

과학과 판단: 좋은 과학과 좋은 기술을 지도화하고 측정하는 방법

과학과 관련해 지혜와 메타인지 사고방식이 직면하는 실질적 도전은 새로운 과학과 기술이 좋은지 나쁜지를 어떻게 판단하느냐다. 달리 말해 좋은 과학기술 판단법이란 무엇인가인데, 단순히 그 방법이 얼마나 엄격하고 풍부한 상상력을 토대로 하는지를 넘어 해당 과학기술의 잠재적 영향도 고려해야 하므로 꽤 중요한 문제다.[26]

새로운 기술이 등장하면 으레 반대에 부딪히곤 한다. 지속 가능한 과학기술 발전을 위해 노력한 과학자 칼레스투스 주마Calestous Juma가 지적했듯이, 인쇄 기술로 성서가 처음 활자화될 때 사제들의 역할을 위협한다는 이유에서 극심한 반대가 있었던 것처럼, 코란이 인쇄될 때도 귀

로 듣는 말씀을 훼손한다는 명분 아래 갖은 반대 여론이 들끓었었다. 냉동 기술이 나왔을 때는 얼음 산업 전체가 무너진다며 반대했고, 철도가 깔릴 때는 농촌이 황폐화된다고 반대했으며, 유전자 변형 기술로 농업 생산력이 극대화할 때도 농작물 가격 하락을 우려한 농민 등 수많은 이해관계자가 격렬히 반대했다. 기계 때문에 일자리를 잃게 됐다며 소요를 일으킨 러다이트Luddite는 말할 것도 없고 신기술로 인해 피해를 보는 사람들은 늘 나오게 마련이지만, 그렇다고 해서 거대한 흐름을 막을 수는 없다. 관건은 과학기술 발전의 해악과 이점 사이 균형을 맞추기 위한 결정에 있을 것이다.[27]

그동안 많은 이들이 이에 관한 답을 찾고 기술 평가를 제대로 하기 위한 융합 도구를 마련하고자 노력해왔다. 예를 들어 건설적 기술 평가 Constructive Technology Assessment, 예측 평가Anticipatory Assessment, 실시간 기술 평가Real-Time Technology Assessment, 가치 감응 설계Value Sensitive Design 등의 방법론이 있으며, 앞서 네덜란드환경평가국PBL에서 사용하는 위험 평가 도구도 이에 해당한다고 할 수 있다.

한편 유럽연합 집행위원회도 '책임 있는 혁신'을 뒷받침할 평가를 수행하겠다고 약속하면서 이를 "지속 가능하고 포용적인 연구와 혁신 설계 육성을 목표로 과학기술의 잠재적 영향과 사회적 기대를 예측 및 평가하는 접근법"이라고 정의했다. 그 정의 내용이 동어반복에 가까운 데다 가능한 효과 측면에서만 책임 있는 혁신을 말하고 그것을 어떻게 이룰지는 보여주지 않지만 말이다. 어쨌든 현재 유럽연합 집행위원회는 이를 위해서 JRC(합동연구센터) 산하에 정치와 공공 가치의 복잡성을 인식하고 정교한 분석을 수행하는 대규모 팀을 두고 있다.

각국 정부와 사회도 2020년대 초반 중국이 새로운 규제 법률을 만들어 AI에 갖가지 제한을 가한 사례와 유사한 조치를 시행해야 하는지, 자율주행 선박이나 특정 암을 대상으로 한 신약 개발에는 힘을 얼마나 실어줄지 등을 판단해야 한다. 그런데 무엇을 근거로 판단해야 할까? 그리고 유행이나 분위기의 노예가 되지 않으려면 어떻게 해야 할까? 과학사학자 데이비드 에드거턴David Edgerton은 "1950년대와 1960년대 세계를 변화시킬 기술로 많은 사랑을 받았던 로켓과 원자력은 모든 비용과 편익을 고려할 때 세계를 부유하게 만들기보다 오히려 가난하게 만들 공산이 크다"면서, 마찬가지로 양자컴퓨팅이나 핵융합 기술을 두고도 몇십 년 뒤 비슷한 우려가 제기될 수 있다고 썼다.[28]

과학기술 예측 평가는 반드시 이뤄져야 했으며, 평가 이론의 뒷받침이 없어도 그 길을 찾아야 했다. 그러나 공교롭게도 엄격하고 유용한 접근법을 제공해주리라고 기대했던 학문 분야는 대체로 그 역할에 실패했다. 특히 경제학 분야는 어떤 종류의 혁신이 좋고 어떤 게 나쁜지 분석할 수 있는 일관되고 포괄적인 방법론을 거의 개발하지 못했다. 그저 소비자가 어떤 때 새로운 제품이나 서비스를 구매하거나 구매하지 않는지, 외부 효과 측면에서 어떤 혁신이 '저렴한 가격' 같은 '혜택'이나 '오염' 같은 '피해'를 만들어내는지 확인할 수 있을 뿐이었다. 경제학은 전통적인 '비용 편익 분석' 말고는 이에 관해 측정할 방법론을 마련해두지 않았다. 예외로 과거 카를 마르크스라든지 오늘날 에릭 브리놀프슨Erik Brynjolfsson 같은 경제학자는 기술의 분배적 영향에 관해 이야기하면서 기술이 어떤 때는 이익이 되고 어떤 때는 해가 되는지 현실적인 견해를 피력했다. 그렇지만 경제학 전반에 걸쳐서는 소수만 여기에 주목했고, 나머지 대다수는 특정 평가나 혁신보다 자동화와 대량 생산 같은 일반적 기술에 더 큰 관심을 가졌다.

더욱이 개별 과학자가 자신의 책임을 어떻게 다뤄야 하는지, 윤리와 과학기술을 어떻게 융합해야 하는지 연구하는 몇몇 기관이 존재하긴 하지만,[29] 공적 자금을 지원해 혁신을 주도한다는 기관 대부분은 비용 편익 분석으로 잠재적 투자자나 소비자들에게 초점을 맞춘 시장성만을 평가할 뿐 공익이나 사회적 가치 측면에서 더 포괄적인 기술 혁신에 대해서는 평가하지 못하고 있다.

결국 방법론이 문제인데, 문자 그대로 기술 평가에 활용할 마땅한 방법이 없다는 게 가장 큰 원인이다. 신기술을 체계적으로 평가하는 일은 어려울 수밖에 없다. 당연한 말이지만 그 기술에 대해 잘 모르기 때문이다. 과학과 기술, 그것도 새로운 과학기술이 어떤 식으로 발전해나갈지, 어떤 긍정적·부정적 영향을 낳을지 정확하게 예측할 수 있는 사람은 없다. 무언가 새로운 것이 나왔다 하면 기다렸다는 듯이 신간이 쏟아져 나오고 각종 회의나 행사가 북새통을 이루지만, 정작 책을 쓴 사람이나 콘퍼런스 연사로 나선 이들은 그저 대중보다 한발 앞서 입수한 정보를 늘어놓으면서 그 기술이 얼마나 대단한지 떠벌리기 바쁘다. 해당 기술 핵심 관계자들의 말을 인용하거나 직간접적으로 확보한 적용 사례 등을 열거하며 장밋빛 전망만 제시한다. 관련 주식이 폭등하는 현상은 덤이다. 이는 예측이 아니다. 사심 가득한 기대감 부추기기일 뿐이다. 해당 과학기술 분야가 어떻게 흘러갈지 전혀 알지 못한 채 소설을 쓰는 것이다.

예측 평가가 어려운 또 다른 이유는 해당 기술이 어떻게 진화할지 예측할 수 있더라도 누가 혜택을 받고 누가 고통을 받을지 알기가 매우 어렵다는 데 있다. 일찍이 카를 마르크스는 뮬Mule 방적기 때문에 기존의 숙련된 면화 방적공들이 일자리를 잃고 그 자리를 미숙련된 아이들이 대체하리라고 생각했다. 몇몇 산업 전문가들도 그의 생각에 동의했다. 하지만 방적공들은 일자리를 잃기는커녕 오히려 전성기를 누렸다. 역할만 달라졌다. 그들은 이제 방적 공장에서 운영, 감독, 훈련을 담당하는 관리자로 변모했다. 과학기술 발전은 일자리 축소나 임금 감소로 이어지지 않았다. 공장을 관리하는 방식이 변화했을 뿐 이들 숙련공은 20세기까지 고임금 일자리를 잘 유지했다. 지난 50년 동안도 마찬가지였다. 새로운 기술이 실업을 초래한다는 예측은 대부분 빗나갔다. 그동안 이른바 미래학의 예측은 기계화·자동화가 일자리에 미치는 영향을 계속해서 부정적으로 과장하고 잘못 해석했다.

예측 평가는 기본적으로 아직 일어나지 않은 일을 생각하는 반사실적 사고를 수반하므로 복잡하고 어려울 수밖에 없다. 탄광은 자연을 파괴하고 많은 양의 이산화탄소를 배출한다. 그런데 산림을 모조리 베고 불태우는 것과 비교하면 자연 보호나 기후 변화 측면에서 차라리 석탄 채굴이 더 낫다. 이런 비교는 다른 혁신에도 그대로 적용된다. 원자력 에너지나 핵무기는 혁신이지만, 만약 어느 시점에 원자력 발전소가 폭발하거나 핵전쟁이 발발한다면 그 혁신은 없었던 게 나았을 것이다. 그러나 여러분이 1943년 로스앨러모스에서 원자폭탄을 개발하고 있던 과학자라면, 여러분의 고민은 핵무기를 만드느냐 만들지 않느냐가 아니라 그것을 여러분이 만드느냐 남이 만들어 여러분에게 떨어뜨리느냐의 문제뿐이었을 것이다.

경제학에도 복잡한 양상이 있다. 최근의 한 경제 분석에 따르면 우리는 영구적 파괴를 초래할 만큼 발전된 기술을 확보했으면서도 아직 그 파괴에 대비할 정도의 경제적 역량은 마련하지 못한 위태로운 시기에 살고 있다. 이와 같은 시기 동안 성장을 가속하면 처음에는 위험성이 증가하나 장기적으로는 인류 생존 가능성이 더 커진다. 모든 국가가 성장을 지향하는 까닭이 여기에 있다. 문제는 위협과 해법 사이의 균형을 관리할 방법이 무엇인지 정확히 분석할 도구가 아직 없다는 것이다.[30]

겸손해야 할 이유가 또 하나 늘었다. 어떤 체제에서든 연구가, 발명가, 기업가에게 상당한 자율성을 허용하는 것이 유리하다. 예방 원칙을 과도하게 적용하면 바람직한 진보를 방해할 수 있다. 물론 그렇다고 해서 과학기술이 마법처럼 생겨나는 통제 불가능한 것으로 간주해서는 곤란하다. 기술을 통제할 수 없다고 결론 내리는 순간부터 고삐 풀린 그 기술은 불건전한 쪽으로 진화할 공산이 커지기 때문이다.

이에 대한 논리적 대안은 지식, 위험, 불확실성을 단계적으로 접근해 보는 것이다. 새로운 과학기술이 등장한 초기부터 그 결과가 어떻게 될지 아는 것은 거의 불가능하므로 섣부른 결론은 내리지 않은 채 탐색만 한다. 다양한 시나리오를 물밑에서 준비하는 것이다. 시간이 지나면서 예상할 수 있는 영향이 조금씩 명확해질 텐데, 이때부터 긴장 상태를 유지해야 한다. 기술 발전 상황 초기에는 평가가 어렵고 이미 진전을 이룬 뒤에는 조율하기가 어렵다. 그래서 어느 정도 타협이 필요하다. 다소 시차가 날 수는 있겠지만 긍정적 가능성과 부정적 위협 둘 중 하나가 드러나기 시작하는 때를 식별해내야 한다. 잠재적인 유발 요인이나 더 집중적인 조사가 필요한 시기와 더는 되돌릴 수 없는 시기 사이 어느 지점을 목표로 설정한다. 그 지점은 대체로 어떤 신기술을 적용한 제품이 시장에 출시되는 시점 또는 정부에 입수되는 시점이다. 어떤 경우에는 잠재적 위험 여부가 드러날 것 같은 시점이 제품이 아닌 서비스 출시일일 수도 있다. 일테면 새로운 기능을 탑재한 신버전 AI가 발표되는 시점이다. 여기에서의 핵심은 선택지가 닫히지 않고 계속 유지되는 데 있다. 선택의 여지가 계속 남아 있어야 한다. 그래야 어떤 새로운 사실에 재검토가 필요한지 또는 조정 가능한지 판단할 수 있다.

기초 연구와 응용 연구 사이의 전통적 구분이 희미해졌기에 이 지점도 더욱 중요해졌다. 많은 분야에서 과학의 최전선은 곧 공학의 최전선이다. 높아진 버전의 AI가 나오는 동시에 그 AI를 탑재한 제품이 출시된다. 이 속도에 맞추려면 전문 기구가 있어야 한다. 실시간으로 모니터링하면서 해당 기술을 더 엄격히 통제할지 아니면 개발과 투자를 독려할지 결정하고 정부 정책과 연결하는 강력한 공공 기관이 필요하다.

기술의 유형도 다양하므로 각각의 기술 가치에 맞는 분석과 평가도 필요하다. 각각의 기술이 서로 다른 가치 구조를 띠고 있다는 인식은 기본이다. 경제학에서는 최소 다섯 가지의 매우 다른 재화가 서로 뒤섞이면서 혼동을 초래하기도 하는데, 이 범주들을 구분할 수 있도록 설계해야 좋은 정책으로 기능할 수 있을 것이다.

첫 번째 범주는 전화나 다른 통신 기술처럼 사람들이 다 같이 소비하면 '네트워크 효과Network Effect' 또는 긍정적 외부 효과가 나타나는 재화를 포함한다. 정책으로 보면 공중 보건이 이 범주에 속한다. 긍정적 외부 효과 덕분에 이 재화의 소비 성장은 다른 재화보다 경제적으로 더 가치 있다고 평가받는다. 비슷한 맥락에서 이런 유형의 범주에 이바지하는 혁신은 사회의 최우선순위가 된다.

두 번째 범주는 의류용 신소재 같은 일반적인 상품을 포함한다. 이 재화의 소비 여부는 다른 사람들에게 좋은 쪽이건 나쁜 쪽이건 직접적인 영향을 미치지 않는다. 이 범주는 경제학에서 주로 이야기하는 재화 유형이다. 수요와 공급 원칙에 따라 부가가치를 조정할 수 있으나 외부 효과를 기대하긴 어렵다.

세 번째 범주는 어떤 이들의 가치는 창출하고 어떤 이들의 가치는 파괴하는 재화를 포함한다. 자가용 자동차는 그것을 소유하지 않은 사람들에게는 공기 오염, 소음, 교통 체증을 유발하는 재화이며, 기후 변화에 부정적 영향을 미치는 항공 등 다른 여러 산업에서 생산하는 재화도 여기에 해당한다. 경제학에서는 부정적 외부 효과를 초래하는 재화로 인지한다. 정책 입안자들은 비용 편익 분석을 통해 이 부분을 측정하고 과세나 규제로 이를 상쇄하고자 노력한다. 그렇지만 매우 명확하고 실질적으로 드러난 부분만 경제학에서 외부 효과로 인정하며, 인정한 것들도 대부분 GDP나 기업 회계에는 반영하지 않는다.

네 번째 범주는 경제학자 프레드 허쉬Fred Hirsch가 '위치재positional

goods'라고 부른 재화인데, 희소하거나 다른 대체재보다 선호도가 높아서 소유한 사람의 사회적 지위를 높이는 효과가 있다. 위치재의 가치는 독점성에서 나오며, 여기에는 호화 주택, 별장, 개인 섬, 슈퍼카 등이 포함되지만, 이 범주에 주력하는 기술은 흔하지 않다. 1960년대 영국과 프랑스 기술 정책의 상징이던 콩코드도 다른 가치 못지않게 위치재로서의 가치를 염두에 뒀을 것이다.

다섯 번째 범주는 유일한 가치가 해악과 부정적 외부 효과에서 나오는 재화다. 가장 극단적인 사례는 다름 아닌 무기다. 비행 청소년들은 다른 사람들을 겁주려고 칼을 사고 국가는 다른 국가들에 군사력을 뽐내고자 핵미사일이나 살상용 로봇을 개발한다. 이 재화가 삶의 가치에 미치는 부정적 영향은 불행한 부산물이 아니라 필수 요소다.

이 다섯 가지 재화에 비견되는 과학기술마다 정책 방향이나 자금 지원을 다르게 설정해야 한다는 데 이견은 없을 것이다. 하지만 유감스럽게도 대다수 자금 지원 규정은 이런 범주를 구분하지 않으며, 특히 R&D 분야 세금 감면 특혜는 명백한 제도적 결함이다. 국가가 안보를 위해 무기 개발에 투자하는 것을 무작정 비난할 수는 없겠지만, 사람을 더 잘 죽이는 더 진보한 기술 덕분에 우리가 혜택을 받고 있다고 생각할 이유 또한 없을 것이다.

정리해보자. 과학기술 예측 평가의 첫 단계는 어떤 재화, 즉 어떤 기술이 나오고 있는지 이해하는 데 있다. 다음 단계는 초기에 결론을 내리지 않은 채 신기술 확산 효과를 큰 틀에서 지켜보는 것이다. 이익과 손해의 상관관계도 유심히 살펴본다. 예컨대 어떤 새로운 식품이 시장에 나타났는데 건강에 해롭다는 사실이 드러난다면, 당장은 손해지만 장기적으로는 해당 성분이 들어간 식품은 소비자들이 구매하지 않을 것이므로 잠재적 건강에 이익이 될 수 있다. 이런 식으로 어떤 투자자들에게는 이익이고 어떤 투자자들에게는 손해가 되는지, 어떤 사람들에게는 더 나은 일자리를 제공한 셈이지만 어떤 사람들에게는 직장을 잃거나 급여가 삭감되는 계기가 되는지, 나아가 자연 자본 측면에서는 어떤 이익과 손실이 있는지를 폭넓게 관찰해보는 것이다.

아울러 평가는 상대적으로 정적일 수도 동적일 수도 있을 것이다. 해당 기술의 확산이 그 분야에만 영향을 미칠지, 다른 범용 기술처럼 관련 분야에 연쇄적 영향을 미칠지, 더 나아가 새로운 일자리나 사업 분야까지 창출할지 고려할 만한 요소도 매우 다양할 것이다. 합리적이고 객관적인 판단을 위해 문화적 요소는 일단 배제할 수도 있을 것이다. 원자력 및 태양광 발전과 관련한 국가별 선택이 경제에 어떤 영향을 미치는지 등 기술의 실제 효과를 실시간으로 추적하는 작업이 필요한 예도 있을 것이다.

예측 평가 이후에는 윤리 평가가 뒤따르는데, 이 역시 복잡하다. 그동안 없었던 새로운 과학 분야가 등장할 때 더욱 그렇다. 그래도 유용한 출발점은 '황금률Golden Rule'과의 부합성을 찾는 것이다. 즉, 남에게 대접받고자 하는 대로 남을 대접하고 있는지 살핀다. 좋은 혁신은 우리 자신과 우리가 사랑하는 사람들 모두가 원한다. 나쁜 혁신은 공급자 스스로 소비자가 되기를 원하지 않는다는 점에서 황금률을 위반한다. 어떤 기술은 확실히 황금률에 부합하나 어떤 기술은 일방적인 포식만 지원함으로써 지배, 정복, 이용을 돕는다. 방금 설명한 다섯 가지 재화를 들여다보면 이런 구분이 명확해진다. 전쟁이나 감시를 위한 기술은 근본적으로 황금률의 정신에 어긋난다. 여러분이 대접받고자 하는 대로 남을 대접할 수 있는 요소가 미사일 요격 시스템이나 지향성 에너지 무기directed energy weapon에는 없다. 악성 컴퓨터 바이러스도 마찬가지다.

이에 반해 휴대전화, 경구 수액 요법Oral Rehydration Therapy, 황열병 백신, 비타민이 풍부한 GMO 같은 다른 기술은 우리에게도 이롭고 다른 사람에게도 이로우므로 황금률에 부합한다. 자가용 자동차처럼 소유한 사람에게는 가치를 제공하지만 다른 사람들에게는 공기 오염, 소음, 교통 체증의 원인일 뿐인 기술은 황금률과 일부분만 양립할 수 있다. 사물 인터넷이나 자율주행 센서 기술도 에너지, 운송, 보안 등의 효율성에서는 잠재적 이점이 있으나 데이터 오용과 관련된 위험도 동반하기에 황금률 중간쯤에 있다. 나의 가치가 남의 가치와 얼마나 다를 수 있는지 보여준 흥미로운 사례도 있다. 인도에 무료 인터넷 접속 서비스를 제공해 소셜 미디어의 가치를 만끽하게 해주겠다는 페이스북Facebook 창업자 마크 저커버그Mark Zuckerberg의 원대한 계획은 혼란만 야기한 채 처참히 실패했다.[31]

인간에게는 이익과 가치를 선사하는 데 반해 자연에는 해가 되는 포식 기술도 있다. 이 기술이 어떻게 보일지는 우리의 세계관이 얼마나 인간 중심적인지에 달렸다. 어떤 사람들의 눈에는 육지든 바다든 모든 대규모 채굴 행위가 약탈적으로 보인다. 그로 인한 토착민들의 강제 이주나 노동 착취 문제 또는 막대한 보상이라는 달콤한 유혹 등은 논외로

하더라도 말이다. 이들의 관점에서는 그저 인간이라는 종의 진화적 우월성 덕분에 누릴 수 있는 행운일 뿐이다.

과학기술을 두고 제대로 된 예측 평가와 윤리 평가를 하기 위해서는 지혜와 융합적 사고가 필요하며, 정부와 의회뿐 아니라 기업, 학계, 미디어, 시민 사회와도 연계한 가장 넓은 의미의 거버넌스를 구성해야 한다. 여기에는 제10장에서 설명한 유형의 과학기술 협의체 등이 반드시 포함돼야 한다. 그렇게 올바른 과학 정책을 수립해 해당 기술을 규제하거나 조정하거나 차단할 제도적 장치를 마련해야 한다. 이와 같은 과학기술 평가는 어떤 과학 어떤 기술이 좋은지 나쁜지 판단할 뿐 딱 떨어지는 답이나 숫자를 내세우지는 않는다. 다만 다양한 차원에서 바라보고 생각하고 실행할 수 있게 해주는 청사진, 지도, 나침반 등을 제공한다.

정치와 과학의 변증법

2022년 다국적 여론 조사 기업 입소스ipsos가 28개국 수만 명을 대상으로 다양한 직군에 관한 글로벌 신뢰도를 측정했다. 설문 조사에 참여한 사람들 가운데 57%가 과학자를 신뢰한다고 응답했는데, 신뢰도 최상위인 의사 바로 아래였고 교사 바로 위였다. 즉, 과학자가 글로벌 신뢰도에서 2위를 차지했다. 교사에 이어 군인, 경찰, 판사, 성직자 등이 차례로 점점 낮은 점수를 받았지만, 그래도 신뢰한다고 여길 만한 수치였다. 공무원에 이르자 신뢰도는 25%로 급감했고, 대망의 꼴찌인 정치인은 12%에 불과했다. 신뢰도, 그것도 글로벌 신뢰도가 이 지경이니 정치가 과학을 지배하거나 관리해야 한다는 주장은 그 명분이 옹색할 수밖에 없다. 정치인들의 신뢰도가 이렇게 낮은 까닭은 그들이 보여준 행태 때문이다. 그것이 정치인들은 믿을 수 없고, 정직하지 못하고, 부패한 사람들이라는 인식을 고착시켰다.

그러나 불행히도 우리에게는 다른 선택지가 없다. 정치 말고는 통치 수단이 존재하지 않는다. 그렇기에 우리는 정치가 올바르게 작동하도록 끊임없이 견제하고 감시해야 한다. 우리는 매의 눈으로 진실과 역량에 집중하는 갖가지 제도와 기관이 정치를 에워싸게 만들 수 있다. 우리는 개방적이고 지적이고 진실에 관심을 두는 미디어와 시민 사회 그리고 교육 체제를 성장시킬 수 있다. 우리는 과학계가 더 윤리적으로 생각하고 행동하도록 독려할 수 있다. 하지만 궁극적으로 인류에게 잠재적 위협이 될 수 있는 과학을 우리의 가장 강력한 동맹으로 만들려면 그 과학을 이끄는 수많은 권한과 결정은 결국 정치에서 나와야 한다.

바로 이 문제, 어떻게 하면 최선을 부각하고 최악을 억제할 수 있는지가 오늘날 핵심 정치적 문제로 떠오른 이유도 여기에 있다. 이것이 내가 이 책을 시작하면서 강조한 '과학과 정치의 역설'이다. 정치만이 과학을 지배할 수 있지만, 그러려면 과학적 방법론을 통한 학습을 포함해 정치가 근본적으로 바뀌어야 한다는 역설 말이다.

이를 풀어갈 답은 많은데 그 가운데 간단한 답은 하나도 없다. 우선 퇴행을 방지하는 것부터 시작해야 한다. 달리 말해 과학적 방법의 타당성을 부정하는 반과학적이고 반이성적인 세력에 맞서는 것에서 출발해야 한다. 이와 같은 세력에는 과학보다 더 깊은 진실을 약속하는 권위주의 국가의 근거 없는 주장, 진실은 여기저기 흐트러져 있고 언제든지 취사선택할 수 있다는 주장, 과학자들이 중립을 지켜서는 안 된다는 주장, 국가를 향한 의무와 신념이 과학적 진실보다 우위에 있다는 주장

등이 포함될 것이다. 이에 맞서 기꺼이 싸우려는 의지와 명철한 태도가 중요하다.

그렇지만 퇴행에 대항하는 것만으로는 충분치 않다. 앞으로 나아가야 한다. 진보를 위한 투쟁 그리고 과학과 지식을 권력과 더 잘 엮을 수 있는 제도 및 기관들의 진화와도 결합해야 한다. 비범한 지식에는 비범한 지혜가 필요하지만, 현재로서는 여전히 비범한 지식 쪽에 훨씬 더 무게를 둔다. 아직 '테크네'와 '에피스테메' 단계에서 벗어나지 못하고 있다. '프로네시스' 단계로 나아갈 때다. 과학을 수용하고 지지한 다음 과학이 부분적으로 정치에 종속될 수밖에 없음을 인식한 뒤 그 종속을 효과적으로 만들기 위해 정치가 변화하는 단계로까지 치고 나가야 한다. 아리스토텔레스의 질문 "공동체를 위한 좋은 삶을 무엇으로 달성할 것인가?"를 바탕으로 '과학의 정치화'와 '정치의 과학화'를 이룩해야 한다.

이는 앞서 내가 헤겔의 '주인과 하인' 변증법으로 설명한 상황에 대한 대답이다. 국가는 하인인 과학을 지원하고 과학에 돈과 명성을 제공하는 주인이었다. 그런데 시간이 흐르면서 과학은 세상과의 관계를 통해 힘을 얻어 성장했고, 그동안 과학에 더욱 의존하게 된 정치보다 여러 면에서 우위에 설 수 있었다. 관계가 역전된 것이다. 그 결과 정치가 전적으로 주권을 쥐고 있었고 과학은 그저 도구에 불과했던 전통적인 주권 체제는 더이상 작동하지 않게 됐다.

그러자 양상은 하인의 특성이 주인의 특성을 취하고 주인의 특성이 하인의 특성을 취하는 방향으로 변화했다. 주인의 특성을 취한 과학은 전에 없던 책임을 인정하며 정치에 다가서기 위해 노력했고, 하인의 특성을 취한 정치는 과학의 조언을 받아들였다. 지난 반세기 동안 등장한 수많은 기구, 위원회, 협의회, 시민 배심원단, 의회 자문위원회, 정부 고문 등 모든 것이 집단 지성으로서 과학 지성과 정치 지성을 통합하고자 한 시도들이다.

하지만 아직은 현재진행형이다. 충분히 멀리 나아가지 못하고 때로는 요점을 놓치기도 한다. 일례로 과학윤리를 둘러싼 각종 계획은 의도는 좋으나 문제도 지니고 있다. 정치적 선택을 윤리적 선택으로 포장하려고 하기 때문이다.

그렇기에 공유된 주권의 새로운 패턴을 설명하고, 양자학과 유전체학에서 병원체 연구에 이르기까지 이미 우리와 함께하고 있으며 앞으로 더 그렇게 될 과학기술의 다양한 딜레마를 지혜롭게 풀어가는 데 도움이 되도록 과학과 정치가 서로 더 깊숙이 융합해야 한다. 사회적 메타인지, 즉 복잡한 환경에서 생각하고 행동할 수 있는 집단 역량을 향상하는 데 최종 목표를 둬야 한다. 이를 위해서는 융합에 능숙한 사람들, 어떤 주제의 과학적 측면과 정치적 측면을 모두 헤아릴 줄 아는 사람들이 더 많이 필요하다. 그러려면 과학적 방법론과 정치적 추론을 결합하는 융합 기구가 마련돼야 한다. 나아가 더 많은 질문과 기회를 모색할 제도적 융합 프로세스도 필요하다.

전부는 아니더라도 이 가운데 일부는 정부 공식 기관에 도입될 수 있다. 국가 차원에서 최고의 지식을 한데 모아 모든 국민이 이용할 수 있는 지식 공유지를 조직하는 것이다. 예측을 명시화하고, 일어난 일을 토대로 학습하고, 아이디어를 시험하고, 서로 질문하고, 다양한 방식으로 실험할 수 있도록 말이다. 정부가 그 존재와 역량을 보장하는 지식 공유지에 공적 자금을 투입해 수많은 사람이 이바지할 수 있게끔 관리하는 일이 과학기술 거버넌스의 최우선 과제가 돼야 한다.

과학과 정치의 역설을 풀어갈 답변 중 일부는 내가 '새로운 논리'라고 표현한 것에서도 찾을 수 있다. 바라는 결과와 필요한 전환에서 시작해 활용 가능한 지식과 권력의 원천을 향해 거꾸로 작동하는 논리다. 이 논리는 해당 과학기술이 무엇인지에 대한 관심과 무엇이 중요한지에 대한 관심을 결합하는 논리다. 다시 말해 무엇이 무엇인지를 알고 무엇이 중요한지를 알게 해주는 논리다. 이 새로운 논리는 전체 체제가 어떻게 작동하는지 그림을 더 크게 확대해서 보여준 뒤 변화에 필요한 과업을 다시 확대해서 보도록 독려한다. 이와 같은 일종의 혼합 논리는 특정 국가나 글로벌 차원의 새로운 기구에서 그 근거지를 찾을 수 있으며, 과학의 논리와 정치의 논리 그리고 관료주의의 논리가 그랬던 것처럼 피드백 순환 고리를 통해 진화적 방식으로 자원과 권위를 끌어내고 확산한다.

이 새로운 혼합 논리는 과학이 전 세계적으로 직면한 네 가지 중요한 질문에 답하는 데도 도움이 될 수 있다. 첫 번째는 '정렬' 문제다. 지식 권력과 자원을 최우선 문제에 집중하고 있느냐는 질문이다(현재는 그렇지 않다). 두 번째는 '경로' 문제다. 우리 사회가 식량, 에너지, AI, 보건 등 분야에서 어떤 경로를 선택할지 결정할 수단을 확보할 수 있느냐는 질문이다(현재는 너무 많은 사람이 그럴 수 없다고 가정한다). 세 번째는 '생산성' 문제다. 과학이 연구 생산성 둔화나 정체에 정면으로 맞서서 궁극적으로 해결할 수 있느냐는 질문이다. 넷째는 '진실의 제도화' 문제다. 우리의 공동체와 민주주의는 진실과 거짓을 구별하는 역량 없이 존속하지 못한다. 정치에서든 과학 자체에서든 거짓과 기만을 차단할 기관, 자금 조달 권한을 부여받은 검증된 조직이 필요하다. 더 많은 혼합 논리는 과학과 정치가 서로 학습하면서 더불어 발전하는 데 도움을 줄 수 있으며, BSL-4 실험실에서 양자컴퓨팅의 최전선에 이르기까지 어느 부분이 거버넌스 불모지인지 파악하는 데에도 일익을 담당할 수 있다.

과학은 균형의 적이다. 언제나 새로운 지식은 불안정하고 쉽게 흔들리기 때문이다. 새로운 과학기술은 차갑고 불편할 수 있다. 정치는 '죽음'이라는 대단원을 제외하고는 불확실하고 예측 불가능한 우리 인간의 삶, 즉 일상에 더 가깝다. 우리는 우연으로 가득한 즉흥적이고 모호한 삶을 살아가면서 죽을 때까지 절대로 궁극적 진리를 찾지 못한다. 우리는 과거에서 미래로 이어지는 역사의 어느 시점에서 아주 잠깐 유용한 도구일 뿐이다. 과학은 우주적 관점을 취한다. 정치는 시간과 공간으로 제한된 인간의 관점을 취한다.

그래서 어쩌면 우리는 우리 자신의 균형 상태를 마음으로나마 회복하고자 그렇게 신화와 서사를 좋아하는지도 모른다. 고대 건국 신화나 민족 신화를 위시한 일부 신화는 과학을 배제했다. 여기에는 과학이 끼어들 여지가 없었다. 반면 어떤 신화는 과학이 주인공이었다. 과학 자체가 신화를 구성했다. 국가는 전쟁, 경제, 영광, 권력을 위해 이 과학의 신화를 써 내려갔다. 지금도 과학의 가장 일반적인 서사는 확장적이고 야심적인 어른의 동화다. 새로운 은하, 새로운 입자, 새로운 치료법, 새로운 지성을 찾아 떠나는 여행이다. 얼개 자체가 신화와 똑같다. 수많은 매체를 통해 널리 퍼지고 사람들 사이에서 공유된다. 이 신화에는 한계가 없으며, 그 근원을 찾고자 역사 이전의 시대로까지 기꺼이 거슬러 올라가려는 인간의 본능적 호기심을 활용한다.

그러나 이제 우리에게는 신화가 아닌 다른 서사가 필요하다. 의료와 같은 분야에서 과학의 잠재적 혜택을 받을 사람들과 더 친밀한 관계를 맺고 친절하게 반응해주는 과학의 이야기가 필요하다. 무시무시한 핵무기와 점점 더 두려워지는 첨단 AI 기술에 관해 절대로 악용될 일은 없을 것이라고 약속해주는 든든한 후견인 같은 과학의 이야기가 필요하다. 그리고 우리에게는 무엇보다 과학이 초래한 모든 문제, 기후 변화, 생태계 파괴, 도시 불균형, 불안감, 우울증, 전염병 등의 문제에서 다시 안정을 되찾게 해줄 '회복시키는 과학'의 이야기가 절실히 필요하다. 이와 같은 과학의 서사에는 배려, 돌봄, 복원, 치유에 관한 이야기가 담겨 있으며, 파괴하고 균형을 깨는 과학이 아닌 균형을 되찾는 과학의 이야기로 가득할 것이다.

아마도 이 과학의 서사를 만들어내는 과업이 우리 시대의 도덕적 사명이자 인류의 존속과 번영을 위해 모든 집단 지성을 동원할 새로운 혼합 논리의 윤리적 기반을 이룰 것이다.

: 감사의 말 :

이 책을 쓰기까지 일일이 언급할 수 없을 만큼 많은 사상가와 실천가들의 통찰에 빚을 졌으며, 기관과 대학 그리고 실무 분야를 오가며 일한 내 오랜 경력에서도 큰 도움을 받았다. 그 과정에서 어느 정도는 편견이 쌓였을지 모르지만, 이런 내 폭넓은 경험 배경이 한 분야만 파고드는 사람들 눈에는 명확하지 않았던 패턴을 발견하는 데 일조하기를 바란다.

나는 이 책을 준비하면서 UCL(유니버시티칼리지런던)의 STEaPP(과학, 기술, 공학 및 공공 정책 학부)를 비롯해 다양한 국가 정부의 과학 분야 선도자들과 더불어 몇 가지 새로운 아이디어와 쟁점을 정리했다. OECD(경제협력개발기구)의 과학기술 협력체 일원들, GESDA(제네바과학외교정상회의) 구성원들, 뉴질랜드 정부 과학 고문 피터 글럭먼 경Sir Peter Gluckman, 에스토니아 과학기술계를 이끄는 마르자 크루스마Maarja Kruusmaa, 미국 조 바이든Joe Biden 행정부 과학 보좌관 에릭 랜더Eric Lander, INGSA(국제정부과학자문네트워크)의 타티야나 부클리야스Tatjana Buklijas와 크리스티안 앨런Kristian Allen, IEEE(전기전자공학자협회)의 안자

카스퍼슨Anja Kaspersen, 스위스 취리히연방공과대학교ETH Zurich의 에피 바예나Effy Vayena, 〈네이처Nature〉 수석 편집자이자 과학 저널리스트 헬렌 피어슨Helen Pearson, SAPEA(유럽학회정책과학자문) 팀 일부, 유럽연합 집행위원회 JRC(합동연구센터)의 데이비드 마이어David Mai와 동료 연구자들, 그 밖에 OECD와 UNESCO(유네스코, 유엔교육과학문화기구) 그리고 UNDP(유엔개발계획)의 많은 인물, '연구에 관한 연구Research on Research' 프로그램 RoRIResearch on Research Institute를 주도하는 제임스 윌스든James Wilsdon, 로버트 더블데이Robert Doubleday와 CSAP(케임브리지과학정책센터) 사람들이 그와 같은 선도자들이다.

감사 인사를 드리고 싶은 인물들 가운데 UCL의 존 에이거Jon Agar, 아서 피터슨Arthur Peterson, 장 크리스토프 모뒤Jean-Christophe Mauduit, 조 채터웨이Jo Chataway, 크리스 타일러Chris Tyler 교수를 빼놓을 수 없으며, 충실히 박사 과정을 밟고 있는 버질 마푸즈Basil Mahfouz와 앨릭스 클라인 Alex Klein 등 대학원생들에게도 유용한 정보를 얻었다. 내게 원고 집필을 제안하고 아낌없는 피드백을 제공한 폴리티Polity 출판사 편집자 조너선 스커렛Jonathan Skerrett에게도 특히 감사 말씀을 드린다.

덧붙여 당연한 일이겠지만 나는 이 책을 쓰면서 한 번도 만나본 적 없는 많은 사람의 글도 참조했는데, 부뤼노 라투르Bruno Latour와 피에르 부르디외Pierre Bourdieu 그리고 영국 정부 과학 고문을 역임한 로버트 메이 경Sir Robert May처럼 이제는 고인이 된 분들의 통찰력에 기대기도 했다.

물론 지금까지 언급한 인물들 가운데 그 누구도 내가 이 책에서 제시한 사실이나 판단에는 아무런 책임이 없다. 마음 같아서는 모두가 내 생각에 동의하기를 바라지만, 내 모든 견해에 전부 맞장구쳐줄 사람은 아마도 없을 것이다. 그저 바라기로는 이 책이 토론과 이른바 건전한 마찰을 촉진했으면 좋겠다. 건전한 마찰이야말로 내가 생각하기에 최선의 과학과 최선의 정치를 낳는 핵심이기 때문이다.

: 주 :

들어가며

1. 물론 다양한 고위험군 미생물을 다루는 실험실에 걸맞은 방역 규칙을 따르고 있으나, 세계 공통 표준이 없는 데다 규칙의 성격과 실행 방식도 고르지 않다.

2. 이와 같은 실험 시설이 어디에 있어야 적절한지를 두고 의회 토론회에서 공방이 이뤄졌는데, 이미 미국 회계감사국(GAO)은 이런 연구를 미국 본토에서는 안전하게 수행할 수 없다고 결론 지었다. 그러면서 섬 지역이 바람직하다는 근거로 구제역 국제 표준 연구소 퍼브라이트(Pirbright)가 발표한 보고서를 꼽은 바 있다. https://publications.parliament.uk/pa/cm200708/cmselect/cmdius/360/360i.pdf

3. 다음 책을 참조할 것. Azeem Azhar, *Exponential: How Accelerating Technology is Leaving Us Behind and What to Do About It*(Random House Business, 2021).

4. OECD는 회원국들의 R&D 예산 할당 현황에 대한 통계 자료를 공개하고 있다. 다음 웹사이트 링크에서 쉽게 열람할 수 있다. https://stats.oecd.org/Index.aspx?DataSetCode=GBARD_NABS2007

5. 다음 보고서를 참조할 것. Tommaso Ciarli 외, "Changing Directions: Steering Science, Technology and Innovation towards the Sustainable Development Goals", University of Sussex Business School(2022). https://doi.org/10.20919/FSOF1258

6. 같은 질문을 재계 인사나 학생들에게도 해봤지만, 정치인들과 별반 다를 게 없었다.

7. 그래서 이들에게 다음 책을 읽어보라고 권했다. Andrew Bloom, *The Tubes: Behind the Scenes at the Internet*(Penguin, 2013).

8. 오히려 오늘날에는 윤리가 정치적인 부분을 더 많이 포괄해야 한다는 의미에서 정치 양극화(공동화) 현상을 지적하고 있다.

9. 다음 책에서 인용. Aristotle, *Nicomachean Ethics*, I.2(1094 b 4-7). 다음 웹 사이트 링크에서 책 전문을 열람할 수 있다. https://oll.libertyfund.org/title/ peters-the-nicomachean-ethics

10. 물론 다른 분야와 마찬가지로 정치에도 외압과 구속이 필요하다. 과학 못지않 게 정치도 비자족적이기 때문이다.

11. 아리스토텔레스는 개인의 좋은 삶과 공동체의 좋은 삶을 구분하면서, 윤리가 황금률과 같은 보편적 원칙이라면 도덕은 특정 공동체에 내재해 있다고 봤다.

12. 이와 관련해 과학 전문지 〈네이처〉에서 흥미로운 논문을 소개했다. 코로나19 대유행이 한창이던 때 무작위 실험 참가자들을 대상으로 〈네이처〉가 조 바이 든을 지지한다는 정보를 흘렸다. 그러자 도널드 트럼프 지지자들 사이에서 〈네 이처〉가 제공하는 코로나19 관련 기사 수요가 대폭 줄었으며 과학계를 향한 신뢰도도 감소했다. 그러나 정작 조 바이든 지지율에는 별다른 영향을 미치지 않았다. 과학계의 편향된 정치적 태도가 과학 전반에 대한 대중의 신뢰를 떨어 뜨린다는 사실을 알 수 있는 대목이다. https://www.nature.com/articles/ s41562-023-01537-5.

13. "메타인지는 인지 너머의 인지다. 우리의 정신 활동을 감시하는 고차원적인 인 지 체계다. 무엇을 배울 수 있는지, 무엇을 알고 무엇을 모르는지, 맞는지 틀 리는지 감독하고 평가한다." 다음 책에서 인용. Stanislas Dehaene, *How We Learn: The New Science of Education and the Brain*(Penguin, 2020), p. 193.

14. 다음 보고서를 참조할 것. "CaSE Public Opinion: February 2023 Trends Report", Campaign for Science and Engineering, 2023. 다음 웹사이트 링 크에서 보고서 전문을 내려받을 수 있다. https://www.sciencecampaign. org.uk/app/uploads/2023/02/CaSE-Public-Opinion-February-2023- Trends-report.pdf

15. 2017년 나는 '예측 규제(anticipatory regulation)'와 관련해 열 가지 방안을 제시했다. 이 방안은 이후 영국 정부의 '규제개척기금(Regulatory Pioneers Fund)'을 비롯한 유럽 각국의 정책 프로그램에 반영됐다. https://www.nesta.org.uk/blog/anticipatory-regulation-10-ways-governments-can-better-keep-up-with-fast-changing-industries

제1장: 불안한 상호 의존

1. 대표적으로 플라톤과 아리스토텔레스를 꼽을 수 있는데, 두 철학자 모두 통치에 적합한 기술과 미덕을 갖춘 가장 현명한 사람이 국가를 이끌어야 한다고 믿었으며, 법률에 기초한 정치가 바람직하나 세상에서 벌어지는 수많은 일을 법만으로는 통제할 수 없다고 인정했다.

2. 다음 칼럼을 참조할 것. Katherine Ean, "In Major Shift, NIH Admits Funding Risky Virus Research in Wuhan", *Vanity Fair*(22 October 2021). https://www.vanityfair.com/news/2021/10/nih-admits-funding-risky-virus-research-in-wuhan

3. 다음 논문을 참조할 것. S. Lewandowsky, P. Jacobs and S. Neil, "The Lab-Leak Hypothesis Made it Harder for Scientists to Seek the Truth", *Scientific American*(1 March 2022). https://www.scientificamerican.com/article/the-lab-leak-hypothesis-made-it-harder-for-scientists-to-seek-the-truth

4. 다음 기사를 참조할 것. Jocelyn Kaiser, "NIH Says Grantee Failed to Report Experiment in Wuhan That Created a Bat Virus That Made Mice Sicker", *Science*(21 October 2021). https://www.science.org/content/article/nih-says-grantee-failed-report-experiment-wuhan-created-bat-virus-made-mice-sicker

5. 다음 보고서를 참조할 것. Cary Funk 외, "Science and Scientists Held in

High Esteem Across Global Publics", Pew Research Center(29 September 2020). 다음 웹사이트 링크에서 열람할 수 있다. https://www.pewresearch. org/science/2020/09/29/science-and-scientists-held-in-high-esteem-across-global-publics

6. 다음 보고서를 참조할 것. Anthony Leiserowitz 외, "Climate Change in the American Mind: Beliefs & Attitudes, Spring 2023", The Yale Program on Climate Change Communication(8 Jun 2023). https:// climatecommunication.yale.edu/publications/climate-change-in-the-american-mind-beliefs-attitudes-spring-2023

7. 다음 논문을 참조할 것. Sebastian Levi, "Publisher Correction: Country-Level Conditions like Prosperity, Democracy, and Regulatory Culture Predict Individual Climate Change Belief", *Communications Earth and Environment*, 2, No. 1(11 March 2021), pp. 1-11. https://doi.org/10.1038/ s43247-021-00134-6

8. 다음 기사를 참조할 것. Bobby Allyn, "Researchers: Nearly Half of Accounts Tweeting About Coronavirus Are Likely Bots", *NPR*(20 May 2020). 시리즈 기사: The Coronavirus Crisis. https://www.npr.org/ sections/coronavirus-live-updates/2020/05/20/859814085/researchers-nearly-half-of-accounts-tweeting-about-coronavirus-are-likely-bots

9. 미국과 중국처럼 패권 우위 경쟁이 치열한 국가들은 특히 그렇다.

10. 다음 논문을 참조할 것. P. Gluckman, "Policy: The Art of Science Advice to Government", *Nature*, 507(2014), pp. 163-165. https://doi. org/10.1038/507163a

11. 이에 관한 자세한 분석은 다음 논문을 참조할 것. D. Mair, L. Smillie, G. La Placa, F. Schwendinger, M. Raykovska, Z. Pasztor and R. van Bavel, "Understanding our Political Nature: How to Put Knowledge and Reason at the Heart of Political Decision-Making", EUR 29783 EN,

Publications Office of the European Union, Luxembourg(2019). https://doi.org/10.2760/374191

12. 이 상황과 관련한 흥미로운 개요는 다음 논문에서 찾을 수 있다. Margaret Foster Riley and Richard A. Merrill, "Regulating Reproductive Genetics: A Review of American Bioethics Commissions and Comparison to the British Human Fertilisation and Embryology Authority", Genetics and Public Policy Center(2005). 이 논문은 미국이 영국 모델을 수용할 수 없다는 결론을 내렸다.

13. 진단은 좋았지만 처방은 약했던 최근 사례는 다음 보고서를 참조할 것. "New Directions: The Ethics of Synthetic Biology and Emerging Technologies", Presidential Commission for the Study of Bioethical Issues, 2010. https://bioethicsarchive.georgetown.edu/pcsbi/sites/default/files/PCSBI-Synthetic-Biology-Report-12.16.10_0.pdf

14. 다음 보고서를 참조할 것. Tommaso Ciarli 외, "Changing Directions: Steering Science, Technology and Innovation towards the Sustainable Development Goals", Brighton, UK(University of Sussex, 20 October 2022). https://doi.org/10.20919/FSOF1258

15. 스웨덴 사라문화센터(Sara Cultural Centre)와 노르웨이 우드호텔(Wood Hotel)이 20층 높이의 목조 건축물이다.

16. 좋은 예로 영국 의회와 유엔을 움직여 거대 IT 플랫폼 기업의 변화를 이끈 영국의 영화 제작자이자 귀족원(상원) 의원 비밴 키드런(Biban Kidron) 남작 부인이 있다.

17. 다음 책을 참조할 것. Lawrence Lessig, *Code: Version 2.0*(Basic Books, 2006). 다음 웹사이트 링크에서 1998년 원고 초안을 내려받을 수 있다. https://cyber.harvard.edu/works/lessig/laws_cyberspace.pdf

18. 다음 논문을 참조할 것. Ethan Pollock, "Review of *Science under Socialism in the USSR and Beyond*, by Vera Tolz, Nikolai Krementsov,

Paul R. Josephson, Kristie Macrakis, Dieter Hoffmann and Loren Graham", *Contemporary European History*, 10, No. 3(2001), pp. 523-535. http://www.jstor.org/stable/20081809

19. 1978년에 나온 이론이라 오늘날에도 여전히 유효한지는 의견이 분분하다.

20. 인도 신문 〈힌두(Hindu)〉의 한 칼럼니스트는 이렇게 쓰기도 했다. "이 불순하고 소고기를 먹는 '유물론자들', 영적인 세련미가 부족한 자들, 우리가 조롱하는 문명에 속한 자들이 자연에 관한 지식에서 우리 가운데 최고를 능가했다는 사실은 무척 당혹스럽다. 그렇기에 우리는 과학을 갈망하고 엄청난 자원을 쏟아부어 '과학 초강대국'으로 도약해야 하며, 과학의 역사적·문화적 중요성을 평가절하한 '유물론', '환원주의', '유럽중심주의'를 비난해야 한다. 유물론적 과학은 서구에서 시작됐을지 몰라도 우리의 영적 우월성은 변함이 없다." https://frontline.thehindu.com/science-and-technology/hindutvas-science-envy/article9049883.ece

21. 스티븐 핑커(Stephen Pinker)와 샘 해리스(Sam Harris) 같은 학자들은 서양 사상의 가치가 실제로 과학을 통해 지지받을 수 있다고 주장하는데, 나는 이를 '자기충족적 예언(self-fulfilling prophecy)'이나 '확증 편향(confirmation bias)'의 궤변적 사례라고 본다. 다음 책을 참조할 것. James Davison Hunter and Paul Nedelisky, *Science and the Good*(Yale University Press, 2018).

22. 다음 책을 참조할 것. Naomi Oreskes and Erik M. Conway, *Merchants of Doubt: How a Handful of Scientists Obscured the Truth on Issues from Tobacco Smoke to Global Warming*(Bloomsbury Press, 2010).

23. 식품별 탄소 배출량에 관한 설명은 다음 웹사이트 링크를 참조할 것. https://ourworldindata.org/food-choice-vs-eating-local

24. 다음 책을 참조할 것. Adrian Wooldridge, *Measuring the Mind: Education and Psychology in England 1860-1990*(Cambridge University Press, 2006). 이 책에서 에이드리언 울드리지는 자유주의자들과 사회주의자들이 각각 과학을 이용해 세력을 형성하고자 했던, 지금도 때로는 우리를 두렵게

하는 방식을 흥미롭게 설명한다. 저자는 19세기 후반 심리학이 대두한 배경에는 인간 행동을 통제하고 규제하려는 정치적 욕망이 있었다고 주장한다.

25. 다음 책을 참조할 것. Christopher H. Achen and Larry M. Bartels, *Democracy for Realists*(Princeton University Press, 2016).

26. 다음 논문을 참조할 것. Martin Gilens and Benjamin I. Page, "Testing Theories of American Politics: Elites, Interest Groups, and Average Citizens", *Perspectives on Politics*, 12, No. 3(2014), p. 564.

27. 다음 자료를 참조할 것. "Genetically Modified Crops: Safety, Benefits, Risks and Global Status", Policy Support and Governance, Food and Agriculture Organization of the United Nations(2022). https://www.fao.org/policy-support/tools-and-publications/resources-details/en/c/1477336

28. 다음 칼럼을 참조할 것. P. J. Crutzen and C. Schwägerl, "Living in the Anthropocene: Toward a New Global Ethos", Yale Environment, 2011. 다음 웹사이트 링크에서 개요를 열람할 수 있다. http://e360.yale.edu/feature/living_in_the_anthropocene_toward_a_new_global_ethos/2363

제2장: 과학이란 무엇이며 어떻게 권력과 연결되는가

1. 다음 책을 참조할 것. A. Zellner, H. Keuzenkamp and M. McAleer 외 편저, *Simplicity, Inference and Modelling: Keeping it Sophisticatedly Simple*(Cambridge University Press, 2002).

2. 다음 전자책을 참조할 것. Andrea Kern, *Sources of Knowledge on the Concept of a Rational Capacity for Knowledge*(Scribd, 4 November 2020). 다음 웹사이트 링크에서 내려받을 수 있다. https://www.scribd.com/document/482869877/Sources-of-Knowledge-on-the-Concept-of-a-Rational-Capacity-for-Knowledge

3. 비록 여러 세대에 걸쳐 철학자들은 과학이 보여주는 현실의 모호성을 지적했지만, 이 구분은 여전히 일반적이다.

4. 찰스 임스(Charles Eames)와 레이 임스(Ray Eames)의 고전 다큐멘터리 영화 〈10의 거듭제곱(The Powers of Ten)〉은 우주의 압도적 규모를 시각적으로 잘 표현한 수작이라고 평가받는다. 고맙게도 유튜브에서 시청할 수 있다. https://www.youtube.com/watch?v=0fKBhvDjuy0

5. 과학의 또 한 가지 흥미로운 부분은 관찰에서 해석으로 이어질 때 지나친 비약을 경계한다는 것이다. 반면 우리가 즐겨 사용하는 '사회적' 개념은 강력하긴 하지만 설명을 왜곡하기도 한다.

6. '기술'이라는 용어도 의미가 상당히 유동적이며 포괄적이다. 예전에는 주로 제품을 만드는 능력이나 그런 능력을 연구하는 것을 뜻했으나, 20세기 중반에 이르면 제품 자체를 이르는 말로 확대됐고 이제는 거의 모든 것이 기술로 불린다.

7. 다음 책을 참조할 것. Helen E. Longino, *Science as Social Knowledge: Values and Objectivity in Scientific Inquiry*(Princeton University Press, 1990). 다음 웹사이트 링크에서 전자책을 내려받을 수 있다. https://doi.org/10.2307/j.ctvx5wbfz

8. 다음 책을 참조할 것. V. Narayanamurti and J. Tsao, *The Genesis of Technoscientific Revolutions*(Harvard University Press, 2021).

9. 다음 논문을 참조할 것. David Edgerton, "From Innovation to Use: Ten Eclectic Theses on the Historiography of Technology", *History and Technology,* 16(1999), pp. 111-136.

10. 다음 책을 참조할 것. W. Brian Arthur, *The Nature of Technology*(Simon & Schuster, 2009).

11. 다음 책을 참조할 것. Harry Collins, *Gravity's Shadow: The Search for Gravitational Waves*(University of Chicago Press, 2004). 다음 논문도 참조할 것. James A. Secord, "Knowledge in Transit", *Isis*, 95, No. 4(2004), pp. 654-672. https://doi.org/10.1086/430657

12. 다음 자료를 참조할 것. "Kranzberg's Six Laws of Technology", Education, ICT and Philosophy-A Selection of Quotations, 28 March 2019. https://jesperbalslev.dk/kranzbergs-six-laws-of-technology

13. 다음 책을 참조할 것. Michael Mann, *Sources of Social Power*(Cambridge University Press, 1986). 이 책에서 마이클 만은 타인의 행동을 변화시키는 권력 행사 방식을 크게 네 가지로 요약한다. 강요와 무력, 경제력, 정치적·행정적 위계력, 이데올로기를 이용한 설득력이 그것이다.

14. 다음 책을 참조할 것. Jon Agar, *Science and Technology in the 20th Century*(Polity, 2010).

15. 이와 관련한 견해는 베르나르 스티글러(Bernard Stiegler)의 다음 책을 참조할 것. Bernard Stiegler, *Technics and Time*, 제4권(영문판, 정식 출판이 아닌 텍스트 파일로 공유). 다음 웹사이트 링크에서 요약판을 내려받을 수 있다. 이 책에서 버나드 스티글러는 '기록 보관' 기술에 대한 의존이 우리 문명의 많은 부분을 정의하며, 예컨대 플랫폼 중심의 정치적 대립을 규정한다고 주장했다.

16. 다음 책을 참조할 것. Joseph Glanvill, *The Vanity of Dogmatizing*(1661). 다음 웹사이트 링크에서 책 전문을 열람할 수 있다. https://quod.lib.umich.edu/e/eebo/A42833.0001.001?view=toc

17. 다음 기사를 참조할 것. Matt Clancy, "How Common Is Independent Discovery?", *What's New Under the Sun*, 22 June 2022. https://mattsclancy.substack.com/p/how-common-is-independent-discovery

18. 다음 논문을 참조할 것. Dalmeet Singh Chawla, "Hyperauthorship: Global Projects Spark Surge in Thousand-Author Papers", *Nature*(13 December 2019). https://doi.org/10.1038/d41586-019-03862-0

19. 아리스토텔레스는 인간은 천성적으로 앎을 추구하며, 앎을 위한 가장 좋은 방법이 과학이라고 여겼다. 그런데 그가 '참된 지식'을 일컬어 말한 '에피스테메(episteme)'는 오늘날 '과학적 지식'보다 훨씬 더 넓은 개념이다. 다음 책을 참조할 것. Aristotle, *Metaphysics*, Book 1, Section 980a. 다음 웹사이트 링크

에서 책 전문을 열람할 수 있다. http://www.perseus.tufts.edu/hopper/text?doc=Perseus%3Atext%3A1999.01.0052

20. 다음 기사를 참조할 것. Matt Clancy, "Innovators Who Immigrate", *What's New Under the Sun*, 1 February 2023. https://mattsclancy.substack.com/p/innovators-who-immigrate

21. 정확히 설명하면 미완성인 작품에 그의 비서였던 윌리엄 롤리(William Rowley)가 결말을 추가해 출간했다.

22. 다음 책을 참조할 것. J. Hughes, *The Manhattan Project: Big Science and the Atom Bomb*(Icon Books, 2002).

23. 좀더 분별력 있는 과학기술 비용 투자 촉구에 관한 의견은 다음 기사를 참조할 것. Sabine Hossenfelder, "The World Doesn't Need a New Gigantic Particle Collider", *Scientific American*(19 June 2020). https://www.scientificamerican.com/article/the-world-doesnt-need-a-new-gigantic-particle-collider

24. 다음 책을 참조할 것. Helga Nowotny and Mario Albornoz, *Re-Thinking Science. Knowledge and the Public in an Age of Uncertainty*(Polity, 2003).

25. 철학자이자 문명비평가 루이스 멈퍼드(Lewis Mumford)가 여러 권의 책에서 다룬 내용이다.

26. 다음 책을 참조할 것. Mary Jo Nye 편저, *The Cambridge History of Science*, 제5권(Cambridge University Press, 2002), p. 587. 다음 책도 참조할 것. Philip Ball, *Serving the Reich: The Struggle for the Soul of Physics under Hitler*(University of Chicago Press, 2014).

27. 다음 논문을 참조할 것. Havi Carel and Ian James Kidd, "Epistemic Injustice in Healthcare: A Philosophical Analysis", *Medicine, Health Care and Philosophy*, 17, No. 4(November 2014), pp. 529-540. https://doi.org/10.1007/s11019-014-9560-2

28. 다음 책을 참조할 것. Peter Burke, *Ignorance: A Global History*(Yale University Press, 2023).

29. 다음 책을 참조할 것. S. Dies 편저, *Der neue Strukturwandel von Öffentlichkeit: Weinheim*(Beltz Juventa, 2017), pp. 7–15. 다음 책도 참조할 것. Jürgen Habermas, *The Structural Transformation of the Public Sphere: An Inquiry into a Category of Bourgeois Society*(MIT Press, 1989).

30. 이 계획에 관한 흥미로운 설명은 다음 책을 참조할 것. Vince Houghton, *Nuking the Moon: And Other Intelligence Schemes and Military Plots Left on the Drawing Board*(Penguin, 2019).

제3장: 테크네와 에피스테메의 시대

1. 사회학자이자 정치학자 브누아 고댕(Benoît Godin)은 이렇게 설명했다. "혁신은 점진적 개혁과 달리 '돌발적'이고 '폭력적'인 것, 특히 프랑스 혁명 이후에는 '반란'이나 '전쟁', '무질서', '분열'을 초래하는 것으로 인식됐다. 정부는 혁신이 사회 질서를 파괴한다 여기고 두려워했다. 그들의 관점에서 혁신가는 자신의 목적을 위해 세상을 뒤엎는 반동분자다. 혁신은 비록 그 시작은 개인적일 수 있으나 결과는 집단적이다. '아디아포라(adiaphora)', 즉 대수롭지 않은 것에서 시작되지만, 시간이 지나면서 연쇄반응으로 확산한다. 그러나 혁신은 '아주 조금씩' 거의 눈에 띄지 않게 세상 속으로 스며들고 있었다." 다음 논문을 참조할 것. Benoît Godin, "The English Reformation and the Invention of Innovation", *Contributions to the History of Concepts*, 17, No. 1(1 June 2022), pp. 1548–1649. https://doi.org/10.3167/choc.2022.170101

2. 다음 책에서 인용. Joseph Ben-David, Gad Freudenthal 편저, *Scientific Growth: Essays on the Social Organization and Ethos of Science*(University of California Press, 1991), p. 339.

3. 다음 책에서 인용. Jürgen Renn, *The Evolution of Knowledge*(Princeton University Press, 2020), p. 218.

4. 다음 책에서 인용. Michael Polanyi, *Personal Knowledge: Towards a Post-Critical Philosophy*(University of Chicago Press, 1962), p. 182. 마이클 폴라니는 과학 지식의 형식적·명제적 측면을 비판한 것이다.

5. 다음 책을 참조할 것. P. Bowler and I. Morus, *Making Modern Science: A Historical Survey*(University of Chicago Press, 2005).

6. 다음 책을 참조할 것. Richard Nelson, *The Moon and the Ghetto*(W. W. Norton & Company, 1977). 이 책에서 리처드 넬슨은 달에 갈 수 있는 우주선을 설계할 바에 동등한 교육 기회나 편견을 없애는 정책이나 고심하라고 꼬집으면서, 합리적으로 분석하면 아무런 효과가 없는 값비싼 치료를 시도하는 데 방해될 수밖에 없다고 주장했다. 하지만 그의 생각은 너무 극단적이었다. 인구 과잉 문제처럼, 당시에는 다루기 어렵다고 여기던 많은 문제가 과학에 대한 투자로 해결됐다.

7. 다음 기사를 참조할 것. John C. Bailar III, Elaine M. Smith, "Progress against Cancer?", *NEJM*, 8 May 1986. https://www.nejm.org/doi/full/10.1056/NEJM198605083141905

8. 다음 논문을 참조할 것. Surh Young-Joon, "The 50-Year War on Cancer Revisited: Should We Continue to Fight the Enemy Within?", *Journal of Cancer Prevention*, 26, No. 4(30 December 2021), pp. 219-223. https://doi.org/10.15430/JCP.2021.26.4.219

9. 다음 논문을 참조할 것. Loren Graham, "Science in the New Russia", *Issues in Science and Technology*, 19, No. 4(2003).

10. 다음 논문을 참조할 것. Quirin Schiermeier, "Russia Aims to Revive Science after Era of Stagnation", *Nature*, 579(25 March 2020), pp. 332-336. doi: https://doi.org/10.1038/d41586-020-00753-7

11. 현재 러시아 과학계에 대한 외국의 민간 자본 투자 규모는 전체 대비 3%로 미

미한 수준이다. 러시아 정부가 공인한 첫 번째 민간 과학재단은 2015년 외부 기관으로 지정된 후 문을 닫았고, 과학자들의 논문 사전 검열도 한층 강화하고 있다. 한때 러시아는 세계에서 네 번째로 많은 과학계 인력을 보유하고 있었지만, 대거 외국으로 떠나가면서 1990년 이후에는 절반 수준으로 떨어졌다. 남아 있는 연구자들도 30% 이상이 정년을 넘긴 상황이고, 연령대 평균도 50세 이상이다. 참고로 영국은 30세 미만이 76%를 차지한다.

12. 다음 논문을 참조할 것. Sanei Mansooreh, "Human Embryonic Stem Cell Science and Policy: The Case of Iran", *Social Science and Medicine*, 98(December 2013), pp. 345-350.

13. 다음 책을 참조할 것. Monika Renneberg, Mark Walker 편저, *Science, Technology and National Socialism*(Cambridge University Press, 1994), 제3장, Michael Neufeld, "The Guided Missile and the Third Reich: Peenemunde and the Coming of the Ballistic Missile Era", pp. 51-71.

14. 다음 책을 참조할 것. E. Geissler, J. E. van Courtland Moon 편저, *Biological and Toxin Weapons: Research, Development, and Use from the Middle Ages to 1945*(Oxford University Press, 1999), pp. 91-126.

15. 다음 논문을 참조할 것. Mu-ming Poo, "Towards Brain-Inspired Artificial Intelligence", *National Science Review*, 5, No. 6(November 2018). https://doi.org/10.1093/nsr/nwy120

16. 다음 웹사이트 링크를 참조할 것. https://www.nasa.gov/image-article/new-era

17. 다음 논문을 참조할 것. Nur Ahmed, Neil Thompson, Muntasir Wahed, "The Growing Influence of Industry In AI Research", *Science*, 379, No. 6635(May 2023).

18. 다음 보고서를 참조할 것. Shawn Kantor, Alexander Whalley, "Moonshot: Public R&D and Growth", NBER(April 2022). https://www.nber.org/papers/w31471

19. 다음 웹사이트 링크를 참조할 것. https://www.aps.org/publications/apsnews/201708/backpage.cfm

20. 다음 책을 참조할 것. Giorgio Agamben, *The Kingdom and the Glory*(Stanford University Press, 2011).

21. 다음 책에서 인용. Mary Poovey, *A History of the Modern Fact*(University of Chicago Pressp, 1998), p. 132.

22. 다음 책을 참조할 것. Michel Foucault, *On the Government of the Living: Lectures at the Collège de France, 1979-1980*, Michel Senellart 외 편저, Graham Burchell 번역(Palgrave Macmillan, 2014).

23. 다음 논문을 참조할 것. Ian Hacking, "Trial by number", *Science*, 84(1984), pp. 67-70.

24. 다음 책을 참조할 것. James Scott, *Seeing Like a State*(Yale University Press, 1998).

25. 다음 책을 참조할 것. E. Ferlie, L. Lynn, C. Pollitt 편저, *Handbook of Public Management*(Oxford University Press, 2007), 제2장, Laurence E. Lynn, Jr, "Public Management: A Brief History of the Field", pp. 27-49. 프리드리히 빌헬름 1세는 1720년대에 관료 전문 양성 체계를 마련했고 대학 행정 과목에 교수직 두 자리를 추가했다. 프리드리히 '대왕'으로 더 잘 알려진 프리드리히 2세는 관료 모집 시험과 공무 위원회를 신설했다.

26. 다음 책에서 인용. Mary Poovey, *A History of the Modern Fact*(University of Chicago Pressp, 1998), p. 308.

제4장: 과학의 배신

1. 다음 칼럼을 참조할 것. Sheila Jasanoff, "Technologies of Humility", *Nature*, 450(2007), p. 33. https://doi.org/10.1038/450033a 다음 논문도 참조할 것. Ortwin Renn, "Three Decades of Risk Research",

386 · 과학이 권력을 만났을 때

Journal of Risk Research, 1, No. 1(1998), pp. 49-71. https://doi.org/10.1080/136698798377321

2. 다음 논문을 참조할 것. Charles Jones, "Life and Growth", *Journal of Political Economy*, 124, No. 2(2016), pp. 539-578. http://dx.doi.org/10.1086/684750

3. 다음 책을 참조할 것. Ortwin Renn, *Risk Governance: Coping with Uncertainty in a Complex World, Earthscan*(Routledge, 2008).

4. 다음 보고서를 참조할 것. Jeanne Guillemin, "Scientists and the History of Biological Weapons: A Brief Historical Overview of the Development of Biological Weapons in the Twentieth Century", *EMBO Reports*, 7(July 2006), S45-S49. https://doi.org/10.1038/sj.embor.7400689

5. 다음 보고서를 참조할 것. P. M. Linsley, P. J. Shrives, "Risk reporting: A study of risk disclosures in the annual reports of UK companies", *The British Accounting Review*, 38, No. 4(July 2006), pp. 387-404. https://doi.org/10.1016/j.bar.2006.05.002

6. 다음 자료를 참조할 것. "Odds of Dying", *Injury Facts*(블로그). https://injuryfacts.nsc.org/all-injuries/preventable-death-overview/odds-of-dying

7. 다음 책을 참조할 것. Mary Douglas, Aaron Wildavsky, *Risk and Culture: An Essay on the Selection of Technological and Environmental Dangers*(초판, University of California Press, 1982). https://www.jstor.org/stable/10.1525/j.ctt7zw3mr

8. 다음 기사를 참조할 것. Tom Stafford, "Throwing Science at Anti-Vaxxers Just Makes Them More Hardline", *The Conversation*(19 February 2015). 시리즈 기사: Cognitive Dissonance. http://theconversation.com/throwing-science-at-anti-vaxxers-just-makes-them-more-hardline-37721

9. 다음 책을 참조할 것. Karen Stenner, *The Authoritarian Dynamic*(Cambridge

Studies in Public Opinion and Political Psychology)(Cambridge University Press, 2005).

10. 정치에 대한 대중의 기대는 문화권마다 다를 것이다. 미국의 경우에는 별로 기대하지 않는 듯 보인다.

11. "빈곤은 위계적이지만 스모그는 민주적이다"라는 말로 유명한 사회학자 울리히 벡(Ulrich Beck)은 일찍이 현대 사회를 '위험 사회(Risk Society)'로 규정했다. 다음 책을 참조할 것. Ulrich Beck, *Risk Society: Towards a New Modernity*(Sage, 1992).

12. 다음 책을 참조할 것. Ian Scoones, Andy Stirling 편저, *The Politics of Uncertainty: Challenges of Transformation*(Routledge, 2020). 이 책은 지속 가능한 발전이 단순히 기술적·경제적 문제가 아니라 정치적 가치와 선택의 문제임을 지적한다.

13. 다음 보고서를 참조할 것. Arthur C. Petersen, Peter HM Janssen, Jeroen P. van der Sluijs, James S. Risbey 외, "Guidance for Uncertainty Assessment and Communication", PBL Netherlands Environmental Assessment Agency(December 2013). 다음 웹사이트 링크에서 보고서 전문을 내려받을 수 있다. https://www.pbl.nl/sites/default/files/downloads/pbl_2014_guidance_for_uncertainty_assessment_and_communication_712_0.pdf

14. 다음 논문을 참조할 것. Tobias Olofsson, Shai Mulinari 외, "The Making of a Swedish Strategy: How Organizational Culture Shaped the Public Health Agency's Pandemic Response", *SSM-Qualitative Research in Health*, 2(1 December 2022). https://doi.org/10.1016/j.ssmqr.2022.100082

15. 다음 책을 참조할 것. Gerd Gigerenzer, *Risk Savvy: How to Make Good Decisions*(개정판, Penguin Books, 2015). 다음 웹사이트 링크에서 개요를 살펴볼 수 있다. https://www.mindtherisk.com/literature/67-risk-savvy-by-gerd-gigerenzer

16. 그리스 신화에서 카산드라는 트로이아(Troia)의 마지막 왕 프리아모스 (Priamos)의 딸이며 헥토르(Hektor)와 파리스(Paris)의 누이다. 아폴론 (Apollon)이 그녀를 유혹하려고 예언 능력을 주지만, 사랑을 거절한 대가로 아무도 그녀의 예언을 믿지 않게 된다. 그 결과 트로이아 전쟁 때 그리스 목마를 성안에 들이지 말라는 그녀의 경고를 무시한 트로이아는 멸망한다.

17. 오늘날 영국은 위험 평가 체계를 광범위하게 구축하고 있다. 여기에는 정부 차원의 '국가 위험 등록부(National Risk Register)'와 '국가 안보 위험 평가(National Security Risk Assessment)', 대학 및 산업체를 대상의 '보험 위험 평가(Insurance Risk Assessment)', 전 세계 생물 보안을 평가하고 책임 있는 과학 연구 문화를 촉진하는 'GHSI(글로벌 보건 안보 지수, https://www.ghsindex.org)' 등이 포함된다. 2021년 기준 영국을 평가한 GHSI 보고서는 다음 웹사이트 링크에서 내려받을 수 있다. https://www.ghsindex.org/wp-content/uploads/2021/12/United-Kingdom.pdf

18. 다음 책을 참조할 것. Gerd Gigerenzer, *Risk Savvy: How to Make Good Decisions*(개정판, Penguin Books, 2015). 이 밖에도 '위험'을 연구한 인류학 및 문화학 문헌은 많이 있다. 대표적인 예로 1986년 미국 우주왕복선 챌린저 (Challenger) 폭발 참사를 분석한 연구는 전례와 지침 그리고 원칙이 위험 관리에 필수적이라는 관료주의적 희망을 제시하면서도, 공학계를 비롯한 NASA와 마셜우주비행센터(Marshall Space Flight Center) 관료들, 즉 불확실하고 위험한 연구의 의사결정권자들에게 그렇게만 하지 말라고 독려했다.

19. 다음 기사를 참조할 것. "These are the top 10 countries for pandemic preparedness", World Economic Forum(15 November 2019). https://www.weforum.org/agenda/2019/11/countries-preparedness-pandemics

20. 로마 클럽에서 운영하는 다음 웹사이트에 접속하면 다양한 자료를 열람할 수 있다. "The Limits to Growth+50", The Club of Rome. https://www.clubofrome.org/ltg50

21. 다음 논문을 참조할 것. Filippa Lentzos, Michael S. Goodman, James M.

Wilson, "Health Security Intelligence: Engaging across Disciplines and Sectors", *Intelligence and National Security*, 35, No. 4(6 June 2020), pp. 465-476. https://doi.org/10.1080/02684527.2020.1750166

22. 예를 들어 오스트리아의 생명공학 장비 제조회사 킬로베이서(Kilobaser)의 개인용 DNA 및 RNA 합성기가 수만 달러에 판매되고 있다는 사실은 잠재적으로 엄청난 수의 사망자를 발생시킬 수 있는 위험한 도구에 누구나 접근 가능한 시대를 예견한다. 이 제품이 궁금하다면 다음 웹사이트 링크를 참조할 것. https://kilobaser.com/dna-and-rna-synthesizer

23. 다음 논문을 참조할 것. Filippa Lentzos, Michael S. Goodman, James M. Wilson, "Health Security Intelligence: Engaging across Disciplines and Sectors", *Intelligence and National Security*, 35, No. 4(6 June 2020), pp. 465-476.

24. 다음 칼럼에서 인용. John M. Barry, "The Next Pandemic", World Policy Journal, 27, No. 2(Summer 2010), p. 10. https://muse.jhu.edu/article/387587/pdf%3E

25. 다음 논문을 참조할 것. Jessica Weinkle, Roger Pielke Jr., "The Truthiness about Hurricane Catastrophe Models", *Sage Journals*, 42, No. 4(July 2017). https://doi.org/10.1177/0162243916671201

26. 다음 설명을 참조할 것. "Cell Phones and Cancer Risk Fact Sheet", National Cancer Institute, 3 October 2022. https://www.cancer.gov/about-cancer/causes-prevention/risk/radiation/cell-phones-fact-sheet

27. 다음 책에서 인용. Alan Irwin, Brian Wynne 편저, *Misunderstanding Science?: The Public Reconstruction of Science and Technology*(Cambridge University Press, 1996), p. 75.

28. 다음 논문을 참조할 것. Philip M. Linsley, Philip J. Shrives, "Mary Douglas, Risk and Accounting Failures", *Critical Perspectives on Accounting*, 20, No. 4(1 May 2009), pp. 492-508. https://doi.org/10.1016/

j.cpa.2008.05.004

29. 위 논문을 참조할 것.

30. 다음 논문을 참조할 것. Niheer Dasandi, Hilary Graham 외, "Positive, Global, and Health or Environment Framing Bolsters Public Support for Climate Policies", *Communications Earth and Environment*, 3, No. 1(20 October 2022), pp. 1-9. https://doi.org/10.1038/s43247-022-00571-x

31. 다음 논문을 참조할 것. Jason Wei, Yi Tay 외, "Emergent Abilities of Large Language Models", arXiv, Cornell University(26 October 2022). https://doi.org/10.48550/arXiv.2206.07682

32. 다음 보고서를 참조할 것. R. J. Lempert, S. W. Popper, S. C. Bankes, "Shaping the Next One Hundred Years: New Methods For Quantitative, Long-Term Policy Analysis", RAND(October 2003). 다음 웹사이트 링크에서 보고서 전문을 내려받을 수 있다. https://www.rand.org/content/dam/rand/pubs/monograph_reports/2007/MR1626.pdf

제5장: 정치가 타락했다고 여기는 과학자들의 관점

1. 다음 책에서 인용. Joseph Ben-David, Gad Freudenthal 편저, *Scientific Growth: Essays on the Social Organization and Ethos of Science*(University of California Press, 1991), p. 339.

2. 다음 논문을 참조할 것. Jacqueline Broad, "Margaret Cavendish and Joseph Glanvill: Science, Religion, and Witchcraft", *Studies in History and Philosophy of Science*, 38, no 3(September 2007), pp. 493-505. https://doi.org/10.1016/j.shpsa.2007.06.002 다음 웹사이트 링크에서 논문 초안을 내려받을 수 있다. https://philarchive.org/archive/BROMCA-5

3. 다음 책을 참조할 것. George Ritzer 편저, *The Blackwell Encyclopedia of Sociology* 중 Reiner Grundmann, "Knowledge Politics"(Wiley, 2018). 다

음 논문도 참조할 것. Reiner Grundmann, "The Problem of Expertise in Knowledge Societies", *Minerva*(2016). https://doi.org/10.1007/s11024-016-9308-7

4. 다음 책을 참조할 것. Isabelle Stengers, *Another Science is Possible: A Manifesto for Slow Science*(영문판, Polity, 2018).

5. 이와 비슷한 주장을 다음 책에서도 찾을 수 있다. Peter Godfrey-Smith, *Theory and Reality: An Introduction to the Philosophy of Science*(University of Chicago Press, 2003). 그리고 이 책은 과학적 증명, 특히 일상 과학에서 자주 사용하는 경험적 방식이 왜 자주 실제와 다른 결과를 초래하는지 알기 쉽게 설명한다.

6. 다음 책을 참조할 것. Robert K. Merton, *The Sociology of Science: Theoretical and Empirical Investigations* 중 "The Normative Structure of Science"(University of Chicago Press, 1979[1942]).

7. 다음 책을 참조할 것. Robert K. Merton, Social Theory and *Social Structure*(Free Press, 1957), pp. 574-585. 로버트 머튼은 현대 과학이 신학 위에 세워졌다고 생각했다. "과학의 가능성에 대한 믿음은 피조물에서 신의 모습을 발견하는 신학적 믿음을 토대로 경험과 이성을 강조한다."

8. 다음 논문에서 요약 인용. Michael Polanyi, "The Autonomy of Science", *The Scientific Monthly*, 60, No. 2(Feburary, 1945), pp. 141-150.

9. 때때로 과학계는 국가 간 연구에서 지정학적 갈등을 해소하고 논란 중인 사안, 일테면 원자 번호 100번 '페르뮴(fermium, Fm)' 이후의 원소 발견에 대한 논쟁을 조율하고자 할 때 IUPAC(국제순수응용화학연맹)와 IUPAP(국제순수응용물리학연맹)를 통한 공동 연구 그룹을 만드는 등 제도적 혁신을 추진했다. 다음 책을 참조할 것. Audra J. Wolfe, *Freedom's Laboratory: The Cold War Struggle for the Soul of Science*(Johns Hopkins University Press, 2018).

10. 다음 보고서를 참조할 것. Jeanne Guillemin, "Scientists and the History of Biological Weapons: A Brief Historical Overview of the

Development of Biological Weapons in the Twentieth Century", *EMBO Reports*, 7(July 2006)

11. 이 부분과 관련한 개요는 다음 팟캐스트를 참조할 것. Wendell Wallach, Anja Kaspersen, "Creative Reflections on the History and Role of AI Ethics", Carnegie Council for Ethics in International Affairs, 기획특집 시리즈: Artificial Intelligence and Equality Initiative(26 May 2021). www.carnegiecouncil.org/media/series/aiei/20210426-creative-reflections-history-role-artificial-intelligence-ethics-wendell-wallach

12. 온라인 기반 설문 조사 및 데이터 분석 기업 유고브(YouGov)에 따르면 미국 성인 남녀 69%는 특정 대규모 AI 시스템 개발에 6개월 유예 기간을 두는 데 찬성했고(강력히 지지 41%, 다소 지지 28%), 13%는 반대했다(강력히 반대 4%, 다소 반대 9%). 다음 웹사이트 링크에서 설문 조사 결과를 열람할 수 있다. https://today.yougov.com/topics/technology/survey-results/daily/2023/04/03/ad825/2

13. 트리니티하우스에 관한 세부 정보는 다음 웹사이트 링크를 참조할 것. https://www.trinityhouse.co.uk

14. 어떤 기업이 독점 개발한 창고 청소용 세제 신제품과 관련해 흥미로운 일화가 있다. 창고주들은 환경보호국(EPA) 폐수 처리 규정을 위반할까 봐 이 세제를 사용한 물을 배수구로 그냥 흘려보낼 수 없었다. 그래서 제조사에 성분 공개를 요청했는데, 제조사는 대외비 유출을 이유로 난감해하며 공개를 꺼렸다. 이에 UL은 간단히 제품 바코드를 인증하면 EPA 규정에 맞는 처리 방법을 안내하는 앱을 개발했다. 다음 웹사이트 링크에서 UL의 역사와 활약상을 확인할 수 있다. https://www.ul.com/about/history

15. 다음 책을 참조할 것. Evan S. Michelson, *Philanthropy and the Future of Science and Technology*(Routledge, 2020).

16. 대표적으로 철학자 윌리엄 맥어스킬(William MacAskill)의 관점이 그렇다.

17. 다음 논문을 참조할 것. Henry Etzkowitz, Loet Leydesdorff, "A Triple

Helix of University–Industry–Government Relations"(서문), *Industry and Higher Education*, 12, No. 4(1 August 1998), pp. 197–201. https://doi.org/10.1177/095042229801200402

18. 다음 논문을 참조할 것. Chris Freeman, "The 'National System of Innovation' in Historical Perspective", *Cambridge Journal of Economics*, 19, No. 1(1995), pp. 5–24. https://doi.org/10.1093/oxfordjournals.cje.a035309

19. 다음 책을 참조할 것. Peter B. Evans, *Embedded Autonomy: States and Industrial Transformation*(Princeton University Press, 1995). 이 책에서 사회학자 피터 에반스는 과학계가 국가와 사회를 결속하고 과학 정책을 지속해서 조정할 수 있는 제도 및 기관과 깊은 유대관계를 가져야 한다고 주장했다. 이는 각국 정부가 글로벌 분업 체제 속에서 각자 틈새 과학 분야를 탐색하는 방식과도 관련이 있다. 다음 논문도 참조할 것. Tim Flink, David Kaldewey, "The New Production of Legitimacy: STI Policy Discourses beyond the Contract Metaphor", *Research Policy*, 47, No. 1(2018), pp. 14–22. https://doi.org/10.1016/j.respol.2017.09.008

20. 위 논문을 참조할 것.

21. 예를 들면 철학자 위르겐 하버마스(Jürgen Habermas)와 헤르베르트 마르쿠제(Herbert Marcuse)는 과학이 잘못된 자기 이해와 독단 때문에 지식을 이데올로기화했다고 비판했다.

22. 다음 책을 참조할 것. Langdon Winner, *The Whale and the Reactor: A Search for Limits in an Age of High Technology*(University of Chicago Press, 1989), Donald MacKenzie, Judy Wacjman, *The Social Shaping of Technology*(Open University Press, 1985), Eric Schatzberg, *Technology: Critical History of a Concept*(University of Chicago Press, 2018).

23. 다음 논문을 참조할 것. Donna Haraway, "Situated Knowledge: The Science Question in Feminism as a Site of Discourse on the Privilege

of Partial Perspective", *Feminist Studies*, 14, No. 3(Autumn, 1988), pp. 575–599. https://doi.org/10.2307/3178066

24. 다음 책을 참조할 것. Evelyn Fox Keller, Jennifer Hornsby 편저, *Cambridge Companion to Feminism in Philosophy* 중 Evelyn Fox Keller, "Reflections on Gender and Science"(Cambridge University Press, 2000).

25. 트레버 핀치(Trevor Pinch), 토머스 P. 휴즈(Thomas P. Hughes), 스티븐 샤핀(Steven Shapin)을 비롯한 과학기술사회학자들의 노고가 컸다.

26. 한동안 '포스트노멀 과학(post-normal science)'이라고 불리던 분야의 관심 주제였다. 다음 책을 참조할 것. Jerome R. Ravetz, *Scientific Knowledge and its Social Problems*(Oxford University Press, 1979). 다음 논문도 참조할 것. Jerome R. Ravetz, "Usable Knowledge, Usable Ignorance: Incomplete Science with Policy Implications", *Knowledge*, 9, No. 1(September 1987), pp. 87–116. https://doi.org/10.1177/107554708700900104

27. 다음 논문을 참조할 것. Joseph Harris, "Science and Democracy Reconsidered", *Engaging Science, Technology, and Society*, 6(January 2020), pp. 102–110. https://doi.org/10.17351/ests2020.383

28. 다음 책을 참조할 것. Siddhartha Mukherjee, *The Song of the Cell*(Scribner, 2022).

29. 다음 논문을 참조할 것. Alvin M. Weinberg, "Science and Trans-Science", *Minerva*, 10, No. 2(1972), pp. 209–222. https://doi.org/10.1007/BF01682418

30. 다음 기사를 참조할 것. Ava Kofman, "Bruno Latour, the Post-Truth Philosopher, Mounts a Defense of Science", *New York Times Magazine*(25 October 2018). https://www.nytimes.com/2018/10/25/magazine/bruno-latour-post-truth-philosopher-science.html

31. 브뤼노 라투르는 자신의 주장이 '반과학(anti-science)' 정서가 팽배한 시대에

오해를 불러일으킬 수 있음을 깨닫고 이렇게 말한 바 있다. "과학의 권위를 일부 회복할 필요가 있습니다. 그렇지만 과거에 우리가 과학 연구를 시작했던 지점과는 완전히 반대여야 합니다." 다음 기사를 참조할 것. Jop de Vrieze, "Bruno Latour, a veteran of the 'science wars' has a new mission", Science(10 October 2017).

32. 다음 책을 참조할 것. William Isaac Thomas, *W. I. Thomas on Social Organization and Social Personality*(University of Chicago Press, 1966).

33. 다음 책을 참조할 것. Pierre Bourdieu, *The Science of Science and Reflexivity*(Polity, 2004), p. 9. 브뤼노 라투르를 향한 그의 개인적 반감은 유감스럽지만, 전체적으로 논조가 매우 탄탄한 책이다.

제6장: 주인과 하인 그리고 복합적 진실

1. 다음 기사에서 요약 인용. Ron Suskind, "Faith, Certainty and the Presidency of George W. Bush", *New York Times* (17 October 2004). https://www.nytimes.com/2004/10/17/magazine/faith-certainty-and-the-presidency-of-george-w-bush.html

2. 내 인생에서 가장 이상한 경험을 꼽으라면 푸틴 집권 직후 그의 보좌관들과 크렘린에서 1주일 동안 생활한 것이다.

3. 그는 국가와 국민이 서로 더 배려하도록 해주는 좋은 효과를 가졌다는 플라톤의 '고결한 거짓'에 대한 옹호만 반복해서 언급했다.

4. 다음 책을 참조할 것. Jon Agar, *Science and Technology in the 20th Century*(Polity, 2010).

5. 다음 책을 참조할 것. Барсенков Александр Сергеевич Вдовин Александр Иванович, *История России, 1917-2007*(Аспект Пресс, 2008).

6. 다음 설명을 참조할 것. "Science policy and innovation policy", Rathenau Instituut(1 January 2018). https://www.rathenau.nl/en/science-figures/

policy-and-structure/infrastructure-knowledge/science-policy-and-innovation-policy

7. 나는 행정학을 가르치고 있지만, 행정학도 온전한 의미에서 과학이 되려면 아직 멀었다고 고백할 수밖에 없다.

8. 다음 논문을 참조할 것. Charles Louis Joseph de Secondat, Baron de la Brede et de Montesquieu, "De l'esprit des loix"(1748). Thomas Nugent 번역, "The Spirit of Laws"(영문판, 1750).

9. '거대 언어 모델(LLM)'의 역사는 2018년 구글이 인간의 질문에 그럴듯한 문장으로 답변하는 자연 언어 처리 AI 모델 'BERT(Bidirectional Encoder Representations from Transformers)'를 선보이면서 시작됐다. 일론 머스크 등이 설립한 AI 개발 기업 오픈AI(OpenAI)도 'GPT(Generative Pre-trained Transformer)'를 개발해 1년 뒤인 2019년 15억 개의 매개 변수를 가진 'GPT-2'를 발표했고, 2020년 전작보다 100배 이상 커진 1,750억 개 매개 변수의 'GPT-3'를 공개했다. 2022년에는 이 기술을 토대로 대화형 인공지능 서비스 '챗GPT(ChatGPT)'를 출시했는데, 1개월 만에 1억 명의 사용자를 확보했다. 역사상 가장 빠르게 퍼져나간 이 소프트웨어는 각국 각료들을 위해 연설문, 보고서, 보도 자료 등을 작성할 수 있었고, 2023년에는 GPT4 기반으로 업그레이드했다.

제7장: 충돌하는 논리

1. 다음 책을 참조할 것. Jürgen Renn, *The Evolution of Knowledge*(Princeton University Press, 2020). 위르겐 렌은 이 책에서 지식은 인지적이고 정신적인 '내부적' 차원과 물리적이고 형태적인 '외부적' 차원 그리고 지식을 생산, 공유, 전달, 사용하는 '사회적' 차원이 어우러져 진화한다고 설명했다.

2. 다음 논문을 참조할 것. Lauren Valentino, "Cultural logics: Toward theory and measurement", Poetics, 88(October 2021). https://doi.org/10.1016/j.poetic.2021.101574

3. 다음 논문을 참조할 것. C. Wright Mills, "Language, Logic, and Culture", *American Sociological Review*, 4, No. 5(1939), pp. 670–680. https://doi.org/10.2307/2083575

4. 다음 책을 참조할 것. Pierre Bourdieu, *Distinction: A Social Critique of the Judgement of Tastet*(Harvard University Press, 2002).

5. 다음 논문을 참조할 것. Lauren Valentino, "Cultural logics: Toward theory and measurement", *Poetics*, 88(October 2021). https://doi.org/10.1016/j.poetic.2021.101574

6. 다음 책에서 인용. Georg Simmel, *The View of Life: Four Metaphysical Essays with Journal Aphorisms*(University of Chicago Press, 2010), p. 37. 그의 말을 내가 약간 의역해서 옮겼다.

7. 위의 책 p. 164에서 인용. 마찬가지로 약간 의역했다.

8. 다음 책을 참조할 것. Siddhartha Mukherjee, *The Song of the Cell*(Scribner, 2022).

9. 다음 책에서 인용. Venkatesh Narayanamurti, Jeffrey Y. Tsao, *The Genesis of Technoscientific Revolutions: Rethinking the Nature and Nurture of Research*(Harvard University Press, 2021), p. 150.

10. 프랑스어에서 '폴리티크(politique)'라는 용어는 국가나 집단의 목표와 계획 그리고 권력을 위한 정치, 토론, 경쟁이라는 두 가지 의미를 모두 갖고 있는데, 나는 두 번째 의미에 초점을 맞추고 있다.

11. 다음 책에서 인용. Niklas Luhmann, *The Politics of the Welfare State*(영문판, de Gruyter, 1990), p. 111.

12. 다음 논문에서 요약 인용. John E. Elliott, "Joseph A. Schumpeter and the Theory of Democracy", *Review of Social Economy*, 52, No. 4(Winter 1994), pp. 280–300.

13. 다음 칼럼을 참조할 것. Paolo Quattrone, "Jesuits in the boardroom", *Aeon*(4 November 2022). https://aeon.co/essays/lessons-in-corporate-

governance-from-the-jesuits

14. 다음 논문에서 인용. Ann R. Tickamyer, "Politics as a Vocation", *The Pacific Sociological Review*, 24, No. 1(January 1981), pp. 17-44. https://doi.org/10.2307/1388791

15. 다음 논문에서 인용. Charles E. Frye, "Carl Schmitt's Concept of the Political", *The Journal of Politics*, 28, No. 4(November 1966), pp. 818-830. https://doi.org/10.2307/2127676

16. 실제로 많은 정치 체제가 실제든 가상이든 적대국에 집착하기보다는 현재로서 자국이 직면하고 해결해야 할 사안에 더 큰 초점을 맞추고 있다. 철학자이자 정치 이론가 욘 엘스터(Jon Elster)의 말처럼 이상적인 정치 체제는 일반적 이익을 폭넓게 들여다보는 동시에 해당 사안과 그 필요성을 아는 사람들에게 대표성을 부여하고 존중하는 체제라고 할 수 있다. 다음 책을 참조할 것. Jon Elster, *Securities against Misrule: Juries, Assemblies, Elections*(Cambridge University Press, 2013).

17. 다음 책을 참조할 것. Calestous Juma, *Innovation and Its Enemies: Why People Resist New Technologies*(Oxford University Press, 2016).

18. 정치학자 크리스토퍼 에이첸과 래리 바텔스는 인간의 합리성이 공공선을 추구한다는 이상주의로 민주주의를 정당화하면, 실제 정책 결정 과정에서 왜곡과 편향으로 이익을 얻는 사람들에게 좋은 구실이 된다고 비판한 바 있다. 다음 책을 참조할 것. Christopher H. Achen and Larry M. Bartels, *Democracy for Realists*(Princeton University Press, 2016).

19. 14세기 역사가이자 사상가 이븐 할둔(Ibn Khaldun)이 무려 800년 전에 제시한 관점이다. 나는 다음 책에서 그의 견해를 자세히 살핀 바 있다. Geoff Mulgan, *Good and Bad Power*(Penguin, 2006).

20. 관료주의에 관해 더 자세히 알고 싶다면 다음 두 책을 추천한다. James Q. Wilson, *Bureaucracy*(Basic Books 1991). Edward Page, *Policy Without Politicians: Bureaucratic Influence in Comparative Perspective*(Oxford

University Press, 2012).

21. 덩샤오핑(鄧小平)에서 시진핑(習近平)까지 중국 중앙 정부의 관료 지휘 체계를 자세히 분석한 연구에 따르면 중국 공산당 중앙위원회가 하달하는 정치적 지침은 크게 세 가지 색깔로 나뉜다. '검은색'은 해야 할 일을 명확히 담은 지침으로, 해당 계획을 신속히 추진하고 확대하도록 지시한다. '빨간색'은 하지 말아야 할 일을 명시하는데, 특정 조치를 즉시 금지하라는 내용이다. '회색'은 무엇을 하고 무엇을 하면 안 되는지 모호한 상태에서 방향만 가리키며, 관료가 알아서 융통성 있게 정책을 실험해보라는 뜻이다. 결과적으로 이 '회색' 지침이 관료들에게 탐색과 혁신의 여지를 제공한다. 전자상거래, 빅데이터, AI 등과 같은 신기술 및 신산업과 관련한 지시 사항은 "돌다리도 두드려보고 건넌다"는 중국 중앙 정부의 방침에 따라 대부분 '회색'을 유지한다. 다음 논문을 참조할 것. Yuen Yuen Ang, "How Beijing Commands: Grey, Black, and Red Directives from Deng to Xi", *The China Quarterly*(26 August 2022). SSRN: https://ssrn.com/abstract=4201534

22. 다음 책을 참조할 것. Hannah Arendt, *Origins of Totalitarianism*(영문판, Harcourt, Brace, Jovanovich, 1973).

23. 다음 책에서 인용. Wiebe E. Bijker, Thomas P. Hughes, Trevor Pinch 편저, *The Social Construction of Technological Systems*(MIT Press, 1989), p. 68.

24. 정치학자 제임스 마치(James March)와 조핸 올슨(Johan Olsen)은 정부 기관에서 일하는 사람들을 분석해 두 가지 다른 유형의 논리를 발견했는데, 대다수 과학자와 정치인 그리고 관료들에게도 이 논리를 그대로 적용할 수 있다. 하나는 역할과 정체성에서 파생한 '규칙'에 기반을 둔 '적절성'의 논리다. 규칙에 따르면 일을 잘하는 것이고 규칙을 어기면 책임을 지게 된다. 한마디로 절차적 정당성과 과정이 중요하다는 것이다. 다른 하나는 이익과 선호에서 파생한 '결과'에 기반을 둔 '귀결성'의 논리다. 문자 그대로 결과가 모든 것을 말해준다는 얘기다. 마치와 올슨에 따르면 행위자들은 적절성의 논리로 제도적 환

경에서 스스로 동기를 부여하며, 귀결성의 논리를 이용해 정책을 마련하고 정당화하는 등의 행동을 설명한다. 두 가지 논리를 모두 활용하는 셈이다. 과학의 논리도 내부와 외부가 서로 다르게 보일 수 있다. 내부에서는 과학적 방법론의 적절성을 고려하지만, 외부로는 해당 과학적 결과의 영향력, 즉 귀결성을 강조할 필요가 있다. 마찬가지로 관료주의의 논리 역시 적절성 관점에서 다른 관료들과 어떤 선택을 해야 할지 논의하는 한편 귀결성 측면에서 해당 선택의 결과를 주장해야 한다. 다음 논문을 참조할 것. James G. March, Johan P. Olsen, "Institutional Perspectives on Political Institutions", *Governance*, 9, No. 3(1996), pp. 247-264. https://doi.org/10.1111/j.1468-0491.1996.tb00242.x

25. 다음 칼럼을 참조할 것. William MacAskill, "The Case for Longtermism", *New York Times*(5 August 2022). https://www.nytimes.com/2022/08/05/opinion/the-case-for-longtermism.html

26. 이 대목은 과학자들이 정치인들에게 호소하는 부분이다. 정치적 서사로 시작된 과학적 임무는 시간이 흐르면서 더 많은 임무를 초래한다. 한 문제를 해결하면 다른 문제가 드러나기 때문이다. 그러나 정치인들에게는 별로 중요하지 않다. 실패해 잊히게 될 과학적 임무라도 자신에게는 그 임무를 추진한 이력으로 남는 데다, 연관된 후속 임무가 성공하기라도 하면 시간을 거슬러 올라가 그 근원이 된 임무를 끄집어냄으로써 자신의 공로를 인정받을 수 있다.

27. 다음 책을 참조할 것. Wilfrid Sellars, *Science, Perception and Reality*(Routledge and Kegan Paul, 1963).

28. 다음 책을 참조할 것. Albert Venn Dicey, *Introduction to the Study of the Law of the Constitution*(Macmillan, 1915/Liberty Fund, 1982, 재출간). 다음 웹사이트 링크에서 도서 전문을 내려받을 수 있다. https://oll.libertyfund.org/title/michener-introduction-to-the-study-of-the-law-of-the-constitution-lf-ed

29. 다음 책에서 인용. Pierre Bourdieu, *The Science of Science and*

Reflexivity(Polity, 2004), p. 9.

30. 사회과학은 사회가 얼마나 객관적인 사실로 이뤄져 있으며 얼마나 지각할 수 있는 것들로 구성돼 있는지 오랫동안 논쟁해왔다. 현상에 대한 지각 또는 인식의 중요성은 사회 세계가 인간의 의지를 반영한 표상에 불과하다는 철학자 아르투어 쇼펜하우어(Arthur Schopenhauer)의 주장에서 비롯했다.

제8장: 주권 분할 또는 정치 패권을 녹이는 지식의 역할

1. 다음 책을 참조할 것. Pierre Charbonnier, *Affluence and Freedom: An Environmental History of Political Ideas*(Polity, 2021). 이 책은 자유와 주권이라는 정치사상과 자연 세계의 상호 작용을 설명하면서, 우리가 정치적 범주로 여기는 것들 또한 자연 생태의 영향을 받고 영향을 준다고 역설한다.

2. 국가, 기관, 기업, 단체 등 모든 조직 구조에서 권력은 법과 규칙의 토대 위에서만 성립한다. 대통령이든 의원이든 CEO든 전부 마찬가지다. 저 먼 옛날 사람들을 따르게 하고 믿게 한 지도자들의 신비와 마법은 이제 법이라는 훨씬 더 강력한 무기로 바뀌어 세상을 지배하고 통제한다.

3. 에콰도르 헌법 제10조 및 제71조 제4항에서 인용.

4. 이 헌법 개정안 부결과 관련해 몇몇 비평가들은 원칙보다 내용을 규정한 것이 지나쳤다고 평가하면서 프리드리히 하이에크(Friedrich Hayek)의 견해를 인용했다. 하이에크는 만약 누군가가 "그 활동의 목적이 무엇이어야 하는지 규정하는 실질적 내용을 제시한다면 민주주의를 남용하는 것"이라고 지적한 바 있다.

제9장: 민주주의와 과학의 만남

1. 과학자들로 구성된 자문위원회가 코로나19 방역 대책 마련과 시행을 주도하고 GCSA와 CMO에게 실시간으로 보고하는 형식이었다.

2. 다음 칼럼을 참조할 것. Anjana Ahuja, "Richard Horton: 'It's the Biggest

Science Policy Failure in a Generation'", *Financial Times*(24 April 2020). https://www.ft.com/content/8e54c36a-8311-11ea-b872-8db45d5f6714

3. 더욱 철저하고 냉혹한 평가는 다음 논문을 참조할 것. Susan Michie, Philip Ball, James Wilsdon, Robert Westd, "Lessons from the UK's handling of Covid-19 for the future of scientific advice to government: a contribution to the UK Covid-19 Public Inquiry", *Contemporary Social Science*, 17, No. 5(November 2022), pp. 418-433. https://doi.org/10.1080/21 582041.2022.2150284

4. 다음 책을 참조할 것. Justus Lentsch, Peter Weingart 편저, *The Politics of Scientific Advice: Institutional Design for Quality Assurance*(Cambridge University Press, 2011). 다음 프로젝트 보고서도 참조할 것. Robert Doubleday, James Wilsdon, "Future Directions for Scientific Advice in Whitehall", Centre for Science and Policy(University of Cambridge, 2013). 다음 웹사이트 링크에서 보고서 전문을 내려받을 수 있다. https://www.csap.cam.ac.uk/media/uploads/files/1/fdsaw.pdf

5. 회원국 현황 등 자세한 사항은 다음 EPTA 웹사이트에서 확인할 수 있다. https://eptanetwork.org

6. WRR에 관한 정보는 다음 웹사이트 링크를 참조할 것. https://english.wrr.nl

7. 다음 논문을 참조할 것. Sheila Jasanoff, "Serviceable Truths: Science for Action in Law and Policy", *Texas Law Review*, 93(August 2015), pp. 1723-1749. 다음 웹사이트 링크에서 전문을 내려받을 수 있다. https://texaslawreview.org/wp-content/uploads/2015/08/Jasanoff.Final_.pdf 이 논문에서 그녀는 성공적인 조언이란 "우리가 세상을 이해하고 대변하는 방식"이 곧 "우리가 그 안에서 살기를 결정하는 방식"과 분리될 수 없음을 확인하는 과정에서 "과학기술을 통한 자연 질서와 권력 및 문화를 통한 사회 질서를 연결"하는 것이라고 설명했다. 다음 책도 참조할 것. Sheila Jasanoff, Science at the Bar: Law, *Science, and Technology in America*(Harvard University Press, 1995).

8. 다음 칼럼을 참조할 것. Ed Yong, "What Even Counts as Science Writing Anymore?", *The Atlantic*(2 October 2021), https://www.theatlantic. com/science/archive/2021/10/how-pandemic-changed-science-writing/620271

9. 다음 책을 참조할 것. Sheila Jasanoff, *The Fifth Branch*(Harvard University Press, 1998).

10. 다음 책을 참조할 것. Justus Lentsch, Peter Weingart 편저, *The Politics of Scientific Advice: Institutional Design for Quality Assurance*(Cambridge University Press, 2011).

11. 그가 온갖 종류의 로비를 이용한 수많은 정치적 흑막을 정면으로 비판한 것은 옳은 일이었다. 로저 피엘크 자신도 정치 분쟁에 휘말려 대통령 과학 고문으로 부터 공개적 공격과 여러 기관의 자금 지원 중단 압력을 받기도 했다.

12. 다음 기사를 참조할 것. Bruce L. R. Smith, "Can Science Policy Advice Be Disinterested?", *Issues in Science and Technology*, 24, No. 4(Summer 2008). https://issues.org/br_smith

13. 다음 논문을 참조할 것. Brian W. Head, "Evidence-Based Policymaking: Speaking Truth to Power?", *Australian Journal of Public Administration*(5 November 2013), p. 297, https://doi.org/10.1111/1467-8500.12037

14. 다음 논문을 참조할 것. Elizabeth C. McNie, Adam Parris, Danial Sarewitz, "Improving the Public Value of Science: A Typology to Inform Discussion, Design and Implementation of Research", *Research Policy*, 45, No. 4(2016), pp. 884-895. https://doi.org/10.1016/j.respol.2016.01.004

15. 다음 보고서를 참조할 것. "Making Sense of Science for Policy under Conditions of Complexity and Uncertainty", SAPEA(July, 2019). https://doi.org/10.26356/masos

16. 다음 논문을 참조할 것. Elias G. Carayannis, David F. J. Campbell, "'Mode 3' and 'Quadruple Helix': Toward a 21st Century Fractal Innovation Ecosystem", *International Journal of Technology Management*, 46, No. 3/4(January 2009). https://doi.org/10.1504/IJTM.2009.023374

17. 다음 논문을 참조할 것. David L. Sackett, William M. C. Rosenberg, J. A. Muir Gray, R. Brian Haynes, W Scott Richardson, "Evidence Based Medicine: What It Is and What It Isn't", BMJ, 312(13 January 1996), pp. 71–72. https://doi.org/10.1136/bmj.312.7023.71

18. 다음 책을 참조할 것. David Collingridge, *The Social Control of Technology*(St Martin's Press, 1982).

19. 다음 보고서를 참조할 것. Kathryn Oliver, Anna Numa Hopkins, Annette Boaz 외, "Pre-Print: What Works to Promote Research-Policy Engagement?", Transforming Evidence. 다음 웹사이트 링크에서 보고서 전문을 내려받을 수 있다. https://transforming-evidence.org/resources/what-works-to-promote-research-policy-engagement

20. 다음 논문을 참조할 것. Anne Castles, Kathleen Rastle, Kate Nation, "Ending the Reading Wars: Reading Acquisition From Novice to Expert", *Sage Journals*, 19, No. 1(11 June 2018), pp. 5–51. https://doi.org/10.1177/1529100618772271

21. 다음 논문을 참조할 것. Andy Stirling, "'Opening Up' and 'Closing Down': Power, Participation, and Pluralism in the Social Appraisal of Technology", *Sage Journals*, 33, No. 2(12 November 2007). https://doi.org/10.1177/0162243907311265

22. 다음 책을 참조할 것. Donald A. Schön, *The Reflective Practitioner: How Professionals Think in Action*(Basic Books, 1984). 미국 실용주의 철학 전통에서 중요한 이 책은 각 분야 전문가들이 어려운 문제를 해결하기 위해 서로의 지식, 경험, 통찰 등을 결합해야 한다고 강조한다.

23. 다음 소개 자료를 참조할 것. "Experimentation Works", Treasury Board of Canada Secretariat(24 June 2019). https://www.canada.ca/en/government/publicservice/modernizing/experimentation-works.html

24. 다음 논문을 참조할 것. Sheila Jasanoff, "Serviceable Truths: Science for Action in Law and Policy", *Texas Law Review*, 93(August 2015).

25. 지식이 지속해서 공유되면 정부 부처가 제출하는 백서(보고서)에 의존하지 않고도 그때그때 상황에 맞게 정책을 조율하거나 정책 내용을 수정할 수 있다. 다음 책을 참조할 것. Danielle Allen, Yochai Benkler, Leah Downey, Rebecca Henderson, Josh Simons 편저, *A Political Economy of Justice* 중 Dani Rodrik, Charles Sabel, "Building a Good Jobs Economy"(University of Chicago Press, 2022), pp. 61-95.

26. 정치와 과학 사이에서의 주인-대리인 문제는 다음 책에서 자세히 살피고 있다. David H. Guston, *Between Politics and Science: Assuring the Integrity and Productivity of Reseach*(Cambridge University Press, 2000).

27. 다음 논문을 참조할 것. Ben Almassi, "Relationally Responsive Expert Trustworthiness", *Social Epistemology*, 36, No. 5(3 September 2022), pp. 576-585. https://doi.org/10.1080/02691728.2022.2103475

28. 다음 보고서를 참조할 것. Gabriel Geiger, Eva Constantaras 외 "Suspicion Machine Methodology", *Lighthouse Reports*(6 March 2023). https://www.lighthousereports.com/methodology/suspicion-machine

29. 수많은 우려에도 불구하고 이제 AI는 우리의 일상적 의사결정에도 간여하고 있으며, 긍정적으로만 보면 때때로 비합리적인 인간의 판단에 중립적이고 균형 잡힌 관점을 제공할 수도 있다. 하지만 영국 왕립통계학회 회장을 지낸 데이비드 스피겔할터 경(Sir David Spiegelhalter)의 말을 유념할 필요가 있다. "머신 러닝과 알고리듬을 둘러싼 호기심과 과대 선전이 너무 많다. 정부는 과학계에 해당 시스템이 어떤 원리로 작동하는지, 어떻게 개인의 성향까지도 구체적으로 알 수 있는지, 객관적이고 공정하다는 근거는 무엇인지, 정말로 개인과 사회에

도움이 될 수 있는지 투명하고 신뢰할 만한 설명을 요구해야 한다." 이해할 수 있는 것만 이해하면서 살 수 없는 세상이다. 우리가 이해하지 못하는 체계와 기술에도 의존하지 않을 수 없다. 그러므로 정치는 우리가 우리의 선택에 책임질 수 있도록 올바르게 질문하고 대답을 요구할 제도와 체제를 마련해야 한다.

30. 다음 논문을 참조할 것. Ben Almassi, "Relationally Responsive Expert Trustworthiness", *Social Epistemology*, 36, No. 5(3 September 2022).

31. 다음 논문을 참조할 것. Kyle Whyte, Robert Crease, "Trust, Expertise, and the Philosophy of Science", *Synthese*, 177, No. 3(7 September 2010), pp. 411-425. https://doi.org/10.1007/s11229-010-9786-3

32. 다음 책을 참조할 것. Londa Schiebinger 편저, *Gendered Innovations in Science and Engineering*(Stanford University Press, 2008). 다음 웹사이트 링크도 참조할 것. http://genderedinnovations.stanford.edu/index.html

33. 다음 논문을 참조할 것. Jackie Street, Katherine Duszynski, Stephanie Krawczyk, Annette Braunack-Mayer, "The Use of Citizens' Juries in Health Policy Decision-Making: A Systematic Review", *Soc. Sci. Med*, 109(May 2014), pp. 1-9. https://doi.org/10.1016/j.socscimed.2014.03.005

34. 다음 기사를 참조할 것. John S. Dryzek1, André Bächtiger, Simone Chambers, Joshua Cohen, James N. Druckman, Andrea Felicetti, James S. Fishkin, David M. Farrell, Archon Fung, Amy Gutmann, Hélène Landemore, Jane Mansbridge, Sofie Marien, Michael A. Neblo, Simon Niemeyer1, Maija Setälä, Rune Slothuus, Jane Suiter, Dennis Thompson, Mark E. Warren, "The Crisis of Democracy and the Science of Deliberation", *Science*, 363, No. 6432(15 March 2019), pp. 1144-1146. https://www.science.org/doi/10.1126/science.aaw2694 다음 웹사이트 링크에서 기사 전문을 내려받을 수 있다. https://faculty.wcas.northwestern.edu/jnd260/pub/Crisis%20of%20Democarcy%20and%20the%20Science%20of%20Deliberation.pdf

35. 다음 자료를 참조할 것. "Online Conference: 'Green Transition of the Chemical Industry' with the EU Environment Commissioner on Tue, 1/9, 10-12:30", Sven Giegold-Mitglied der Grunen Fraktion im Europaparlament, 24 August 2020. https://sven-giegold.de/en/online-conference-green-transition-chemical-industry

36. 다음 설명을 참조할 것. "Projects and Impacts", Sciencewise. https://sciencewise.org.uk/projects-and-impacts

37. 다음 기사를 참조할 것. Alan I. Leshner, "Public Engagement with Science", *Science*, 299, No. 5609(14 February 2003), p. 977. https://www.science.org/doi/full/10.1126/science.299.5609.977

38. 이 주제와 관련한 흥미로운 논의는 다음 책을 참조할 것. Mark Brown, *Science and Democracy*(MIT Press 2009).

39. 매우 중요한 사안이나 그동안 과학계에서 무시해온 연구에 관한 설명은 다음 책을 참조할 것. David J. Hess, Undone Science: Social Movements, Mobilized Publics, and Industrial Transitions(개정판, MIT Press, 2016).

40. 이는 또한 '자율성'이라는 이상을 계속 유지하고 있는 교육계 내부의 패턴이기도 하다. 신자유주의 민주 국가에서든 권위주의 독재 국가에서든 간에 대중으로부터 관리·통제, 시장화, 정치적 간섭 등 대한 불만 어린 목소리를 듣는 것은 흔한 일이다. 그러나 대중의 주장이나 요구가 세력을 형성한 적은 있어도 실제로 사회가 대중에게 어떤 정책의 의의나 목적 등을 설명하고 증거를 제시한 적은 거의 없었다. 다음 책을 참조할 것. Thomas Docherty, *The New Treason of the Intellectuals: Can the University Survive?*(Manchester University Press, 2019).

41. 다음 책을 참조할 것. Carolyn Marvin, *When Old Technologies Were New: Thinking About Electric Communication in the Late Nineteenth Century*(개정판, Oxford University Press, 1990).

42. 다음 논문을 참조할 것. Rebecca Masters, Elspeth Anwar, Brendan

Collins, Richard Cookson, Simon Capewell, "Return on Investment of Public Health Interventions: A Systematic Review", *Journal of Epidemiological Community Health*, 71, No. 8(1 August 2017), pp. 827-834. https://doi.org/10.1136/jech-2016-208141

43. 다음 보고서를 참조할 것. Richard Jones, James Wilsdon, "The Biomedical Bubble", Nesta(12 July 2018). 다음 웹사이트 링크에서 보고서 전문을 내려받을 수 있다. https://media.nesta.org.uk/documents/The_Biomedical_Bubble_v6.pdf

44. 다음 논문을 참조할 것. Rebecca Masters, Elspeth Anwar, Brendan Collins, Richard Cookson, Simon Capewell, "Return on Investment of Public Health Interventions: A Systematic Review", *Journal of Epidemiological Community Health*, 71, No. 8(1 August 2017). http://doi.org/10.1136/jech-2016-208141

45. 다음 논문을 참조할 것. Harry Rutter, Natalie Savona, Ketevan Glonti, Jo Bibby, Steven Cummins, Diane T. Finegood 외, "The need for a complex systems model of evidence for public health", *Lancet*, 390, No. 10112(9 December 2017), pp. 2602-2604. https://doi.org/10.1016/S0140-6736(17)31267-9 이 논문에서 연구자들은 더 많은 인구와 삶의 더 넓은 맥락을 반영한 증거 기반 연구 모델의 필요성을 강조하고 있다.

46. 다음 논문을 참조할 것. Nicholas Bloom, Charles I. Jones, John Van Reenen, Michael Webb, "Are Ideas Getting Harder?", *American Economic Review*, 110, No. 4(4 April 2020), pp. 1104-1044. https://doi.org/10.1257/aer.20180338

47. 위 논문을 참조할 것.

48. 다음 두 논문을 참조할 것. Benjamin F. Jones, "The Burden of Knowledge and the 'Death of the Renaissance Man': Is Innovation Getting Harder?", *Review of Economic Studies*, 76, No. 1(1 January

2009), pp. 283-317. https://doi.org/10.1111/j.1467-937X.2008.00531.
x Benjamin F. Jones, "Age and Great Invention", Review of Economics
and Statistics, 92, No. 1(1 February 2010), pp. 1-14. https://doi.
org/10.1162/rest.2009.11724

49. 다음 두 논문을 참조할 것. Jan Brendel, Sascha Schweitzer, "The Burden
of Knowledge in Mathematics", Open Economics, 2, No. 1(1 January
2019), pp. 139-149. https://doi.org/10.1515/openec-2019-0012 Jan
Brendel, Sascha Schweitzer, "A Burden of Knowledge Creation in
Academic Research: Evidence from Publication Data", Industry and
Innovation, 28, No. 3(13 February 2020), pp. 283-306. https://doi.org/10.1
080/13662716.2020.1716693

50. 다음 칼럼을 참조할 것. Kelsey Piper, "Can a New Approach to Funding
Scientific Research Unlock Innovation?", Vox(18 December 2021). https://
www.vox.com/future-perfect/2021/12/18/22838746/biomedicine-
science-grants-arc-institute

51. 다음 보고서를 참조할 것. Helen Buckley Woods, James Wilsdon,
"Experiments with Randomisation in Research Funding: Scoping and
Workshop Report(RoRI Working Paper No. 4)", Research on Research
Institute(18 April 2022). https://doi.org/10.6084/m9.figshare.16553067.v2

52. 다음 논문을 참조할 것. Ferric C. Fang, Anthony Bowen, Arturo
Casadevall, "NIH Peer Review Percentile Scores Are Poorly Predictive
of Grant Productivity", eLife, 5(16 February 2016). https://doi.org/10.7554/
eLife.13323

53. 다음 책을 참조할 것. Ajay Agrawal, Joshua Gans, Avi Goldfarb 편저, The
Economics of Artificial Intelligence: An Agenda(University of Chicago
Press, 2019).

54. 다음 논문을 참조할 것. Steffen Fritz, See Linda, Tyler Carlson 외 "Citizen

science and the United Nations Sustainable Development Goals",
Nature Sustainability, 28(2019), pp. 922-930. https://doi.org/10.1038/
s41893-019-0390-3 이 논문에서 전 세계적으로 시민 과학의 집단 지식이 어
떻게 쓰이고 있는지 확인할 수 있다. 일례로 필리핀 정부는 시민 자원봉사단의
힘을 빌려 빈곤, 영양, 보건, 교육, 주거, 재해 등에 관한 가구별 조사 데이터를
확보하는데, 이 데이터는 필리핀 통계청이 유엔의 지속가능발전목표(SDGs) 지
표를 업데이트하는 데에도 사용된다.

55. 다음 논문을 참조할 것. Alex Bell, Raj Chetty, Xavier Jaravel, Neviana
Petkova, John Van Reenenet, "Who Becomes an Inventor in America?
The Importance of Exposure to Innovation", *The Quarterly Journal
of Economics*, 134, No. 2(29 November 2018), pp. 647-713. https://doi.
org/10.1093/qje/qjy028

제10장: 민주주의의 논리적 흠결과 그 해결책

1. 다음 책을 참조할 것. Michel Foucault, *On the Government of the Living:
Lectures at the Collège de France, 1979-1980*(영문판, Picador, 2016).

2. 다음 책을 참조할 것. Elmer E. Schattschneider, *The Semi-Sovereign
People: A Realist's View of Democracy in America*(초판, Cengage Learning,
1975).

3. 다음 논문을 참조할 것. Yaron Ezrahi, "Utopian and Pragmatic
Rationalism: The Political Context of Scientific Advice", *Minerva* 18, No.
1(1 March 1980), pp. 111-131. https://doi.org/10.1007/BF01096662

4. 존 스튜어트 밀의 《자유론》에 관한 다음 설명을 참조할 것. John Stuart Mill,
"On Liberty", Econlib. https://www.econlib.org/library/Mill/mlLbty.html

5. 더 자세한 내용은 다음 칼럼을 참조할 것. Arthur Kantrowitz, "Proposal for
Institution of Scientific Judgement", *Science*, 156, No.3776(12 May 1967),

pp. 763-764. https://doi.org/10.1126/science.156.3776.763

6. 다음 칼럼을 참조할 것. Arthur Kantrowitz, "Views: Controlling Technology Democratically", *American Scientist*, 63, No. 5(September-October 1975), pp. 505-509. https://www.jstor.org/stable/27845676

7. 다음 논문을 참조할 것. Claire Crawford, Lindsey Macmillan, Anna Vignoles, "When and Why Do Initially High Attaining Poor Children Fall Behind?", *Oxford Review of Education*, 43, No. 1(28 November 2016), pp. 88-108. https://doi.org/10.1080/03054985.2016.1240672

8. 다음 논문을 참조할 것. Tobias Olofsson, Shai Mulinari 외, "The Making of a Swedish Strategy: How Organizational Culture Shaped the Public Health Agency's Pandemic Response", *SSM-Qualitative Research in Health*, 2(1 December 2022).

9. 다음 책을 참조할 것. Robert A. Dahl, *On Democracy*(초판, Yale University Press, 1998).

10. 다음 논문을 참조할 것. Eric J. Gouvin, "A Square Peg in a Vicious Circle: Stephen Breyer's Optimistic Prescription for the Regulatory Mess", *Harvard Journal on Legislation*, 32(14 December 1995), pp. 473-492. 다음 웹사이트 링크에서 논문 전문을 내려받을 수 있다. https://digitalcommons.law.wne.edu/cgi/viewcontent.cgi?article=1135&context=facschol

11. 다음 두 논문을 참조할 것. Richard Bellamy, "'Dethroning Politics': Liberalism, Constitutionalism and Democracy in the Thought of F. A. Hayek", *British Journal of Political Science*, 24, No. 4(October 1994), pp. 419-441. https://doi.org/10.1017/S0007123400006943 Scott A. Boykin, "Hayek on Spontaneous Order and Constitutional Design", *The Independent Review, Summer*, 15, No. 1(Summer 2010), pp. 19-34. http://doi.org/10.2139/ssrn.3828167

12. 다음 책을 참조할 것. Pierre Rosanvallon, *La contre-démocratie: La politique à l'âge de la défiance*(Seuil, 2006), *Counter-Democracy: Politics in an Age of Distrust*(영문판, Cambridge University Press, 2008). Pierre Rosanvallon, *Le bon gouvernement*(Seuil, 2015).

13. 다음 책을 참조할 것. Jon Elster, *Securities Against Misrule: Juries, Assemblies, Elections*(Cambridge University Press, 2013).

14. 다음 논문을 참조할 것. Jon D. Miller, "The Measurement of Civic Scientific Literacy", *Public Understanding of Science*, 7, No. 3(July 1998), pp. 203-223. https://doi.org/10.1088/0963-6625/7/3/001

15. 다음 설문 조사 보고서를 참조할 것. Cary Funk, Lee Rainie, Aaron Smith, Kenneth Olmstead, Maeve Duggan, Dana Page, "Public and Scientists' Views on Science and Society", Pew Research Center(29 January 2015). http://www.pewresearch.org/science2015 다음 웹사이트 링크에서 전문을 내려받을 수 있다. https://www.pewresearch.org/internet/wp-content/uploads/sites/9/2015/01/PI_ScienceandSociety_Report_012915.pdf

16. 물론 가짜 또는 잘못된 지식은 새로울 수가 없다. 다음 보고서를 참조할 것. Charlotte Sleigh, "Fluoridation of Drinking Water in the UK, c. 1962-67: A Case Study in Scientific Misinformation Before Social Media", Royal Society(1 July 2021). 다음 웹사이트 링크에서 보고서 전문을 내려받을 수 있다. https://royalsociety.org/-/media/policy/projects/online-information-environment/oie-water-fluoridation-misinformation.pdf

17. 다음 책을 참조할 것. Massimiano Bucchi, Brian Trench 편저, *Handbook of Public Communication of Science and Technology*(초판, Routledge, 2008), pp. 111-130.

18. GPT와 같은 거대 언어 모델(LLM)이나 AI 개인 비서 및 디지털 폴리스 등 정교한 기술의 조합은 모두 대중 참여와 지식의 복잡성 사이에서 균형을 맞춰줄 미래를 가리키고 있다.

19. 다음 두 논문을 참조할 것. Gerd Gigerenzer, Wolfgang Gaissmaier, Elke Kurz-Milcke, Lisa M. Schwartz, Steven Woloshin, "Helping Doctors and Patients Make Sense of Health Statistics", *Sage Journals*, 8, No. 2(November 2017). https://doi.org/10.1111/j.1539-6053.2008.00033.x Ralph Hertwig, "When to Consider Boosting: Some Rules for Policy-Makers", *Behavioural Public Policy*, 1, No. 2(November 2017), pp. 143-161. https://doi.org/10.1017/bpp.2016.14

20. 다음 두 논문을 참조할 것. John Cook, Stephan Lewandowsky, Ullrich K. H. Ecker, "Neutralizing Misinformation through Inoculation: Exposing Misleading Argumentation Techniques Reduces Their Influence", *PloS ONE*, 12, No. 5(May 2017). https://doi.org/10.1371/journal.pone.0175799 Sander van der Linden, Jon Roozenbeek and Josh Compton, "Inoculating Against Fake News About COVID-19", *Frontiers in Psychology*, 11(23 October 2020). https://doi.org/10.3389/fpsyg.2020.566790

21. 다음 논문을 참조할 것. David V. Budescu, Stephen Broomell, Han-Hui Por, "Improving Communication of Uncertainty in the Reports of the Intergovernmental Panel on Climate Change", Psychological Science, 20, No. 3(March 2009). https://doi.org/10.1111/j.1467-9280.2009.02284.x

22. 다음 보고서를 참조할 것. "Making Sense of Science for Policy under Conditions of Complexity and Uncertainty", SAPEA(July, 2019).

23. 다음 자료를 참조할 것. Hannah Ritchie, "FAQs on Plastics", Our World in Data(2 September 2018). https://ourworldindata.org/faq-on-plastics#are-plastic-alternatives-better-for-the-environment

24. 다음 책을 참조할 것. Susanne Hecker, Muki Haklay, Anne Bowser, Zen Makuch, Johannes Vogel, Aletta Bonn 편저, *Citizen Science: Innovation in Open Science, Society and Policy*(UCL Press, 2019).

25. 다음 논문을 참조할 것. Oguz Acar, "Crowd Science and Science Skepticism", *Collective Intelligence*, 2, No. 2(April-June 2023). https://doi.org/10.1177/26339137231176480

26. 그러나 주제가 너무 복잡하거나 개인적 위험이 따르게 되면 주의해야 한다.

27. 정치심리학자 캐런 스테너(Karen Stenner)는 보수적인 유권자들을 "변화의 회피자가 아니라 복잡성의 회피자"로 이해해야 한다고 주장했다.

28. 피에르 로장발롱은 민주주의를 좀더 탄력적인 관점에서 바라보면 민주주의 정치 체제는 공식적 작동 기제뿐 아니라 시민들이 정부 권력에 영향을 미치는 방식에 따라 정의될 수 있다고 봤다. 달리 말해 민주주의는 시민이 정부를 감시하는 방법, 정책을 검토하는 방법, 잘못된 정치에 대항하는 방법, 법을 이용해 나쁜 정치인을 심판하는 방법 등을 내재하고 있다. 과학 지식과 실증적 데이터가 이 모든 활동에서 매우 중요한 역할을 할 것이다. 다음 책을 참조할 것. Pierre Rosanvallon, *Counter-Democracy: Politics in an Age of Distrust*(영문판, Cambridge University Press, 2008).

29. 다음 논문을 참조할 것. Max Rollwagee, Raymond J. Dolan, Stephen M. Fleming, "Metacognitive Failure as a Feature of Those Holding Radical Beliefs", *Current Biology*, 28, No. 24(17 December 2018), pp. 4014-4021. e8. https://doi.org/10.1016/j.cub.2018.10.053

30. 위 논문을 참조할 것.

31. 나는 이곳에서도 일한 적이 있는데, 이들의 노력에 매우 감탄했다. 영국에도 이에 필적하는 기관이 생기기를 소망한다. 영국 정치인들 대다수는 어떤 분야에 깊은 이해와 관심을 추구하기보다 그저 임기응변으로 그때그때 상황을 모면하려는 경향이 강하다.

32. 내가 발표한 다음 보고서를 참조할 것. "Net Zero: Mobilising Knowledge for Easier, Effective Decision Making", International Public Policy Observatory(9 January 2023). https://theippo.co.uk/net-zero-mobilising-knowledge-easier-effective-decision-making

33. 다음 책을 참조할 것. Zeynep Pamuk, *Politics and Expertise: How to Use Science in a Democratic Society*(Princeton University Press, 2021).

34. 미국을 위시한 많은 국가에서 양자컴퓨팅과 관련한 정책과 로드맵을 보유하고 있다. 미국 국가과학기술협의회(National Science and Technology Council) 산하 양자정보과학소위원회(Subcommittee on Quantum Information Science)가 발표한 보고서 〈양자정보과학을 위한 국가 전략 개요(National Strategic Overview for Quantum Information Science)〉를 참조할 것. 다음 웹사이트 링크에서 보고서 전문을 내려받을 수 있다. https://www.quantum.gov/wp-content/uploads/2020/10/2018_NSTC_National_Strategic_Overview_QIS.pdf 그러나 그 내용을 제대로 설명할 수 있는 정치인들은 거의 없을 것이다.

35. 다음 논문을 참조할 것. Stefan P. L. de Jong, Jorrit Smit, Leonie van Drooge, "Scientists' Response to Societal Impact Policies: A Policy Paradox", *Science and Public Policy*, 43, No. 1(February 2016), pp. 102-114. https://doi.org/10.1093/scipol/scv023

36. 나는 과학이 말해주는 방법론처럼 보이는 것들을 정리해 다음 책과 보고서에서 소개한 바 있다. Geoff Mulgan, *Big Mind: How Collective Intelligence Can Change Our World*(Princeton University Press, 2019). Geoff Mulgan, "Meaningful meetings: how can meetings be made better?", Nesta(13 October 2015). 다음 웹사이트 링크에서 보고서 전문을 내려받을 수 있다. https://media.nesta.org.uk/documents/meaningful_meetings.pdf

제11장: 글로벌 이익과 국가 이익의 충돌

1. 다음 책을 참조할 것. Francisco J. Varela, *Ethical Know-How: Action, Wisdom, and Cognition*(Stanford University Press, 1999). 세 차례 강연 원고를 엮은 이 책은 과학과 윤리학이 어떻게 연결될 수 있는지 탐구한 프란시스코 바렐라의 '행위화(enaction)' 이론 심화편이라고 할 수 있는데, 그 출발점은 몸

과 마음의 관계를 파헤친 다음 책에서 찾을 수 있다. Francisco J. Varela, Evan Thompson, Elanor Rosch, *The Embodied Mind: Cognitive Science and the Human Experience*(MIT Press, 1992).

2. 다음 책에서 인용. James Poskett, *Horizons: The Global Origins of Modern Science*(Mariner Books, 2022), p. 144.

3. 지식의 거대한 다양성 가운데 일부를 '토착'이라는 꼬리표로 묶는 것은 지배 권력의 관점에서 볼 때나 성립한다는 점에서 역설적이다. 다음 책을 참조할 것. Sandra G. Harding 편저, *The Postcolonial Science and Technology Studies Reader*(Duke University Press, 2011).

4. 다음 논문에서 인용. David Edgerton, "From Innovation to Use: Ten Eclectic Theses on the Historiography of Technology", *History and Technology*, 16(1999), p. 126.

5. 다음 책을 참조할 것. Reinhold Niebuhr, *Christian Realism and Political Problems*(Charles Scribner's Sons, 1938). 다음 논문도 참조할 것. Reinhold Niebuhr, "The Tyranny of Science", *Theology Today* 10, No. 4(January 1954). https://doi.org/10.1177/004057365401000404

6. 그의 관점에서 과학자들은 새로운 해답의 생산자인 동시에 새로운 위험의 생산 자였다. 그는 오직 과학자들만이 자신이 생산하는 위험을 이해하고 억제할 수 있으며, 그러려면 모든 진실과 지혜가 신빙성을 획득하기에 앞서 과학을 통한 철 저한 검증이 이뤄져야 한다고 주장했다.

7. 다음 보고서를 참조할 것. Taras K. Oleksyk, Vladimir Brukhin, Stephen J. O'Brien, "The Genome Russia project: closing the largest remaining omission on the world Genome map", *GigaScience*, 4, No. 1(13 November 2015). https://doi.org/10.1186/s13742-015-0095-0

8. 다음 책을 참조할 것. Deborah Coen, *Climate in Motion, Science, Empire, and the Problem of Scale*(Chicago University Press, 2019).

9. 이에 관한 최근 연구 결과는 다음 책을 참조할 것. Simon Sharpe, *Five Times*

Faster: Rethinking the Science, Economics and Diplomacy of Climate Change(Cambridge University Press, 2023).

10. 다음 설명을 참조할 것. James Andrew Lewis, "Technology and the Shifting Balance of Power", Center for Strategic and International Studies(19 April 2022). https://www.csis.org/analysis/technology-and-shifting-balance-power 다음 논문도 참조할 것. Daniel W. Drezner, "Technological Change and International Relations", *International Relations* 33, No. 2(2019), pp. 286-303. https://doi.org/10.1177/0047117819834629

11. 다음 보고서를 참조할 것. "Survey of Chinese Espionage in the United States Since 2000", Center for Strategic and International Studies(March 2023). 다음 웹사이트 링크에서 보고서 전문을 내려받을 수 있다. https://csis-website-prod.s3.amazonaws.com/s3fs-public/2023-03/230329_CN_Espionage_List.pdf?VersionId=zrNh__rgByZlgiXW6yL8ARyawFNSIEPw

12. 다음 책을 참조할 것. Pierre-Bruno Ruffini, *Science and Diplomacy: A New Dimension of International Relations*(Springer, 2017).

13. 다음 소개 자료를 참조할 것. "Experimentation Works", Treasury Board of Canada Secretariat(24 June 2019). https://www.canada.ca/en/government/publicservice/modernizing/experimentation-works.html

제12장: 글로벌 과학기술을 통제하는 방법

1. 나는 이와 같은 아이디어를 전개하기 위해 오래전부터 노력해왔다. 토니 블레어 정부 때는 총리 관저인 다우닝가 10번지(10 Downing Street)에서 정책국을 이끌며 유엔 개혁 방안, 핵 확산 방지 방안, 백신 개발 방안, 조직 범죄 소탕 방안 등 온갖 문제에 대한 새로운 거버넌스 수립 대책을 연구했다. 《좋은 권력과 나쁜 권

력(Good and Bad Power)》에서는 따로 장을 할애해 글로벌 거버넌스 구축의 중요성을 역설하기도 했다. 최근에는 글로벌 인터넷 거버넌스에 관한 아이디어를 담은 보고서를 발표하면서 구체적인 청사진과 더불어 사이버 보안 및 AI 분야의 정책 수립 방향을 제시했으며, 데이터와 지식을 기반으로 유엔 체제 일부를 재구성하는 방안을 제안했다.

2. 다음 웹사이트 링크를 참조할 것. https://changingchildhood.unicef.org

3. 다음 기사를 참조할 것. "Why a Vaccine Hub for Low-Income Countries Must Succeed", *Nature* 607, No. 7918(13 July 2022), pp. 211-212. https://doi.org/10.1038/d41586-022-01895-6

4. 다음 칼럼을 참조할 것. Gregory D. Koblentz, Filippa Lentzos, "It's Time to Modernize the Bioweapons Convention", *Bulletin of the Atomic Scientists*(4 November 2016). https://thebulletin.org/2016/11/its-time-to-modernize-the-bioweapons-convention

5. 다음 책을 참조할 것. Maximilian Mayer, Mariana Carpes, Ruth Knoblich, *The Global Politics of Science and Technology: An Introduction*(Springer, 2015).

6. 로버트 코헤인(Robert Keohane)이 지적한 바와 같이 새로운 글로벌 기관은 비록 추후 운영은 그렇지 않더라도 설립 시에는 초강대국의 강력한 정치적 리더십을 필요로 한다. 현재 가장 큰 문제가 바로 여기에 있다. 리더십이 실종된 상황이다. 자국의 이익이 글로벌 이익과 일치할 수 있다는 자신감을 되찾아야 한다. 다음 책을 참조할 것. Robert O. Keohane, *After Hegemony: Cooperation and Discord in the World Political Economy*(개정판, Princeton University Press, 2005).

7. 다음 논문을 참조할 것. Lili Miao, Dakota Murray, Woo-Sung Jung, Vincent Larivière, Cassidy R. Sugimoto, Yong-Yeol Ahn, "The Latent Structure of Global Scientific Development", *Nature Human Behaviour*, 6, No. 9(September 2022), pp. 1206-1217. https://doi.org/10.1038/s41562-

8. GPAI(AI에 관한 국제 파트너십), PAI(AI에 관한 파트너십), AI 사고 지표(AI Incidents Index), 책임 있는 AI(Responsible AI) 등이 있는데 아직은 조악한 수준이고 공식 기관도 아니어서 IPCC 같은 영향력을 기대하기에는 무리가 있다.

9. 그러나 이런 접근법은 공유 가치 향상을 도모하는 데는 유용할 수 있으나, 글로벌 인권 같은 윤리적 측면에서 여전히 논란의 여지를 남긴다.

10. 국제관계와 관련한 학문적 연구 대부분은 과학과 기술의 중요성을 인정하지 않는다. 일례로 정치학자 칼레비 J. 홀스티(Kalevi J. Holsti)는 이렇게 썼다. "이전 세기의 사회적·기술적 환경 변화가 국제 정치의 기본 원칙을 바꾸지는 못했다. 1775년의 외교 생활은, 말하자면 1700년대에 들어서도, 18세기 엄청난 지적 격변에도 불구하고 그 전신인 계몽주의와 확연히 구분되지 않았다. 같은 맥락에서 오늘날의 세계화만큼 중대한 변화였던 산업혁명도, 전쟁 영역을 제외하고는 주요 국제 기구를 재편하지 못했다." 다음 책에서 인용. K. J. Holsti, *Taming the Sovereigns: Institutional Change in International Politics*(Cambridge University Press, 2004), p. 19.

11. 명칭을 무엇으로 정하든 이 글로벌 정보국을 통해 글로벌 양상 변화를 추적·분석하고, 특정 분야 또는 지정학적 맥락에서 가능한 R&D의 방향성을 정하고, 다양한 의견과 정책안을 논의한다. ISC(국제과학위원회), INGSA(국제정부과학자문네트워크), OECD, 유네스코 등과 각국 시민 사회, 기업, 대학 및 과학기술사회학 분야 학자들과도 폭넓고 긴밀하게 협력한다.

12. 최근 〈네이처〉의 자매지 〈네이처푸드(Nature Food)〉의 한 기사는 다음과 같은 접근법을 제시했다. "예를 들어 글로벌 규모의 CGIAR(국제농업개발연구자문그룹)과 FAO(식량농업기구)가 IPCC나 IPBES(생물다양성 및 생태계 서비스에 관한 정부 간 과학 정책 플랫폼) 등과 협력해 평가·예측을 위한 데이터 저장소를 관리할 수 있다. 같은 맥락에서 확대 권한과 추가 자원을 갖춘 유엔의 HLPE-FSN(식량 안보 및 영양 전문가 고위급 패널)도 SPSIS(국가 플랜트 서비스 정보 시스템) 및 중간 연결 고리 역할을 하는 각종 글로벌 연구 공동체와 협력해 정책 현황

을 주기적으로 평가·예측하고 개선 방안을 권고할 수 있다. 글로벌 수준의 정보는 식량 혁신 방안을 모색하기 위한 이해관계자 간 협력을 촉진할 때 지역 및 국가 차원으로 제공한다. 관련 비정부 기구를 비롯해 FOLU(식량 및 토지 이용 연합), EFSA(유럽식품안전청), EPA(미국 환경보호국), ReSAKKS(아프리카를 위한 지역 전략 분석 및 지식 지원 체제), NZCILW(뉴질랜드 토지 및 수역에 관한 도전 계획), CCAP(중국농업정책센터), FORAGRO(농업 연구 및 기술 개발을 위한 미주 포럼) 등도 마찬가지 효과를 기대할 수 있다." 다음 기사를 참조할 것. Brajesh K. Singh 외, "Food systems transformation requires science-policy-society interfaces that integrate existing global networks and new knowledge hubs", *Nature Food*, 4(January 2023), pp. 1-3. https://doi.org/10.1038/s43016-022-00664-y

13. 다음 웹사이트 링크를 참조할 것. https://www.threesixtygiving.org

14. 다음 웹사이트 링크를 참조할 것. http://www.theglobalfund.org/en

15. 이들 기관은 일반 대중이나 잠재적 수혜자가 아닌 자금 공급자들에게 초점을 맞추고 이들의 이해관계에 따른 특정 R&D 분야만 선호한다는 이유로 비판을 받아왔다. 기금을 통합해 운용하면 지출 탄력성이 커지는 데다 전체 R&D 예산과 비교해 상대적으로 적은 비용이 드는데도 그렇게 많은 분야(중요성이 큰)가 누락된 것은 안타까운 일이다. 기금을 운용할 때 일종의 지원 지침, 일테면 법률 검토 양식, 거버넌스 수립 및 의사결정 매뉴얼, 관련 근거 데이터 저장소 등을 미리 마련해두면 중복 없이 신속하게 그리고 편견 없이 진행할 수 있다. 지금처럼 맞춤형으로 매번 새롭게 추진하면 손실되는 비용이 생기고 불필요한 중복도 발생한다.

16. 다음 웹사이트 링크를 참조할 것. https://www.oecd.org/sti/inno/global-science-forum.htm

17. 다음 웹사이트 링크를 참조할 것. https://en.unesco.org/go-spin

18. 다음 웹사이트 링크를 참조할 것. https://www.stsforum.org

19. 과학 R&D 분야에는 3만 명 규모의 신경과학회(Society for Neuroscience, SfN),

3만 2,000명이 모이는 유럽심장학회(European Society of Cardiology, ESC), 1만 5,000명의 미국화학회(American Chemical Society ACS) 같은 학술회 중심의 여러 국제 회의가 있지만, 정치 및 시민 사회와 연결된 과학 공동체는 아직 없고 제삼자가 참관해 R&D 현황을 살펴볼 수 있는 회의도 전무한 상황이다.

20. 여기에서 또 하나의 중요한 거버넌스 설계 원칙이 나온다. 성공적이라고 평가받는 국제 기구들의 공통점은 임기제를 시행하고 있으며 각국 정부와 기관이 끊김 없이 좋은 인력을 제공한다는 것이다. 예컨대 IAEA(국제원자력기구)는 관리들의 임기를 5년으로 제한하고 있는데, 이곳 관리자들은 WHO(세계보건기구) 같은 조직과 달리 매우 적극적이고 대응력이 탁월하다.

21. 다음 웹사이트 링크를 참조할 것. https://legal.un.org/repertory/art108_109. shtml

제13장: 과학과 융합 그리고 메타인지

1. 그래서 많은 철학자와 종교학자들이 '과학주의'를 비판하는 것이다. 철학자이자 종교학자 존 찰스 냅(John Charles Knapp)은 현대 기업들에서 발견되는 네 가지 자기기만(self-deception) 유형, 즉 '부족주의(tribalism)', '형식주의(legalism)', '도덕적 상대주의(moral relativism)' 그리고 '과학주의'를 비판했다. 다음 논문을 참조할 것. John Charles Knapp, "Self-Deception and Moral Blindness in the Modern Corporation", University of Wales Trinity Saint David(박사학위 논문, January 1999). 다음 웹사이트 링크에서 논문 전문을 내려받을 수 있다. https://repository.uwtsd.ac.uk/id/eprint/1978/1/1978%20 Knapp%2C%20J.%20Self-deception%20%281999%29.pdf

2. 다음 기사를 참조할 것. Alex Marshall, Zoe Mou, "Ibsen Play Is Canceled in China After Audience Criticizes Government", New York Times, 13(September 2018). https://www.nytimes.com/2018/09/13/world/asia/ china-ibsen-play.html

3. 다음 논문을 참조할 것. Christopher Ansell, Robert Geyer, "'Pragmatic Complexity' a New Foundation for Moving beyond 'Evidence-Based Policy Making'?", *Policy Studies*, 38, No. 2(4 March 2017), pp. 149-167. https://doi.org/10.1080/01442872.2016.1219033

4. 다음 논문을 참조할 것. Christl A. Donnelly, Ian Boyd, Philip Campbell, Claire Craig, Patrick Vallance, Mark Walport, Christopher J. M. Whitty, Emma Woods, Chris Wormald, "Four Principles to Make Evidence Synthesis More Useful for Policy", *Nature*, 558, No. 7710(June 2018), pp. 361-364. https://doi.org/10.1038/d41586-018-05414-4

5. 다음 논문을 참조할 것. Peter D. Gluckman, Anne Bardsley, Matthias Kaiser, "Brokerage at the Science-Policy Interface: From Conceptual Framework to Practical Guidance", *Humanities and Social Sciences Communications*, 8, No. 1(19 March 2021), pp. 1-10. https://doi.org/10.1057/s41599-021-00756-3

6. 내가 쓴 다음 책을 참조할 것. Geoff Mulgan, *The Art of Public Strategy: Mobilizing Power and Knowledge for the Common Good*(Oxford University Presss, 2009). 나는 이 책에서 지식과 권력의 관계가 무엇을 의미하는지, 공공 정책을 이해하기에 앞서 지식과 권력의 한계를 먼저 이해하는 것이 왜 필수적인지 꽤 많은 지면을 할애해 설명했다.

7. 선택의 폭은 매우 넓으며 MCA(Multi-Criteria Analysis/다중 기준 분석) 모델, CRELE(Credibility, Relevance, Legitimacy/신뢰성, 타당성, 정당성) 원칙, ACTA(Anti-Counterfeiting Trade Agreement/불법 복제 방지 협정) 등이 EBPM(증거 기반 정책 결정 방법론)에 이바지하고 있다.

8. 선형 모델과 순환 모델의 차이에 관한 설명은 지속가능발전목표 추진을 위한 효과적인 거버넌스 원칙 개발 프로젝트를 주도하는 유엔 경제사회국(DESA) 산하 유엔 공공행정전문가위원회(CEPA)의 전략 지침 보고서를 참조할 것. Kristiann Allen, "CEPA Strategy Guidance Note on the Science-Policy Interface",

UN DESA(March 2021). 다음 웹사이트 링크에서 전문을 내려받을 수 있다. https://publicadministration.un.org/Portals/1/Strategy%20note%20science%20policy%20interface%20March%202021.pdf

9. 다음 논문을 참조할 것. Daniel J. Lang, Arnim Wiek, Matthias Bergmann, Michael Stauffacher, Pim Martens, Peter Moll, Mark Swilling, Christopher J. Thomas, "Transdisciplinary Research in Sustainability Science: Practice, Principles, and Challenges", *Sustainability Science*, 7(4 February 2012), pp. 25-43. https://doi.org/10.1007/s11625-011-0149-x

10. 다음 보고서를 참조할 것. Swen Jacobs, Roderick Bloem, Romain Brenguier, Rüdiger Ehlers, Timotheus Hell, Robert Könighofer, Guillermo A. Pérez, Jean-François Raskin, Leonid Ryzhyk, Ocan Sankur, Martina Seidl, Leander Tentrup, Adam Walker, "The first reactive synthesis competition(SYNTCOMP 2014)", *International Journal on Software Tools for Technology*, 19(2017), pp. 367-390. https://doi.org/10.48550/arXiv.1506.08726

11. 지식 융합에 도움이 될 회의를 조직할 때 온건파, 급진파, 반대파 등 역할을 분리해 서로 대립하게 만드는 방식도 있다. 영국 왕립환경오염위원회(RCEP)가 이른바 '프레임 반영(frame reflection)'을 장려하고자 '학제 간 숙의(interdisciplinary deliberation)'를 활용한 방식으로, 주어진 문제를 단순히 기정사실로 받아들이기보다 다양한 학문적 프레임으로 성찰해 해당 문제를 재구성한다. 다음 책을 참조할 것. Donald A. Schön, Martin Rein, *Frame Reflection: Toward the Resolution of Intractrable Policy Conroversies*(개정판, Basic Books, 1995).

12. 다음 기사를 참조할 것. Brajesh K. Singh 외, "Food systems transformation requires science-policy-society interfaces that integrate existing global networks and new knowledge hubs", *Nature Food*, 4(January 2023), pp. 1-3.

13. 국립보건임상연구소(NICE)의 증거 기반 정책 결정 활동은 다양한 이해관계자들의 견해를 취합해 그에 따른 증거를 고려하고 해석 및 융합 방법을 수립하는 공식 과정도 포함한다. 다음 논문을 참조할 것. David Gough, "Appraising Evidence Statements", *Review of Research in Education*, 45, No. 1(April 2021). https://doi.org/10.3102/0091732X20985072

14. 내가 쓴 다음 칼럼을 참조할 것. Geoff Mulgan, "COVID crisis: what kind of inquiry do we need to learn the right lessons?", *The Conversation*(21 September 2021). https://theconversation.com/covid-crisis-what-kind-of-inquiry-do-we-need-to-learn-the-right-lessons-168163 코로나 19 범유행이 한창이던 2021년 10월 국제공공정책기구(International Public Policy Observatory, IPPO)는 여러 이해관계자의 목표를 충족할 조사 설계 방법에 관한 지침을 제공하기도 했다. 다음 설명을 참조할 것. "What do we want from COVID-19 public inquiries?", International Public Policy Observatory(25 October 2021). https://covidandsociety.com/what-we-want-covid-19-public-inquiries

15. 복잡한 현상을 파악하기 위해 다양한 모델을 활용하는 방법에 관해서는 다음 책을 참조할 것. Scott E. Page, *The Model Thinker: What You Need to Know to Make Data Work for You*(Basic Books, 2013).

16. 다음 논문이 '지혜의 과학'에 대한 좋은 사례와 개요를 제공한다. Dilip V. Jeste 외, "The New Science of Practical Wisdom", *Perspectives in Biology and Medicine*, 62, No. 2(2019), pp. 216-236. 시카고대학교 '아레테 이니셔티브(Arete Initiative)'에서 진행한 200만 달러 규모의 '지혜 정의하기(Defining Wisdom)' 프로젝트에 관해서는 다음 책을 참조할 것. Stephen S. Hall, *Wisdom: From Philosophy to Neuroscience*(개정판, Vintage, 2011). 지혜를 12가지로 정의한 다음 책도 참조할 것. Robert J. Sternberg 편저, *Wisdom: Its Nature, Origins and Development*(Cambridge University Press, 1990). 긍정심리학과 더불어 3차원 지혜 척도(Three-Dimensional

Wisdom Scale), 베를린 지혜 패러다임(Berlin Wisdom Paradigm), 지혜 균형 이론(Balance Theory of Wisdom) 등을 자세히 설명하는 다음 책도 참조할 만하다. Christopher Peterson, Martin Seligman, *Character Strengths and Virtues: A Handbook and Classification*(Oxford University Press, 2004). 이 밖에 증거 기반 지혜에 관한 여러 연구 결과는 다음 웹사이트 링크를 참조할 것. https://evidencebasedwisdom.com/

17. 다음 전자책을 참조할 것. David L. Featherman, Richard M. Lerner, Marion Perlmutter 편저, *Life-span Development and Behavior: Volume 12* 중 Aleida Assmann, "Wholesome Knowledge: Concepts of Wisdom in a Historical and Cross-Cultural Perspective"(Routledge, 1994). https://www.taylorfrancis.com/chapters/edit/10.4324/9781315789255-5/wholesome-knowledge-concepts-wisdom-historical-cross-cultural-perspective-aleida-assmann?context=ubx

18. 이는 철학의 역사에서도 공통으로 발견할 수 있는데, 자크 데리다의 '현존과 부재 사이의 대립' 개념이나 객체 지향적 존재론 연구에서 잘 드러난다. 다음 책을 참조할 것. Graham Harman, *Object-Oriented Ontology: A New Theory of Everything*(Pelican, 2018).

19. 유전체학 분야에서 이 고질적 문제를 바라본 흥미로운 논문이 있다. 다음 웹사이트 링크에서 논문 전문을 내려받을 수 있다. https://www.matteotranchero.com/pdf/DataDrivenSearch_Tranchero_April2023.pdf

20. 다음 책을 참조할 것. Scott E. Page, *The Model Thinker: What You Need to Know to Make Data Work for You*(Basic Books, 2013).

21. 위 책을 참조할 것.

22. 정신적 고통과 상처가 어떤 상황에서 어떻게 심리적 성장을 돕는지 연구한 여러 심리학 문헌이 있다. 대표적으로 다음 책을 참조할 것. Eranda Jayawickreme, Laura E. R. Blackie, *Exploring the Psychological Benefits of Hardship: A Critical Reassessment of Posttraumatic*

Growth(Springer, 2016).

23. 신뢰할 만한 출처는 아니지만 미국 CIA(중앙정보국)의 다음 자료를 참조할 것.
https://www.cia.gov/readingroom/docs/0006542324.pdf

24. 다음 책을 참조할 것. Andrew Targowski, *Cognitive Informatics and Wisdom Development: Interdisciplinary Approaches*(Information Science Reference, 2011).

25. 내가 보기에 이들의 문제는 도달해야 할 방향은 옳았을지 몰라도 도달하기까지의 속도가 매번 틀렸다는 데 있다.

26. 나는 이 주제를 네스타(Nesta)에 보고서로 발표한 뒤 다음 책에서 한 장을 할애해 자세히 다뤘다. Geoff Mulgan, *Social Innovation: How Societies Find the Power to Change*(Policy, 2020).

27. 다음 책을 참조할 것. Calestous Juma, *Innovation and Its Enemies: Why People Resist New Technologies*(Oxford University Press, 2016).

28. 다음 책에서 인용. David Edgerton, *The Shock of the Old*(개정판, Profile Books, 2019), p. 6.

29. 생명윤리 문제를 조사하고 정책 자문을 제공하는 너필드생명윤리위원회(Nuffield Council on Bioethics)나 AI 윤리 문제를 연구하는 에이다러브레이스 인스티튜트(Ada Lovelace Institute) 등을 예로 들 수 있다.

30. 다음 보고서를 참조할 것. Leopold Aschenbrenner, "Existential Risk and Growth", Global Priorities Institute(September 2020). 다음 웹사이트 링크에서 보고서 전문을 내려받을 수 있다. https://globalprioritiesinstitute.org/wp-content/uploads/Leopold-Aschenbrenner_Existential-risk-and-growth_.pdf

31. 다음 기사를 참조할 것. Rahul Bhatia, "The Inside Story of Facebook's Biggest Setback", *Guardian*(12 May 2016). https://www.theguardian.com/technology/2016/may/12/facebook-free-basics-india-zuckerberg

: 찾아보기 :

옮긴이 **조민호**

안타레스 대표. 연세대학교 철학과를 졸업한 뒤 단행본 출판 편집자로 일하면서
인문 및 경제경영 분야 150여 종의 책을 기획·편집했고 저작권 에이전트로도 활
동했다. 옮긴 책으로 《지루할 틈 없는 경제학》(2022년 세종도서 교양 부문 선정), 《이
코노믹 허스토리》, 《가난한 리처드의 달력》, 《리더십의 심리학》, 《15분 만에 읽는
아리스토텔레스》, 《세네카가 보내온 50통의 편지》 등이 있다.

과학이 권력을 만났을 때

초판 1쇄 2024년 3월 25일

지은이 제프 멀건
옮긴이 조민호
펴낸이 허연
편집장 유승현

편집부 서정욱 정혜재 김민보 장아름 이예슬
마케팅 김성현 한동우 구민지
경영지원 김민화 오나리
디자인팀 김보현 한사랑

표지·본문 디자인 엔드디자인

펴낸곳 매경출판㈜
등록 2003년 4월 24일(No. 2-3759)
주소 (04557) 서울시 중구 충무로 2(필동1가) 매일경제 별관 2층 매경출판㈜
홈페이지 www.mkpublish.com 스마트스토어 smartstore.naver.com/mkpublish
페이스북 @maekyungpublishing 인스타그램 @mkpublishing
전화 02)2000-2630(기획편집) 02)2000-2645(마케팅) 02)2000-2606(구입 문의)
팩스 02)2000-2609 이메일 publish@mkpublish.co.kr
인쇄·제본 ㈜M-print 031)8071-0961
ISBN 979-11-6484-672-6 (03130)

WHEN

SCIENCE

MEETS

POWER